XIANDAI HANYU TONGLUN XITI JI

现代汉语通论

（第三版）习题集

主　编：邵敬敏
副主编：周　娟

上海教育出版社
SHANGHAI EDUCATIONAL
PUBLISHING HOUSE

本书编委会

主　编　邵敬敏

副主编　周　娟

编　者　伍　巍　费锦昌　赵春利　邵敬敏　方小燕

助　理　刘琳琳　刘茜茜　刘燕美　童　倩　张晓丽　张又吉

前　言

《现代汉语通论》自2001年出版以来，受到全国乃至境外众多高校师生的青睐。20年来先后修订出版了第二版和第三版，印数达几十万册，也获得了众多的荣誉，先后入选教育部“十一五”和“十二五”国家级规划教材，荣获广东省教育成果一等奖。暨南大学文学院以本教材为依托，2007年由我牵头的“现代汉语”获批广东省首批精品课程，2020年由赵春利教授领衔的“现代汉语”获批教育部首批“国家级一流本科课程”。尽管如此，我们作为编者不敢有丝毫松懈，始终把提升“现代汉语”的教学质量放在第一位，坚持以培养学生的语言能力为己任。

我们始终认为，作为中文系的学生，不能只是满足于能说会写，能够正常进行交际，我们还必须对我们的母语——现代汉语有深刻的科学的认识，能够运用多种方法对现代汉语作多角度的分析，涉及语音、汉字、词汇、语法和语用的理解和运用，而且还能够对语言交际的种种问题作出合理而准确的解释。因此，我们必须掌握一定的方法论。

从这个意义上说，学习现代汉语，相当于学习数学，我们不仅要知其然，而且要知其所以然。因此，必须通过大量的练习，从具体的语言事实中去体会、揣摩、比较、分析，从而得出正确的结论。为此，我们特地依据《现代汉语通论》（第三版）的总体框架，编写了这本《〈现代汉语通论〉（第三版）习题集》，希望给使用我们教材的老师和学生提供更丰富多样的习题，以开拓视野，精益求精。

为了帮助使用者正确解题，我们提供全部参考答案作为附录放在本书的后面。其中大部分是客观题，即答案是唯一的。还有一部分题目，可能有不同的理解，尤其是问答题和思考题，可能带有一定的主观性，答案是有弹性的，仅供参考，希望大家能够理解。

如果发现有谬误或不当之处，欢迎随时批评指正。

邵敬敏

2021年2月22日

目　录

导　　论

一、填空题

1. 汉语的发展历史可以分为________、________、________、________四个时期。

2. 狭义的现代汉语，指现代汉民族使用的共同语，即________，也叫________、________、中文。

3. 普通话以________为标准音，以________为基础方言，以____________________为语法规范。

4. 广义的现代汉语包括普通话及其________。

5. ________就是现代汉民族共同语书面形式的源头。

6. ____________________是现代汉民族共同语口头形式的源头。

7. 在现代汉语形成过程中，________和________促使现代汉语普通话逐渐实现言文一致。

8. 谱系分类法是以________为依据对世界诸语言加以分类的方法。这种分类法主要运用________，把世界上的语言比拟为具有生物学上的亲属关系，并依照语言之间的亲属关系的亲疏程度把语言分为________、________、________等。

9. 一般认为，汉藏语系主要包括________和________、________、________等四个语族。

10. 亲属语言是指从________分化出来的独立的、彼此有同源关系的语言。

11. 现代汉语的变体包括________、________和________。

12. 现代汉语的社会变体主要有________、________、________、________和________。

13. 现代汉语的地域变体是指________。

14. 现代汉语的方言较为复杂，目前一般可以分为七大方言区：________、________、________、________、________、________、________。

15. 汉语的方言，首先可分为北方方言和南方方言，南方方言可再分为________和________。前者主要在长江流域，包括________、________和________；后者主要在珠江流域和东南沿海，包括________、________和________。

16. 从方言区划上看，福州话属于________，苏州话属于________，广东梅县话属于________，南昌话属于________。

17. 与南方方言相比，北方方言的总体特征为内部地区方言____________________。

18. 语言的规范化大致有两层含义：一是________，二是________。

二、单项选择题

1. 联合国的 6 种法定工作语言为(　　)。

A. 英语、汉语、法语、俄语、西班牙语和阿拉伯语　　B. 英语、汉语、德语、俄语、西班牙语和阿拉伯语

C. 英语、汉语、法语、俄语、葡萄牙语和阿拉伯语　　D. 英语、汉语、德语、俄语、葡萄牙语和阿拉伯语

2. 以下哪部作品不属于中古汉语？(　　)

A. 刘义庆《世说新语》　　B. 张若虚《春江花月夜》

C. 杨素《出塞二首》　　D. 班固《两都赋》

3. 以下(　　)能够成为普通话的语法典范性著作。

A. 唐宋时代的语录　　B. 元明清时代的戏曲

C. 鲁迅、老舍的小说　　D. 宋代的平话

4. 以下(　　)不属于文言作品。

A.《道德经》　　B.《兰亭集序》　　C.《日知录》　　D.《儒林外史》

5. 以下(　　)类文学作品不属于白话文。

A. 明清章回小说　　B. 宋代语录　　C. 明清八股文　　D. 宋代平话

6. 依据谱系分类法,藏语属于(　　)。

A. 语族　　B. 语支　　C. 语系　　D. 语种

7. 以下哪一语言与其他选项不具有同源关系?(　　)

A. 景颇语　　B. 瑶语　　C. 汉语　　D. 满语

三、多项选择题

1. 北方话成为普通话的基础方言,其优势体现在(　　　)方面。

A. 使用人数最多,范围最广

B. 北京自宋元以来,即成为全中国的政治、经济、文化中心

C. 北方方言语法规则稳定且简易

D. 北方方言内部具有较大的一致性

2. 宋元以后,近代汉语在北方话的基础上呈现出(　　　)这两种明显区别于以往历史时期的发展趋势。

A. 汉语双音词增多　　B. 白话文学产生和发展

C. 语音简化　　D. 官话盛行

3. 唐宋以来,以北京话为代表的"官话"在非官话地区的传播途径包括(　　　)。

A. 派遣至各地的政府官员　　B. 学习汉语的会话课本

C. 广泛流传的白话文学　　D. 正音书院

4. 与音素文字和音节文字相比,汉字的主要特点是(　　　)。

A. 记录的语言单位为语素　　B. 不实行分词连写

C. 形音义之间存在一定的理据　　D. 具有超越时空性

四、判断题(对的打"√",错的打"×")

1. 我国55个少数民族的语言也是汉语的组成部分。(　　)

2. 汉语之所以能够成为国内各民族之间的通用交际语言,是因为使用汉语的人口在全国占绝大多数。(　　)

3. 汉语和我国其他55个少数民族的语言之间皆具有同源关系。(　　)

4. 非亲属语言没有共同的来源。(　　)

5. 在语音、基本词汇和语法结构方面具有相似点的语言应该分化于同一原始基础语。(　　)

五、名词解释

1. 文言

2. 白话

3. 社会方言

4. 黑话

5. 社区变体

六、表格填充题

1. 在相应空格内写出下面地域方言的典型代表。

地域方言	典型代表
北方方言	
吴方言	
湘方言	
赣方言	
客家方言	
闽方言	
粤方言	

2. 请把下列语言填入表中相应的空格内。

黎语、苗语、瑶语、藏语、侗语、仫佬语、壮语、傣语、布依语、彝语、傈僳语、哈尼语、景颇语

汉语的亲属语言	壮侗语族	壮傣语支	
		侗水语支	
		黎语支	
	苗瑶语族	苗语支	
		瑶语支	
	藏缅语族	藏语支	
		彝语支	
		景颇语支	

七、问答题

1. 现代汉语共同语为什么选择北京语音作为标准音？是否意味着所有的北京话语音皆为标准音？

2. 谈谈书面语与口语的关系。

3. 如何理解属于同一语系的亲属语言之间的亲疏不同？请结合谱系分类法相关理论和具体例子予以简要说明。

4. 如何理解美国著名语言学家萨丕尔所说的“语言，像文化一样，很少是自给自足的”？请结合具体例子予以说明。

5. 现代汉语的各种方言之间存在不小的差异,为何仍是从属于汉民族共同语的语言变异形式?

6. 什么是规范化?为什么要对语言实行规范化?

7. 为什么要同时树立语言的规范观和动态观?

第一章　语　　音

第一节　现代汉语语音概述

一、单项选择题

1. 以下属于语音的是(　　)。

A. 鹦鹉学舌“恭喜发财”　　B. 歇斯底里的哭叫声

C. “狼孩”发出的一连串声音　　D. 发现小偷正在行窃，发出“喂”的呵斥声

2. 世界上的语言存在和使用的凭借是(　　)。

A. 声音　　B. 字音

C. 语音　　D. 口音

3. 发出[m]这个音时，软腭的状态及气流的运动路线为(　　)。

A. 软腭上抬，气流顺利通过口腔　　B. 软腭下垂，气流顺利通过鼻腔

C. 软腭上抬，气流顺利通过鼻腔　　D. 软腭下垂，气流顺利通过口腔

4. 声带开闭松紧的实现是由于(　　)。

A. 前端固定在甲状软骨上，后端附在可转动的杓状软骨上

B. 前端固定在会厌软骨上，后端附在可转动的甲状软骨上

C. 前端和后端分别固定在甲状软骨和环状软骨上面

D. 前端和后端分别附在两块可转动的杓状软骨上面

5. 控制气管和食道开合的部位名称以及其在呼吸说话时的状态是(　　)。

A. 软腭，上抬，气流顺利通过口腔　　B. 软腭，上抬，气流顺利通过鼻腔

C. 会厌软骨，打开，气流顺利通过咽腔　　D. 会厌软骨，打开，气流顺利通过喉头

6. 平时呼吸时，声门的状态及呈现的形状为(　　)。

A. 大开　正“U”形　　B. 紧闭　正“V”形

C. 大开　倒“V”形　　D. 紧闭　倒“U”形

7. 口腔与鼻腔的会合处及两条通道的调节器官(按器官位置前后顺序)为(　　)。

A. 咽腔　软腭、小舌　　B. 咽腔　小舌、软腭

C. 喉腔　软腭、小舌　　D. 喉腔　小舌、软腭

8. 上腭由六部分构成，按位置前后顺序排列为(　　)。

A. 上唇　上齿龈　上齿　硬腭　软腭　小舌　　B. 上唇　上齿　上齿龈　软腭　硬腭　小舌

C. 上唇　上齿　上齿龈　硬腭　软腭　小舌　　D. 上唇　上齿龈　硬腭　上齿　软腭　小舌

9. 林嗣环《口技》一文中，口技者以一人、一桌、一椅、一扇、一抚尺制造出了各种不同的声响，逼真地摹拟出一组有节奏、有连续性的生活场景，使听众“身临其境”，这说明(　　)。

A. 语音的物理属性并不是其所特有的，而是所有发声体共有的特征

B. 语音的生理属性并不是其所特有的，而是所有发声体共有的特征

C. 语音的社会属性并不是其所特有的，而是所有发声体共有的特征

D. 语音的心理属性并不是其所特有的，而是所有发声体共有的特征

10. [saːm^{55}]与[saːm^{51}]的区别表现在(　　)。

A. 音高　　B. 音强　　C. 音长　　D. 音质

二、多项选择题

1. 发声器官包括(　　　)。

A. 咽腔　　B. 喉头　　C. 声门　　D. 声带

2. 鼻腔这一共鸣器官主要用于发(　　　)。

A. 鼻音　　B. 口元音　　C. 鼻化音　　D. 舌面音

3. 下列关于国际音标的叙述,正确的是(　　　)。

A. 国际音标是世界通用的一套语音标记符号系统

B. 国际音标运用一符一音的原则

C. 符号大部分采用世界通用的拉丁字母手写体

D. 为了标音的精确,允许在字母上添加一些附加符号

4. 下列不属于语音本质属性的是(　　　)。

A. 物理属性　　B. 生理属性　　C. 心理属性　　D. 社会属性

三、判断题(对的打"✓",错的打"×")

1. 全场轰鸣的掌声和口哨声属于语音。(　　)

2. 催眠状态下说出了自己的生日,这一过程中产生了语音。(　　)

3. 存在只有文字没有语音的"无声"语言。(　　)

4. 音高、音强、音长和音色是人类语音独有的四要素。(　　)

5. 音乐家演奏的音乐能够打动听众,因此其乐声具有社会属性。(　　)

6. 不同的语音代表不同的意义,因此某一意义只能由其特定语音传达。(　　)

7. 语音的物理属性是就发音体本身的材质特点而言的。(　　)

8. 声带是一片富有弹性的薄膜。(　　)

9. 肺是发音器官但不是发声器官。(　　)

10. 乐器发出的声音同样具有语音的四要素。(　　)

11. 不同的言语者在不同的语境下交流,并不影响彼此间的说话与传意。可见语音注重的是"相对音高"。(　　)

12. 同一把小提琴的拨弦声和拉弦声音色相同。(　　)

13. 发音时声门大开,平时呼吸时声门靠拢。(　　)

14. 硬腭是软腭后较硬的部位,不可上下活动。(　　)

15. 现行的《汉语拼音方案》能够准确地反映现代汉语普通话和方言的语音面貌。(　　)

16.《汉语拼音方案》1955年由国务院批准设计,1958年经第一届全国人民代表大会第五次会议审议通过。(　　)

四、填空题

1. 语音是指人类通过________发出来的、具有________的、目的是用来进行________的声音。

2. 语言是人类最重要的________工具,它的显著特点是有________且________的。语音是语言的________。

3. 语音的物理属性是就________的特点而言。任何声音都是由物体的________而产生的,语音的发音体是人的________,它具备________________四个要素。

4. 音强指声音的强弱,主要取决于________________,语音的强弱同________________的大小和发音时________的程度有关。

5. 音高就是声音的高低，其决定于____________________，单位叫________，音高取决于____________的程度。

6. 音长就是声音的长短，它决定于____________________。音长在________和________中有积极的作用，与________也有一定关系。

7. 音色又叫________，在语音学上是指具体发出来的________，主要取决于________________。

8. 人的发音器官包括____________________________三大部分，其中________提供气流推动声带的震动，气流的产生依靠________，气流的输送依靠________。

9. 声音经过的第一个共鸣腔是________。发音最重要的共鸣腔是________，由________________两部分构成。

10. 发音器官中最灵活的是________，因其不同的____________________可形成不同的音色。

11.《汉语拼音方案》共分____五部分。其使用符号是________，适用对象是____________________，基本功能是________________________________。

五、简答题

1. 鸟叫声与语音的差别在哪里？

2. 如何理解语音的"约定俗成"性？

3. 结合声音的物理属性，简单分析"刺耳"与"悦耳"的区别。

六、论述题

1.《汉语拼音方案》出台之前,我们有哪些历史注音经验?这些方法为什么会被“拼音”淘汰?

2. 有观点认为,“《汉语拼音方案》已经同我国国计民生、现代化建设与国际文化交流发生了密切的联系”,请结合《汉语拼音方案》的使用进程,分析该观点的合理性。

第二节 音节分析:元音和辅音

一、单项选择题

1. 音素是从( )角度划分出来的最小语音单位。
A. 音强 B. 音高 C. 音长 D. 音值

2.“秋霜”一词,“秋”的音节可拆解为( )个音素,“霜”可拆解为( )个音素。
A. 三个 B. 四个 C. 五个 D. 六个

3.“云群”一词,“云”的音节可拆解为( )个音素,“群”可拆解为( )个音素。
A. 一个 B. 两个 C. 三个 D. 四个

4. 舌面元音[y]与[u]在发音条件上的区别是( ),[i]与[y]在发音条件上的区别是( )。
A. 舌位高低位置不同 B. 舌位前后位置不同
C. 唇形圆展不同 D. 声带振动不同

5. 舌面元音[ɤ]与[o]相比,说法正确的一项是( )
A. [ɤ]是半高元音,[o]是中高元音,[o]的舌位更高
B. [ɤ]是半高元音,[o]是中高元音,[ɤ]的舌位更高
C. [ɤ]是中高元音,[o]是半高元音,[o]的舌位更高
D. [ɤ]是中高元音,[o]是半高元音,[ɤ]的舌位更高

6. 由舌尖与上齿背构成气流阻碍而发出的音是(　　)

A. d、t　　B. n、l　　C. z、c、s　　D. zh、ch、sh

7. 普通话中的浊擦音是(　　)。

A. r　　B. s　　C. sh　　D. x

8. 下列属于舌尖前元音的是(　　)。

A. [i]　　B. [ʅ]　　C. [ɿ]　　D. [y]

二、多项选择题

1. 由舌尖与上齿龈构成气流阻碍而发出的音是(　　)

A. d、t　　B. n、l　　C. z、c、s　　D. zh、ch、sh

2. 下面说法正确的是(　　)。

A. 前舌面与软腭构成气流阻碍可发出一定的辅音

B. 前舌面与硬腭构成气流阻碍可发出一定的辅音

C. 舌根与软腭构成气流阻碍可发出一定的辅音

D. 舌根与硬腭构成气流阻碍可发出一定的辅音

3. 唇齿音是由以下(　　)两个部位成阻发出的音。

A. 上唇　　B. 下唇　　C. 上齿　　D. 下齿

4. 发音方法包括(　　)

A. 成阻的方式　　B. 持阻的时长

C. 除阻的方式　　D. 参与成阻的部位

5. 下述关于边音的发音方法描述正确的是(　　)。

A. 舌尖抵住上齿龈始终接触成阻　　B. 舌尖抵住上齿背始终接触成阻

C. 舌尖抵住上齿龈快速接触成阻　　D. 舌尖抵住上齿背快速接触成阻

E. 声带振动　　F. 声带不振动

6. 音素中发音可延长的是(　　)。

A. 所有辅音　　B. 所有元音　　C. 所有口音　　D. 所有鼻音

三、填空题

1. 音素是从________角度划分出来的最小语音单位,有________和________两类。

2. 音素分析法是对构成________的具体成分进行分析,以寻出一个个最小的具有____________________的语音单位。

3. 普通话里,一个音节最多只能有________音素,即音节声母为____________情况且韵母部分包含____________________。

4. 元音的发音主要取决于____这三个因素。

5. 舌位指的是元音发音时,舌头________的发音部位。根据舌位的不同,可将元音分为三种情况,分别是____________、____________和____________。

6. 现代汉语普通话中,卷舌元音只有一个成员,它就是________。

7. 发音部位在舌面部分的元音叫做______________,又可根据______________、______________和______________三个条件加以进一步的区分。

8. [ə]与[ɚ]的区别在于____。

9. 舌尖元音的区别由____________________和____________________来决定。

10. 普通话中舌尖后元音与舌尖后辅音____________________相拼,舌尖前元音与舌尖前辅音____________________相拼。

11. 普通话共有________个辅音,________个辅音声母。

12. 普通话中可充当韵尾的辅音是________。

13. 辅音的发音方法指________________________。发音方法包括三个方面的内容:________________、________________、________________。

14. 普通话中可充当韵尾的元音有________,可充当韵尾且不能充当声母的辅音是________。

15. 普通话辅音声母根据发音部位可分为________、________、________、________、________、________、________七类。

四、判断题(对的打"✓",错的打"×")

1. 音节是人们视觉容易分辨出来的最小语音片断。(　　)
2. 普通话中,一个汉字对应一个音节。(　　)
3. 每个音节的发音肌肉均经历了一次从紧张到松弛的过程。(　　)
4. "小孩儿"的读音是由三个音节构成的。(　　)
5. 音节不是最小的语音单位。(　　)
6. 由两个音素构成的韵母是复元音韵母。(　　)
7. 一个字可能有多个读音,但在具体使用中,该字的读音是唯一且确定的。(　　)
8. 发音时,声带振动所发出的音是元音。(　　)
9. 音节的韵母完全是由元音构成的。(　　)
10. 舌位越低,口腔开口度越大。(　　)
11. er[ɚ]的主体元音是[ɤ],因此严格地说,卷舌元音属于舌面元音。(　　)
12. 舌尖元音-i不能单独成音节,但前面的"-"可以省去。(　　)
13. 鼻音除了[m]都可以充当普通话韵尾。(　　)
14. 音素分析后所得到的每个音再也不能拆解。(　　)
15. 普通话里,一个音节是两个或两个以上音素组成的。(　　)
16. "ong"是开口呼韵母。(　　)
17. "波"的韵母是复元音韵母[uo]。(　　)

五、分析题

1. 根据发音部位和发音方法,写出相应的辅音。

【1】舌根、送气、清、塞音(　　)

【2】舌面、不送气、清、塞擦音(　　)

【3】舌尖后、浊、擦音(　　)

【4】双唇、送气、清、塞音(　　)

2. 在横线上写出下列元音的发音条件。

[ɤ]________________

[ε]________________

[E]________________

[ə]________________

3. 下列发音特点,有的属于元音,有的属于辅音,请在元音发音特点后填"Y"。

声带振动【　　】	声带不振动【　　】
发音器官局部紧张【　　】	发音器官均衡紧张【　　】
声音响亮【　　】	声音不响亮【　　】
声音能延长【　　】	声音一般不能延长【　　】
气流较强【　　】	气流较弱【　　】

4. 在下示舌面元音舌位图中，准确标出七个舌面元音（国际音标）的位置，可尝试将所有位置的元音补充完整。

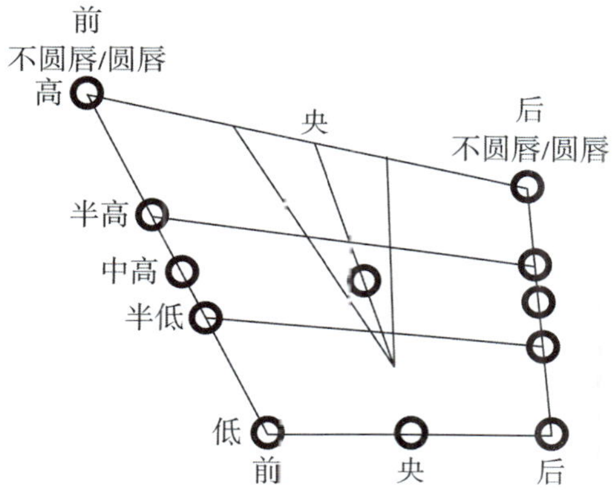

5. 根据国际音标识别辅音，并说出它们发音的区别。

【1】 l[l]、n[n]

【2】 h[x]、ng[ŋ]

【3】 sh[ʂ]、r[ʐ]

【4】 x[ɕ]、f[f]

六、简答题

1. 分析元音与辅音的区别。

2. 分析塞音和塞擦音在发音方法上的区别。

第三节　音节分析:声母和韵母

一、单项选择题

1. 普通话中音节 ong 和 iong 分别是(　　)和(　　)。
A. 开口呼　B. 合口呼　C. 齐齿呼　D. 撮口呼
2. “超”的韵腹是(　　),韵尾是(　　)。
A. [ᴀ]　B. [ɑ]　C. [a]　D. [o]　E. [u]
3. 喂(wei)的韵母是(　　)。
A. 前响复元音　B. 中响复元音　C. 后响复元音　D. 单元音
4. 旧(jiu)的韵腹是(　　),韵尾是(　　),声调标在(　　)。
A. [i]　B. [u]　C. [o]　D. [ʅ]
5. “斜烟圆月”各字的韵腹是(　　)。
A. [ᴇ][ᴇ][ɛ][ɛ]　B. [ɛ][ᴇ][ᴇ][ɛ]　C. [ɛ][ɛ][ᴇ][ᴇ]　D. [ᴇ][ɛ][ɛ][ᴇ]
6. “白虾煲粥”四个音节中,非前响复元音韵母的是(　　)。
A. 白　B. 虾　C. 煲　D. 粥
7. “乌、义、玉、碑”四个音节中,撮口呼的是(　　),齐齿呼的是(　　)。
A. 乌　B. 义　C. 玉　D. 碑
8. “大、粤、瓮、映”四个音节中,齐齿呼的是(　　),合口呼的是(　　),开口呼的是(　　)。
A. 大　B. 粤　C. 瓮　D. 映

二、多项选择题

1. 下列音节中,韵头、韵腹和韵尾均由元音充当的是(　　　　)。
A. 甜 tián　B. 游 yóu　C. 外 wài　D. 踹 chuài
2. 以下方言点属于北方方言的是(　　　　)。
A. 成都　B. 昆明　C. 厦门　D. 温州
3. 下列音节中,具有语音学“半元音”的有(　　　　)。
A. 澳 ào　B. 欧 ōu　C. 弯 wān　D. 养 yǎng
4. 普通话的韵母结构不可能出现(　　　　)
A. 元音+元音　B. 元音+清辅音　C. 辅音+元音　D. 元音+元音+元音
E. 元音+辅音+元音　F. 元音+元音+浊辅音
5. 以下关于普通话声母呼读音发音规律描述正确的是(　　　　)。

A. 在 b、p、m、f 后面加上元音 o　B. 在 d、t、n、l、g、k、h 后面加上元音 e
C. 在 zh、ch、sh、r 的后面加上舌尖后元音-i[ʅ]　D. 在 j、q、x 的后边加上元音 i
6. "机智"一词中两个音节的韵母属于四呼中的(　　　)。
A. 开口呼　B. 齐齿呼　C. 合口呼　D. 撮口呼
7. "楼距"一词中两个音节的韵母属于四呼中的(　　　)。
A. 开口呼　B. 齐齿呼　C. 合口呼　D. 撮口呼
8. "语文"一词中的两个音节的韵母属于四呼中的(　　　)。
A. 开口呼　B. 齐齿呼　C. 撮口呼　D. 合口呼
9. "穷凶极恶"一词中的后三个音节的韵母属于四呼中的(　　　)。
A. 开口呼　B. 齐齿呼　C. 合口呼　D. 撮口呼
10. "圆瓮"一词中的两个音节的韵母属于四呼中的(　　　)。
A. 开口呼　B. 齐齿呼　C. 合口呼　D. 撮口呼

三、填空题

1. 普通话有________个韵母,是由________或______________构成。
2. 韵母独自形成的音节是____________。
3. 汉语拼音中 y、w 两个字母虽出现在该音节的开头,但并不是真正的声母,而是起________________作用的字母,可以替代或加在________开头的音节。
4. 普通话的介音可以由________充当。
5. "呃"的韵母及音标是________,"欸"的韵母及音标是________,"贺岁"一词中"贺"的韵腹音标是________,"岁"的韵腹音标是________。

四、判断题(对的打"✓",错的打"×")

1. 为正确拼读音节,必须掌握声母的呼读音。(　　)
2. 声母 zh 的呼读音要在后面加上元音 i。(　　)
3. 声母 r 的呼读音要在后面加上舌尖后元音-i。(　　)
4. 零声母音节是指没有辅音的音节。(　　)
5. 一个音节可以没有韵头和韵尾,但是一定有韵腹。(　　)
6. "阅"yuè 的韵尾是 e。(　　)
7. "瓦"的韵母是单元音韵母[A]。(　　)

五、写出下列词语的拼音

(1) 桑葚、日食、剥夺、隔阂

(2) 签写、圆月、雇佣、退婚

(3) 蜂花护发素、限选、火烧云

(4) 硫磺皂、天真无邪、剥大白兔奶糖

六、简答题

1. 为什么声母的发音有本音和呼读音的区别?

2. 如何正确辨认普通话韵母 ong、iong 的四呼位置?

第四节 普通话声调

一、单项选择题

1. 声调不同的一组字是(　　)。

A. 店—殿　B. 垫—滇　C. 点—碘　D. 甸—佃

2. 声调相同的一组字是(　　)。

A. 故、顾、蛊、固　B. 使、失、屎、蚀　C. 狐、弧、斛、鹄　D. 派、哌、湃、俳

3. 关于“入声”,下列表述不正确的是(　　)。

A. 短促　B. 一般都带有擦辅音韵尾或喉塞尾

C. 大部分南方方言都有　D. 北方方言中存在

4. 语言运用中的“仄”,不包括(　　)。

A. 古四声中的上声　B. 古四声中的去声

C. 古四声中的入声　D. 古四声中的浊声母平声

二、多项选择题

1. “载歌载舞”“刊载”中的“载”的调值是(　　　)。

A. 55　B. 51　C. 214　D. 35

2. “三年五载”“下载”中的“载”的调型分别是(　　　)。

A. 高平　　B. 降升　　C. 高升　　D. 全降

3. “改写底稿”四个音节中，调类为上声的是(　　)。

A. 改　　B. 写　　C. 底　　D. 稿

4. 古调类的入声字在普通话中分派的调类情况是(　　)。

A. 阴平　　B. 阳平　　C. 上声　　D. 去声

5. 古调类的平声字在普通话中的调类情况是(　　)。

A. 阴平　　B. 阳平　　C. 上声　　D. 去声

6. 下列表述属于南方方言特征的是(　　)。

A. 比较完整地保留中古汉语的调类　　B. 各方言声调的对立特征呈多样化形式

C. 各地区声调调类大致相同　　D. 大多数方言点都分阴调、阳调两类

7. 声调四声不全的两组字是(　　)。

A. 踢、题、体、逖　　B. 巴、拔、坝、芭　　C. 醒、腥、邢、婞　　D. 鳍、漆、祁、砌

三、填空题

1. 声调是指________________，汉语区别于其他语言的重要特征之一是声调是________________的重要手段。

2. 汉语声调还运用在韵文创作中，平仄和节奏的配合使得汉语具有________的美感。

3. 调值是指音节读音______、______、______、______的具体变化值。

4. 对具体调值的确定，我们通常采用赵元任设计的________，用从 1 到 5 的竖轴表示________，用横轴表示________。

5. 在赵元任设计的“五度标调法”中，调值标为 55，表示______；调值标为 35，表示由______；调值标为 214，表示______；调值标为 51，表示______。

6. 调型指声调________的变化模式。55 为______调型；35 为______调型；214 为______曲折调型；51 为______调型。

7. 调号即声调的______。现代汉语普通话一共有______、______、______、______四个声调。

8. 调类是把______相同的音节归在一起所建立起来的类别。也就是说，调类是一种语言或方言中，根据能够________的不同声调调值建立起来的类。

9. 汉语声调的调类，其名称沿用的是历史上______四声之名。

10. 古“四声”中的同一个声调，根据______往往又分为阴、阳两类，故出现“阴平”“阳平”的调名。普通话和方言声调上的差异，主要表现在______和______两个方面。

11. 汉语方言的声调主要分为________和________两大类型。

12. 汉语各方言内部在调类上大体一致，但______并不相同。

13. 汉语北方方言声调的数目比较少，最少可以只有______，一般是______，大多数方言点没有______，且同调类的调值相差很大。

14. 汉语南方方言的声调数目比较多，最多有______，一般是______声调，大多数南方方言都有______。

四、判断题(对的打“√”，错的打“×”)

1. 调号是一种简化后的不标刻度的声调符号。(　　)

2. 调值标为 35，表示的调型是全升。(　　)

3. “美好”一词的两个音节的调类都是上声。(　　)

4. 所谓“浊上变去”，指的是古调类的浊声母上声字在现代汉语中归到去声。(　　)

5. 普通话声调和现代汉语方言的声调都是从古汉语声调发展演变而来的，其衍变的过程不完全相同。(　　)

6. 北方方言没有入声。(　　)
7. 已知某地方言有七个声调数目,基本判断其为南方方言。(　　)
8. 某地方言没有入声声调,因此该方言为北方方言。(　　)
9. 我国存在只有三个声调的方言。(　　)
10. 上海话的上声的调值也是 214。(　　)
11. 北方方言分布的地域极其广阔,其内部一致性很高。(　　)
12. 南京方言、桂林方言都属于北方方言。(　　)
13. 扬州方言属于有入声调的北方方言。(　　)
14. 古体诗词的“粘”和“对”就是平仄两类声调严格依次使用。(　　)

五、平仄标注练习

战城南

杨炯

塞北途辽远,城南战苦辛。

幡旗如鸟翼,甲胄似鱼鳞。

冻水寒伤马,悲风愁杀人。

寸心明白日,千里暗黄尘。

登高

杜甫

风急天高猿啸哀,渚清沙白鸟飞回。

无边落木萧萧下,不尽长江滚滚来。

万里悲秋常作客,百年多病独登台。

艰难苦恨繁霜鬓,潦倒新停浊酒杯。

第五节　普通话音节结构

一、单项选择题

1. 判断“四呼”类型看(　　)。

A. 韵头　　B. 韵腹　　C. 韵尾　　D. 韵母首个元音

2. ABAB 式词语的规范拼写为(　　)。

A. ABAB　　B. AB AB　　C. AB-AB　　D. AB’AB

3. “爱屋及乌”的规范拼写应为(　　)。

A. àiwūjíwū　B. ài wū jí wū　C. àiwū jíwū　D. àiwū-jíwū　E. àiwū' jíwū

4. "爱莫能助"的规范拼写应为（　　）。

A. àimònéngzhù　B. ài mò néng zhù　C. àimò néngzhù　D. àimò-néngzhù　E. àimò' néngzhù

5. "剥大白兔奶糖"的规范拼写应为（　　）。

A. bāodàbáitùnǎitáng　B. bāo dà bái tù nǎi táng

C. bāo dàbáitù nǎitáng　D. bāo dàbáitùnǎitáng

E. Bāodàbáitùnǎitáng　F. Bāo dà bái tù nǎi táng

G. Bāo dàbáitù nǎitáng　H. Bāo dàbáitùnǎitáng

6. "笑嘻嘻"的规范拼写应为（　　）。

A. xiàoxīxī　B. xiào xī xī　C. xiào xīxī　D. xiào' xīxī

7. "跑不快"的规范拼写为（　　）。

A. pǎobúkuài　B. pǎo bú kuài　C. pǎo búkuài　D. pǎo' bú' kuai

8. AABB 式词语的规范拼写为（　　）。

A. AABB　B. AA BB　C. AA-BB　D. AA' BB

二、多项选择题

1. 对于一个音节来说，以下属于必有成分的是（　　）。

A. 辅音声母　B. 韵头　C. 韵腹　D. 韵尾　E. 声调

2. 以下单元音韵母不可以独立构成零声母音节的是（　　）。

A. ɑ[A]　B. o[o]　C. e[ɤ]　D. ê[E]　E. i[i]

F. u[u]　G. ü[y]　H. -i[ɿ]　I. -i[ʅ]　J. er[ɚ]

3. 下列字音中，ü 上两点不得省略的是（　　）。

A. 捐　B. 雪　C. 女　D. 略

4. 下列字音中，元音 o 或 e 不得省略的是（　　）。

A. 球　B. 愁　C. 温　D. 坠　E. 位

5. 现代汉语普通话音节的声调有可能标在（　　）。

A. 韵头上　B. 韵腹上　C. 韵尾上　D. 整个音节上

三、填空题

1. 普通话音节由________、________和________三部分构成。

2. 普通话声韵配合规律主要体现并取决于声母的________和韵母的________。

3. 所谓"四呼"，就是根据韵母开头元音的性质，将这些韵母分为________、________、________、________。

4. 九个合口呼韵母按照单元音、复元音、带鼻音的情况排列分别是________________________。

5. 舌面音和舌根音在四呼组配上具有互补性，具体表现为：舌面音________与________________相拼，舌根音________与________________相拼。

6. 跟四呼都能相拼，组合能力最强的辅音声母是________，组合能力最弱的辅音声母是________，只能与________________相拼。

7. 现代汉语普通话韵母中数量最多的是________韵母，数量最少的是________韵母，一共只有五个，它们是________________。

8. 现代汉语普通话中与撮口呼韵母相拼的辅音声母有________个，它们是舌面音________和舌尖中音________。

9. 汉语词语的拼写要符合________________________的要求。"暨南学报"的规范拼写为________________________。

四、判断题(对的打“√”,错的打“×”)

1. 舌尖中音和舌尖后音在四呼配合上情况一致。( )
2. “气”(qì)和“质”(zhì)韵母相同,属于和齐齿呼相拼的情况。( )
3. “尖”和“见”的音节相同。( )
4. “饥饿”在实际使用中标音为“ji è”。( )
5. 现代汉语普通话的所有韵母都可以归入四呼之中。( )
6. 复元音韵母音节的声调应该标在开头的元音上。( )
7. 若一个音节韵母为 uen,根据省写原则,声调应标在元音 u 上。( )
8. 轻声音节没有声调,所以不标调号。( )
9. 声调是汉语音节必不可少的成分,贯穿于音节发音的全过程。( )
10. 双唇音和唇齿音可以与合口呼相拼,但组合情况仅限于与单元音合口呼韵母 u 相拼。( )
11. 舌尖后音与舌尖前音都可以与齐齿呼和撮口呼相拼,不可以与开口呼以及合口呼相拼。( )

五、简答题

1. 如果声母的发音部位相同,与之拼合的韵母的四呼类别也完全相同。这一说法正确吗? 如不正确,请找出反例,如正确,请解释原因。

2. 普通话开口呼韵母的配合能力最强,可以与所有辅音声母相拼。这一说法正确吗? 如不正确,请找出反例,如正确,请解释原因。

3. 现代汉语普通话的音节结构中一定要有辅音吗？一定要有元音吗？结合具体音节结构进行回答。

4. 实际应用中，每一个声韵结构（基本音节）都可以与四声相配，这一说法正确吗？如不正确，请找出反例、如正确，请解释原因。

5. 如何理解“无辅音音节一定是零声母音节，零声母音节不一定没有辅音”？

6. 现代汉语普通话音节的声调一定标在韵腹上吗？结合具体音节进行说明。

六、分析题

1. “温”和“吞”、“退”和“喂”、“优”和“秀”的韵母相同,但声调标注位置不同,解释原因。

2. 运用隔音符号将下列拼音隔为有意义的音节。

jinan chuangan shenao

3. 指出下图中的注音错误及不符合词语拼写规则的地方,并改正。

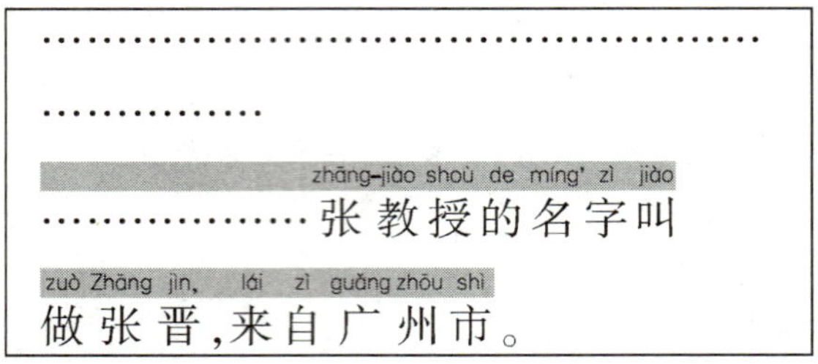

4. 将表格填写完整。

汉字	拼音	音标	声母	韵头	韵腹	韵尾	调类	调值	调型	四呼
春										
琼										
缀										
韵										
写										
添										
耳										
疚										
虹										
饶										
阅										
圈										

5. 根据普通话声韵配合规律说明并纠正下面这些音节拼写存在的问题。
（1） 流 lióu
（2） 虐 nuè
（3） 搬 buān
（4） 程 chén
（5） 捐 jüān
（6） 泄 sìe
（7） 忧 yiū
（8） 占 zàn

第六节 音位和音位归纳法

一、单项选择题

1. 普通话辅音音位有（　　）个。

A. 10　　B. 22　　C. 23　　D 39

2. 归纳音位时要看不同的音之间有无区别意义的功能，要确定最小的（　　）。

A. 对等体　　B. 互补体　　C. 近似体　　D. 对立体

3. 舌面音 j、q、x 跟舌根音 g、k、h 在韵母组配上形成互补关系，按理论讲，可以归并为一套音位，然而现实并未如此，这是考虑到（　　）原则。

A. 对立原则　　B. 互补原则　　C. 音感差异原则　　D. 系统性原则

4. 以下音节中，韵母为[ɐr]的有（　　）。

A. 耳　　B. 儿　　C. 二　　D. “这儿”中的“儿”

二、多项选择题

1. 下面说法中，正确的是（　　）。

A. 音位变体与音位之间的关系是类别与成员的关系
B. 音位与音位变体之间的关系是类别与成员的关系
C. 音位变体是音位的具体表现形式
D. 音位是从音位变体中概括归纳出来的

2. 音位归纳的基本方法是（　　）。

A. 归纳　　B. 比较　　C. 演绎　　D. 替换

3. /a/主要音位变体按照舌位从前到后依次为（　　）。

A. [ʌ]　　B. [ɑ]　　C. [a]

4. 关于“歌、德”的韵母与“的、地、得”的韵母，以下说法正确的是（　　）。

A. 属于同一音位　　B. 充当韵母的音素相同
C. 充当韵母的音素不同，分别为[ɤ]和[ə]　　D. 充当韵母的音素不同，分别为[ə]和[ɤ]

5. 普通话的四个声调被归为四个声调音位，这是因为（　　）。

A. 音节结构相同，声调不同，意义不同　　B. 音值不同
C. 音高起落不同　　D. 它们出现在语流中固定的音段

三、填空题

1. 音位是指某一特定语音系统中能够____________的________语音单位。

2. 语音的最小单位是________，音位分析的单位必须落实到________。

3. 音位分析就是要在具体音系中考察不同的________间有无____________的功能,凡是不能作为________的音不能成为一个独立的音位。

4. 音位与音素是______________的关系。

5. 同一个音位的不同音位变体通常使用________加________来表示,而音位则用________来表示。

6. 音位变体分____________________两个类别,[ɑ]、[ε]是/a/的________变体。

7. 辅音音位和元音音位都是由______________构成的对立,两者之间的差异是________的差异。

8. 一般把辅音音位和元音音位称为____________,由于它们出现在语流中固定的音段上,所以又叫____________。

9. 声调的差异是________的不同,普通话的四个"调位"分别是:____________________。

10. 调位不是音素的音值差异所形成的对立,所以"调位"属于____________或____________。

四、判断题(对的打"✓",错的打"×")

1. 音位变体的本质是音位。( )
2. 表示音位时,需将国际音标放在双斜线\\中。( )
3. 对立的音素必定属于两个不同的音位。( )
4. 归纳某一音系里的全部音位,实际上就是全面寻找最小对立体的过程。( )
5. 音位是数目繁多的,音素是数目有限且成系统的。( )
6. 普通话中/l/、/n/是两个对立的音位,因此在汉语方言中也被划为两个音位。( )
7. 从舌位高低来看,/a/的四个主要音位变体并不都是低元音。( )
8. 调位也是音位,普通话中四个声调是调位的四个音位变体。( )

五、简答题

1. 结合具体语言事实,说明音位分析需在一个具体的音系之中进行的原因。

2. "有互补关系的音素一定要归并成一个音位。"这一说法是否正确? 请判断正误并结合具体实例说明原因。

3. 结合具体例子说明，什么是“音位变体”？具体有哪些类别？类别之间的差异是什么？

六、分析题

1. /a/音位变体的使用条件考察。

请指出下列音节中包含的/a/音位变体，并说明其受限制的语音环境。

战线（zhànxiàn）　　枪炮（qiāngpào）　　百搭（bǎidā）

2. /ɤ/音位变体的使用条件考察。

请指出下列音节中包含的/ɤ/音位变体，并说明其受限制的语音环境。

车灯（chēdēng）　　春分（chūnfēn）

第七节 音 变

一、单项选择题

1. 以下词语中,包含轻声音节的是( )。

A. 莲子 B. 瓜子 C. 轿子 D. 分子

2. “我实在吃不下了”和“你这个人真实在”两个句子中的“实在”不相同,说明了( )。

A. 非轻声与轻声对立以区别词义 B. 非轻声与轻声对立区分词性

C. 非轻声与轻声对立区分短语与词 D. 非轻声与轻声对立区分消极与积极

3. 以下轻声词中“轻声音节”的实际调值最高的是( ),最低的是( )。

A. 哥哥 B. 相声 C. 老实 D. 馒头

4. 以下轻声音节的“声母”发生浊化的有( )。

A. 运气 B. 豆腐 C. 芝麻 D. 嘴巴

5. 下列音节发儿化音时,韵母不为“ər”的是( )。

A. 泡沫儿 B. 刀背儿 C. 果汁儿 D. 毛驴儿

6. 下列音节发儿化音时,韵母鼻音化的是( )。

A. 够劲儿 B. 树根儿 C. 快板儿 D. 板凳儿

7. 下列三个上声相连的词语中变调异化为“[21]+[35]+[214]”的是( )。

A. 老古董 B. 水彩笔 C. 暖暖手 D. 保管好

8. “罩”和“罩儿”两个词( )。

A. 没有区别,意义相同。

B. 词性有区别,“罩”是动词兼名词,“罩儿”是名词,意义也有区别。

C. 词性有区别,“罩”是动词,“罩儿”是名词,意义也有区别。

D. “罩儿”的感情色彩比“罩”强。

9. 下列四个词语中,“一”的读音与其他选项都不同的是( )。

A. 一箭双雕 B. 万里挑一 C. 一唱一和 D. 命悬一线

10. 下列含“一”的词语发生变调的是( )。

A. 第一 B. 一号 C. 始终如一 D. 一旦

11. 下列四个含“不”的词语,“不”的读音变成阳平的是( )。

A. 不朽 B. 不安 C. 不止 D. 不信

12. 下列不都是儿化词的一组是( )。

A. 馅儿 这儿 花儿 B. 伴儿 勺儿 婴儿 C. 曲儿 雀儿 瓶儿 D. 盖儿 棍儿 门儿

13. 下列四个含“子”的词语,“子”的读音都是轻声的是( )。

A. 房子、墨子、日子 B. 瞎子、匣子、虾子 C. 辫子、鞭子、鸽子 D. 褂子、瓜子、沙子

二、多项选择题

1. “今年的月饼馅要五仁的”这句话中,属于儿化音节的是( )。

A. 年 B. 饼 C. 馅 D. 仁

2. 下列音节连读,前一音节变读为半上[21]的是( )。

A. 处理 B. 曙光 C. 想想 D. 尾巴

3. 下列读轻声的词有( )。

A. 虾子 B. 笼头 C. 瞎子 D. 妈妈 E. 龙头

4. 下列读成阳平的“一”是( )。

A. 一尘不染　　B. 一去不复返　　C. 不管三七二十一　　D. 一个

5. 下列画线词语读轻声的是(　　)。

A. 这些东西你拿去吧！　　B. 我方向感很差，到这种地方分不清东西南北。

C. 你的方法对头了！　　D. 他是我的死对头。

6. 下边的“不”读去声的是(　　)。

A. 走不走　　B. 我不！　　C. 不要　　D. 不成　　E. 不像

三、填空题

1. 声调是汉语音节中不可缺少的因素，但在说话时有些音节会失去原有的声调，变成一种又轻又短、比较模糊的调子，这种语音变化现象，被称为________。

2. “er”如果跟韵母结合起来，就使这个韵母发音时带有卷舌色彩，这种现象叫________。

3. 轻声一般有两种作用，一是区别词义，二是________。

4. 普通话中词语规范所要求的音变，主要表现为________和________的读音音变。

5. 语流连读中所发生的自然音变，通常包括________和________两类。

6. 轻声音节的实际调值取决于________________的调值。

四、判断题(对的打“√”，错的打“×”)

1. 音变现象属于自然交际口语中的语音现象，在书面拼音上无形式表现。(　　)

2. 轻声音节与非轻声音节在音色上有所区别，其自然发音机理不同。(　　)

3. 词语中轻声音节的位置是相对固定的，处于非轻声音节的后头。(　　)

4. 普通话轻声中的“轻”是指音强，轻声在形式上也主要取决于音强。(　　)

5. 轻声音节在极度轻读的情况下，往往会脱落声母，只剩韵母。(　　)

6. “花儿”是两个语素，但对应的音节是一个音节。(　　)

7. 普通话里除了 ê 和 er 外，其余的韵母都可以儿化。(　　)

8. 普通话连读一般是后一音节发生变调，其变调的高低由前一音节的声调调型决定。(　　)

9. “上声+上声+上声”的连读变调情况，最后一个音节仍为上声。(　　)

10. 轻声音节“吗”和“们”没有本调，在任何情况下都读轻声。(　　)

五、简答题

1. 什么是“儿化”？举例说明其作用。

2. 对比非轻声音节,说说轻声的形式特点及位置特点。

3. 根据语音事实,判断韵母经过儿化以后,韵类数目的变化趋势,并说明原因。

六、应用题

1. 诵读下面这段话,读准所有的轻声词语并指出轻声词的规律性。

祥子的脸通红,手哆嗦着,拍出九十六块钱来:“我要这辆车!”铺主打算挤到个整数,说了不知多少话,把他的车拉出去又拉进来,支开棚子,又放下,按按喇叭,每一个动作都伴着一大串最好的形容词;最后还在钢轮条上踢了两脚,“听听声儿吧,铃铛似的! 拉去吧,你就是把车拉碎了,要是钢条软了一根,你拿回来,把它摔在我脸上! 一百块,少一分咱们吹!”祥子把钱又数了一遍:“我要这辆车,九十六!”铺主知道是遇见了一个实心眼的人,看看钱,看看祥子,叹了口气:“交个朋友,车算你的了;保六个月:除非你把大箱碰碎,我都白给修理;保单,拿着!”

2. 朗读下面的对话，填写“啊”音变后的对应汉字。

甲：医生你好啊(　　)！

乙：怎么是你啊(　　)？这次哪里不舒服啊(　　)？

甲：没有不舒服，您上次看过以后，什么头晕啊(　　)，眼花啊(　　)，食欲不振啊(　　)，都没了！

乙：那你大老远来这里是什么原因啊(　　)？

甲：医生您总是这么忙啊(　　)？我占用您点时间行不行啊(　　)？

乙：行，你说，别见外啊(　　)！

3. 运用儿化韵的变读规律，读读下面两段话。

(1) 有个小孩儿叫小兰儿，口袋里装着几个小钱儿，又打醋，又买盐儿，还买了一个小饭碗儿。小饭碗儿，真好玩儿，红花儿绿叶儿镶金边儿，中间儿还有个小红点儿。买了饭碗儿给老婶儿，为我小兰儿做糖角儿，果仁儿瓜子儿放里边儿，压边儿捏褶儿不漏馅儿。

(2) 祥子跟了进去。到了院中，他看见了四匹骆驼。“老者，留下我的三匹，凑一把儿吧？”“哼，一把儿？倒退三十年的话，我有过三把儿！年头儿变了，谁还喂得起骆驼！”老头儿立住，呆呆的看着那四匹牲口……“赶明儿天大热起来，再加上蚊子，眼看着好好的牲口活活受罪，真！”老者连连地点头，似乎有无限的感慨与牢骚。

第八节 节　　律

一、单项选择题

1. 下列四个双音节词，轻重格式与其他选项不同的是(　　)。

A. 星星　　B. 黄瓜　　C. 音乐　　D. 拳头

2. 下列四个三音节词，轻重格式为“重+轻+轻”的是(　　)。

A. 姑娘家　　B. 小伙子　　C. 萤火虫　　D. 星期天

3. 下列四个偏正短语，重音落点与其他选项不同的是(　　)。

A. 特别喜欢　　B. 我爸爸　　C. 一口吞下　　D. 从这里起飞

4. 下列四个述补短语，重音落点与其他选项不同的是(　　)。

A. 跑了三圈　　B. 辣出眼泪　　C. 急得跳脚　　D. 笑了出来

5. 下列四个同位短语，重音落点与其他选项不同的是(　　)。

A. 父子二人　　B. 我们共产党人　　C. 国宝大熊猫　　D. 两弹元勋邓稼先

6. 句末不同的标点实际上是不同(　　)的标示。

A. 重音　　B. 轻声　　C. 语调　　D. 断连

二、多项选择题

1. 比“逗号”顿断时间长，比“叹号”顿断时间短的标点符号是(　　)。

A. 问号　　B. 分号　　C. 顿号　　D. 冒号

2. 以下情况中，顿断时间最长和最短的分别是(　　)。

A. 短语的断连　　B. 顿号所显示的句内顿断

C. 句号所显示的句末顿断　　D. 段落之间的顿断

3. 疑问句的常见句调形式有(　　)。

A. 升调　　B. 降调　　C. 平调　　D. 曲折调

4. 口语中常见的句调形式有(　　)。

A. 平调　　B. 降调　　C. 升调　　D. 曲折调

5. 下面应该用升调的句子是(　　)。

A. 你走吧,先生! B. 家里有吃的吗? C. 难道你没听见? D. 他来不来呀?

6. “语法重音”主要体现在(　　　　)这两级语言单位中。

A. 语素 B. 词 C. 短语 D. 句子

7. “断连”主要体现在(　　　　)这两级语言单位中。

A. 语素 B. 词 C. 短语 D. 句子

三、填空题

1. 节律是运用言语的节奏和语声规律正确体现语言的________、________与________的一种表达手段。

2. 节律的体现形式是________。

3. 重音可分为________和________,体现重音的主要成分是________和________。

4. 语法重音是在不受上下文或具体语境规定下,由语言单位自身的________、________所规定的重音。

5. “断连”是指语言单位之间的________、________,它其实是语言结构关系的语音标志形式。

6. 句调升降主要指句调的________变化。

7. 句调贯穿于整个句子的始终,但却突出地体现于句子的________。不同的句调标志不同的________,表示不同的________。

四、判断题(对的打“✓”,错的打“×”)

1. 重音与轻音是相对而言的,也有人叫“停延”。(　　)

2. 只要上下文语境是客观存在的,它都会对逻辑重音的落点形成制约。(　　)

3. 节律由说话人的思想感情主观支配运用,是言语过程中不可或缺的表达手段。(　　)

4. “重音”的“重”字体现了重音的主要成分是音强。(　　)

5. 读重音的部分其语义一般比较重要。(　　)

6. 言语表达首先必须掌握的重音是逻辑重音。(　　)

7. 词的不同轻重读音格式主要依据于词的语义。(　　)

8. 单音节词无论语义实虚,都不存在轻重读。(　　)

9. 逻辑重音只能出现在具有独立表达功能的语句中且落点位置是固定的。(　　)

10. 充当语法成分的某些词或短语往往没有标点显示,可是由语言结构关系所规定的顿断与连延依然客观存在。(　　)

11. 表现节律的语音形式不能单独存在,它附加于语言建筑材料之上。(　　)

五、简答题

1. 结合具体实例,说明“短语重音是区别不同短语类型的重要形式标志”。

2. 兼语短语的重音落在什么位置？原因是什么？

3. 句调和声调的关系是什么？

4. 语句重音有哪两类，它们有什么不同？如何区分二者？

5. 句调形式有哪些？使用条件是什么？有什么样的作用？

六、应用题

1. 读下列对话,标出它们的句调形式。

甲:快走吧! 我再也不想看见你了。( )

乙:你是认真的吗?( )

甲:再过五分钟我就要登机了。( )

这段感情今天必须做个了断。( )

乙:东京这么繁华的地方,你一个人就能生活?( )

不要再闹脾气了,我求求你好不好?( )

甲:我最后再问你一次,你到底跟不跟我走?( )

乙:和你走又怎么样? 和你走你就愿意嫁给我?( )

甲:好啊,当初我要是对你视而不见,现如今就不会是这个下场!( )

乙:是,论视而不见,谁能和你比!( )

要出国的人果真就是不一样了。( )

2. 读一读下面的短语、短句,指出其重音落点。

(1) 我非常欣赏《海上钢琴师》,无论是故事还是语言我都很喜欢。

(2) 他不是在弹钢琴,而是在驾驭钢琴。用键盘,用音符,随心所欲地驾驭它。

(3) 对我来说,大地是一艘太大的船,是一段太漫长的旅途,是一个太漂亮的女人。

(4) 在他看见她的一刹那,她正舒缓地转过身来,在那一瞬间,恰好与他的目光相遇。

(5) 既然你有求于他,就不要追问过多。

(6) 这一场红方战败,落后十四分。

3. 分析下列短语、短句的顿断位置,并说明各断连情况下短语的类型。

(1) 攻击老板的司机

(2) 没有举手的

(3) 无人工服务窗口

(4) 几个市民的建议

第二章　汉　　字

第一节　现代汉字概述

一、填空题

1. 现代汉字的记录对象是________。

2. 从字符与语言的音、义联系情况上看,现代汉字是一种________文字。

3. 文字记录语言的途径有三种:__________、__________、__________。(或者__________、__________、__________。)

4. 从文字所记录的语言单位来看,现代汉字基本上是一种________文字。

5. 从文字所记录的语言单位来看,英语属于________,梵文属于________。

6. 文字符号的组合主要有两种方式:一种是________,一种是________。

7. 从字符的组合特征上看,汉字是一种________,又叫________。

8. 汉字从隶书发展为楷书,其字形的的主要变化为________、________。

9. “巯”的造字法为________,“乒”的造字法为________。

10. 根据现代汉字的构字部件跟整字在音义上的关系,构字部件可以分为三类:________、________和________。

11. 汉字的字体经过了漫长的演变过程,先后出现过甲骨文、金文、________、________、________、楷书、________等各具特点的字体。

12. 1899 年在河南安阳小屯村发现了殷商时代使用的文字——________,即占卜用的龟甲和兽骨上的文字。

13. 商代后期,开始流行在青铜器上铸铭文,这类铭文所采用的字体叫作________,也被称为“钟鼎文”。

14. 秦代通行的标准字体为________,在此基础上简化出________作为辅助字体,常为秦官府用以处理日常事务。

15. 汉字字体演变的总趋势是____________________。

二、单项选择题

1. 现代汉字中,占比最大的是(　　)字。

A. 象形　　B. 会意　　C. 假借　　D. 形声

2. 以下哪一现象不属于现代汉字的特点?(　　)

A. 记录的语言单位为语素　　B. 记录语言的切入点兼顾音义

C. 线条性减弱,形象性增强　　D. 形体上呈现为方块形

3. (　　)是汉字最原始的造字方法。

A. 象形　　B. 假借　　C. 形声　　D. 会意

4. 属于象形字的一组汉字是(　　)。

A. 豆、室、甘、小　　B. 羽、燕、高、儿　　C. 帘、闪、下、王　　D. 炎、羊、舟、末

5. 以下属于指事字的汉字是(　　)。

A. 羊　B. 炎　C. 卉　D. 王

6. 以下不属于会意字的汉字是(　　)。

A. 益　B. 双　C. 桑　D. 尖

7. 属于会意字的一组汉字是(　　)。

A. 磊、夹、及、炙　B. 灶、弄、丛、灭　C. 尘、至、矢、刃　D. 戈、从、取、房

8. 汉字"甭"的造字法为(　　)。

A. 省形的切音合形造字法　B. 会意

C. 形声　D. 切音合形造字法

9. 从构形成分的属性来看,现代汉字"特""水""凸"分别属于(　　)(　　)(　　)。

A. 意符字　B. 合成记号字　C. 合成意符字　D. 意符音符字　E. 记号字

10. 以下(　　)类文字体式不属于汉字字体。

A. 宋体　B. 楷书　C. 黑体　D. 颜体

11. (　　)是古今汉字的分水岭。

A. 小篆　B. 行书　C. 隶书　D. 楷书

三、多项选择题

1. 目前,仍在局部范围内使用汉字的有(　　　)。

A. 韩国　B. 日本　C. 越南　D. 朝鲜　E. 新加坡

2. 下列关于汉字的描述正确的是(　　　)。

A. 汉字是中国人民在长期劳动生产和社会实践中创造出来的书面交际工具。

B. 在人类文字发展中,汉字是一种重要而独特的文字系统。

C. 汉字是世界上历史最悠久的文字之一。

D. 汉字最初是一种象形文字。

3. 以下字体中属于现代汉字印刷体的是(　　　)。

A. 宋体　B. 楷书　C. 黑体　D. 行书

4. 汉字字体演变的过程就是汉字(　　　)的过程。

A. 符号化　B. 规范化　C. 简化　D. 稳定化

四、判断题(对的打"✓",错的打"×")

1. 每一个汉字都记录一个语素。(　　)

2. 汉字字体演变呈现简化趋势,演变过程中不存在字形结构繁化的现象。(　　)

3. 在汉字字体演变过程中,新的字体的出现就意味着旧的字体的淘汰。(　　)

4. 所谓表音和表意不是就作为语言符号的一个个文字说的,而是就文字本身所使用的字符说的。(　　)

5. 从字符的根本性质看,现代汉字仍属于表意文字体系。(　　)

6. 隶书是汉字的第一次规范化的字体。(　　)

五、名词解释

1. 六书

2. 象形字

3. 指事字

4. 会意字

5. 形声字

6. 假借

六、分析题

1. 从造字法角度分别指出以下汉字的形旁与声旁。

防、芹、衷、徒、祁、哀、匪、旗

2. 写出下列汉字的造字法。

例字	友	州	固	闪	面	桑	虫	楚
造字方法								

3. 请根据以下古文字字体,写出对应的现代汉字及其造字方法。

(　　　　) (　　　　) (　　　　) (　　　　)

(　　　　) (　　　　) (　　　　) (　　　　)

4. 指出下列各字的造字方法,并说明其造字理据。

羞、相、末、丘、首、陟

5. 根据构字部件的属性,指出下列汉字的类别并进行归类。

三、掰、疆、岱、雯、日、仅、我、劣、凹

6. 请分别判断以下汉字属于哪类字体。

（　　　）　（　　　）　（　　　）　（　　　）

七、问答题

1. 举例说明现代汉字的意符在传递语义信息上的局限性。

2. 请举例说明现代汉字是如何记录汉语语素的。

3. 请谈谈现代汉字的性质。

4. 什么叫“隶变”？简述隶书对于汉字形体的改造。

第二节 现代汉字的字形

一、填空题

1. 现代汉字的字形结构层次可以分为三段:________、________、________。

2. 现代汉字笔形较为概括的分类法为"札"字法和________,后者包括________、横、竖、撇、捺、________、________、钩。

3. 书写时,笔画的方向自始至终没有变化的笔形是________,笔画的方向有所变化的是________。

4. 现代汉字笔画的组合关系有三种:________、________、________。

5. 笔顺包括两方面内容:一是________,也有人称"笔势";二是________,也有人称"笔序"。

6. 部件是________、________、________的构字单位。

二、单项选择题

1. (　　)是构成楷书字形的最小单位。

A. 意符　　B. 部件　　C. 声旁　　D. 笔画

2. 书写汉字"九""延"时,需要符合的笔顺基本规则为(　　)(　　)。

A. 先折后撇　　B. 先外后内　　C. 先撇后折　　D. 先内后外

3. "重""黄""懿"三个字从部件拆分来看,可以分别拆分为(　　)个基础部件。

A. 三、三、六　　B. 一、四、七　　C. 三、四、六　　D. 一、三、七

4. 下列四组字中,每组内各字的结构模式相同的是(　　)。

A. 辫靴　　B. 屏司　　C. 衷爽　　D. 森器

5. 下列四组字中,每组内各字的结构模式都是包围结构的是(　　)。

A. 冈延巫　　B. 凶匹团　　C. 裹帚春　　D. 载击枭

三、多项选择题

1. 下列四组字中笔画数相同的是(　　　)。

A. 凹、回、曲　　B. 凸、匝、弗　　C. 阜、兒、巷　　D. 唐、莓、套

2. 以下汉字的笔画中具有派生笔形的是(　　　)。

A. 又　　B. 粘　　C. 民　　D. 日

3. "母"的笔画的空间关系包括(　　　),"应"的笔画的空间关系包括(　　　)。

A. 分离关系　　B. 相接关系　　C. 相交关系

4. 以下部件中属于成字部件的是(　　　),属于不成字部件的是(　　　)。

A. 弋　　B. 吾　　C. 乚　　D. 音　　E. 光　　F. 廾

5. 以下属于基础部件的是(　　　)。

A. 口　　B. 立　　C. 音　　D. 人　　E. 仁

四、判断题(对的打"✓",错的打"×")

1. 现代汉字"胡"即可以切分为"古""月"两个部件,又可以切分为"十""口""月"三个部件。(　　)

2. 部件是小于偏旁的构字单位。(　　)

3. 偏旁和部件是从不同的角度对汉字进行分析的,因而偏旁跟部件并不完全对应。(　　)

4. "回"是属于包围结构。(　　)

5. "甘"是属于合体字。(　　)

五、名词解释

1.“札字法”

2. 独体字

3. 合体字

六、分析题

1. 请采用“部件识字法”,称说以下汉字:
赏、弄、嚷、器、阁、街

2. 分析下列汉字的部件、偏旁和部首。(部件要求切分至最小单位,偏旁需具体指出声旁或形旁)
然、修、荆、益、急

3. 请依据合体字的基本结构模式,将以下汉字分别归类。
臬、禀、复、风、国、析、杂、击、莽、坐、乘、掰、磊、是

4. 请指出现代汉字“章”“鞭”“虐”中的基础部件和合成部件分别是什么,三者的结构模式是什么。

七、问答题

1. 请分别阐述笔画、笔形和笔顺的概念。

2. 笔画是什么？基础部件是什么？两者存在什么差异？

第三节　现代汉字的字音

一、填空题

1. 汉字记录的语音单位是________。
2. 汉语音节数量是相当有限的，而汉字的数量则大得多，说明存在大量的________。
3. 一个汉字有两个或两个以上的读音，称为________。
4. "人参、参差、参加"和"力、历、荔、雳、利、厉"的存在，说明了现代汉字字形与读音的关系：________________________________。
5. 声旁表示字音的情况大致有以下三种类型：________、________、________。

二、选择题

1. 形声字的声旁表音作用有限的原因是(　　)。
A. 汉字的声旁不是专职的
B. 产生之初，部分声旁和形声字的读音本略有差异
C. 古今语音的演变
D. 声旁与音节之间不是固定的关系

2. 如下(　　)组字的声旁跟整字的读音不一致。

A. 莲　伦　蕨　伉　励　　B. 箈　霉　简　疸　部

C. 影　踽　濯　鹄　菀　　D. 踌　畔　膘　侮　宾

3. 字音跟声旁的读音在声、韵、调上完全相同的是(　　)。

A. 把　　B. 拷　　C. 情　　D. 洋

4. 字音与声旁的声母、韵母相同,声调不同的是(　　)。

A. 圆　　B. 背　　C. 华　　D. 灿

三、判断题(对的打"✓",错的打"×")

1. 汉字与每一个音节之间不是固定的关系。(　　)

2. 声旁"垂"在形声字"睡""唾"中不能完全表音,但却能准确表示"陲""捶""锤""棰"的字音,因此声旁"垂"仍属于全表音声旁。(　　)

3. "请、情、清、晴、氰"都是以"青"为声旁的形声字。(　　)

4. "屈、咄、拙、茁"都是声旁不表音的形声字。(　　)

四、分析操作题

1. 根据下列形声字归纳声旁的表音功能。

稀、拭、抗、颖、愎、缅、迸、皲、苜、厩、匪、都、雇、特

2. 改正下列词语中的标音错误。

横剖(pāo)面　　岿(guī)然不动　　追本溯(shòu)源

锲(qì)而不舍　　鞭笞(tái)　　踽(yǔ)踽独行

佣金(yōng)　　方枘(nèi)圆凿

3. 指出下列形声字的声旁、形旁以及两者的配置方式。

雌、欣、靳、徒、衷、滕、楚

例如:斧:下形上声　形旁:斤　声旁:父

五、问答题

1. 形声字的出现使得汉字出现了表音成分，那么，形声字的声旁是否等同于音素文字的字母和音节文字的音节符号呢？并简述理由。

2. 如何理解语言中“有义的声旁”这一现象？

第四节　现代汉字的字义

一、填空题

1. 现代汉字字形与字义的关系大致有三类：________、________、________。
2. 现代汉字多数记录的是________。
3. 在现代汉字中，表义部件的主要作用有二：一是________，二是________。
4. 早期的汉字如甲骨文、金文，多用象形、会意的方法记录字义，图画意味很浓，所以往往能________。

二、单项选择题

1. 如下（　　）组字的形旁都不能明确提示整字字义的大致范围。

A. 治、理、机、闷、箭　　B. 骗、箱、骄、燃、袄

C. 简、虹、特、始、渐　　D. 销、轴、纨、啤、房

2. 下列（　　）组字能够体现形旁的区别作用。

A. 蚂—蜘—蟥—蛇—蛾—蝇　　B. 抹—拖—拉—抓—抽—打

C. 难—鸡—邓—戏—欢—劝　　D. 姑—菇—估—咕—沽—钴

3. 下列（　　）组汉字记录的仅仅是一个音节，没有语素义。

A. 仿、佛、垃、圾　　B. 放、波、玻、力　　C. 门、们、闷、焖　　D. 哒、嗒、达、荅

4. 下列(　　)组汉字记录的是词义。

A. 语、音、活、火　　B. 其、气、祁、砌　　C. 山、杀、傻、纱　　D. 丽、李、里、粒

三、判断题(对的打"✓",错的打"×")

1. 随着汉字字形形象性的丧失,形旁表意的功能也逐渐消失。(　　)

2. "鸡""邓""观"等字分别由"鷄""鄧""觀"简化而来,从繁体字看,它们属于典型的形声字,简化后"又"仍属于声旁。(　　)

3. 形旁表意功能的强弱与汉字的使用频率成正比关系。(　　)

4. 对于具有相同形旁的汉字,形旁一般只能表示它们的共性,而无法提示其个性。(　　)

四、分析操作题

1. 请用✓指明以下汉字所记录的语言单位。

项目	瑙	释	很	辱	咖	蜘	听	盛	只	了	震	啊
词义												
语素义												
音节												

2. 根据下列形声字归纳形旁与字义的关系。

黝　枫　刻　笨　逃　馥　群　頭　狡　镜　忍

3. 列表指出下列形声字的声旁与形旁,并分析声旁、形旁的表音和表义情况。

基、哺、暇、机、垣、钉(dīng)、悖

汉字	声旁	声旁表音情况	形旁	形旁表义情况
基				
哺				
暇				
机				
垣				
钉				
悖				

五、问答题

1. 请结合具体实例说明大量的现代汉字无法从字形直接推知字义的原因。

2. 下列汉字的形旁都是“竹”，请以此分析形旁的作用和局限。

笞、箱、符、籍、竿、笆、笨

3. 下列汉字的声旁都是“皮”，请以此分析声旁的作用和局限。

波、坡、披、破、玻、跛、被、疲、彼

第五节　现代汉字形音义的关系

一、单项选择题

1. 下列(　　)组词的加点字语音是相同的。

A. 薄雾　刻薄　薄地　　B. 芳菲　菲菲　菲薄　　C. 剥皮　剥夺　剥落　　D. 挨打　挨近　挨个

2. 以下(　　)组词中有同音字存在。

A. 了如指掌、不甚了了、了了无几　　B. 妄自菲薄、非然可观、敬备斐酌

C. 瑕不掩瑜、无暇兼顾、遐想联翩　　D. 暴光、爆破、曝晒

3. 如下(　　)组字均属于多音多义字。

A. 曲、绷、辟、扁、公　　B. 血、暴、伽、桓、呱　　C. 打、花、量、咋、曝　　D. 识、阿、发、横、禅

4. 以下(　　)组词属于同音同形字,(　　)组属于异读字,(　　)组属于多音多义字。

A. 簸:①bǒ,颠簸;②bò,簸箕　　B. 法:①fǎ;②fà

C. 烟、煙、菸　　D. 才:才能　才:才走

E. 章、漳、蟑

5. (　　)组词语的书写都是正确的。

A. 入不敷出、英雄倍出、按步就班　　B. 病入膏肓、歪风邪气、夜郎自大

C. 痹官野史、和盘托出、张慌失措　　D. 为虎作伥、集腋成裘、毁家抒难

二、多项选择题

1. 以下(　　　)组字属于同形字。

A. 和(hé)、和(hú)、和(huó)　　B. 窗、牕、牎、窻、窓

C. 械(xiè)与械(jiè)　　D. 薄(bó)(不强健)与薄(bó)(靠近)

2. 以下(　　　)组字属于同音字。

A. 庐、芦、炉、驴　　B. 阑、澜、斓、蓝、拦

C. 发、髮、發　　D. 申:①说明;②地支的第九位;③上海的别称

3. "羊毛"的"毛"和"一毛钱"的"毛"是属于(　　　)。

A. 多音多义字　　B. 异读字　　C. 异体字　　D. 同音字

E. 同形字　　F. 繁简字

4. 下列(　　　)组词是同音、同义的异形词,因而是汉字定形中应该整理的对象。

A. 笔画——笔划　　B. 笔划——比划　　C. 人才——人材　　D. 推委——推诿

三、分析题

1. 改正下列词语中因形近而用错的字,并总结近形字的差异。

鬼鬼祟祟	流水汩汩	涣然一新	高瞻远嘱
方柄圆凿	各抒已见	戊边	百练成钢
白壁微瑕	奕棋	变本加历	草管人命

2. 改正下列词语中因同音字而用错的字。

隔隔不入	黄梁一梦	幅圆辽阔	愤闷不平
蝉连冠军	决无仅有	甘之如怡	轰堂大笑
刻已奉公	既往开来	意兴阑姗	出奇不意
惨绝人圜	粗制烂造	测隐之心	插科打浑

3. 给下列各组形似字注音。

（1）己（　　）——已（　　）——巳（　　）

（2）黜（　　）——拙（　　）——咄（　　）——诎（　　）

（3）恬（　　）——括（　　）

（4）怙（　　）——估（　　）

（5）肓（　　）——盲（　　）

（6）荼（　　）——茶（　　）

（7）拈（　　）——沾（　　）

（8）瞠（　　）——堂（　　）

四、问答题

1. 举例说明异体字和繁体字的区别。

2. 举例说明多音多义字、同音字和同形字之间的关系。

3. 举例说明多音多义字与异读字的区别。

第六节　现代汉字的规范

一、填空题

1. “规范汉字”指经过系统整理、由国家发布、通行于中国大陆现代社会一般应用领域的________。

2. 2013年国务院公布的《通用规范汉字表》是在整合________(1955年)、________(1986年)、________(1988年)、________(1988年)的基础上制定的。

3. 简化字专指我国中央政府有关部门公布的________。

4. 整理异体字的原则是________。

5.《第一批异体字整理表》(1955年)、《简化字总表》(1964年)以及《印刷通用汉字字形表》(1965年),确定了现代汉字的________、________和________。

6.《现代汉语通用字笔顺规范》(1997年)和《信息处理用GB13000·1字符集汉字部件规范》(1997年),确定了现代汉字的________和________。

7. 汉字序列法主要有两种:音序法、形序法,形序法又分________、________和________。

8. 音序法是按照________来排列字序的方法。汉字的音序法经历了________、________和________三个阶段。

9. 明代梅膺祚编的________将部首按楷书分为214部,语文学界把214部的部首系统称为“________”,而把改变214部的现代各种部首系统称为“________”。

10. 部首立部一般具有________和________两个标准,同时这两个标准也是部首法的分歧所在。

二、单项选择题

1. “一寸光阴一寸金,寸金難買寸光陰”中包括(　　)个字种。

A. 14　　B. 2　　C. 7　　D. 8

2. 汉字总字数很多,可是人们经常使用的字量并不多,那么现代汉语常用字约(　　)个。

A. 6 500　　B. 7 000　　C. 2 500　　D. 3 500

3. 2013年国务院公布的《通用规范汉字表》中的一级字表和二级字表共计(　　)个字。

A. 3 500　　B. 6 500　　C. 7 000　　D. 6 000

4. 下列(　　)组的繁简字的简化方法均属于同音替换。

A. 蹩—别、籲—吁、麵—面　　B. 穀—谷、颳—刮、聽—听

C. 醜—丑、髮—发、農—农　　D. 戲—戏、豐—丰、蟲—虫

5. 以下(　　)是“干燥”的“干”的繁体字。

A. 幹　　B. 干　　C. 乾　　D. 榦

6. 部首法始于(　　)。

A. 张自烈《正字通》　　B. 许慎《说文解字》　　C. 梅膺祚《字汇》　　D. 阮元《经籍籑诂》

三、多项选择题

1. 现代汉字的规范主要体现在(　　　)方面。

A. 定序　　B. 定音　　C. 定量　　D. 定形

2. 在繁体简化方面,有关部门作出众多努力,制定了一系列文件,包括(　　　)。

A.《汉字简化方案》(1956年)　　B.《第一批异体字整理表》(1955年)

C.《简化字总表》(1986年)　　D.《印刷通用汉字字形表》(1965年)

3. 以下(　　　)工具辞书主要采用部首法进行汉字排序。

A.《汉语大词典》　　B.《辞海》　　C.《现代汉语词典》　　D.《汉语大字典》

E.《新华字典》

4. 按《普通话异读词审音表》,下列读音正确的是(　　　　)。

A. 偏差(chā)、胳臂(bei)、复辟(bì)　　B. 稀薄(báo)、屏(bǐng)气、颤(chàn)栗

C. 豆豉(chǐ)、冲(chòng)床、乳臭(xiù)　　D. 澄(dèng)清、哺(pǔ)育、口供(gōng)

四、判断题(对的打"√",错的打"×")

1. 一个简化字形只对应一个繁体字形。(　　)

2. 简体字就是简化字。(　　)

3. 按《简化字总表》,"藉口、凭藉、慰藉、狼藉"的"藉"一律简化为"借"。(　　)

4.《普通话异读词审音表》审定"阿弥陀佛"中的"阿"读为 ē。(　　)

五、分析题

1. 写出下列繁体字的规范简化字,并据此归纳简化方法。

幣—(　　)　斃—(　　)　鬆—(　　)　衆—(　　)　專—(　　)

齣—(　　)　釁—(　　)　聯—(　　)　歡—(　　)　婦—(　　)

滅—(　　)　區—(　　)　禮—(　　)　書—(　　)　穀—(　　)

2. 请指出并改正以下汉字在由简化字转换为繁体字后出现的错误。

窗明几净—窗明幾净　　封面设计—封麵設計　　圣贤故里—聖賢故裏

诗云子曰—詩雲子曰　　令人发指—令人發指　　历历在目—曆曆在目

3. 分别运用音序法和部首法,在《现代汉语词典》中确定下列汉字的音节和部首。

非、丢、出、用、亭、暮、耐、虐、包、暨

六、问答题

1. 请说说“通用汉字”与“常用汉字”的区别。

2. 简述现代汉语常用字的特点。

3. 观察以下几组繁简体,分析简繁转换时需注意什么问题?

① 复(複、復)

② 谷(谷、穀)

③ 泸(瀘)、颅(顱)、炉(爐)、庐(廬)

④ 难(難)、欢(歡)、戏(戲)

4. 请概述现代汉字规范化的基本内容。

第七节　现代汉字的信息处理

一、填空题

1. 汉字信息处理是利用计算机对自然语言的________、________、________等信息进行处理的一项科学技术。

2. 汉字信息的输入方式有:________、________和________。

3. 汉字键盘输入方式大体上经历了三个发展阶段:________、________、________。

4. 根据抽取汉字信息特征的不同,汉字编码方案可分为________、________、________三类。

5. 常见的字形编码方案有________、________、________和________等四种。

6. ________是完善汉语拼音输入法的关键。________、________和________是根据汉语内在规律总结出来的减少同音选择的好方法。

7. 目前汉字信息的输出可分为________和________两大类。

二、选择题

1. 李金铠的八笔编码属于(　　)。

A. 部件码　B. 笔形码　C. 部首码　D. 四角编码

2. 以下不属于推动汉字信息处理发展的措施的是(　　)。

A. 汉字编码方案的标准化　B. 加强汉字属性研究

C. 加强汉字规范标准的研究　D. 推广各类汉字编码方案

3. 目前比较成熟的汉字字形识别方法有图形匹配法和(　　)两种。

A. 结构分析法　B. 语音识别法　C. 编码法　D. 音形结合法

三、问答题

1. 分别阐述音码与形码这两种编码输入方案的优缺点。

2. 汉语拼音输入法具有什么优点?

3. 请谈谈加强汉字研究对汉字信息处理的用途。

第三章　词　　汇

第一节　现代汉语词汇概述

一、填空题

1. 词汇包括________和________的集合。词汇和二者的关系是________的关系。

2. 根据音节数量，可以将语素分为________、________和多音节语素；根据构词能力，可以将语素分为________和________；根据构词位置，可以将语素分为________和________。

3. “________”是验证一个词由几个语素构成的基本方法。

4. 词是________________的最小语言单位。

5. 在鉴定词的方法中，依据插入别的语言成分后的语言单位是否合法来确定词的方法是“________”。

6. 短语又称________，是比词高一级的语言单位。短语可分为________和________。

7. 有些双音节词在中间可以插入别的成分而变成短语，这类可以插入别的成分变成短语的词叫________。

8. ________是词与词的固定组合，在长期使用过程中形成了相对完整的意义，在实际使用时作用相当于一个词。具有结构的________、意义的________和功能的________。主要有两类，包括________和________。

9. 现代汉语的语素是以________为主，词则以________为主。

10. 古代汉语词汇中，以________为主，而现代汉语则以________为主，特别是________占绝大多数。汉语词汇发展的一个明显的趋势就是________。

二、单项选择题

1. (　　)是语言中能够独立运用的最小的音义结合单位的集合，有时也可以指特定领域内词语的集合。

A. 词　　B. 短语　　C. 词汇　　D. 语素

2. (　　)是语言中最小的音义结合的构词单位，是最基本的语言单位。

A. 词　　B. 词汇　　C. 短语　　D　语素

3. 下列一组语素都是不定位语素的是(　　)。

A. 幸、者、语　　B. 伟、卫、第　　C. 固、型、习　　D. 荣、子、羽

4. 以下一组语素都是成词语素的是(　　)。

A. 得、嘛、统统　　B. 阿、巴、间　　C. 他、衣、历　　D. 肃、吧、情

5. 以下词中画线的字都是语素的是(　　)。

A. <u>船</u>、蝴<u>蝶</u>、<u>傣</u>族、玻<u>璃</u>　　B. <u>水</u>、家<u>具</u>、<u>多</u>少、签<u>到</u>

C. <u>椅</u>、沙<u>皇</u>、森<u>林</u>、<u>哈</u>达　　D. <u>画</u>、<u>峥</u>嵘、瀑<u>布</u>、日<u>历</u>

6. (　　)是区别词和短语的基本方法。

A. 同形替代法　　B. 单说法　　C. 剩余法　　D. 拓展法

7. 在使用频率高的常用词中，(　　)使用频率更高。

A. 双音节词　B. 联绵词　C. 合成词　D. 单音节词

8. 以下一组词语都是离合词的是(　　)。

A. 设计、发病、及格　B. 招生、走私、进行　C. 执政、犯罪、握手　D. 帮忙、吃惊、上当

9. 在鉴定词的方法中,依据能否单独回答问题来确定词的方法是(　　)。

A. 成分法　B. 替换法　C. 单说法　D. 拓展法

10. 在鉴定词的方法中,依据能否做“主、谓、宾、定、状、补”六大句子成分来确定词的方法是(　　)。

A. 成分法　B. 替换法　C. 剩余法　D. 拓展法

三、多项选择题

1. 以下一组成词语素只能独立成词,没有构词能力的是(　　)。

A. 地(dì)、又、葡萄　B. 重、行、谁　C. 喂(叹词)、吗、往往　D. 你、远、橄榄

E. 着(zhe)、咦、扑通

2. 惯用熟语包含(　　)。

A. 成语　B. 谚语　C. 歇后语　D. 惯用语　E. 习用语

3. 以下词都属于离合词的是(　　)。

A. 读书、鞠躬、帮忙　B. 革命、分清、投票　C. 抽烟、请假、洗澡　D. 吃亏、表态、唱歌

E. 登高、眺望、生气

4. 以下词语都属于固定短语的是(　　)。

A. 北京大学、叶公好龙　B. 忘乎所以、敲边鼓

C. 菩提、香山饭店　D. 烧鱿鱼、主席

E. 人工智能、种瓜得瓜种豆得豆

5. 汉语词汇发展双音节化的原因有(　　)。

A. 有助于避免大量同音词的出现

B. 双音节词使词义的表达更为细腻、精确

C. 双音节读起来往往带有一种乐感,轻重之间形成一种节奏,悦耳动听

D. 受多音节词为主的外来词的影响

6. 鉴定词的方法有(　　)。

A. 剩余法　B. 替换法　C. 单说法　D. 成分法　E. 拓展法

四、判断题(对的打“√”,错的打“×”)

1. 不成词语素都是定位语素。(　　)

2. 判断语素的最基本条件是该语素具有一定的语义。(　　)

3. 离合词的主要类型是动宾式。(　　)

4. 在鉴定词的方法中,成分法对确定虚词最有效。(　　)

5. 成词语素能独立成词,一般也能跟别的语素组合成词。(　　)

6. 在语言三要素中,词汇系统比语音系统、语法系统具有更大的开放性。(　　)

7. 双音节语素在现代汉语中占绝对优势,同时有极强的构词能力。(　　)

8. 单音节语素是汉语语素的基本形式。(　　)

五、分析题

1. 请指出下列句子中“字”的含义有何不同。

(1) 到3岁半时,婷婷连一个字也不会说。(　　)

(2) 认字容易,写字难。(　　)

(3) 我的话,他一个字也没懂。(　　)

(4) 文从字顺各识职,有欲求之此其躅。(　　)

2. 请填出表中词条的音节数、字数、语素数和词数。

词条	音节数	字数	语素数	词数
快乐				
美				
爬山				
花儿				
红萝卜				
白酒				
布尔乔亚				
歇斯底里				
铿锵				
黑糊糊				
甭				

3. 请用“同形替代法”鉴定下列词语由几个语素构成。

蜘蛛　潺潺　安培　踟蹰　友好　新冠　电影　搜狐　呼唤　自来水　布拉吉　橄榄球　斑马线　子母钟　艾滋病　凝聚力　北回归线　高血压　步行街　共和国　画儿　红彤彤　诚信　城墙　叱责　葡萄干

4. 请将下列语素按类别填入表中。

人　学　热　猫　澎湃　刹那　肮脏　奥林匹克　吉普赛　呢　的　了　民　丽　境　老　阿　然　性

语素类别	单音节语素	双音节语素	多音节语素
成词语素			
不成词语素			
定位语素			
不定位语素			

六、简答题

1. “本书重点探讨了‘爱情’作为一个词汇、一种观念在近现代中国的言说历史。”请找出这句话的语病。

2. 简述词汇在语言中的地位。

3. 同形替代法可以验证一个词的语素构成情况,那么鉴定一个构词成分是语素需要满足什么条件?请举例说明。

4. 如何理解词的“能够独立运用”的含义?

5. 请举例说明词和语素的关系。

6. 请举例说明词和自由短语的关系。

7. 请简要回答固定短语的特点。

8. 请举例说明现代汉语词语双音节化的途径。

七、论述题

1. 请举例谈谈汉语的语素、音节和汉字的关系。

2. 语素“趋”一般不能单独成词,往往与其他语素组合成词,如“趋避、趋奉、趋时、趋附、趋向”等双音词,但有时也能出现在句子中词所能出现的位置,如“两极分化状况更趋严重。”再比如“校”,一般情况下必须与其他语素组合成词,如“学校、高校、母校、校车”等,但有时也能出现在词所能出现的位置,如:“此校一出门就是马路”。这一类语素该怎么处理？你还能再举出类似的语素吗？

3. 请举例说明常用的鉴定词的方法。

第二节 构词法与造词法

一、填空题

1. ________是指语素构成词的方式和方法。________是指人们创造新词的方式和方法。

2. 由________构成的词是单纯词，由两个或两个以上语素构成的词是________。

3. 单音节单纯词可以分为________、________和________三类。

4. 双音节单纯词可以分为________、________、________和________四类。

5. 多音节单纯词可以分为________和________两类。

6. ________是由两个没有意义的音节连缀成义而形成的词。根据该词两个音节的声母、韵母关系，可以分为________、________和________三类。

7. 根据语素在合成词中的表义作用，可以把语素分为________和________。________是构成合成词的有实在意义的不定位语素，而________是构成合成词的附着在________________表示附加意义的定位语素。

8. 根据词根与词根的意义与结构关系，复合词主要有________、________、________、________和________五种类型。

9. 根据词缀的位置，派生词可以分成________、________和________三种类型。

10. 重叠式合成词主要有________、________。

11. 造词法主要有________、________、________和________。

12. ________是指以汉语语音为手段为命名事物现象的方法，主要有________和________两种指称方式。

13. ________主要是以概念与概念之间的语义关联为基础通过组合或比拟等手段来直指或喻指事物现象的方法，主要有________和________两种关联方式。

14. ________是指通过简缩部分语素或词使短语缩略成词的造词方法，主要有________、________、________、________和________五种缩略方式。

二、单项选择题

1. 下列都是单纯词的一组词是(　　)。

A. 咚、玻璃、美好、哗啦啦　　B. 氢、姥姥、翩翩、流畅

C. 香、拷贝、复制、基因　　D. 碘、扑通、潺潺、涅槃

2. 在现代汉语全部复合词中，(　　)类型占优势。

A. 状中型　　B. 述宾型　　C. 主谓型　　D. 定中型

3. 在现代汉语全部复合词中，(　　)类型份额最小。

A. 偏正型　　B. 述宾型　　C. 主谓型　　D. 联合型

4. 汉语词缀的类型中，(　　)最丰富。

A. 前缀　　B. 中缀　　C. 后缀　　D. 类词缀

5. 下列词语中，(　　)的“子”是词缀。

A. 游子　　B. 男子　　C. 提子　　D. 镜子

6. 汉语词缀类型中，(　　)类型的构词能力最弱。

A. 前缀　　B. 中缀　　C. 后缀　　D. 类词缀

7. 下列都是偏正式复合词的一组词语是(　　)。

A. 汽车、牛奶、穿戴、热爱　　B. 月亮、广场、笔直、铁路
C. 好吃、绿茶、意译、纸张　　D. 秋收、回顾、白菜、象牙

8. 下列都是补充式复合词的一组词语是(　　)。
A. 推翻、离去、看见、满意　　B. 洗礼、达到、分开、说服
C. 人口、跳远、调和、充实　　D. 撤回、改善、悦耳、花朵

9. 下列都属于摹音式造词法的是一组词语(　　)。
A. 呼噜、啧啧、蒙太奇、啤酒　　B. 猫、唉、袈裟、佛祖
C. 蛐蛐、马拉松、嘀咕、瞬间　　D. 唰、哼、知了、芭蕾

10. 以下都属于双音式造词法的一组是(　　)。
A. 姐姐、纷纷、尾巴、耳朵　　B. 弟弟、悄悄、可爱、初一
C. 星星、活活、老虎、桌子　　D. 堂堂、匆匆、嘴唇、砖头

11. 以下都属于直指式造词法的一组词是(　　)。
A. 象牙、缺点、船只、木头　　B. 校花、教室、门口、房间
C. 光秃秃、哈达、车辆、医院　　D. 傻乎乎、书桌、沙拉、黄金

12. 以下都属于喻指式造词法的一组词是(　　)。
A. 银耳、笑面虎、山水、玉兔　　B. 火热、红绿灯、蚕食、爪牙
C. 纸老虎、巾帼、富翁、雪白　　D. 领袖、时间、瓜分、伯乐

三、多项选择题

1. 以下都属于联绵词的一组词语是(　　　)。
A. 摧残、犹豫、崎岖、忸怩　　B. 唠叨、烂漫、腼腆、窈窕
C. 芙蓉、蝴蝶、铿锵、葡萄　　D. 经典、羡慕、相貌、情绪
E. 玫瑰、婆娑、囫囵、恍惚

2. 以下词语属于多音节单纯词的是(　　　)。
A. 哎呀呀、哗啦啦、叮叮当　　B. 噼里啪啦、叽叽喳喳、淅淅沥沥
C. 巧克力、法西斯、麦克风　　D. 艾滋病、汉堡包、香槟酒
E. 葡萄干、蒙太奇、厄尔尼诺

3. 合成词包括(　　　)。
A. 复合词　　B. 派生词　　C. 重叠词　　D. 音译词　　E. 联绵词

4. 音义结合法造词的结合方式有(　　　)。
A. 任意式　　B. 类推式　　C. 引申式　　D. 音义式　　E. 借代式

四、判断题(对的打“✓”,错的打“×”)

1. 构词法是对词进行动态的分析和分类,造词法是对词进行静态的分析和分类。(　　)
2. 由两个或两个以上语素构成的词是复合词。(　　)
3. 词根都是不定位语素,词缀都是定位语素。(　　)
4. 词的内部结构和整个词的词性是一一对应的。(　　)
5. 汉语里典型词缀并不太丰富,存在较多的是“类词缀”。(　　)
6. 汉语词缀类型中,后缀及类后缀最为丰富,前缀及类前缀最少。(　　)
7. 汉语的词缀都是汉语本土出产的。(　　)
8. 词缀只能用于构词。(　　)

五、分析题

1. 请依据构词法在下表的空栏处填写出至少 4 个词语。

<table>
<tr><td rowspan="8">单纯词</td><td rowspan="3">单音节</td><td colspan="2">音译词</td><td></td></tr>
<tr><td colspan="2">传承词</td><td></td></tr>
<tr><td colspan="2">拟声词</td><td></td></tr>
<tr><td rowspan="3">双音节</td><td colspan="2">联绵词</td><td></td></tr>
<tr><td colspan="2">叠音词</td><td></td></tr>
<tr><td colspan="2">音译词</td><td></td></tr>
<tr><td rowspan="2">多音节</td><td colspan="2">音译词</td><td></td></tr>
<tr><td colspan="2">拟声词</td><td></td></tr>
<tr><td rowspan="11">复合词</td><td rowspan="6">合成词</td><td rowspan="2">偏正型</td><td>定中</td><td></td></tr>
<tr><td>状中</td><td></td></tr>
<tr><td colspan="2">述宾型</td><td></td></tr>
<tr><td colspan="2">补充型</td><td></td></tr>
<tr><td colspan="2">主谓型</td><td></td></tr>
<tr><td colspan="2">联合型</td><td></td></tr>
<tr><td rowspan="3">派生词</td><td colspan="2">前缀型</td><td></td></tr>
<tr><td colspan="2">后缀型</td><td></td></tr>
<tr><td colspan="2">中缀型</td><td></td></tr>
<tr><td rowspan="2">重叠词</td><td colspan="2">AA 型</td><td></td></tr>
<tr><td colspan="2">AABB 型</td><td></td></tr>
</table>

2. 分析下面多音节合成词的层次关系。

校医院　癌细胞　生产线　出租车　指南针　助学金　多样性　刽子手　第一手

3. 请指出下列词语的造词方式及具体类型。

布谷　稀里哗啦　蛇行　本儿　老鹰　矛盾　蒹葭　啤酒　天　国家
丝竹　啧啧　猫　初三　哦　窈窕　喵　咖啡　狒狒　千　哈哈镜
校草　岁月　哇　英雄　吃香　沙发　奶奶　知了　须眉

4. 请比较并分析以下三组 AA 式重叠的特点。

(1) 猩猩、蝈蝈、蛐蛐

(2) 妈妈、爸爸、星星

(3) 看看、高高、人人

5. 请指出下列短语简缩成词的方式。

清华大学→清华

文学艺术工作联合会→文联

基本建设→基建

师范学院→师院

社会保障→社保

理科、工科→理工科

马克思主义、列宁主义→马克思列宁主义

有理想、有道德、有文化、有纪律→四有

中国人民解放军→解放军

象形、指事、会意、形声、假借、转注→六书

养老保险、医疗保险、失业保险、工伤保险、生育保险、住房公积金→五险一金

联合国安全理事会→安全理事会→安理会

中华人民共和国国务院→国务院

六、简答题

1. 请举例说明联合型复合词中两个词根之间的意义关系。

2. 请举例说明补充型复合词的具体类型。

3. 从历时角度看,现代汉语的词缀类型有哪些?

七、论述题

1. 一个词缀被判定为典型词缀的标准是什么？类词缀与典型词缀的区别在哪里？

2. 请举例谈谈汉语词缀的功能和作用。

3. 复合词的构成方式除了教材提及的五种主要类型,还有没有其他方式？请举例说明。

4. 复合词的主要构词类型有哪些？哪类数量多,哪类数量少？为何多,又为何少？

第三节　词义构成

一、填空题

1. 词义单位一般包括________、________和________三个层级。

2. ________是指词义系统中不能独立运用的最小的意义单位，是构成义位的________。

3. ________是词义系统中可以独立运用的最小的意义单位，是最基本的词义单位，是________的集合体。

4. ________是字典、词典中按照一个词意义数量分列的项目。

5. 词义的内容包括________、________、________、________以及________。

6. 词的客观概念义包括________和________两类。

7. 词的主观色彩义主要包括________和________两类。

8. 词的固定修辞义主要包括________、________和________。

二、单项选择题

1. (　　)是词义系统中不能独立运用的最小的意义单位。

A. 义项　　B. 义位　　C. 义素　　D. 词位

2. (　　)是词义系统中可以独立的最小的意义单位。

A. 义项　　B. 义位　　C. 义素　　D. 词位

3. (　　)是字典、词典中按照一个词意义数量分列的项目。

A. 义项　　B. 义位　　C. 义素　　D. 词位

4. “龙”在汉语文化和英语文化中的不同内涵，说明了词义的(　　)。

A. 客观性　　B. 演变性　　C. 概括性　　D. 民族性

5. “水果”一词可以囊括苹果、香蕉、石榴、猕猴桃等不同类型的果类，说明词义具有(　　)。

A. 模糊性　　B. 演变性　　C. 概括性　　D. 主观性

6. “代价”以前指从由获得某种东西所付出的钱，现在泛指为达到某种目的所耗费的物质和精力，这是词义发展的(　　)。

A. 词义范围缩小　　B. 词义色彩变化　　C. 词义功能转移　　D. 词义范围扩大

7. “隔离”以前指“不让聚在一起，使断绝来往”，现在特指把患传染病的人、畜和健康的人、畜分开，避免接触，这是词义发展的(　　)。

A. 词义范围缩小　　B. 词义色彩变化　　C. 词义功能转移　　D. 词义范围扩大

8. “第三者”起初指“当事双方以外的人或团体”，现在“特指插足于他人家庭，与夫妇中的一方保持不正当的男女关系的人”，这是词义发展的(　　)。

A. 词义范围缩小　　B. 词义色彩变化　　C. 词义功能转移　　D. 词义范围扩大

9. (　　)是词义的核心。

A. 主观色彩义　　B. 客观概念义　　C. 临时语境义　　D. 时间空间义

10. 以下不表示实体概念义的一组词是(　　)。

A. 马、牛、树　　B. 走、击、饮　　C. 大、小、红　　D. 相同、归于、比如

11. 以下具有文艺语体色彩的一组词语是(　　)。

A. 公民、民主、专制　　B. 函数、振幅、化合　　C. 丰满、暮色、寂静　　D. 公告、起诉、此致

12. 下列不都涉及主观色彩义的一组词是(　　)。

A. 文绉绉、蓬荜生辉、狗腿子　　B. 武断、谢忱、鄙人

C. 公主、科学、真理　　D. 地主、英雄、叨扰

13. 下列都涉及固定修辞义的一组词是(　　)。

A. 矛头　草根　墨水　阿斗　　B. 挂彩　例假　顽固　纨绔
C. 糟糠　棘手　蚕食　烽火　　D. 结发　黄泉　贡献　效果

14. 下列都涉及时间空间义的一组词是(　　)。

A. 目——眼睛　固票　公屋　　B. 冠——帽子　国宅　原野
C. 履——鞋　消息　廉政公署　　D. 箸——筷子　蹂躏　泛蓝

三、多项选择题

1. 词义单位包括哪些(　　)。

A. 义素　B. 义位　C. 义项　D. 语素义　E. 字义

2. 词义的特征主要是指(　　)。

A. 模糊性　B. 主观性　C. 概括性　D. 客观性　E. 演变性

3. 词义的主观性具体是指(　　)。

A. 使用主体的民族性　B. 词义形成的约定俗成性
C. 词义发展的稳固性　D. 词义理解的个体性
E. 词义指称的具体性

4. 词义的演变性具体表现在(　　)。

A. 词义发展的稳固　B. 词义认识的深化
C. 词义色彩的变化　D. 词义功能的转移
E. 词义范围的变化

5. 客观概念义也称(　　)。

A. 客观义　B. 指称义　C. 核心义　D. 理据义　E. 色彩义

6. 书面语体色彩可以进一步分为(　　)。

A. 公文语体　B. 科技语体　C. 文艺语体　D. 政论语体　E. 新闻语体

7. 固定修辞义主要有(　　)。

A. 借代义　B. 拟人义　C. 委婉义　D. 夸张义　E. 比喻义

四、判断题(对的打“✓”,错的打“×”)

1. 义素是词义分解研究的单位。(　　)

2. 义位是最基本的词义单位。(　　)

3. 义位是作为单个词义的语义单位,凡是义位,在词典里必定列为一个义项,因此可以说,义项一定就是义位。(　　)

4. 义位是义素的集合,义素和义位是整体与部分的关系。(　　)

5. 词可以只有一个义位,也可以有多个义位。(　　)

6. 词义的客观性是指词义与客观存在的事物、现象及其关系完全符合。(　　)

7. 普通词的词义只具有概括性,专有词的词义只具有具体性。(　　)

8. 词的客观概念义是人们对客观事物概念属性正确认识的产物。(　　)

9. 词的概念义都能在客观世界中找到真实的影像物。(　　)

10. 词的情态色彩义可以不附着于客观概念义而独立存在。(　　)

11. 大多数词语既可以用于口语语体,也可以用于书面语体。(　　)

12. 时间空间义是指语言因在一定的时代、地域中使用而产生的意义,主要有古今色彩义和社区色彩义两种。(　　)

13. 古今色彩义是指先后不同时代产生的互有承续转移的古义和今义。(　　)

五、简答与分析题

1. 请举例说明义项的类型。

2. 请说出以下词语的词义发生了什么变化。

（1）“朕”：自称之词→秦代成为皇帝的自称

（2）“臭”：气味→不好闻的气味

（3）“江”：长江→通称大河

（4）“息影”：归隐闲居→影视演员结束演艺生涯，不再拍戏

（5）“复辟”：恢复君位→反动势力的复活

3. 请指出下列词的释义中，哪些是语素义，哪些是词义？

（1）见：

① 动 看到，看见：罕～/视而不～

② 动 接触，遇到：这种药怕～光

③ 动 看得出，显现出：～效/日久～人心

④ 动 指明出处或需要参看的地方：～上/～右图

⑤ 动 会见，见面：接～/他要来～你

⑥ 对于事物的看法，意见：主～/～解

⑦ 用作“看、听”等动词的补语，意思跟“到”相同：看～/听得～

（2）太：

① 高，大：～空/～湖

② 极，最：～古

③ 身份最高或辈分更高的：～夫人/～老师

④ 副表示程度过分(可用于肯定或否定):水~热,烫手

(3) 痛:

① 形容疾病、创伤等引起的难受的感觉:头~/伤口很~

② 悲伤:悲~/哀~

③ 副尽情地,深切地,彻底地:~击/~骂/~下决心

(4) 土:

① 名土壤,泥土:黄~/~坡

②〈方〉名灰尘:刮了一天的风,桌上落了一层~

③ 土地:国~/领~

④ 形本地的,地方性的:~产/~话

⑤ 形民间的,民间沿用的,非现代化的(区别于“洋”):~法/~专家

⑥ 形不合潮流,不开通:~里~气/~头~脑

⑦ 未熬制的鸦片:烟~

4. 请指出下列词语的情态色彩义。

剩女　赐教　未婚青年　府上　屌丝　舍下　攻击　驳斥　劳模　死尸

驳回　精英　强制　入侵　高见　光荣　尸体　律师　刍议　贵庚　鄙人

媒人　赐教　赏光　叨光　讼棍　抗议　光棍　犬子　劳驾　恕罪　皮包商

5. 请指出下列词语的语体色彩义。

量子纠缠 专政 孩提 太阳 暂行 当家的 轻松 赫兹 弹劾 睡眠 大肚子 民主 寂寥 运动 条例 打的 教育 肃穆 元素 拟定 最近 磨叽 哭嚎 议会 请示 休息 凝华

6. 请指出下列词语固定修辞义的具体类型。

老油条 盥洗室 小白脸 挂花 钉子户 咸猪手 出恭 代沟 红领巾 校花 行房 伯乐

六、论述题

1. 请简要说明义素、义位和义项之间的关系。

2. 词义的特征有哪些？请举例阐述。

第四节 词义分析与释义

一、填空题

1. 义素分析法是在同一语义场中的义位之间寻找__________和__________的方法。
2. 义位之间的________是义素对比分析的基本条件。
3. ________就是用来讨论对象语言的语言。
4. 义素分析法需要遵循________、________、________和________四个原则。
5. 逻辑定义释义法是通过邻近的________和________来揭示被定义概念的本质属性的定义法。
6. 互训反训释义法包括________和________。
7. 附加信息释义法是附加与被解释词有关的________、________、________等语用方面的信息,使词语的释义更加完善充分的释义方法。

二、单项选择题

1. 词汇语义学研究的核心内容是(　　)。

A. 词义的发展演变　　B. 词义的构成层次

C. 词义的性质特征　　D. 词义的分析和解释

2. (　　)是构成义位的区别性特征。

A. 义素　　B. 义项　　C. 语素　　D. 词位

3. (　　)是可以独立使用的最小意义单位,是词义的最基本构成单位。

A. 义素　　B. 义项　　C. 语素　　D. 义位

4. (　　)是义素分析的依据。

A. 共同义素　　B. 区别义素　　C. 元语言　　D. 语义场

5. 以下一组词不属于同一个语义场的是(　　)。

A. 语、言、云、曰、说、道、谓　　B. 心、肺、肝、胆、脾、胃、肾

C. 初一、初二、初三、初四、初五　　D. 桌子、黑板、窗户、明亮、宽阔

6. 以下不属于义素分析法的元语言术语的是(　　)。

A. [施事]　　B. [十月]　　C. [已婚]　　D. [可数]

7. 以下不属于元语言符号的是(　　)。

A. +:表示肯定　　B. -:表示否定　　C. ←:表示从属　　D. ∧:表示析取

8. 在分析对比义位的过程中,关键点在于(　　)。

A. 提取共同义素　　B. 提取最小的义位义素

C. 提取具有区别作用的本质性义素　　D. 列出义位结构式

9. 语素分析法适用于(　　)。

A. 单纯词　　B. 合成词　　C. 联绵词　　D. 双声词

10. 以下词义解释运用的是逻辑定义释义法的是(　　)。

A. 工笔:国画的一种画法,用笔工整,注重细部的描绘。

B. 梗塞:阻塞。

C. 截至:截止到(某个时候)。

D. 烂摊子:比喻不易收拾的局面或混乱难以整顿的单位。

11. 以下词义解释运用的是描写比喻释义法的是(　　)。

A. 藤本:属性词。有缠扰茎部或攀援茎部的(植物)。

B. 蛙泳:游泳的一种姿势,也是游泳运动项目之一,身体俯卧在水面,两臂对称划水,同时两腿蹬水、

夹水。

C. 挖墙脚:〈口〉拆台。

D. 鸵鸟政策:指不敢正视现实的政策。

12. 以下词义解释运用的是补充论元释义法的是( )。

A. 您:人称代词,你;你们(含敬意)

B. 窃据:用不正当手段占据(土地、职位)

C. 钦慕:敬慕

D. 声频:人的耳朵能听见的振动频率(20—20000 赫),旧称音频

三、多项选择题

1. 词义分析的方法有( )。

A. 层次分析法 B. 语素分析法 C. 同形替代法 D. 义素分析法

E. 构词分析法

2. 词义解释的方法有( )。

A. 逻辑定义释义法 B. 补充论元释义法 C. 互训反训释义法 D. 描写比喻释义法

E. 附加信息释义法

3. 义位结构式有( )形式。

A. 矩阵图 B. 树形图 C. 场图

D. 自然语言与符号结合的线性式子 E. 元语言线性式子

4. 互训反训释义法运用于被解释词具有( )关系的词或短语。

A. 同义 B. 上下义 C. 类义 D. 反义 E. 近义

5. 描写比喻释义法通过( )的方式说明被解释词所指的事物、行为、性状及其关系。

A. 描述 B. 列举 C. 形容 D. 比喻 E. 借代

四、判断题(对的打"✓",错的打"×")

1. 义素分析法适用于对任何一组义位进行对比分析。( )

2. 义位和义素是整体和部分的关系。( )

3. 一般而言,同一语义场内的义位意义关联,词性一致。( )

4. 义素分析法可以在任一一个层次内的语义场内进行。( )

5. 义素分析法适用于分析任何一组词语。( )

6. 语素分析法可以适用于任何一个词。( )

7. 构词分析法最适用于单音多义词。( )

8. 逻辑定义释义法比较适用于解释某些学科术语和普通名词。( )

五、简答与分析题

1. 请举例说说语义场的类型。

2. 请举例说说语义场的特征。

3. 请用义素分析法分析下列五组词语。

(1) 父亲、母亲、儿子、女儿

(2) 叩、敲、撞

(3) 自行车、卡车、公共汽车、电车、飞机

(4) 川、溪、海、湖、池

(5) 奔、步、乘、骑

4. 请指出下列合成词中语素义和词义的关系类型。

达到:到(多指抽象事物或程度)。

错过:失去(时机、对象)。

搭建:建造(多用于临时性建筑)。

打从:自从(某时以后)。

儿童:较幼小的未成年人(比“少年”小)。

常备:经常准备或防备。

怅惘:惆怅迷惘。

高价:较高的价格。

话痨:指话特别多的人(含讥讽或诙谐意)。

计数:统计(数目)。

郊外:城市外面的地方(对某一城市说)。

娇嗔:(年轻女子)娇媚地嗔怪。

焦枯:(植物等)干枯。

红包:包着钱的红纸包儿,用于馈赠或奖励等。

节育:节制生育。

劫犯:用暴力抢劫他人财物的人。

连载:一个作品在同一报纸或刊物上连续刊登。
聚敛:重税搜刮。
矛头:矛的尖端,比喻批评、攻击的方向。
貌似:表面上很像。
眉宇:两眉上面的地方,借指容貌。
美满:美好圆满。
供品:供奉神佛祖宗用的瓜果酒菜。
门户:比喻出入必经的要地。
猛醒:猛然醒悟。
弭兵:平息战争。
模样:人的长相或装束打扮的样子。
睡觉:进入睡眠状态。
朋友:彼此有交情的人。
东西:泛指各种具体的或抽象的事物。
种植:把植物的种子埋在土里,把植物的幼苗栽到土里。
朱门:红漆的门,借指豪富人家。
逐利:追逐利益。
自尽:自杀。
好歹:指危险。
高汤:煮肉或鸡鸭等的清汤;也指一般清汤。
行李:出门所带的包裹、箱子等。

5. 用构词分析法分析下列三组词语。

(1) 亡灵、流亡、兴亡、亡羊补牢、亡国、死亡、逃亡、亡故、存亡、阵亡

(2) 流传、师传、宣传、传电、传神、传讯、传染、传本、传代、传灯、传见、传唱、传导、眉目传情、传令、传单、传世、传播、传道、传承、传扬、传唤、传热、传家宝

(3) 中央、夜中、中道、中智、中州、中声、中人、中衰、中心、中途、中立、中节、中衣、中怀、中民、中悔、中正、中肠、中意、中年、中庸、中天、中士、中宵、中分、中理、中试、当中、中夕、中式

6. 分析下列词的释义,请分析它们运用了何种释义方式。

(1) 吹腔:徽剧主要腔调之一,用笛子伴奏。

(2) 吹灯:〈方〉比喻人死亡。

(3) 吹拂:(微风)掠过。

(4) 吹管:以压缩氧气和其他可燃气体为燃料喷出高温火焰的管状装置。

(5) 吹胡子瞪眼:形容发脾气或发怒的样子。

(6) 吹捧:吹嘘捧场。

(7) 吹灰之力:形容很小的力量(多用于否定式)。

六、论述题

1. 请举例说明义素分析法的原则。

2. 请阐述义素分析法的优点和缺点。

第五节　词汇的分类系统

一、填空题

1. 同音词包括________和________两类。

2. 同形词是指书写形式相同，________和________不同的词。

3. 字母词包括____________________、____________________和____________________三类。

4. ________是指一个语音形式只有一个意义的词。

5. 多义词是指一个语音形式有两个或两个以上____________________的意义的词。其各个义项具有________、________和________的特点。

6. ________是文献记载的词的最初意义；________是词在现代最常用最主要的意义。________是通过事物之间的相关性联系派生出来的意义；________是通过事物之间的相似性联系派生出来的意义。

7. 根据意义相同的程度，同义词可以分成________和________两类。

8. 近义词是指意义基本相同，但在________、________或________上存在细微差别的词。

9. 一般来说，同义词可以运用________、________和________三种方法进行辨析。

10. ________就是属于________的意义相反或相对的一组词。

11. 绝对反义词是属于________的单义词。相对反义词是属于________的反义词。

12. 上位词和下位词是指在意义上具有________的一组词。在________中指称________的词就是上位词，指称________的词就是下位词。

13. 上位词与下位词间的属种关系具有________和________。

二、单项选择题

1. 下列都属于同音词的一组词语是(　　)。

A. 拼(拼合)——拼(不顾一切地干)；服饰——服侍

B. 刺(形容撕裂声、摩擦声等)—刺(刺激)；军事——军士

C. 累(积累)——累(劳累)；借贷——借代

D. 卒(卒中)——卒(无名小卒)；轨迹——诡计

2. 下列都属于同形词的一组词语是(　　)。

A. 草(草书)——草(植物的一种)；宿(宿舍)——宿(星宿)

B. 差(参差)——差(差劲)；会(聚会)——会(能够)

C. 打(哈达)——打(打架)；白(颜色)——白(表白)

D. 铺(铺路)——铺(店铺)；畜(畜生)——畜(畜牧业)

3. 下列都是单义词的一组词语是(　　)。
A. 安保、捕杀、怪诞、纠纷　B. 污染、通行、卧室、消化
C. 遗产、稳重、招致、撕票　D. 奖励、尊重、夜场、橙红
4. 从意义的数量出发,汉语绝大多数词是(　　)。
A. 单义词　B. 双音词　C. 单音词　D. 多义词
5. 以下多义词中所有义项都是语素义的一组是(　　)。
A. 视、沪、臭、沟　B. 瞅、废、筹、屈　C. 看、盘、梳、添　D. 藩、督、聆、殇
6. 以下释义不是本义的是(　　)。
A. 封:加土培育数木。　B. 突:急速地往前往外冲出。
C. 绝:断丝也。　D. 益:水从器皿中满出来。
7. 多义词的(　　)是产生这个词的其他意义的基础。
A. 本义　B. 基本义　C. 引申义　D. 比喻义
8. 在《现代汉语词典》中,一般列为第一义项的是(　　)。
A. 本义　B. 基本义　C. 引申义　D. 比喻义
9. 下列本义和基本义基本一致的一组词是(　　)。
A. 兵、脸、草　B. 椅、牛、本　C. 口、胜、切　D. 副、炮、开
10. 以下都涉及比喻义的一组多义词是(　　)。
A. 红线、环节、草根　B. 铁饭碗、灵秀、主流　C. 包袱、环节、聪慧　D. 堡垒、谨慎、钓鱼
11. 下列都是绝对反义词的一组词是(　　)。
A. 先进——落后;有——无　B. 快乐——痛苦;生——死
C. 正——反;真实——虚假　D. 完整——残缺;开始——结束
12. 下列都是相对反义词的一组词是(　　)。
A. 曲——直;软——硬　B. 公——私;宽阔——狭窄
C. 是——非;朋友——敌人　D. 美——丑;舒服——难受
13. 以下不具有上下位义关系的一组词是(　　)。
A. 节气——立春、夏至、春分、冬至　B. 首都——北京、华盛顿、伦敦、东京
C. 人体——头、四肢、躯干　D. 家禽——鸡、鸭、鹅
14. 以下不具有类义关系的一组词是(　　)。
A. 古琴、古筝、尺八、琵琶　B. 乌鸦、喜鹊、麻雀、画眉
C. 蛙泳、仰泳、蝶泳、自由泳　D. 教师、培养、备课、教材

三、多项选择题

1. 从词的形式出发,可以分出(　　)。
A. 联绵词　B. 同音词　C. 同形词　D. 社区词　E. 字母词
2. 从词的意义出发,可以分出(　　)。
A. 单义词和多义词　B. 多音词　C. 同义词和反义词　D. 上位词和下位词
E. 类义词
3. 字母词的构成要素有(　　)。
A. 西文字母　B. 符号　C. 数字　D. 图标　E. 汉字
4. 下列属于字母词的是(　　)。
A. PM2.5、ISO　B. C 位、B 超　C. 卡拉 OK、5S　D. T 台、K 歌　E. RMB、HSK
5. 字母词大量出现的原因有(　　)。
A. 计算机及其网络的普及运用　B. 字母词书写经济简便
C. 某些外来词语难以翻译,既难意译,也难音译　D. 社会文化水平的普遍提高
E. 国际交流的日趋频繁

6. 多义词的义项可能是(　　　　)。

A. 词义　B. 义素　C. 语素义　D. 词位　E. 语素

7. 多义词义项的性质有(　　　　)。

A. 本义　B. 基本义　C. 假借义　D. 引申义　E. 比喻义

8. 引申义可以从(　　　　)派生出来。

A. 语素义　B. 引申义　C. 基本义　D. 词义　E. 本义

9. 同义词的应用价值有(　　　　)。

A. 能准确地反映出事物之间的细微差别,使语言表达更为精确、严密。

B. 可以表示不同事物现象的对立,揭示矛盾,形成鲜明的对照。

C. 可以避免用词重复,使语言生动而富于变化。

D. 可以揭示事物看似自相矛盾,实则"矛盾统一"的深刻哲理。

E. 可以形成不同的修辞色彩。

10. 反义词的应用价值有(　　　　)。

A. 为了是非显豁地揭示事物的真伪,也为了旗帜鲜明地表达感情。

B. 可以表示不同事物现象的对立,揭示矛盾,形成鲜明的对照。

C. 可以表示事物现象的整体情况,从而达到"浑括概指"的特殊效果。

D. 可以揭示事物看似自相矛盾,实则"矛盾统一"的深刻哲理。

E. 能准确地反映出事物之间的细微差别,使语言表达更为精确、严密。

11. 上位词、下位词的鉴定方法有(　　　　)。

A. 整分关系排除法　B. 上位下位相对性　C. 同形替换法　D. 类与子类鉴定法

E. 属加种差鉴定法

12. 类义词的鉴定标准有(　　　　)。

A. 字数相同　B. 基于义项　C. 同一标准　D. 互相排斥

E. 意义相同或相近

四、判断题(对的打"✓",错的打"×")

1. 同音词是指语音形式和书写形式相同而意义完全不同的词。(　　)

2. 同音词和同形词的共同点在于二者的意义完全不同。(　　)

3. 字母词都是外来词。(　　)

4. 一个多义词有若干个义项,可能只有其中的部分义项是可独立运用的,是词义性质的,其他的义项都是不可独立运用的,是语素义性质。(　　)

5. 一个词所包含的各个义位都有意义上的联系。(　　)

6. 属于合成词的双音节多义词和多音节多义词,其义项绝大多数都是语素义。(　　)

7. 多义不成词语素从古到今都是不成词语素。(　　)

8. 本义一般都与字形有密切的联系。(　　)

9. 一个多义词的基本义可能是词义义项,也可能是语素义义项。(　　)

10. 引申是词义繁衍的主要途径,词义的引申成为语言不断丰富精密的一个主要手段。(　　)

11. 同义聚合和反义聚合仅限于词。(　　)

12. 语言中的等义词一般是名词。(　　)

13. 一个多义词的反义词应与该词的所有义项相反。(　　)

14. 近义词是同义词的主体。(　　)

15. 反义词可以一方是正,另一方是其否定式。(　　)

16. "正确"和"改正错误"中的"错误"是一对绝对反义词。(　　)

17. 任何一个词都有同义关系或反义关系。(　　)

18. 上位词与下位词间的属种关系属于整体与部分的关系。(　　)
19. 严格基于科学分类的类义词往往具有强烈的文化特色和民族特征。(　　)

五、分析题

1. 指出下列字母词的具体类型。
GDP　GB　T台　B超　NBA　C位　ATM机　EMS　S形　VIP　CEO　HSK　DVD　MP3　RMB

2. 请指出下列多义词的引申演变关系。
(1) 案:
①文书。②短长桌。③有短脚盛放食物的木托盘。
(2) 光明:
①亮光。②比喻正义的或有希望的事物。③明亮。
(3) 奔:
①竭尽全力。②逃跑,逃亡。③朝向。④私奔。⑤奔跑。⑥投向。
(4) 信:
①的确。②守信用。③信使。④凭证。⑤书信。⑥相信。⑦语言诚实。⑧音讯。

3. 请给下列词语找到合适的上位词、下位词和类义词。
(1) 民族器乐
(2) 颜色
(3) 球类运动

4. 请指出下列成语的同义词和反义词。

生气勃勃　安分守己　安然无恙　半途而废　半信半疑　饱经风霜

比比皆是　博古通今　赤手空拳　不攻自破　别出心裁　变化多端

5. 选择同义词填空。

(1) 工作________　交通________　(便利,顺利)

(2) 房子________　性格________　(坚强,坚固)

(3) 河水________　画面________　(清澈,清晰)

(4) 时间________　理由________　(充裕,充分)

(5) 国家________　街道________　(繁荣,繁华)

(6) ________劝告　________领导　(听从,服从)

(7) 规模________　目标________　(庞大,远大)

(8) 性格________　身体________　(软弱,虚弱)

(9) ________的结局　________的生活　(圆满,美满)

(10) ________目的　________目的地　(达到,到达)

(11) ________生活　________清洁　(维持,保持)

(12) ________展览会　________毕业典礼　(举办,举行)

(13) ________身体　________友谊　(保重,珍重)

(14) ________文稿　________账目　(核对,校对)

(15) ________破旧衣物　________妻子儿女　(抛弃,扔掉)

6. 辨析下列同义词。

(1) 性质——品质　(2) 时代——时期

(3) 损坏——毁坏　(4) 失望——绝望

(5) 圆满——美满　(6) 看破——看透——看穿

(7) 侵占——侵犯　(8) 美丽——漂亮

(9) 充足——充分　(10) 永久——永远

(11) 行为——行径　(12) 吝啬——小气——抠门

六、简答题

1. 请举例说明同音词的来源。

2. 请举例说说同形词的类型。

3. 请简要说说同音词和多义词的区别。

4. 请举例说说多义词的类型。

5. 请举例说说多义词的本义发展情况。

6. 请举例阐述上下位词的作用。

7. “肥”是一个多义词，在具体表示什么意义时，分别与“瘦”“窄”“贫”“枯”“瘠”等词构成反义关系？这说明反义词鉴定时应遵循什么标准？

七、论述题

1. 有人担心字母词的大量出现会危及汉语的纯洁性,你对这个问题怎么看待?请简要谈谈字母词规范的问题。

2. 等义词中的意义是否真的绝对完全相同?请谈谈你的看法。

3. 在日常使用中,我们会说“大班/小班,大便/小便,大肠/小肠,大乘/小乘,大写/小写”,可为什么“大海/＊小海,大团圆/＊小团圆,大师/＊小师”“小康/＊大康,小费/＊大费,小贩/＊大贩”却没有相应的反义词呢?

第六节 词汇的构成系统

一、填空题

1. 根据指称事物的特点，古语词主要包括________和________两类。
2. ________是指为指称新事物、新概念或新现象而创造的词语。
3. ________是指来源于某一方言且仅限于该方言地域内使用的词语。
4. ________是指反映某一社区政治、经济、文化特点并只在该社区流通的特有词语。华语社区主要包括________、________、________、________以及________社区。
5. ________是指在不同学科专业和行业中使用的专门用语。
6. 外来词是指从外国语或外族语中________吸收来的词语。

二、单项选择题

1. 现代汉语词汇的核心部分是(　　)。
A. 古语词　B. 传承词　C. 新造词　D. 方言词
2. (　　)是现代汉语的基本词汇。
A. 方言词　B. 古语词　C. 外来词　D. 传承词
3. 以下都属于古语词的一组是(　　)。
A. 眼　宰相　世界　B. 履　盘桓　赐教　C. 甚　科举　方便　D. 吗　干部　觊觎
4. 以下都属于新造词的一组词是(　　)。
A. 哲学　劳务费　功夫片　复读
B. 拜读　更年期　彩电　体检
C. 劳模　认同感　透明度　关系户
D. 环保　择业期　冲凉　网申
5. 以下都属于方言词的是(　　)。
A. 有戏　歇菜　买单　拜访
B. 巴适　穿帮　忽悠　呆子
C. 鸡公　日头　落雨　吭哧瘪肚
D. 冬不拉　叉烧　嘚瑟　打摆子
6. 以下都属于华语社区词的一组是(　　)。
A. 泛蓝　造势　沙皇　律政司　下岗
B. 扫街　函授　黑庄　廉政公署　知青
C. 固票　芒果　荷官　打工皇帝　北漂
D. 牌官　港姐　无厘头　小强　干休所
7. 以下都属于行业词的一组是(　　)。
A. 正数、上层建筑、化疗、饮食
B. 收割、多媒体、氧化、氨基酸
C. 丰富、悬浮列车、演绎、脚本
D. 剪辑、花旦、微积分、电磁波

三、多项选择题

1. 从时间维度看，现代汉语词汇的构成有(　　　)。
A. 方言词　B. 传承词　C. 新造词　D. 古语词　E. 外来词
2. 从空间维度看，现代汉语词汇的构成有(　　　)。
A. 方言词　B. 外来词　C. 行业词　D. 传承词　E. 社区词
3. 以下属于传承词的是(　　　)。
A. 把、高、走、打　B. 月、北、牙、吧　C. 哪里、黄、热、哥哥　D. 尺、十、冬、牛
E. 男、新、风、高尚
4. 古语词在现代社会中的作用有(　　　)。
A. 避免用词重复，使语言生动而富于变化
B. 显示典雅古朴的语体色彩
C. 可以反映事物之间的细微差别
D. 展示不同文体的语用效果

E. 具有特殊场合的指称作用

5. 华语社区词主要包括(　　　　)。

A. 香港特区　B. 澳门特区　C. 中国大陆　D. 海外华语社区　E. 台湾地区

6. 汉语的外来词主要来自(　　　　)。

A. 西域　B. 欧美　C. 日本　D. 佛教　E. 俄罗斯

四、判断题(对的打“✓”,错的打“×”)

1. 新造词所指称的事物和现象从古代到现代都与人们的日常生活息息相关而必不可少,因此具有较强的生命力。(　　)

2. 古语词在现代汉语中已不再使用。(　　)

3. 历史古语词所指称的对象在现实生活中依然存在。(　　)

4. 新出现的词语都是新造词,新造词都是新出现的词语。(　　)

5. 改革开放以后,许多粤方言词进入现代汉语词汇中。(　　)

6. 古代外来词主要集中在地名、人名这类专名上,现代的外来词更多的是与科学技术有关的专名。(　　)

7. “卡片、足球、3D、蜜月”这组词都是外来词。(　　)

8. 外来词的区别性特征是音译性。(　　)

五、简答与分析题

1. 请举例说明传承词的类别。

2. “语言词汇中的主要东西就是基本词汇,其中包括所有的根词,成为基本词汇的核心。基本词汇是比语言的词汇窄小得多的,可是它的生命力却长久得多,它在千百年的长时期中生存着并给语言构成新词提供基础。”请结合这句话谈谈传承词的特点。

3. 有人说，古语词在现代社会中彻底消亡了。你赞同这个说法吗？说说你的理由。

4. 查查最新版的《现代汉语词典》，看里边收录了哪些新造词。

5. 请搜集一些新冠疫情下进入到日常生活的医学行业用语。

6. 请举例说说汉语发展史上外来词大规模介入的时期。

7. 请指出下列词语的译借方式。

MP4、IP、爱豆、粉丝、迷你、保龄球、艾滋病、BB机、肥皂剧、可乐、迷你裙、革命、肯德基、酒吧、共和、社会、摩托车、沙扬娜拉、剑桥、马克思主义

8. 如何区分外来词和字母词?

9. 请查阅《全球华语大词典》,指出下列社区词分别属于什么社区。

水货　物业　廉租房　老外　非典　小皇帝　麻吉　黑五类　社屋　国宅　总督　人情纸　打老虎　蛊惑狗　古惑仔　泡面　方便面　延长线　坎城　机车　劳资证　牛车水

六、论述题

1. 比照《甲骨文词典》或向熹先生的《简明汉语史》，找一找传承至今的基本词。

2. 如何界定新造词？

3. 找一部极具地方色彩的现当代小说，好好体味其方言词语的特色。

4. 阅读并搜集刘慈欣《三体》小说中涉及的一些有关物理学科的行业词，或者是特德·姜的《你一生的故事》中涉及的一些有关语言学的行业词。

5. 如何认定一个词是外来词?

6. 生长于台湾的欣怡暑期来到大陆探亲,在大多数情况下沟通没有任何问题,但有时也会碰上一些语言问题:欣怡刚来餐馆点餐时,称呼服务员为“小姐”时,立马被旁边的长辈制止了;欣怡有一次出去游玩,向路人询问:“您好,请问临近坐捷运的入口在哪里?”路人一时没反应过来,后来欣怡才知道“捷运”在大陆叫作“地铁”。请问,这些问题反映了什么语言现象?

7. 普通话中的“苦瓜、洗澡、开水”在香港叫“凉瓜、冲凉、滚水”,普通话中的“香菇、香油、沏茶”在香港叫“冬菇、麻油、冲茶”,请问这两组词都属于香港社区词吗?

第七节 词汇的熟语系统

一、填空题

1. 成语是人们从历史上传承下来并长期使用的结构________、意义________且具有民族特点的熟语。

2. 谚语是民间基于____________________而提炼出来的通俗、上口、精练、形象而有一定________意义的熟语。

3. 歇后语可以分成________歇后语和________歇后语两类。

4. 惯用语是群众口头创造并通过________手段准确、生动、形象、概括地揭示某些社会现象和某种行为的熟语。

5. 习用语是指口语中常用的一些________，形式不拘但基本固定，意义固化而有趣的熟语。

二、单项选择题

1. (　　)是现代汉语熟语最重要的一类。

A. 歇后语　B. 谚语　C. 成语　D. 惯用语

2. 以下哪个歇后语是来源于虚拟形象的？(　　)

A. 癞蛤蟆想吃天鹅肉——痴心妄想　B. 大年初一吃饺子——没外人

C. 张飞穿针——粗中有细　D. 八仙过海——各显神通

3. 典型惯用语的结构类型是(　　)。

A. 偏正结构　B. 主谓结构　C. 动补结构　D. 动宾结构

4. 四字格为主的熟语是(　　)。

A. 歇后语　B. 成语　C. 惯用语　D. 习用语

5. 书面性强的熟语是(　　)。

A. 歇后语　B. 惯用语　C. 成语　D. 谚语

三、多项选择题

1. 现代汉语的熟语系统包括(　　　)。

A. 惯用语　B. 成语　C. 习用语　D. 歇后语　E. 谚语

2. 熟语的整体特点有(　　　)。

A. 语用民族性　B. 结构定型性　C. 功能多样性　D. 语义整合性　E. 用词工整性

3. 不具有二二相承结构的熟语有(　　　)。

A. 惯用语　B. 成语　C. 习用语　D. 歇后语　E. 谚语

4. 口语性强的熟语有(　　　)。

A. 惯用语　B. 成语　C. 习用语　D. 歇后语　E. 谚语

5. 成语的主要来源是(　　　)。

A. 口头俗语　B. 历史故事　C. 虚拟形象　D. 神话寓言　E. 诗文语句

6. 成语的内部构成有(　　　)结构类型和关系类型。

A. 短语结构　B. 词结构　C. 单句关系　D. 复句关系　E. 句群关系

7. 歇后语的主要来源有(　　　)。

A. 神话传说　B. 诗文语句　C. 历史故事　D. 虚拟形象　E. 日常现象

四、判断题(对的打“√”，错的打“×”)

1. 惯用语是人民智慧的结晶，能以浅显的语言表达深刻的道理。(　　)

2. 惯用语的结构是以三字格为代表的。(　　)

3. 熟语的文化特征比一般的“词”强烈。(　　)

4. 惯用语既具有表述性，又具有描述性。(　　)

5. “大家赞不绝口这场京剧。”这个句子中的熟语使用是很恰当的。(　　)

6. 歇后语的前后两部分是谜底和谜面的关系。(　　)

五、分析题

1. 请指出下列成语的结构类型和关系类型。

百花齐放　百家争鸣　实事求是　巍然不动　附庸风雅　各抒己见　暴殄天物　掩人耳目
暴风骤雨　不辞而别　不言而喻　不正之风　不卑不亢　庞然大物　认贼作父　前倨后恭
东奔西走　独立自主　从容不迫　理所当然　前仆后继　操之过急　引狼入室　画蛇添足
门当户对　萍水相逢　退避三舍　请君入瓮　阳春白雪　一技之长　以身作则　斩钉截铁
小心翼翼　寿终正寝　沧海一粟　指鹿为马　刻舟求剑　惩前毖后　杀鸡儆猴　曲高和寡
得道多助　理屈词穷　睹物思人　物是人非　先斩后奏　治病救人　有名无实　投桃报李
继往开来　登堂入室　见异思迁　扬长而去

2. 请举出至少三种以上不同类型的谚语。

3. 请把下列歇后语补充完整,再指出其具体类型。

(1) 卖布不带尺子——(　　)

(2) 马背上定钉掌子——(　　)

(3) (　　　　　)——一场空

(4) 阎王爷的计——(　　)

(5) (　　　　　)——头一回

(6) 刘姥姥进大观园——(　　)

(7) 泥菩萨过河——(　　)

(8) 丈二和尚——(　　)

(9) 墙头上跑马——(　　)

(10) 庙里撞钟——(　　)

4. 请举出不同结构类型的惯用语。

5. 请把下列熟语的英汉互译补充完整。

(   )——burn one's boats

walls have ears——(   )

(   )——倾盆大雨

bite the dust——(   )

(   )——白忙一场

hale and hearty——(   )

(   )——雨后春笋

go with the stream——(   )

(   )——爱屋及乌

pailing sailing——(   )

to spend money like water——(   )

(   )——有其父必有其子

to fish in troubled waters——(   )

(   )——点头之交

a drop in the ocean——(   )

(   )——每况愈下

to shed crocodile tears——(   )

(   )——掌上明珠

(   )——man proposes, god disposes

dragons and fishes jumbled together——(   )

6. 请指出下列惯用语所用的修辞手段。

(1) 死胡同

(2) 拍马屁

(3) 乌纱帽

(4) 把死人说活

(5) 皮包骨

7. 请举例说明惯用语的来源。

8. HSK 的《汉语水平词汇与汉字等级大纲》收录的惯用语有:

甲级词:对不起,开玩笑,没关系,没意思

乙级词:不得不,不敢当,不好意思,不要紧,不一定,看不起,看样子,来不及,来得及,了不起,没什么,没事儿,用不着

丙级词:不见得,不像话,不在乎,不怎么样,出难题,出洋相,打交道,打招呼,对得起,怪不得,恨不得,开夜车,可不是,没说的,闹笑话,闹着玩儿,忍不住,伤脑筋,舍不得,说不定,无所谓,有两下子,走后门儿,走弯路

丁级词:爱面子,半边天,大锅饭,发脾气,顾不得,好样的,铁饭碗,真是的

请问在这些词语中,哪些是真正的惯用语?其余词语是什么类型的熟语?

六、论述题

1. 请谈谈你对成语结构凝固性特点的理解。

2. 请谈谈你对成语意义的整体性的理解。

3. 请举例说明成语和谚语的联系与区别。

4. 相较于成语、谚语、歇后语，惯用语有什么样的特性？

5. 相对其他熟语类别来说，习用语有什么样的特点？

第八节　词汇的发展与规范

一、填空题

1. 现代汉语词汇规范的必要性体现在两个方面：一是________存在着不规范现象，如异形词、异读词；二是________中存在着不规范现象，如生造词、误用词。

2. 异形词主要分为________、________、________三类。

3. 异形外来词是指因________不同或________不同而造成外来词在书写形式和发音形式都不司的异形外源词。

4. 异读词是指________都相同而________不同的词。

5. 生造词是指为了标新立异,一些个人不遵循________而________造出来的词义含糊不清的词语。形成方式主要包括:________、________和________。

6. 误用词是指词语本身没有问题,而由于使用者对____________________的理解有误或受____________________的影响而造成搭配不当的词语。

7. 我们必须具有动态的发展观,处理好________与________的互动关系。

二、单项选择题

1. 以下都属于同素颠倒式异形词的一组词是(　　)。

A. 生产——产生　狡猾——狡滑　式样——样式

B. 安心——心安　渔网——鱼网　事故——故事

C. 代替——替代　恍惚——惚恍　互相——相互

D. 情愫——情素　计算——算计　别离——离别

2. 以下一组词是异形词的是(　　)。

A. 界限——界线　B. 按语——案语　C. 泄露——泄漏　D. 年轻——年青

3. 以下不属于异读词的是(　　)。

A. 柏(bó)(bǎi)　B. 会(huì)(kuài)　C. 凿(zuó)(záo)　D. 剥(bō)(bāo)

4. 以下句子中的词语没有使用不当的是(　　)。

A. 经过几代航天人的艰苦奋斗,中国的航天事业取得了"两弹一星"、载人航天、月球探测为代表的辉煌成就。

B. 为迎办第十三届全国运动会,市容园林系统集中力量营造整洁有序、大气靓丽、优质宜居的城市形象。

C. 他在工作中犯了这么大的错误不是偶尔的。

D. 她到现在都还没拿定主意考研或者去工作。

三、多项选择题

1. 现代汉语词汇规范主要是规范(　　　)现象。

A. 生造词　B. 异读词　C. 异形词　D. 同音词　E. 误用

2. 现代汉语词汇系统的不规范现象有(　　　)。

A. 同音词　B. 异读词　C. 异形词　D. 误用词

3. 现代汉语词汇使用的不规范现象有(　　　)。

A. 生造词　B. 异读词　C. 异形词　D. 同音词　E. 误用词

4. 异形词包括(　　　)。

A. 同素颠倒词　B. 同形同音词　C. 异形等义词　D. 异形同音词　E. 异形外来词

5. 异形词规范应遵循的原则是(　　　)。

A. 根据科学命名理据原则　B. 从俗原则　C. 明确原则　D. 从简原则

E. 文雅原则

6. 异读词规范应遵循的原则是(　　　)。

A. 清晰原则　B. 合并原则　C. 简单原则　D. 从俗原则　E. 区别原则

7. 生造词的形成方式主要有(　　　)。

A. 随便拼凑　B. 任意重叠　C. 任意简缩　D. 随意破词　E. 搭配不当

四、判断题(对的打"√",错的打"×")

1. 由于采取音译或意译的不同引进方法而造成的不同,现在基本上以音译词占优势,意译词已经或正在被淘汰。(　　)

2. "演讲——演说""年轻——年青"都是异形词。(　　)

3. 异形词是指同音、同义但书写形式不同的词,而且是指不同的词。( )

4. 2003 年颁布第一批异形词整理表,共 264 组异形词。2004 年颁布第二批异形词整理表,共 338 组异形词。( )

5. 异读词的规范以字为对象。( )

6. 同素颠倒词产生的主要原因在于双音化过程中单音词两两组合之间的自由性。( )

五、简答题

1. 请标出下列异形词经整理规范后的正体。

喘吁吁——喘嘘嘘

轱轳——轱辘

帐本——账本

惺忪——惺松

磐石——盘石

飘流——漂流

胡蝶——蝴蝶

沙鱼——鲨鱼

黧黑——黎黑

恭惟——恭维

溜达——蹓跶

疯瘫——风瘫

蚂蜂——马蜂

热呼呼——热乎乎

晖映——辉映

伙伴——火伴

2. 请简要谈谈现代汉语中异形词的发展与规范。

3. 请指出并改正下列句子中词语使用不当的地方。

(1) 他已经准备好了学习的必须品。

(2) 媒体暴光了刘德华结婚的事情。

(3) 今年北京的冬天太冷了,不过还不致于穿羽绒服。

(4) 为了找回丢失的手机,我在宣传栏上贴了一张寻物启示。

(5) 这件衣服不合适你。

(6) 如果我有什么困难,她就心甘情原地去处理问题。

(7) 我和我的室友相敬如宾。

(8) 从电影院出来,大家赞不绝口这部电影。

(9) 时间是宝贵的,人人都要爱护它。

(10) 他父亲是一个很慈爱儿女的老人。

(11) 一年后来,我就回国了。

(12) 学术交流大会在礼堂举行,会场陈设得非常庄严。

(13) 市政府鼓励华人积极参与公共事务,大力促进华人溶入法国社会。

(14) 有的动物对天气变化非常敏捷。

4. 请举例说说造成异读词的原因。

5. 请举例说明该如何规范异读词的读音。

6. 请分析异读词和多音字的区别。

7. 请简要阐述现代汉语词汇规范观念。

六、论述题

1. 意义相同是异形词的性质，同义词也是两个或两个以上的词的意义相同或相近，那么异形词和同义词有什么区别呢？

2. 媒体在报道新冠疫情时,有时读冠(guàn),有时读冠(guān),那到底是新冠(guàn)肺炎,还是新冠(guān)肺炎呢?

3. 熊猫到底是猫还是熊?请从语言学的角度谈谈你的看法。

第四章 语　　法

第一节 现代汉语语法概述

一、填空题

1. 语言的主体是由________、________、________三大部分构成的。

2. 汉语语法学的建立，通常认为应该以 1898 年________的出版为标志。

3. 现代汉语最根本的总特点是：不依赖严格意义的________，而借助于________、________等其他语法手段来表示语法关系和语法意义。

4. 语音是语言的________，词汇是语言的________，语法是语言的________。

5. 语法研究和学习的最终目标应该是揭示语义的________、句法的________、语用的________以及认知的________。

二、单项选择题

1. 下列各项中，属于语法单位的是（　　）。

A. 音素　　B. 语素　　C. 义素　　D. 语篇

2. 下列语法单位中，最小一级的单位是（　　）。

A. 词　　B. 短语　　C. 句子　　D. 语素

3. “结构主义语法”又叫（　　）。

A. 传统语法　　B. 描写语法　　C. 形式语法　　D. 功能语法

4. 系统功能语法的创始人是（　　）。

A. 索绪尔　　B. 乔姆斯基　　C. 韩礼德　　D. 马建忠

5. 下列哪种词法结构类型跟短语结构类型不一致（　　）。

A. 联合式　　B. 偏正式　　C. 主谓式　　D. 重叠式

三、多项选择题

1. 语言中用来表示语法关系，表现语法意义的语法手段有（　　　）。

A. 形态变化　　B. 词序变化　　C. 虚词运用　　D. 词语重叠

2. 下列属于“语序变化”这一语法手段的有（　　　）。

A. 我们理解——理解我们　　B. 紧握——握紧

C. 你快走吧！——快走吧，你！　　D. 修改书稿——修改的书稿

3. 语法学的种类有（　　　）。

A. 传统语法　　B. 描写语法　　C. 形式语法　　D. 功能语法

4. 关于语序变化这一语法手段，有语用、语义、语法三类不同层面的情况。下面属于语法层面语序变化的是（　　　）。

A. 都九点了！——九点了，都！　　B. 老师的妈妈——妈妈的老师

C. 三十岁就结婚——结婚就三十岁　　D. 客人来了——来客人了

5. 从结构主义语法发展出来的分支学派是(　　　　)。

A. 形式语法学派　　B. 布拉格学派

C. 哥本哈根学派　　D. 美国描写语言学派

四、判断题(对的打"✓",错的打"×")

1. 汉语词类充当的句法成分是固定不变的。(　　)

2. "你快走吧!"和"快走吧,你!"基本语义和语法结构关系都没有变化,所以语序的变换并没有意义。(　　)

3. 世界上任何语言都是有语法的,没有语法的语言是不存在的,词语和句子的组合不是任意的,要受到语法的制约。(　　)

4. 功能语法常把语言的功能分为概念功能、人际功能和语篇功能三大类。(　　)

5. 重叠不是汉语表示语法意义的语法手段。(　　)

五、名词解释

1. 词类

2. 主体词

3. 功能词

4. 区别词

5. 兼类词

六、简答题

1. 请简要谈谈语法和语法学分别是什么。

2. 怎样理解汉语语法最根本的总特点？

3. 请指出下边(1)—(4)中 a、b 两例在语义上的差异。

(1) a. 叔叔婶婶——b. 叔叔的婶婶

(2) a. 广州大学——b. 广州的大学

(3) a. 一斤人参——b. 一斤的人参

(4) a. 木头桌子——b. 木头的桌子

七、论述题

1. 人们对语法的不同认识形成了哪些语法学流派,它们各有什么特点?

2. 汉语语法学史该如何分期?

3. 有人说“我没有学过语法,看书写文章也没有问题”,你认为我们为什么要学习语法?

第二节　词类和功能分析法

一、填空题

1. 划分词类的目的是为了__________________。

2. 现代汉语通常认为有________个词类。

3. 汉语词类的第一层次是分为________和________两大类:能充当句法成分的词是________,不能充当句法成分的词是________。

4. 数词表示数目和次序。表示________的是基数词,表示________的是序数词。

5. 实词内部可分为________与________两大类。

6. 汉语词类的划分,主要依靠________标准。

二、单项选择题

1. "金、银、无偿、公立、业余、超级"这些词属于(　　)。

A. 区别词　B. 形容词　C. 名词　D. 副词

2. "新颖、新秀、秀丽、清秀"这几个词中词性与其他不同的是(　　)。

A. 新颖　B. 新秀　C. 秀丽　D. 清秀

3. "你知道这件事情却偏偏不说"中的"偏偏"是(　　)。

A. 形容词　B. 助动词　C. 副词　D. 区别词

4. "编造一番""鬼叫一通""胡闹一气"中的"番""通""气"是(　　)。

A. 个体量词　B. 物量词　C. 动量词　D. 时量词

5. 下列属于动介兼类词的是(　　)。

A. 在、对、比　B. 以、于、除了　C. 按、自、自从　D. 至于、关于、对于

6. 下列属序数词的是(　　)。

A. 一月、二月、三月　B. 一周、两周、三周　C. 一刻、两刻、三刻　D. 一年、两年、三年

7. "这种事情他从来都不管的"中"从来"和"都"的词性分别是(　　)。

A. 副词、动词　B. 副词、形容词　C. 形容词、副词　D. 副词、副词

8. 下列各组中,两个词都为及物动词的是(　　)。

A. 吃、呕吐　B. 打、转弯　C. 取得、可以　D. 停止、流动

9. 在"我一把把单车的把把住了"中,加点的"把"的词性分别是(　　)。

A. 量词、名词、动词　B. 量词、动词、名词　C. 名词、动词、量词　D. 动词、名词、量词

10. "他猛然走了进来"与"他偶然走了进来"中带点词语的词性分别是(　　)。

A. 形容词、形容词　B. 形容词、副词　C. 副词、形容词　D. 副词、副词

三、多项选择题

1. 汉语中的"功能词"包括(　　　)。

A. 数词　B. 量词　C. 动词　D. 形容词　E. 区别词　F. 代词

2. 下列属于趋向动词的是(　　　)。

A. 想　B. 等于　C. 进来　D. 过去　E. 加以　F. 起

3. 下列不属于能愿动词的是(　　)。

A. 想　B. 有　C. 在　D. 可以　E. 应该　F. 会

4. 下列各词的词性为副词的是(　　　)

A. 突然　B. 忽然　C. 徒然　D. 淡然　E. 仍然　F. 悠然

5. 词类专指词的语法类别,不同的词类在(　　　　)方面都表现出一些区别性的特点。

A. 语音　　B. 形态　　C. 意义　　D. 功能

6. 下列属于状态形容词的是(　　　　)。

A. 黑　　B. 乌黑　　C. 黑乎乎　　D. 黑黝黝

四、判断题(对的打“✓”,错的打“×”)

1. 汉语无论是形态标志还是形态变化都比较少,所以划分词类不需要考虑形态变化这一标准。(　　)
2. 有的代词相当于名词,比如“谁、我、你、他、这、那”,所以代词的语法功能和名词一样。(　　)
3. 一些常用副词的语义相当复杂,可能兼具实词和虚词的某些特点。(　　)
4. 功能词包括名词、动词、形容词三类。(　　)
5. “金、银、铜、铁、锡”都是名词。(　　)

五、分析题

1. 请指出下列词语的词性。

现代(　　　　)	练习(　　　　)	安心(　　　　)
悄然(　　　　)	咣啷(　　　　)	嗯(　　　　)
多功能(　　　　)	怎么(　　　　)	阵(　　　　)
几(　　　　)	淡然(　　　　)	得(　　　　)
刚才(　　　　)	刚刚(　　　　)	轻微(　　　　)
稍微(　　　　)	久(　　　　)	永久(　　　　)

2. 请指出下边括号内应填“二”还是“两”。

(1) (　　)位客人(　　)楼请
(2) (　　)点钟
(3) (　　)星期
(4) 星期(　　)
(5) (　　)次旅行
(6) (　　)张画
(7) (　　)号大楼
(8) (　　)两面
(9) 第(　　)天

3. 请比较“旁—旁边”“里—里头”“中—中间”的语法特征。

(1) A. 就在那栋红色大楼旁——B. 就在那栋红色大楼旁边
(2) A. 反正你一年里总有几天年假吧。——B. 反正你一年里头总有几天年假吧。
(3) A. 他们两个中一定有一个是凶手。——B. 他们两个中间一定有一个是凶手。

4. 请指出下列兼类词分别兼属哪些词类。

锁(　　　　　)

共同(　　　　　)

困难(　　　　　)

端正(　　　　　)

在(　　　　　)

非法(　　　　　)

为了(　　　　　)

5. 请指出下列加点代词活用的类别。

(1) 他们你一句我一句说个没完。(　　　)

(2) 这次活动谁都不感兴趣。(　　　)

(3) 哪儿人多哪儿就有他。(　　　)

(4) 这也不吃,那也不吃,你这小祖宗到底要吃什么?(　　　)

(5) 他哪儿都想去。(　　　)

(6) 什么鸡鸭鱼肉的,我都不想吃。(　　　)

6. 改正下列句子中的错误。

(1) 他这些年一直进行研究汉语语法。

(2) 辛苦工作了几十年,老王终于荣誉退休了。

(3) 看到小明考上了名牌大学,妈妈感到很安慰。

(4) 对于自己的失误,小明感到十分道歉。

六、问答题

1. 划分词类的标准有哪些?

2. 代词可以分为哪几类?

3. “西式、中式、男式、女式”这些词属于区别词还是形容词?区别词和形容词分别有什么语法特征?

4. 什么是词的跨类现象?主要的跨类现象有哪些?

七、思考题

1. 一般说来,名词不可受程度副词修饰,那怎么解释以下“程度副词+名词”现象?

(1) 做人还是要强势一点,不能太绵羊。

(2) 愫细很淑女地啜饮着高脚杯中的白酒。

(3) 学生穿校服不是挺好的吗?就很青春啊。

(4) 这小孩儿从小就很雷锋,经常扶老奶奶过马路。

2. 你认为副词属于虚词还是实词？为什么？

3. 一般说来，名词不能够重叠。那么，下面这几例是否属名词重叠现象，请给予适当的解释。

（1）家家都有一本难念的经。

（2）人人都是好样的。

（3）年年岁岁花相似，岁岁年年人不同。

（4）字字是泪，声声是血。

第三节　虚词的作用及其辨析

一、填空题

1. 连词的作用是把两个________、________、________或________连接起来，以显示二者的语义关系。

2. 助词主要可以分为________、________、________三大类。

3. 有的虚词要求在其前或其后有其他的相关词语与之共现，即与之配合起来使用。最常见的是复句中的关联词语往往是________、________使用的。

4. "似的"在词类系统中是属于________。

5. 语气词"啊"的变体主要有"________""________""________"三个。

二、单项选择题

1. 下列加点词中为介词的是（　　）。

A. 我从山中来，带着兰花草。　　B. 让他叫吧，再叫几句他就歇停了。

C. 他用了另外一把钥匙打开了大门。　　D. 从前农村养狗的目的不就是为了把门吗？

2. "他吃完了饭就回家了"中前后两个"了"的词性是（　　）。

A. 语气词、语气词　　B. 助词、语气词　　C. 助词、助词　　D. 语气词、助词

3. (　　)的特点是:黏着在词或短语上面,表示附加意义,附着在后面的一律读轻声。

A. 语气词　B. 助词　C. 介词　D. 副词

4. (　　)的特点是:一般用于句末,表示陈述、疑问、祈使、感叹等语气,永远黏着、后附、轻声。

A. 语气词　B. 助词　C. 介词　D. 副词

5. “遇到难题的时候,老师总让班长来说说看”中的“看”是(　　)。

A. 语气词　B. 助词　C. 动词　D. 副词

6. 在“你别去啊!”中,语气词“啊”的功用是表示(　　)。

A. 缓和　B. 商量　C. 催促　D. 劝阻

三、多项选择题

1. 下列连词既能连接词或短语,又能连接分句或句子的有(　　　)。

A. 所以　B. 与　C. 从而　D. 并　E. 而且　F. 因为

2. 下列是动介兼类词的有(　　　)。

A. 在　B. 至于　C. 对　D. 按　E. 从　F. 比

3. 下列句子中“给”作助词的有(　　　)。

A. 连教授也被他给骗了。　B. 可以把那个东西递给我吗?　C. 给你添碗饭吧!

D. 小明把妈妈给气坏了。　E. 那个书包被风给刮走了。　F. 给你我百转千回的喜乐和忧愁。

4. 下列句子中“过”属于时态助词的是(　　　)。

A. 我去过你说的那个地方。　B. 我记得你当年被记了大过。　C. 谁还没有年轻过呢!

D. 我听过那首歌。　E. 火车穿过隧道。　F. 过去的事情就过去了。

5. 准确比较并掌握同类或同义虚词的用法,我们可以从以下几个方面考察其区别(　　　)。

A. 适应不同的句类　B. 适应于功能不同的词和短语

C. 与之组合的成分音节多少不同　D. 与之组合的成分肯定与否定不同

E. 与之组合的成分简单与复杂不同　F. 与相关成分的位置不同

G. 与之相配合的词语不同　H. 与之发生关系的成分是否可缺省

四、判断题(对的打“✓”,错的打“×”)

1. 介词多是从动词虚化而来,又叫“次动词”“副动词”,部分还跟动词兼类,所以介词和动词无法区分。(　　)

2. “他在房间里”和“他在游戏人生”中的“在”词性相同。(　　)

3. 某些虚词的用法往往是成双成对、前后呼应来使用的,比如:“正……着呢”“还……就……”“曾经……过”“不过(无非、只是、仅仅)……而已(罢了)”。(　　)

4. 一个句子带有虚词和不带有虚词的差别很大,比如句尾有没有语气词“了”,对语义表达很有关系。(　　)

5. “只有”和“只要”都是连词,表示条件,可以互换使用。(　　)

五、分析题

1. 请指出下列两组句子中 A 和 B 在语义上的差异。

(1) A. 下雨了再走。

B. 下了雨再走。

(2) A. 今天上了三堂课。

B. 今天上三堂课了。

2. 试分析下列加点词的词性。

(1) A. 小明做了今天的作业了。(　　　)

B. 你回去吧,我今天不想聊了。(　　　)

C. 我刚刚去图书馆把书还了。(　　　)

(2) A. 我跟爸爸去公园玩了。(　　　)

B. 我以前跟爸爸去过那个公园。(　　　)

C. 我跟着爸爸去了公园。(　　　)

(3) A. 看我新买的裙子好看吗?(　　　)

B. 你这样颓废,他不会开心的。(　　　)

C. 你知道的。(　　　)

(4) A. 他连着说了好几句话,差点气死对方。(　　　)

B. 西红柿可以连皮吃吗?(　　　)

C. 连校园贷都敢贷,你疯了吗?(　　　)

(5) A. 这个东西你问她要去。(　　　)

B. 这个东西你问她。(　　　)

(6) A. 大会通过了那项决议。(　　　)

B. 通过他,我认识了很多人。(　　　)

3. 在(　　)处填上恰当的结构助词。

(1) 你看他唱(　　)多起劲儿。

(2) 早起(　　)鸟儿有虫吃。

(3) 太阳将树叶照(　　)闪闪发光。

(4) 翠鸟快速(　　)掠过水面,惊起了一丝涟漪。

(5) 问题解决(　　)不彻底,你也有责任。

(6) 风轻轻(　　)吹拂着她年轻(　　)脸庞。

六、简答题

1. 举例说明介词的语法作用。

2. 根据连接对象的差异,举例说明连词可分为哪几类。

3. 请至少提供三种方法,对“我同他去过”中“同”的介词和连词用法进行辨析。

七、思考题

1. 你认为如今我们还需要严格区分“的”“地”“得”的用法吗?

2. 请指出下边三个句子在语义理解上有何区别。

(1) 外边有风了。

(2) 外边有风呢。

(3) 外边有风的。

3. 根据下边的语例，指出“吧”“吗”“呢”在句类分布和语法意义上的差异。

(1) 他来了吗？

(2) 他来了吧？

(3) 谁来了呢？

(4) 他来了还是没来呢？

(5) 他来没来呢？

4. 根据下边的语例，请指出副词“才”和“就”在语法意义上的差异。

(1) 三小时才能修好。

(2) 三小时就能修好。

(3) 明天才能回来。

(4) 明天就能回来。

第四节　短语与层次分析法

一、填空题

1. 由两个或两个以上单词构成的句法结构单位叫________。

2. 主要的词组类型有________、________、________、________、________、________、________和________等八类。

3. 短语（结构）类型，主要用实词或虚词的名称来命名，实词与实词的组合包括：________和________；实词与虚词的组合包括：________和________。

4. 层次就是指一些句法单位在组合时所反映出来的不同的________和________。

5. 层次分析法的目的是揭示一个句法结构隐藏在线形排列背后的固有的________，其方法是逐层依次找出各层次的________，并进一步说明直接成分之间的________。

6. ________就是对语言运用是否准确和得当的一种直接的本能的感觉。

7. 我们平时说话,只能一个词语一个词语说出来,发音时也只能一个音素一个音素发出来,书写时当然也只能一个字一个字写出来。这种按照时间先后顺序说出或写出的口头或书面形式,就叫作“________”。

8. 量词结构是指量词在后跟其他词语组合而成的结构,它可分为________结构、________结构和________结构三小类。

9. 介词结构是指介词在前跟其他词语组合而成的结构,主要作用是引进____________________。

二、单项选择题

1. 下面不是偏正词组的是(　　)。
A. 认识自己　B. 木头书架　C. 仔细研究　D. 立刻起身

2. 下列(　　)是述宾词组。
A. 绍兴黄酒　B. 修改稿件　C. 十分激烈　D. 仔细分析

3. 下列(　　)是述补词组。
A. 学习汉语　B. 喜欢极了　C. 开始练习　D. 忍受孤独

4. 下列(　　)是联合词组。
A. 指导论文　B. 打探消息　C. 繁荣昌盛　D. 好得很

5. 下列(　　)是主谓词组。
A. 新开的饭店　B. 等于白费　C. 思想解放　D. 群众意识

6. 下列(　　)是同位词组。
A. 互相帮助　B. 春城昆明　C. 复印材料　D. 站着不动

7. 下列名词作谓语的是(　　)。
A. 木头椅子　B. 石油工人　C. 今天阴天　D. 美国地理

8. 下列词组为偏正关系的是(　　)。
A. 漂亮裙子　B. 出去闲逛　C. 我们明白　D. 睡得很好

9. 下列只能带谓词性宾语的一组动词是(　　)。
A. 修理、成为、派出　B. 严加、禁止、感到　C. 爱、喜欢、讨论　D. 同意、赞成、认为

10. “他考上了大学这件事传遍了整个的小山村。”这句话的主语是(　　)。
A. 他　B. 他考上了大学　C. 这件事　D. 他考上了大学这件事

三、多项选择题

1. 下列加点成分是短语的有(　　　　)。
A. 上海和广州来往非常便利　B. 好朋友应该要多保持来往　C. 他三天不洗澡
D. 他一天洗一次澡　E. 上一天班可真够累的　F. 他是个贴心的人

2. 下列是连谓词组的有(　　　　)。
A. 上街买菜　B. 进城赶集　C. 夫妻二人　D. 行为端正　E. 去过几次　F. 今天天晴

3. 下列不是兼语词组的有(　　　　)。
A. 有人敲门　B. 派她去上海　C. 去上班　D. 逼你结婚　E. 语法修辞　F. 查资料

4. 下列不是方位结构的是(　　　　)。
A. 坡前　B. 饭后　C. 期中　D. 早上　E. 心里　F. 国外

5. 下列属于指量结构的有(　　　　)。
A. 这本　B. 五位　C. 那篇　D. 两趟　E. 这页　F. 几粒

6. 下列画线的数量短语中,充当补语的是(　　　　)。
A. 我看了<u>三遍</u>。　B. 北京他去了<u>三次</u>。
C. 小王获奖的次数已经有<u>三次</u>了。　D. 钟已经敲了<u>三下</u>。

7. 下列画线部分属于“的”字短语的是(　　　　)。

A. 去年评上职称的已经不在这个学校了。　　B. 我喜欢金属的。

C. 那些人生了两个孩子的都举了手。　　D. 她默默的，一声不哼。

8. 下列属于方位结构的是(　　　　)。

A. 山坡上　　B. 在山坡上　　C. 计划中　　D. 在计划中

四、分析题

1. 请运用层次分析法分化下列歧义短语。

(1) 穿好鞋子

(2) 咬死了猎人的狗

(3) 李雷和韩梅梅的同学

(4) 看着远方的老爷爷

2. 请运用层次分析法分析下列句子的层次和结构关系。

(1) 鲁迅的小说我看了一个学期。

(2) 那位同学去年已经从暨大毕业了。

五、简答题

1. 层次分析法是一种什么样的方法？它的原则是什么？

2. 偏正词组可以分为定心词组和状心词组,请简单说明它们该如何区分。

3. "写得好"既可作情态补语,也可作可能补语,可以用什么方法把它们区分开来?

4. 请指出下边的画线短语到底是同位短语还是偏正短语,并说明理由。

(1) 他们老板住那么好的房子,我们工人却住得这么差。

(2) 他们学生来了,我们学生还没来。

第五节 句型系统

一、填空题

1. 句子分析可以从句型、句式、句类三个角度进行。句型系统,是按照句子的________划分出来的类型系统。句式系统,是按照句子的________划分出来的类型系统。句类系统,是按照句子的________划分出来的类型系统。

2. 词跟词可以组合成短语,从而构成________关系;词(主要是实词)和短语,如果赋予它一定的语气语调，并进行交际活动，就可以成为句子，从而形成________关系。

3. ________与________都是语言的备用单位，________则是语言的使用单位。

4. 人们掌握了一定的句型，并且根据有关规则，填入某些功能相同也符合语义搭配的词语，就能够产生出新的合法的句子来，这就是句型的________。

5. 进行句型分析时，我们只考虑________以及句子的________，所以必须首先排除一些不影响句型的因素。

6. 主谓句的类型包括：动词性主谓句、____________________和名词性主谓句。

7. 非主谓句可以分为四类：名词性非主谓句、动词性非主谓句、形容词性非主谓句和________________。

8. 句子的特殊成分是指________和________。

二、单项选择题

1. 下列句子，哪个是主谓句（　　）。

A. 好大的口气！　B. 花儿开了！　C. 安静！　D. 明日开张！

2. 下列句子，属于特殊非主谓句的是（　　）。

A. 对！　B. 好极了！　C. 不！　D. 呼！

3. “关起门睡觉。”是（　　）

A. 述宾词组　B. 形容词性非主谓句　C. 动词性非主谓句　D. 名词性非主谓句

4. “来广州了，她？”这个句子在句型上属于（　　）。

A. 动词谓语句　B. 名词谓语句　C. 动宾谓语句　D. 动补谓语句

5. 与“老师去了。”属于同一句型的句子是（　　）。

A. 也许老师去了。　B. 老师想去。　C. 老师去北京了。　D. 老师去晚了。

6. “我听说那个地方成了疫情高风险区。”这个句子的句型成分是（　　）。

A. 我、听说、那个地方成了疫情高风险区　B. 我、听说、疫情高风险区

C. 地方、成、风险区　D. 我、听说、疫情高风险区

三、多项选择题

1. 下列关于句子的说法正确的是（　　）。

A. 句子前后都有停顿

B. 句子是有完整意义的

C. 句子是语言的使用单位

D. 从结构上，我们可以把句子分为单句和复句两类

E. 单句可以分成主谓句和非主谓句

2. 句子特殊成分的特点有（　　）。

A. 不参加句子的结构组合　B. 附属于句子

C. 能独立成句　D. 不是句型成分，也不是短语成分

E. 在语义表达上有特殊作用

3. 下列属于中心词分析法分析步骤的是（　　）。

A. 用两根竖线首先把句子分为“主语部分”和“谓语部分”两大块。

B. 在主语部分找出主语中心语及其修饰的定语，在谓语部分找出谓语中心语及其修饰的状语。

C. 找出谓语中心词以及后面跟着的宾语和补语。

D. 宾语如果有定语修饰的话，继续寻找。如果主语或宾语的修饰语有好几个，则必须一一标明。

E. 一些比较特殊的成分，例如“兼语”“独立成分”和“提示成分”，也有相应的符号。

4. 下列属于句型特点的是（　　）。

A. 抽象性　B. 生成性　C. 系统性　D. 层次性

5. 下列属于同一句型的是(　　　　　)。

A. 天气很好。　　B. 天气很好呢！　　C. 天气很好啊！　　D. 天气好得很！

6. 在句子六大成分中,一般说来,(　　　　　)都是句型成分。

A. 主语　　B. 谓语　　C. 宾语　　D. 定语　　E. 状语　　F. 补语

四、判断题(对的打"✓",错的打"×")

1. 句子和词的区别就在于书写起来前者量多,长度长;后者量少,长度短。(　　)
2. 凡是由主语和谓语构成的结构都是句子,例如"我读中文系"。(　　)
3. 进行句型分析时,我们只考虑句型成分以及句子的结构模式。(　　)
4. 中心词分析法是传统语法学使用的句子分析法。(　　)
5. 中心词分析法认为主语、谓语、宾语是主要成分,定语、状语、补语是次要成分。(　　)
6. 非主谓句就是"无主句"。(　　)
7. 独立成分的位置相当灵活,可以出现在句中、句首或句尾。最常见的位置是句首。(　　)
8. "我为人人"和"人人为我"属于同一句型。(　　)

五、分析题

1. 请指出下列主谓句的类型。

(1) 他们都是好孩子。(　　　　　)

(2) 他们都黑头发。(　　　　　)

(3) 盘子放得整整齐齐。(　　　　　)

(4) 碗筷整整齐齐的。(　　　　　)

(5) 今天是重阳节。(　　　　　)

(6) 今天重阳节。(　　　　　)

(7) 任何人他都不怕。(　　　　　)

(8) 他不怕任何人。(　　　　　)

2. 请指出下列倒装句的类型。

(1) 多少路程啊,北京到广州。(　　　　　)

(2) 你看看他,全身一直发抖,冷得。(　　　　　)

(3) 他就找借口而已,我觉得。(　　　　　)

(4) 他已经来了,大概。(　　　　　)

3. 指出下列哪几句有特殊句子成分,并指出属于哪一类特殊成分。

(1) 你看,这么做可以吗?(　　　　　)

(2) 你看他演讲了吗?(　　　　　)

(3) 你听老妈唱歌了吗?(　　　　　)

(4) 你听,他说的是人话吗?(　　　　　)

(5) 听说他得了一等奖。(　　　　　)

(6) 看起来,这一关你已经过了。(　　　　　)

(7) 我们姐妹俩,一个在教育行业工作,一个在医疗系统工作。(　　　　　)

(8) 这就是我跟你说的那个人,我青梅竹马的恋人。(　　　　　)

4. 运用中心词分析法分析下列句子。

(1) 两岁的孩子会说很多话了。

(2) 这本书介绍了关于宇宙起源的几种不同看法。

(3) 听说,鲁迅的那本小说你看了一个学期。

(4) 那位同学已经从北大毕业一年了。

六、简答题

1. 中心词分析法和层次比较法相比，有哪些优点和不足？

2. 简述句型分析的原则和方法。

第六节 句式系统

一、填空题

1. ________是根据句子的显著特点划分出来的句子类型。
2. 句式分析重点关注的是________句，尤其是对谓语部分中特殊之处的分析。
3. 表示人或事物存在、出现或消失的句子是________。
4. “安排、等候、阻止、宠爱”几个动词中，不能出现在“被”字句中的是________。
5. “多么不容易啊，养家糊口的工人！”可以还原成一般句式__________________。这说明倒装句具有________的特点。

6. 口语中“被……给”“叫……给”格式中的“给”的词性是________。

7. 双宾语句中,紧靠动词的宾语叫作________,又称________,不紧靠动词的宾语叫作________,又称________。

8. 主谓谓语句可以分为四类:____________________、____________________、____________________和____________________。

二、单项选择题

1. 下列句子属于连谓谓语句的是(　　)。

A. 老师有话问她。　B. 学校打算派一批学生去澳门大学交流。

C. 寝室有人去搬水。　D. 她一边哼歌一边擦玻璃。

2. 下列句子是被动句的是(　　)。

A. 面包给他吃完了。　B. 他把面包吃完了。　C. 他连面包都吃完了。　D. 他吃完了面包。

3. 下列句子是施事主语句的是(　　)。

A. 她不姓夏。　B. 地板已经拖干净了。　C. 这次事故与司机无关。D. 小杨去了郑州。

4. 下列句子不属于兼语谓语句的是(　　)。

A. 我请保姆来接送孩子。　B. 我同意保姆来接送孩子。

C. 我叫保姆来接送孩子。　D. 我让保姆来接送孩子。

5. 下列句子属于双宾语句的是(　　)。

A. 辅导员通知我们明天领导来学校视察。　B. 小何邀请她合奏。

C. 妈妈提醒小李穿上秋裤。　D. 主任转告小章他不能去开会了。

6. 下列句子属于主谓谓语句的是(　　)。

A. 鸡腿买隔壁家的吧。　B.《罗马假日》我看过很多遍了。

C. 班长的英语很好。　D. 拾金不昧值得鼓励。

7. 下列句子中,“把”字用法错误的是(　　)。

A. 班主任把两个人的家长全都找来了。　B. 你快把这块蛋糕吃了。

C. 你别只顾着自己把饭吃。　D. 你把事实都不调查清楚,就在这里信口开河。

8. “这种零食我吃过”和“这个提案我很失望”两个句子分别属于主谓谓语句的哪一种类型?(　　)

A. 关涉性主谓谓语句、受事性主谓谓语句　B. 周遍性主谓谓语句、关涉性主谓谓语句

C. 领属性主谓谓语句、受事性主谓谓语句　D. 受事性主谓谓语句、关涉性主谓谓语句

9. “五个快递四个丢了”和“什么游戏他都不玩”两个句子分别属于主谓谓语句的哪一种类型?(　　)

A. 周遍性主谓谓语句、受事性主谓谓语句　B. 领属性主谓谓语句、周遍性主谓谓语句

C. 受事性主谓谓语句、周遍性主谓谓语句　D. 领属性主谓谓语句、受事性主谓谓语句

三、多项选择题

1. 下列动词中,不能进入“把”字句的是(　　)。

A. 建议、请求　B. 休养、能够　C. 制作、整理　D. 删除、清洗

2. 下列句子中,属于“被”动句的是(　　)。

A. 老师让他去办公室一趟。　B. 他进办公室的时候让一个台阶绊倒了。

C. 老师建议他不要再让游戏影响他的学习。　D. 他让老师批评得羞愧难当。

3. 下列句子属于存现句的是(　　)。

A. 树上有只画眉鸟。　B. 天空中漂浮着一朵洁白的云。

C. 教室外走进来一位年轻的女老师。　D. 垃圾桶上涂着彩色的颜料。

4. 下列动词中,不能进入“被”字句的是(　　)。

A. 离开、拥有　　B. 打断、驱逐　　C. 出去、同意　　D. 录取、监督

四、判断题（对的打“✓”，错的打“×”）

1. “把”字句中“把”的宾语都是从原来“主+动+宾”结构的宾语用“把”提前得来的。（　　）
2. 否定词、助动词既可以出现在“把”字结构之前，也可以出现在“把”字结构之后。（　　）
3. “被”字句表示的都是不如意的事情。（　　）
4. “被”字句的主语既可以是定指的，也可以是不定指的。（　　）
5. “被”字和“把”字可以出现在同一个句子里。（　　）
6. “把”字句的谓语通常要求是复杂的。（　　）
7. 因为“把”字句中“把”的宾语只能是动作的受事，因此“把”字句也可称为“处置式”。（　　）
8. 被动句就是“被”字句。（　　）
9. 存现句的句首出现介词时就变成了非主谓句。（　　）
10. “被”字句的主语和“把”字句中“把”后的词语都代表确指的事物。（　　）
11. “孩子们唱着歌跳着舞涌入学校大门。”这个句子是连谓谓语句。（　　）
12. “听说两本论文集叫他拿走了一本。”这个句子是兼语句。（　　）
13. “班主任看到小罗和小刘牵着手在操场上散步。”这个句子中主谓短语“小罗和小刘牵着手在操场上散步”作“看到”的宾语，是动宾谓语句。（　　）
14. “你这人太热心了！”和“太热心了，你这人！”属于同一句型。（　　）

五、名词解释

1. 句式

2. “把”字句

3. “被”字句

4. 双宾语句

5. 主谓谓语句

6. 存现句

7. 存在句

8. 倒装

六、分析题

1. 指出下列存现句的类型。
(1) 他的额头上布满了细密的汗珠。(　　　　)
(2) 校长正在讲话,从窗外飞来一只画眉鸟。(　　　　)
(3) 训练室里丢了一个篮球。(　　　　)
(4) 垃圾桶里丢了一个篮球。(　　　　)
(5) 赛道尽头飘扬着一面象征胜利的红旗。(　　　　)
2. 指出下列双宾句的类型。
(1) 爸爸给了我一年的生活费。(　　　　)
(2) 同学们叫匡老师"匡芭蕾"。(　　　　)
(3) 运动完后我一口气喝了他一大半水。(　　　　)
(4) 上铺的兄弟借了我五百块钱。(　　　　)
(5) 老王答应小王他不去深圳了。(　　　　)
3. 指出下列主谓谓语句的类型,并将其变换成非主谓谓语句。
(1) 我家冰箱食材很多。(　　　　)
→
(2) 公主的童话故事我已经跟你讲了不少了。(　　　　)
→
(3) 那袋洗衣液我已经用完了。(　　　　)
→
(4) 所有题目他都做完了。(　　　　)
→
4. 判断下列句子哪些为主谓句,谓语由什么性质的词语充当?哪些是非主谓句,构成类型是什么?
(1) 暴风雨就要来了!(　　　　)
(2) 这本书十块钱。(　　　　)
(3) 禁止吸烟!(　　　　)
(4) 这场球赛精彩极了!(　　　　)
(5) 漂亮!(　　　　)
(6) 多好的战士啊!(　　　　)
5. 将下列一般主谓句变换为存现句。
(1) 很多人聚集在超市门口。
→
(2) 他的奖状挂在墙上。
→
(3) 外交使团坐在车上。
→
(4) 商品陈列在展示柜里。
→
6. 判断下列句子的句型和句式,并完成表格。

句子	句型	句式
把灯关了!		
你看,操场上站着好多学生。		

(续表)

句子	句型	句式
她总是开着音乐打扫卫生。		
我的口红是被她弄断的?		
看来我必须叫你们班主任好好管教你们了!		

7. 指出并改正下列"把"字句的错误。

(1) 学生们正在把零食吃,老师黑着脸走了进来。

(2) 前两天逛淘宝的时候,他把一双运动鞋买了。

(3) 公司已经把项目进行了。

(4) 他把参考书愿意借给我看看。

(5) 一定把这个误会不要放在心上。

8. 指出并改正下列"被"字句的错误。

(1) 一件衣服被人偷了。

(2) 他翻墙出校门的时候又被保安抓。

(3) 被市委书记能够亲自接待真是太荣幸了!

(4) 他缺考的事情被老师没有告诉家长。

七、简答题

1. 句式大致可以分为哪几个系列?

2. 从不同角度简述一下“被”字句中“被”的变体形式。

3. “要求”“存在”“下去”“赞成”“是”“到达”这几个动词可以构成“把”字句吗？说说你的理由，并试着将这几个动词做一个归类。

4. “把”字句和“被”字句是否都可以互相转换？试说明理由。

八、辨析题

1. 辨析下列句子是兼语谓语句还是主谓短语作宾语的句子，并归纳一下你的区别方法。

（1） a. 领导催促下属完成了工作

b. 领导知道下属完成了工作。

（2） a. 班主任要求学生每天早晨互相加油。

b. 班主任听见学生每天早晨互相加油。

2. 辨析下列句子是兼语谓语句还是连谓谓语句,并归纳一下你的区别方法。

(1) a. 研究员们有信心做好项目。

b. 研究员们有人能做好项目。

(2) a. 教练率领参赛选手冲向终点。

b. 教练命令参赛选手冲向终点。

九、思考题

有人说,“把”字句实际上是表示一种“致使”关系的句式。你同意这种说法吗? 请说明理由。

第七节 句类系统

一、填空题

1. 句类是指句子按照不同的________划分出来的类型。
2. 句类一般分为________、疑问句、祈使句和________四类。
3. 疑问句包括________和________双重意义。
4. 疑问句有两大类型:________、________。
5. 按照结构特点,疑问句可以分为________、________、________、________四类。
6. 疑问句的功能类型可分为反问句、设问句,还有________、________等。
7. 祈使句的主语限于三类词语:________________、________________、________________。
8. 双重否定格式用来表示________的意思。
9. “手机呢?”和“手机吗?”从疑问句的类型来说,分别属于________和________。
10. 肯定和否定一般是就________说的。
11. “无疑而问”而且还有反驳口吻就是________,即发问人心目中并没有真正的疑惑,只是在用疑问句的形式曲折地表达自己对某个事情的看法，语气上有不满、反驳的意味。

12. 发问人心目中实际上已经有了明确的意见，但并不直接把自己的看法说出来，而是先用一个问句引起对方的注意，然后再顺势引出自己的看法。这种句子是________。

13. 向听话人提出要求，希望他做什么或别做什么的句子叫________。

二、单项选择题

1. 疑问句在结构上可以分为四种类型，以下句子属于同一类型的是(　　)。

① 你喜欢不喜欢周老师？

② 你喜欢周老师还是赵老师？

③ 你什么时候去上周老师的课呢？

④ 周老师送我的语法书呢？

A. ①②　　B. ③④　　C. ②③　　D. ①④

2. 试比较(1)(2)的前后两句语气强弱：(1)是(　　)；(2)是(　　)

(1)“我不是不想去。/我想去。”(2)“没有一个同学反对。/同学们都不反对。”

A. 强、强　　B. 强、弱　　C. 弱、强　　D. 弱、弱

3. 下列句子属于正反问句的是(　　)。

A. 年终奖发了没有？　　B. 年终奖发了多少？

C. 到底是发还是不发年终奖啊？　　D. 年终奖什么时候发？

4. 下列句子中属于特指问的是(　　)。

A. 你二十岁了吗？　　B. 图书馆什么时候闭馆啊？

C. 你是不是不开心了？　　D. 你走了，大家也散了吧？

5. 感叹号用法错误的是(　　)。

A. 用于情感强烈的陈述句　　B. 用于情感强烈的感叹句

C. 用于语气强烈的疑问句末尾　　D. 用于语气强烈的祈使句末尾

6. 关于是非问的语调，正确的一项是(　　)。

A. 升调　　B. 平调

C. 降调　　D. 没语气词时为升调，有语气词时可升可降

三、多项选择题

1. 下列句子属于是非问的是(　　)。

A. 抹茶冰激凌好吃吗？　　B. 你去哪儿拍照啊？

C. 明天该我值班了吗？　　D. 她能不能替我跑一趟呢？

2. 下列句子属于选择问的是(　　)。

A. 你去不去行政楼？　　B. 你陪我去面试，还是他陪我去？

C. 要哪种？联想？苹果？　　D. 他今天去医院了吗？

3. 以下关于陈述句的特点正确的是(　　)。

A. 其功能是向听话人述说一件事情。　　B. 语调平直，句尾略降。

C. 在书面上用句号表示停顿。　　D. 可以带语气词，也可不带语气词。

4. 下列属于强调句的是(　　)。

A. 他上学期上了历史课。　　B. 他是上学期上了历史课。

C. 是他上学期上了历史课。　　D. 他上学期是上了历史课。

5. 下列肯定形式和否定形式意义相同的是(　　)。

A. 好热闹/好不热闹　　B. 很高/不很高

C. 好容易/好不容易　　D. 小心摔倒/小心别摔倒

6. 关于疑问句的描述,正确的是(　　)。

A. 可以既疑且问　　B. 可以疑而不问

C. 可以问而不疑　　D. 必须既疑且问

7. 特指问如用疑问语气词,只能用(　　)。

A. 呢　　B. 啊　　C. 吧　　D. 吗

四、判断题(对的打"✓",错的打"×")

1. 陈述句的肯定形式表肯定义,否定形式表否定义,二者意义是不同的。(　　)
2. 陈述句如果要显示强调,则常常用动词或副词"是"。(　　)
3. 陈述句中每一项基本上都可用疑问代词来替换,从而构成特指问句。(　　)
4. 双重否定形式的陈述句在语气上都比单纯肯定要强烈。(　　)
5. 特指问句要针对疑问焦点作具体回答,但是没有疑问代词出现的简略特指问句不需要。(　　)
6. 回声问也是非问句。(　　)
7. 褒义色彩的词语,在祈使句中不用否定形式;贬义色彩的词语,在祈使句中不用肯定形式。(　　)

五、名词解释

1. 句类

2. 反问句

3. 设问句

4. 祈使句

六、分析题

1. 指出下列疑问句的结构类型。
（1）今天周五吧？（　　）
（2）那本小说你看了没有？（　　）
（3）你的新衣服呢？（　　）
（4）你到底去不？（　　）
（5）你是报考公务员还是老师？（　　）
（6）你愿不愿意和她一起？（　　）
（7）谁不想去吗？（　　）
（8）明天讲座的地点在哪？（　　）
（9）下周有谁要回家吗？（　　）
（10）你究竟是有钱，还是没有钱？（　　）
（11）你究竟有没有钱？（　　）
（12）毕业后你想出国读研吗？（　　）
（13）毕业后你想出国读研吧？（　　）
2. 指出下列句子的语气功能类型。
（1）好一派北国风光！（　　）
（2）明天是几号？（　　）
（3）明天是 16 号。（　　）
（4）动起来吧，不要在沙发上瘫着！（　　）
（5）今天天空特别蓝。（　　）
（6）你是老师还是我是老师？听你讲课还是听我讲课？（　　）
（7）大堰河，我的保姆！她是多么无私，多么淳朴啊！（　　）
（8）别争了！（　　）
3. 把下列句子的句型和句类填入表格。

句子	句型	句类
出太阳啦！		
你能不能派人去取一下我的邮件？		
你把炉子熄了火！		
那个女生广东人。		
一部直击心灵的电影！		
学校图书馆藏书资源十分丰富。		
超市的水果多新鲜呀！		

七、简答题

1. 感叹句有哪几种类型?

2. 特指问两种简略格式有何用法?

八、辨析题

1. 指出下列句子中句末语气词在语法意义上有何差异。

(1) 他已经去了吧!

(2) 他已经去了呢。

(3) 他已经去了的。

(4) 他已经去了嘛!

(5) 他已经去了呗!

(6) 他已经去了啦!

2. 根据下面的语例，指出“不”和“没”在语义和用法上有何差异。

（1） a. 他不学中文，想学历史。

　　b. 他没学中文，学了历史。

（2） a. 我以前不喜欢数学，现在不喜欢数学，将来也不会喜欢数学。

　　b. 我以前没追星，现在也没追星。

　　c. ＊我将来也没追星。

（3） a. 我不看不快乐的电影。

　　b. 我没看不快乐的电影。

　　c. ＊我不看没快乐的电影。

　　d. 天还没亮。

（4） a. 他不要去/他能去/他能够去/他肯去/他敢去/他会去/他可以去/他应该去/他该去。

　　b. 他没要去/他没能去/他没能够去/他没敢去。

　　c. ＊他没会去/他没肯去/他没可以去/他没应该去/他没该去。

3. 指出下列疑问句在语义理解上有何差异。

（1） 他来了？

（2） 他来了吗？

（3） 他来了吧？

（4） 他来了啊？

4. 是非问、特指问、选择问、正反问在疑问信息的载体和疑问焦点上有何差异？

九、论述题

有些祈使句,既有肯定形式,又有否定形式;而有些祈使句,要么只有肯定形式,没有否定形式;要么只有否定形式,没有肯定形式。例如:

(1) 请进来。/请别进来。

(2) 千万当心哪。/ * 千万别当心哪。

(3) * 请紧张。/请别紧张。

这就是祈使句肯定形式和否定形式的不对称现象。请从祈使句谓语中心语的词语特点出发,解释造成这种不对称现象的原因。

第八节 句法结构中的语义分析

一、填空题

1. 句法结构是________和________的统一体。

2. 句法结构中的语义分析,主要是指________、________和________三种分析。

3. 句法分析的重点是动词跟名词性词语之间的语义关系,这也叫________,或者________。

4. 通过分析句法结构中某一成分的语义跟其他成分的联系来揭示并说明某些语法现象的句法分析方法就叫____________________。

二、单项选择题

1. 在"他还捐给了山区学校一笔资金。"中,( )的语义角色属于"与事"。

A. 他 B. 山区 C. 山区学校 D. 一笔资金

2. 在"她会唱海豚音。"中,"海豚音"的语义角色是( )。

A. 受事 B. 工具 C. 对象 D. 方式

3. 在"小丽用上好的虎皮制作了一张坐垫。"中,"小丽""虎皮""坐垫"的语义角色分别是( )。

A. 施事、材料、结果 B. 施事、结果、材料 C. 施事、材料、受事 D. 施事、工具、受事

4. 在"重庆和成都我都去了"中,"都"语义指向的对象是( )。

A. 重庆 B. 成都 C. 重庆和成都 D. 我

三、多项选择题

1. 下列带点词语的语义角色为"等事"的是(   )。

A. 我是那个学校的教师。 B. 他儿子成了出租车司机。

C. 他还算优秀的选手。 D. 老师批评了他。

2. 下列带点词语的语义角色为“原因”的是(   )。

A. 她休产假了。
B. 她孩子因肝病去看了医生。
C. 我们必须想办法。
D. 我要出去避风头。

3. 在“熊猫的杯子”中,“熊猫”和“杯子”之间的语义关系有可能是(   )。

A. 领属关系
B. 处属关系
C. 比喻关系
D. 时属关系

4. 下列带点词语语义指向的对象为主语的是(   )。

A. 她喜滋滋地炸了盘花生米。
B. 她脆脆地炸了盘花生米。
C. 她读累了。
D. 她读快了。

5. 对句法结构的分析应包括(   )。

A. 句法层次分析
B. 句法关系分析
C. 句型句式句类分析
D. 语义分析

四、判断题(对的打“√”,错的打“×”)

1. 同一个动词,与不同的名词性词语搭配就可能产生不同的语义关系,但是同一个名词性词语,与不同的谓词搭配语义关系不变。(   )

2. 名词与名词之间不存在语义关系。(   )

3. 不仅词与词的组合涉及语义特征,某些句式的使用也涉及语义特征。(   )

4. 语义特征分析和语义指向的分析,都可以帮助我们解释某些歧义现象。(   )

五、名词解释

1. 语义关系

2. 语义指向

3. 语义特征

六、简答题

1. 简述句法关系和语义关系的关系。

2. 简述语义指向和句法关系的关系。

七、分析题

1. 指出下列句子中名词性词语所担任的语义角色。

(1) 小区里贴满了反代孕的标语,人们都在为平权斗争。

(2) 前天我买了一箱牛奶。

(3) 小李成为了一名乡村义务教师。

(4) 她是个歌手。

(5) 这个早点摊便利了周围的民工。

(6) 学姐对我倾诉了许多烦心事。

2. 判断下列结构中名词与名词之间的语义关系。
(1) 钢铁的意志(　　　　　)
(2) 学校的花园(　　　　　)
(3) 钻石的戒指(　　　　　)
(4) 同桌的消息(　　　　　)
(5) 同桌的爷爷(　　　　　)
(6) 同桌的性格(　　　　　)
(7) 曾经的传说(　　　　　)
(8) 广东的早茶(　　　　　)
(9) 国家的奖励(　　　　　)
(10) 猫咪的耳朵(　　　　　)
(11) 磁悬浮列车(　　　　　)
(12) 父亲的诗集(　　　　　)
3. 指出下列句子中补语的语义指向。
(1) 他把地板拖干净了。(　　　　　)
(2) 他拖地板拖累了。(　　　　　)
(3) 他拖干净地板再休息。(　　　　　)
(4) 他还没拖完地板。(　　　　　)
4. 指出下列句子中状语的语义指向。
(1) 他美滋滋地吃了包薯片。(　　　　　)
(2) 他早早地吃了包薯片。(　　　　　)
(3) 他脆脆地吃了包薯片。(　　　　　)
(4) 他把薯片一片一片地吃完了。(　　　　　)
5. 指出下列句子中定语的语义指向类型。
(1) 我今天晚上要好好怀念一下我逝去的青春。(　　　　　)
(2) 她度过了一个后悔的“双十一”。(　　　　　)
(3) 妈妈在外面打了一下午的麻将。(　　　　　)
6. 用语义指向分析法分化下列歧义句。
(1) 他们大都吃米饭。
(2) 十分钟就写了五道大题。
(3) 这批货我们都满意。

7. 用语义特征分析法分化下列歧义句。
(1) 山上架着大炮。
(2) 我借他一本书。

八、思考题

请指出下面三组语例中的“两天”在意义理解上有何差异,并运用语义特征分析法加以解释。

(1) 离开了两天了 (2) 等了两天了 (3) 看了两天了
断了两天了 病了两天了 吃了两天了
死了两天了 盼了两天了 谈了两天了

第九节 歧义结构与框式结构

一、填空题

1. 从歧义现象的存在方式来看,我们可以把歧义分为________和________两类。
2. 从歧义所产生的根源来看,我们可以把歧义分为________和________两类。
3. ________是在句法组合中产生的歧义,它又可以分为________歧义和________歧义。
4. 框式结构是超脱于________、________、________层面的一种特殊构式类型。

二、单项选择题

1. 下列句子中存在歧义的是( )。
A. 这是一个实习生能轻易胜任的工作。 B. 那是一段令人痛苦的回忆。
C. 这是一项公司未曾开展过的新项目。 D. 那是一个大家都同意的活动方案。
2. 下列句子没有歧义的是( )。
A. 因为疫情的缘故,大家没办法放心摘下口罩。 B. 放弃美丽的女人让人心碎。
C. 他已经走了一个多小时了。 D. 这栋楼的房间都没有装修。
3. 下面不是多义短语的是( )。
A. 学习资料、学生家长 B. 宽三米、生物化学
C. 学校大楼、高楼大厦 D. 修桥、芝士蛋糕
4. 下列短语属于歧义结构的是( )。
A. 教育普及、暴露行动 B. 辩论开始、考试结束
C. 大家讨论、道德审判 D. 军事制裁、棒针编织
5. 下列短语属于歧义结构的是( )。
A. 方便群众、成长历程 B. 出口货物、译制影片
C. 推向市场、践踏草坪 D. 分界问题、生长激素
6. 下列句子中,因为多义词产生歧义的是( )。
A. 今天下午我们买了很多菜。 B. 我们马上吃饭去。

C. 他做小明的工作。　　D. 以上都是。

7. 下列结构中没有歧义的是(　　)。

A. 告别山区的少年　　B. 评价关羽的文章

C. 羡慕球星的讲话　　D. 抄写课本的标题

8. 下列结构中没有歧义的是(　　)。

A. 丁丁和我的老师　　B. 昨天和今天的报纸

C. 马克思和恩格斯的朋友　　D. 姐姐和妹妹的同学

三、多项选择题

1. 下列结构中有歧义的是(　　)。

A. 对国家的财产　　B. 对处长的意见　　C. 关于狗的电影　　D. 对我的好感

2. 下列结构中没有歧义的是(　　)。

A. 你小孩子　　B. 我老罗　　C. 他们部队　　D. 他们年轻人

3. 下列关于框式结构的论述正确的是(　　)。

A. 框式结构是等同于一般短语的构式类型。

B. 框式结构都由不变成分以及可变成分两部分组成。

C. 框式结构往往产生出新的意义。

D. 框式结构跟语境结合紧密,具有特定的语用功能。

E. 构式义鲜明而且特殊,一般短语句子无法替代。

4. 框式结构的类型有(　　)。

A. 双项双框式　　B. 单项双框式　　C. 双项单框式　　D. 单项单框式

四、判断题(对的打“✓”,错的打“×”)

1. 每个框式结构都充分显示了句法、语义和语用三个特点。(　　)

2. 框式结构多数带有强烈的口语色彩。(　　)

3. 框式结构的结构意义等于组合成分的语义相加。(　　)

4. 整个框式结构具有一定的生成能力。(　　)

5. 框式结构的“框架”是不变成分,起到定位以及标记作用,具有很高的识别变。(　　)

五、名词解释

1. 歧义现象

2. 框式结构

六、分析题

1. 指出下面短语或句子的歧义类型。

(1) 新来的转校生谁都瞧不起。

(2) 小林最喜欢攀岩。

(3) 思念他的妈妈

(4) 你难道不知道妈妈为什么头痛?

(5) 他在水里捞鱼。

(6) 拉着妻子的双手

(7) 那个人原来是律师。

(8) 进口产品

2. 在实际使用中,可以运用哪些方法消除下列短语或句子的歧义。

(1) 煮鸡蛋

(2) 关于张爱玲的书

(3) 你走过那条路没有?

(4) 他也是一个老师。

(5) 打死老虎

七、思考题

1. 有人认为,“框式结构的语法意义就是结构成分的语义之和”,你觉得这种观点正确吗?为什么?

2. 在现代汉语中，有好些表示周遍义的构式，如"一+X+都+不+Y""最+X+也+Y""连+X+也+Y"。在这些格式中，Y要么只能为否定形式，要么只能为肯定形式。如果把肯、否颠倒，那么，句子要么不成立，要么不再表示周遍义，如(1)—(3)。请对此进行解释。

下列框式结构在原式上改动后还符合语法规范吗？请尝试运用认知语言学的知识解释。

(1) a. 一个字都不认识。——b. *一个字都认识。

a. 一堂课都不上。——b. *一堂课都上。

(2) a. 最难的题他也会做。——b. ？最难的题他也不会做。

a. 最便宜的他也买不起。——b. ？最便宜的他也买得起。

(3) a. 连看电影也不感兴趣。——b. ？连看电影也感兴趣。

a. 连民办大学也想上。——b. ？连民办大学也不想上。

3. 请指出下边A组和B组的"X+V的+不是+Y，是+Z"在结构性质、对Y和Z的语义选择以及语用功能上有何差异。

A组	B组
哥吃的不是面条，是寂寞。	哥吃的不是面条，是饺子。
姐偷的不是菜，是感情。	姐偷的不是菜，是牛肉。
叔谈的不是恋爱，是无聊。	叔谈的不是理想，是现实。
我卖的不是图书，是文化。	我卖的不是图书，是光盘。

第十节　认知解释与动态变化

一、填空题

1. 句法语义的认知解释最主要有三个原则与方法：________、________、________。

2. 根据省略的语言环境，可以把省略分为________、________、________和________四类。

3. 一般所谓的插入，实际上有两种：一是________，一是________。前者是一些固定的________，属于句子的________;后者是____________________的,属于句子的____________。

4. 用局部指称整体的方法是________。

5. 用来源指称结果的方法是________。

6. 把空间喻为时间的方法是________。

7. 口语交际中,改变句子常规语序的现象称为________。

8. 移位句后置部分带有________的性质。

9. “木耳、蚕豆、桑麻、袋鼠”四种事物的命名,不包含隐喻的是________。

二、多项选择题

1. “马尾松、喇叭花、长颈鹿、猫头鹰”四种事物中,其命名属于隐喻的是(　　)。

A. 马尾松　　B. 喇叭花　　C. 长颈鹿　　D. 猫头鹰

2. 以下关于移位句的特点叙述正确的是(　　)。

A. 移位句中被移位的两个部分可以还原,还原以后句子的意思不变。

B. 移位句的语义重心在前置部分上,后置部分不会成为强调的对象。

C. 移位句的重音就在前置部分上,后置部分轻读。

D. 移位句句末语气词一定要附加在后移部分之后。

3. 句子成分的省略有什么条件限制?(　　)

A. 句子成分的省略是言语交际中由上下文或语境条件的制约而造成的。

B. 句子所省略的成分是不确定的。

C. 句子所省略的成分是确定无疑的,可以补回来的。

D. 省略成分补出以后,句子的语义基本不变。

4. 追补的类型主要有(　　)。

A. 补充型　　B. 注释型　　C. 逻辑型　　D. 修正型

三、判断题(对的打“✓”,错的打“×”)

1. 解释事物空间关系时,图形与背景都是可以互相转换的。(　　)

2. 在言语交际中,句子并非一成不变,而是永远处于变化过程之中。(　　)

3. 移位句的语义重心在后置部分上,前置部分不会成为强调的对象。(　　)

4. “我们去吃串串”,其中的“串串”指的是“用竹签串起来的食物”,这种辞格是隐喻。(　　)

5. 句子省略成分只能省略主语、宾语和修饰语,谓语是不能省略的。(　　)

6. 汉语的结构组合实际上存在着背景往往先于图形出现的趋势。(　　)

7. 通常情况下,汉语句子的语序是固定的。(　　)

8. 状语和中心语之间的移位都是无条件限制的。(　　)

9. 移位句的句末语气词不能在后移部分之后出现。(　　)

10. 书面语里的移位现象,往往是作者为了追求更好的表达效果,突出某些词语而故意为之。(　　)

11. 两个句子成分在移位之后,语义和句法结构关系有时会发生变化。(　　)

12. 说话人在写书信、日记、个人总结、述职报告、心得体会或在发言时,常将“我”省去,这是承前省。(　　)

四、名词解释

1. 原型范畴

2. 象似性关系

3. 转喻

4. 隐喻

5. 移位

6. 省略

7. 插说

8. 追补

五、分析题

指出下列句子运用的是转喻还是隐喻,并说明具体方式。

(1) 激动人心的时刻到了!(　　　　)
(2) 手里拿着锤子。(　　　　)
(3) 字里行间充满了深情。(　　　　)
(4) 转眼又一秋!(　　　　)
(5) 苦难已远离我们而去。(　　　　)
(6) 盯住那顶鸭舌帽!(　　　　)
(7) 度过三年困难时期。(　　　　)
(8) 物价上去了。(　　　　)
(9) 白宫没有表态。(　　　　)
(10) 我喜欢读朱自清。(　　　　)
(11) 他又在敲键盘了。(　　　　)
(12) 这篇文章包含许多新观点。(　　　　)
(13) 何以解忧,唯有杜康。(　　　　)
(14) 平民寻白羽,没在石棱中。(　　　　)
(15) 绿水青山枉自多,华佗无奈小虫何。(　　　　)
(16) 官不过侍郎,位不过执戟。(　　　　)
(17) 歌罢仰天叹,四座泪纵横。(　　　　)
(18) 那辆福特已经到了。(　　　　)
(19) 你记得把牛奶盖上。(　　　　)

六、简答题

1. 简述口语移位的类型。

2. “省略实质上就是隐含、重合”,这种说法正确吗？说说你的理由。

3. 简述插说的特点和类型。

4. 省略句与非主谓句有何联系与区别？请举例说明。

七、思考题

1. 请依据下面的英语和汉语的语例,指出它们运用了什么样的认知方式。

(1) You're wasting my time.(你在浪费我的时间。)

(2) Can you give me a few minutes? (你能给我几分钟时间吗?)

(3) How do you spend your time? (你的时间是怎么使用的?)

(4) We are running out of time.(我们的时间快用光了。)

(5) This gadget will save you hours.(这个装置能给你节省不少时间。)

(6) Is that worth your while? (值得在那上面花时间吗?)

(7) Do you have much time left? (你还剩下很多时间吗?)

(8) You need to budget your time.(你必须计划好你的时间。)

2. 请指出下面这三个例子在隐喻的使用上有什么共性。

(1) He's in love.(他处于热恋之中。)

(2) He's coming out of come.(他从昏迷中苏醒过来。)

(3) He fell into a depression.(他陷入苦闷之中。)

3. 下面的句子,A 组成立,B 组不成立,请运用认知语言学的“图形和背景”理论加以解释。

A 组	B 组
脚下的路	*路上的脚
太阳落山了	*山升到太阳上面去了
苍蝇在电脑的旁边	*电脑在苍蝇的旁边
水在壶里	*壶在水外

4. 想象一下没有隐喻的语言会是什么样子的。

第十一节　复句类型

一、填空题

1. 句型首先可以分为________和________两大类。
2. 在主观世界里，两类事件或现象之间的语义联系有________和________两种。
3. 复句的命名必须遵循两个基本原则：____________________、____________________。
4. 复句可以分为四大类：________、________、________、________。
5. 复句中用来连接分句并表明分句之间关系的连词、副词和短语统称为________。
6. "这次马拉松比赛我非拿个冠军不可。"这个紧缩句如果还原成一般复句的话，相当于________复句。
7. "不管……都"和"除非……才"这两对关联词经常出现在________复句和________复句中。
8. 部分复句可以不需要任何关联词语，完全依靠语序以及前后分句的语义制约构成，这叫________。
9. 在分句排列次序基础上的________、________、________等形式也有连接分句的作用。
10. 复句末尾用句号、________或________，复句内部的分句之间用________或________。
11. 选择复句可以分为________与________，前者再分为________与________，后者再分为________与________。
12. 根据转折程度的深浅，转折复句可以分为________和________。

二、单项选择题

1. 以下句子属于复句的是(　　)。

A. 她掀起帘子，走进房间，给了我一块饼干。　B. 我也清楚，不好好学习是无法改变家庭现状的。
C. 他的离开引起了大家的注意。　D. 我们希望考完试再去旅游。

2. "________是小刘，________小杨，我们都很喜欢。"横线处可以添加的关联词语是(　　)。

A. 即使……还是　B. 尽管……还是　C. 不仅……还是　D. 不管……还是

3. "乡亲父老一见面，________多寒暄两句。"横线处可以添加的关联词语是(　　)。

A. 以免　B. 大不了　C. 免得　D. 免不了

4. "________她同意，________他绝对不会强迫她做任何事情。"横线处可以添加的关联词语是(　　)。

A. 除非……否则　B. 因为……否则　C. 尽管……否则　D. 只要……否则

5. "会议讨论________通过了离婚冷静期的提案。"横线处可以添加的关联词语是(　　)。

A. 并　B. 而　C. 却　D. 也

6. "________有多少艰难险阻，我________要和他在一起。"横线处可以添加的关联词语是(　　)。

A. 尽管……都　B. 即使……都　C. 不管……都　D. 因为……都

7. “________戴口罩和每天消毒再麻烦,我们________要为自己的生命安全负责。”横线处可以添加的关联词语是(　　)。

A. 虽然……也　　B. 即使……也　　C. 不管……也　　D. 尽管……也

8. “有些朋友出现又消失在你的生命里,就是告诉你漫长人生并不孤独,________没有人会一直陪你走下去。”(　　)

A. 以及　　B. 及　　C. 及其　　D. 和

9. “我有只宠物叫笨笨。”和“我有只宠物,叫笨笨。”这两个句子分别是(　　)。

A. 单句　单句　　B. 复句　复句　　C. 单句　复句　　D. 复句　单句

10. 下列句子中,属于连贯复句的是(　　)。

① 我们取得了比赛的胜利,同时也收获了一群好朋友。

② 罗处长今天去上海,然后去南京开会。

③ 你赶紧把论文打印出来,交到赵老师邮箱里吧!

④ 她站起来走过去打开窗。

A. ①②　　B. ②④　　C. ②③　　D. ③④

11. 下列句子中,属于并列复句的是(　　)。

① 或者在重庆,或者在武汉,或者就留在广州工作了。

② 不是我不愿意去图书馆学习,而是实在抢不到位子呀!

③ 他喜欢踢足球,也喜欢打篮球。

④ 过了饭点,食堂人数不仅没有减少,反而越来越多。

A. ②③　　B. ①②　　C. ①④　　D. ①③

12. 下列句子属于逆向递进的是(　　)。

A. 这次拍卖会举办得如火如荼,不仅引来了大批的市民,甚至连市长都来了。

B. 看到蟑螂的时候她不但不尖叫,反而拿上了拖鞋直冲蟑螂而去。

C. 不但他的存款不能追回来,而且他也没办法挽回失望的女朋友。

D. 冬天的气温尚且都这么高,何况夏天呢?

13. 下列复句中,关联词语使用正确的是(　　)。

A. 不管天气多么炎热,图书馆总是虚无坐席。　　B. 虽然天气多么炎热,图书馆总是虚无坐席。

C. 尽管天气多么炎热,图书馆也是虚无坐席。　　D. 即使天气多么炎热,图书馆总是虚无坐席。

14. “不但不……,反而(反倒)……”在递进复句中属于(　　)。

A. 多重递进　　B. 逆向递进　　C. 反向递进　　D. 让步递进

15. “他独自一人坐在台阶上,也许是比赛的失利让他垂头丧气,也许是队友的鼓励让他心怀愧疚。”这个句子属于(　　)。

A. 选择复句　　B. 并列复句　　C. 连贯复句　　D. 补充复句

三、多项选择题

1. 并列复句中分句之间的关系有可能是(　　　)。

A. 表示相关的几种情况并存　　B. 表示并行的事件同时发生

C. 表示两种相反或相对的情况　　D. 表示语义递进的几种情况

2. 下列属于取舍任选式的关联词语是(　　　)。

A. “或者……,或者……”　　B. “要么……,要么……”

C. “宁可……,也不……”　　D. “不是……,就是……”

3. 以下常充当关联词语的是(　　　)。

A. 名词　　B. 连词　　C. 动词　　D. 副词　　E. 独立成分

4. 下列属于补充复句的是(　　　)。

A. 为了减轻母亲的负担，她十二岁就外出打工了。
B. 只要你想去，就可以去。
C. 他们家有两位律师：一位是男律师，一位是女律师。
D. 我买了一台电脑，联想的。
5. 下列属于连贯复句的是（　　）。
A. 警察迅速掏出手枪，那女人尖叫了一声。
B. 那女人尖叫了一声，警察迅速掏出手枪。
C. 老师咳嗽了一声，教室安静下来了。
D. 老师咳嗽了一声，因此教室安静下来了。
6. 下列属于因果复句的是（　　）。
A. 院子里大概是起了风，梨树的枝桠在不停地晃动。
B. 他是中文系毕业，与我这个爬格子的人有许多共同语言。
C. 这一段时间"非典"流行，所以口罩变得畅销起来。
D. 能看懂印度文学原著，才谈得上对中印文学作真正的比较研究。

四、判断题（对的打"✓"，错的打"×"）

1. 并非所有复句都需要关联词语。（　　）
2. 只要句子里出现了关联词语，那么这个句子一定是复句。（　　）
3. 在分句排列次序基础上的结构平行、成分省略、代词复指等形式也有连接分句的作用。（　　）
4. 时间是横向的，构成了"顺承关系"；空间是纵向的，构成了"并列关系"。（　　）
5. 分句都是单句。（　　）
6. 所有的主谓短语都是句子。（　　）
7. 分句与分句连接的手段，主要依靠关联词语和语序。（　　）
8. "以致于"在因果复句中所引出的往往是不好的结果。（　　）
9. 复句的构成成分是分句，将分句稍加修改甚至有时直接带上语调后，就可以变换成单句。（　　）
10. "我在电视上见过她，那位红得发紫的女明星。"这个句子是补充复句。（　　）

五、名词解释

1. 复句

2. 分句

3. 关联词语

4. 并列复句

5. 选择复句

6. 递进复句

7. 补充复句

8. 连贯复句

9. 因果复句

10. 条件复句

11. 目的复句

12. 转折复句

13. 让步复句

六、分析题

1. 辨析下列句子是单句还是复句,如果是复句,请指出其复句类型。

(1) 丰富的知识储备不仅是在当前,而且在以后的日子里都会让你大有裨益。(　　)

(2) 保家卫国,守护边疆,是应当受人敬仰的。(　　)

(3) 在乡下,为了多听听蝉鸣鸟叫,我经常去森林玩儿。(　　)

(4) 为了父母,他不惜放弃出国深造的机会。(　　)

(5) 下雨,我也去接你。(　　)

(6) 无论是小时候还是现在,你都是我最好的朋友。(　　)

(7) 这座山头虽然地形看起来简单,但是敌人却难以轻易攻下。(　　)

(8) 现在,同学们都能更加深刻地感受到,没有前辈们的浴血奋战,就没有我们幸福的今天。(　　)

(9) 就算你是班长,你也不应该强制要求我们出去班聚啊!(　　)

(10) 你自己现在把考试用品装进书包吧,省得到时候又怪我没有提醒你。(　　)

(11) 面对即将到来的倾盆大雨,她不仅不加快步伐,反而走得更慢了。(　　)

2. 试分析下列复句中分句之间的关系,并找出句子中的关联词语。

(1) 不管回国的科研条件有多艰苦,老一辈科研人员还是毅然回到了祖国。

(2) 只要我不尴尬,尴尬的就是别人。

(3) 他不知道他的身体还能撑到几时,但是面对女儿天真的笑脸,他也只能强忍痛楚。

(4) 因为饱受了没有文化的苦楚,所以爷爷总会教导我们认真学习,跃出"农"门。

(5) 十七岁的时候也许遇到的是一个不懂浪漫的人,二十七岁的时候也许遇到的是一个只会幻想的人。

(6) 我每天都要和父母视频通话,不管我在哪座城市。

(7) 大学对我来说不仅是大学,它还是我走出乡村的垫脚石。

(8) 排骨用水焯一下,然后放入盐和酱油腌制一下。

(9) 你站立在小路的这一端,看着他逐渐消失在小路转弯的地方,而且,他用背影默默告诉你:不必追。

(10) 她每天坚持健身,为了不再遭受他人异样的眼光。

3. 判断下列复句的类型，将序号填入表格。

(1) 夏天刚过，冬天仿佛就来了。

(2) 为了赶上飞机，他早早地出了门。

(3) 你必须早点出门，以便按时到达机场。

(4) 墨色的浓云挤压着天空，却怎么也下不出半滴雨来。

(5) 与其自己冥思苦想，不如和同学相互探讨。

(6) 沉迷游戏不仅是对自己学业的荒废，更是对自己人生的不负责任。

(7) 要平安地活着，还要快乐地活下去。

(8) 无论过程多么艰辛，我一定会考上北京大学。

(9) 就算我这次比赛输了，我也不会是一个失败者。

(10) 有的家长总喜欢用考试成绩衡量孩子，这是家庭教育的一大误区。

并列复句		让步复句	
因果复句		连贯复句	
转折复句		选择复句	
条件复句		递进复句	
目的复句		补充复句	

七、简答题

1. 如何区别单句和复句。

2. 简述并列复句与连贯复句的区别。

3. 比较让步复句和转折复句的异同。

4. 试给句子“她留下,我留下。”添加不同的关联词语,以表示不同的复句关系。

第十二节 多重复句与紧缩复句

一、单项选择题

1.“只有医生才能救他。”这个句子是(　　)。

A. 单句　　B. 紧缩复句　　C. 让步复句　　D. 假设条件复句

2.“只有学习认真努力,研究积极主动,充分利用好图书馆现有的一切学习资源,尽力提高自己的专业水平和专业素养,才能在学校国奖竞争中占有一席之地。”这个复句的第一个层次是(　　)。

A. 转折关系　　B. 因果关系　　C. 并列关系　　D. 条件关系

3. 下列句子属于紧缩复句的是(　　)。

① 只有无私的人,才能无畏。

② 无私的人才能无畏。

③ 我不走不行。

④ 不说就罪加一等。

A. ①②③④　　B. ②③④　　C. ②③　　D. ③④

4. 下列句子属于紧缩复句的是(　　)。

① 饭再难吃也得吃。

② 这个人一喝酒劲就上来了。

③ 他写文章写得谁都看不懂。

④ 那个小孩打破了玻璃挨了批评。

A. ③④　　B. ①②④　　C. ②③　　D. ①②

5. 下列句子属于紧缩复句的是(　　)。
① 非拿到个一等奖才好交代。
② 大家听了这个消息很开心。
③ 看过东西才好谈价钱。
④ 你批评谁都得有个分寸。
A. ①②③　　B. ①③④　　C. ②③④　　D. ①③
6. 下列句子属于紧缩复句的是(　　)。
① 化成灰我也认得你。
② 不打不相识。
③ 他坐下来看书。
④ 小朋友唱着歌往前走。
A. ①②　　B. ③④　　C. ①③　　D. ①②④

二、判断题(对的打"✓",错的打"×")

1. 两个或两个以上分句在一个层次上组合而成的复句,就叫简单复句。(　　)
2. 紧缩复句是单句形式的复句。(　　)
3. 三个或三个以上的分句组合起来的复句叫做多重复句。(　　)
4. 紧缩复句只能使用成对、成套的关联词语,不能使用单个的关联词语。(　　)
5. 紧缩句的主语可以相同,也可以不同;可以全部出现,可以部分出现,也可以全不出现。(　　)
6. 复句中分句的数量同层次的数量成正比关系。(　　)
7. 多重复句分句之间的逻辑语义关系,有的是对客观事实的直接反映,有的是对说话人主观评价的反映。二者有时是统一的,有时是分离的。(　　)
8. 多重复句分句之间的关系可能是几种关系的融合。(　　)
9. 多重复句分析的基本原则是形式和意义相结合。(　　)

三、名词解释

1. 简单复句

2. 多重复句

3. 紧缩复句

4. 复句的画线分析法

四、分析题

1. 指出下列句子属于单句、一般复句还是紧缩复句。
(1) 他一不高兴就发脾气。(　　)
(2) 他不能发脾气。(　　)
(3) 他一不高兴,我就发脾气。(　　)
(4) 出了事你负责。(　　)
(5) 只要天一亮,就出去锻炼。(　　)
(6) 天一亮就出去锻炼。(　　)
(7) 他看了那封信高兴极了。(　　)
(8) 大家都认为:如果合乎录取条件的只有一个人,那么这个人无疑是小刘。(　　)
2. 指出下列紧缩复句的逻辑关系。
(1) 跟我道歉也不会原谅你了。(　　)
(2) 你非要我生气才认识到错误。(　　)
(3) 他一下班就打游戏去了。(　　)
(4) 小罗一忙就忘记吃饭。(　　)
(5) 他不想工作就别勉强他。(　　)
(6) 小刘越想越生气。(　　)
(7) 给我一百块也不干。(　　)
(8) 心情不好我不想吃饭。(　　)
(9) 他难受我更难受。(　　)
(10) 不到长城非好汉。(　　)
(11) 孩子大了我管不住了。(　　)
3. 用画线法分析下列多重复句。
(1) 只要你来找我,不管是刮风,还是下雨,哪怕是天上下刀子,我也去接你。

（2）我们所坚持的决定，即使完全正确，完全可行，如果不经过广大群众的讨论表决，群众也会对此不满，而事实上总有一些事情在实施中并不符合现实状况，所以没有经过群众的认真讨论，就更加无法避免群众的抗议。

（3）因为无法打开，看不见沙漏里的沙还有多少，也听不见那沙漏的速度有多快，但是可以确定的是那沙漏不停地漏，不停地漏，不停地漏。

（4）如果林则徐当初选择的是不当众销毁烟草，那么烟草就会肆无忌惮地侵入到广大民众的生活之中，就会成为中华民族的一个巨大的弱点，一个定时炸弹。

（5）你可能担任过学生会主席，你可能拿过一等奖学金，你可能发表过几篇论文……然而，这些经历并不能表明你以后在工作上也会如鱼得水。

（6）一部宫斗大剧《甄嬛传》，能够被那么多观众所喜欢，同时又能够被专家学者多角度解读，能把它当作对封建制度的批判，也能把它当成一门职场厚黑学，甚至从中还衍生出了“嬛学”，这种现象实在有趣，却也有理有据。

五、论述题

试比较“她去超市买零食了”和“她一去超市就买零食”这两个句子有何不同。如何区分这两种句式？

第五章　语　　用

第一节　现代汉语语用概述

一、填空题

1. 语用学探讨的是________及________________与________三者之间的关系。

2. 语用是一种人类的言语交际行为，通常由________、________、________、________四个基本要素构成。

3. 语境可以分为________和语外环境，其中语外环境又包括________、________、________三个方面。

4. 在离开语境的情况下，语言意义（词或词组表示的意义）称为________；在特定语境下话语所传递的真实意思，称为________。

5. 不管话语多么丰富和复杂，之所以能被人们表达或理解，都是因为话语必定围绕着发话者交际意图组成一个完整的结构，其中的组织规则就是________。

6. ____________________是发话者提供给受话者的理解线索。

7. ________指的是发话者表述的出发点或对象，________指对话题出发点或对象进行的说明。

二、选择题

1. 班主任对语文老师说："请帮我转告小莫同学，她妈妈让她放学后直接去外婆家。"语文老师说："好的。"在这组对话中，发话者是（　　）。

A. 班主任　　B. 语文老师　　C. 小莫　　D. 小莫妈妈

2. 话语以传递信息为主要目的，所以其内容有多种类型。"没事的，下次我们可以做得更好！"属于哪种类型？（　　）

A. 激发型　　B. 传授型　　C. 宣泄型　　D. 慰藉型

3. "交际者的年龄、身份、教养、职业、地位、关系"属于语外环境的（　　）。

A. 现场　　B. 情境　　C. 背景知识　　D. 百科知识

4. 以下哪一项不属于发话者的话语表达策略？（　　）

A. 预先策略　　B. 临时策略　　C. 明确策略　　D. 模糊策略

5. 语用分析的主要目的是分析（　　）。

A. 话语意义　　B. 字面意义　　C. 话题意义　　D. 述题意义

三、判断题（对的打"✓"，错的打"×"）

1. 研究人们在不同语境中话语交际时表达和理解语言的基本规律，就是语用学。（　　）

2. 发话者指语言信息的发出者，即口语说话者。（　　）

3. 政府文件、公共场所的警示语（如"禁止吸烟"）都是没有发话者和受话者的。（　　）

4. 发话者用语音表达的口语或文字表达的书面语的具体内容叫作"话语"。（　　）

5. "语境"的内涵很宽，首先可以分为"语内环境"和"语外环境"，语外环境又包括现场以及情境。（　　）

6. 语言交际表达和理解的重要基础是发话方和受话方必须拥有相同的语境知识，这是表达和理解的重要基础。(　　)

7. 汉语是一种话题凸显的语言，因此话题对于话语表达的连贯性有重要作用。(　　)

四、名词解释

1. 语用

2. 语用分析

3. 发话者

4. 语境

5. 话题

6. 述题

五、简答题

1. 什么是语用学？相较于词汇学和语法学,语用学有什么不同？

2. 语用由哪四个基本要素构成？

3. 怎样理解“语境”？

4. 语境对话语交际的重要作用体现在哪些方面？

5. 发话者话语意义的表达策略有哪些？

6. 受话人对话语意义的理解策略是怎样的？

六、应用题

1. 分析下面两段对话,指出画线句子在表达上有何功用。

(1) 甲:廖老师,今晚可以替我上一节晚自习吗?

乙:抱歉!谭老师,今晚我跟朋友约了一起吃饭。

(2) 甲:老江,欢迎你来做客!这位是我太太,这是我儿子,这位是我儿媳妇。

乙:谢谢你们!老徐呀,你儿子跟你一样,会挑媳妇!

2. 在书面剧本中,我们发现,有些台词前后经常会有用括号标示的相关文字。作者为什么这样做,请以下面巴金《家》里的一段话为例进行解释。

沈氏:(大声,指手画脚地)慢慢走!……不对,戏台在那边!在那边戏台!……太亲母!我们就来,我们照应一会新房就来。

老太太们和其它的女宾们:(客气着,有的笑,有的喊,有的仿佛正颤颤巍巍下着台阶,一片混乱的足步和笑语声夹杂在一起)是呀,进去吧!我们认得!……不用扶了!……四太太,你们招呼别的客人吧!……五太太,进去吧!歇一会儿吧!……戏台在那边?晓得了。……请回请回吧!

沈氏:(又连忙喊)喜儿!你快扶着呀!……慢走!慢走!(严厉地)淑贞,好好跟琴表姐走路!别乱跳!

王氏:(在沈氏还在嚷着送客的时候已转过身来,似乎有些疲倦地)哎!

3. 请分析下面三种语境中"今天是中秋节"的话语意义。

A. 孩子勤于学习不知休息,母亲则希望他能够劳逸结合,在孩子犹豫是否要外出聚餐时,母亲想要孩子去放松放松,于是对孩子说了句:"孩子,今天是中秋节呀!"

B. 公司常常需要加班,职员们得知今天仍需要加班时,纷纷对主管说:"今天是中秋节呀!"

C. 年轻夫妇因为工作忙碌很少回父母家吃饭,父母打来电话希望他们今天能够回去吃饭,于是说:"今天是中秋节呀!"

第二节　话 语 意 义

一、填空题

1. 话语意义基本表现形式有三类：________________、________、________。

2. 指称主要是________的功能，用________的概括性词义去确定特定语境中的所指对象，同时用相应的语音形式去称呼它。

3. 指示词语的话语意义可以分为两种：第一是________，第二是________，它们必定与具体语境中的特指对象相联系。

4. 只有____的词语，才能称为指示语。

二、选择题

1. 下列各句里标志________选项的，哪一个是"无指"？（　　）

A. 这个番茄太大了，像个小南瓜。

B. 那么多漂亮沙发我都没看上，就选中了这组实木沙发。

C. 井冈山精神。

D. 你不把作业写完，就别想吃零食。

2. 下列选项中属于"全指"的是（　　）。

A. 我买了一些水果，晚上过来吃呀！　　B. 芒果是热带水果。

C. 砂糖橘便宜卖了。　　D. 这个番石榴坏了。

3. "他赶到大沙河桥头时，爱秀正站在前天等他卖玉米回来的那个大树下"中的"那个大树下"属于哪种类型？（　　）

A. 人称指示　　B. 时间指示

C. 空间指示　　D. 话语指示

4. 在"客人来了。"这个句子中，"客人"在指称上是属于（　　）。

A. 无指　　B. 泛指

C. 全指　　D. 定指

三、判断题（对的打"✓"，错的打"×"）

1. 被指称对象不一定具备指称词的词义所概括的本质特征。（　　）

2. 指称主要是名词的功能，所以名词的使用一定是指称。（　　）

3. "全指"与"别指"的共同点在于所指的都是有确定目标的对象。（　　）

4. 发话者也可能认为受话者并不了解，于是就把对象作为陌生事物向受话者陈述，这就是"定指"的用法，暗示受话者准备接纳一个新的对象。（　　）

5. 发话者在特定语境中没有用字面意义表达出来，而要靠受话者推求出来的意义，称为预设义。（　　）

6. 用指示语表示言语行为参与者（交际各方）所承担的角色，就是人称指示。通常分为两类：第一人称、第二人称。（　　）

7. "窗户玻璃"和"玻璃窗户"的"玻璃"：前一个是有指，后一个是无指。（　　）

8. "这个茶杯跟碗差不多大"，其中"茶杯"是无指，"碗"是有指。（　　）

9. "你拿杯水给我"中的"水"是定指。（　　）

10. "他洗了一件衣服""他把那件衣服洗了"，前一个句子的"衣服"是不定指，后一个句子的"衣服"是定指。（　　）

四、简答题

1. 指称和指示有什么共同点和区别?

2. 什么叫指称?它在表达中有哪些不同的类型?

3. 什么叫指示?指示在表达中有哪些不同的类型?

4. 什么是“会话含义”?什么是“前提”?

五、应用题

1. 试分析《围城》中的这段话，请指出什么是字面意义，什么是话语意义，为什么？

辛楣因为韩学愈没请自己，独吃了一客又冷又硬的包饭，这吃到的饭在胃里作酸，这没吃到的饭在心里作酸，说："国际贵宾回来了！饭吃得好呀？是中国菜还是西菜？洋太太招待得好不好？"

2. 有些不良商家贪图方便与利益，将产品上的生产日期标注为"当天生产"。请从指示信息的角度谈一谈这种标注有何影响。

3. 下面话语的"前提"是什么？

（1）这是我从老家给你带的新茶。

（2）新学年开始后大家按照新的规定落实教学任务。

第三节　言语行为与会话原则

一、填空题

1. 言语行为指的是________________________________的行为。

2. 按________原则进行的言语行为在信息传递上应该是效率最高且最为合理的。

3. 会话合作原则由________、________、________以及________四条准则组成。

4. 语用分析的主要目的是________的推理,获取发话人的原意。

5. 在“言之发——示言之力——收言后之果”这个交际过程中,________是最关键的。

二、选择题

1. 人们运用语言进行交际的整个过程,实际上是由一个接一个的言语行为构成的,其中不包括(　　)。

A. 言内行为　　B. 言外行为

C. 言后行为　　D. 言前行为

2. 会话合作原则是保证言语交际能够顺利进行必须遵循的、最基本的原则,会话合作原则不包括以下哪条准则?(　　)

A. 数量准则　　B. 质量准则

C. 关联准则　　D. 慷慨准则

3. 根据对礼貌的不同要求,言语行为可分类如下,那么“邀请”“祝贺”“感谢”“道歉”属于哪种行为?(　　)

A. 竞争类言语行为　　B. 冲突类言语行为

C. 和谐类言语行为　　D. 合作类言语行为

4. 一旦确定话语具有会话含意之后,受话者推导这个言外之意需要经历一定的过程,以下选项中,属于推理的起点的是(　　)。

A. 字面意义　　B. 相关的前提

C. 字面意义与语境信息相互作用　　D. 会话含意

三、判断题(对的打“✓”,错的打“×”)

1. 话语交际可以看成人类的一种“言语行为”,指的是用言语来施行、达到交际意图的行为。(　　)

2. 言内行为指言语表达(说、写)这一行为本身,是以言行事。(　　)

3. 言外行为指用言语表达(说、写)来体现发话者意图的一种行为,是“以言指事”。(　　)

4. 课堂上,老师对老是吵吵闹闹的学生说:“不要再说话了。”学生低下头继续窃窃私语。这说明“以言取效”不一定能够成功。(　　)

5. “言外行为”跟“言后行为”是有区别的,前者以语言意义的力量就能完成,而后者所产生的效果,不仅仅是语言的范围了,要看具体情况是怎样的。(　　)

6. 如果信息太少,导致本次交谈所需的一些必要信息缺漏,发话者不能把自己的语用意图完全地传递给受话者,言语交际实际上并未成功,所以宁可信息多余也不能让信息缺漏。(　　)

7. 话语交际内容尽量使他人受惠最大而受损最小,尽量使自己受惠最小而受损最大。这是一种处理人际关系的道德观念。这里的“惠”和“损”可以是实际利益上的,也可能是感情上观念上的。(　　)

四、简答题

1. 什么是言语行为？它有哪些类型？

2. 什么是会话合作原则？它有哪些主要内容？

3. 什么是礼貌原则？它有哪三条准则？

4. 在什么情况下，一个人会认为别人话语的字面意义背后有会话含义，并进行会话含义的推寻？

5. 请举例说明会话含意的推导过程。

五、分析题

1. 请运用言语行为理论对下面甲的话语的“言内行为”“言外行为”和“言后行为”加以说明。

(1) 甲:你家小明真勤奋,天天练琴到半夜。

乙:不好意思,吵到您了吧,我回去跟他说晚上别练琴了,真不好意思。

(2) 甲:你不是昨天才买的衣服吗?

乙:我只是想去逛逛街。

2. 请运用会话原则分析下面的话语交际是否顺利完成,为什么?

邻居1问邻居2:“我不太清楚怎么给白菜浇水,你一般多长时间浇一次水呀?”

“我一天浇一桶水。”邻居2漫不经心地回答。

一周以后,邻居1质问邻居2:“我按你说的一天浇一桶水,白菜怎么都淹死了!”

“我的也是啊。”邻居2点点头。

第四节　话 语 结 构

一、填空题

1. ________就是通过种种语言手段,把句子衔接成一个连贯的话语整体。

2. 话语衔接的特点体现为三个方面:________、________和________。

3. 在所有的衔接手段中,________的衔接作用最强,是最常用的衔接手段。

4. 代词具有________和________两种存在方式,前者表现为“他”“她”“它”等;后者省略了语词形式,我们在理解时,遇上代词省略时都会在心理上给它们添上语词形式,这种衔接方式也就称为________。

5. 句子在语用结构上可分析为________和________两个部分。这种实际切分既反映了发话者语义安排的意图,也反映了话语内在联系的实际情况。

6. 话题跟话题的联系及其方式,构为________,其作用是显示出话语语义推进的线索和话语中心的整合。

7. 在口头话语中,独白和会话的形式不同,结构有很大差别。会话是对话,通常一次会话结构由________、________、________三个部分组成。

8. 会话的主体围绕主题而展开,它的结构形式主要有________、________、________三种。

9. 会话的结尾一般由三个部分组成:________________、________________和________。

10. 在一次成功的会话当中,会话各方必须共同遵守许多会话规则,最重要的当然是合作原则、礼貌原则,此外,会话还有它自身需要遵守的________,一个说完了另一个接着说。

11. 话轮延伸标记主要有两种:________词语以及________________的词语。

12. 话轮结束标记主要有________________以及________。

二、选择题

1. 衔接是一种(　　)。

A. 句法联系　　B. 语用联系　　C. 认知联系　　D. 语义联系

2. “高加林进县城以后,情绪好几天都不能平静下来。一切都好像是做梦一样。他高兴得如醉似狂,但又有点惴惴不安。他从田野上再一次来到城市。不过,这一次进来非同往常。当年他来到县城,基本上还是个乡下孩子,在城市的面前胆怯而且惶恐。几年活跃的学校生活,使他渐渐把自己的思想情感和生活习惯与城市紧密地融合在了一起;他很快把自己从里到外都变成了一个城里人。”这个话段“话题链”的类型是(　　)。

A. 指代关系　　B. 省略关系　　C. 逻辑关系　　D. 替代关系

3. “在村民们看来,刷牙是干部和读书人的派势,土包子老百姓谁还讲究这? 高加林刷牙,高三星刷牙,巧珍的妹妹巧玲刷牙,大家谁也不奇怪,唯独不识字的女社员刘巧珍刷牙,大家感到又新奇又不习惯。”这段文字的“话题链”的类型是(　　)。

A. 同题链　　B. 异题链　　C. 包题链　　D. 复杂话题链

4. “高加林坐在一棵大槐树下。透过树林子的缝隙,可以看见县城的全貌。一切都和三年前他离开时差不多,只是街面上新添了几座三四层的楼房,显得“洋”了一些。县河上架起了一座宏伟的大桥,一头连起河对面几个公社通向县城的大路,另一头直接伸到县体育场的大门上。”其话题延伸的主要方式是(　　)。

A. 平行式　　B. 派生式　　C. 发散式　　D. 集中式

5. “杨先生坐在沙发里,这个满面春风的生意人望着来客笑容可掬,他的金丝边眼镜也在闪闪发光。”这个话段中,其话题延伸的方式是(　　)。

A. 平行式　　B. 派生式　　C. 发散式　　D. 集中式

三、判断题(对的打“✓”,错的打“×”)

1. 在口头话语中,独白和会话的形式不同,结构有很大差别。会话是对话,通常一次会话结构由开端、主

体、结尾三个部分组成。(   )

2. 会话的参与者各方不断互换角色轮番说话,每一个参与者一次连续说的话,就是一个话轮。(   )

3. “话题—述题”是话语信息传递规律的表现,对于交际来说,话题有规定的作用,但话语所说内容不一定跟话题有关。(   )

4. 话轮至少是一个句子,只要对方没有插进话语,无论有多少个句子都属于一个话轮。(   )

5. 前后相邻、内容相关的两个话轮构成的会话单位称为话段。(   )

四、简答题

1. 简述话语衔接主要有哪些类型。

2. 简述话题在话语表达中有何功用。

3. 简述话题链有哪些类型。

4. 会话的开端具有哪些方面的功能？

五、应用题

1. 下面是一个完整的会话结尾，请问如下对话中，哪些是结束信号语？哪些是前置结束语？哪些是结束语？

甲：谢谢你们的盛情款待！

乙：不客气，有不周到的地方多多包涵。

甲：哪里的话，十分感谢，那我先告辞了。

乙：行，我们下次再聚。

甲：好的，再见！

乙：再见！

2. 以下对话体现了话语轮换的哪一种方式？

甲：好，那我们开始今天的会议讨论，大家有问题就提出来。

乙：老师，那我先提个问题。

3. 话语衔接主要使用指代关系、省略关系、替代关系、逻辑关系和词义关系等手段,请分析下面话语,指出其具体使用了哪几种衔接手段?

城墙的修筑保证了城市的安全,使城市人口越来越多,促进了城市服务业的发展。江南城市的城墙使城市与农村的界限清晰起来,城市比农村在政治和经济方面有更多的发展机会,这大大促进了人口向城市的涌入。城市人口密度的增大,相应地使城市工商服务行业迅猛兴起,城墙内人们的财富快速集聚,从而为商业和手工业的发展带来了契机,城市服务业以前所未有的态势在江南各大城市迅猛发展。

第五节 语言要素的修辞

一、填空题

1. 汉语语音的音乐美主要体现在两个方面:第一是节奏的________,第二是音韵的________。

2. 把两个以上韵母相同或相近的字放在诗句末尾,这就是________,押韵的字就是________。

3. 如果相同或相近的韵母在一组小句的末尾有规律地重复出现,这就是________,那些由相同或相近的韵母组成的、在小句末尾有规律重复出现的字,就是________。

4. 押韵的方式很多,常见的有:逢双句押韵的________,逢单句押韵的________,一韵到底的________,每两句押一个韵的________,一、三句押一个韵而二、四句押另一个韵的________等。

5. 词语修辞包括词语的________和词语的________。

6. 联绵主要是指________现象。所谓________,是指两个连在一起的字声母相同;所谓________,是指两个或几个连在一起的字韵腹和韵尾相同。

二、单项选择题

1. 下列词语中,属于双声联绵词的有(　　)。

A. 坎坷　　B. 灿烂　　C. 逍遥　　D. 苗条

2. “四三年,三月天,红格丹丹太阳照枣园。周总理盘腿坐车前,手摇纺车吱溜溜转,带头纺线线。”使用的押韵方式是(　　)。

A. 排韵　　B. 随韵　　C. 交韵　　D. 偶韵

3. 陆游的《钗头凤》:“红酥手,黄滕酒,满城春色宫墙柳。东风恶,欢情薄,一怀愁绪,几年离索。错!错!错!春如旧,人空瘦,泪痕红浥鲛绡透。桃花落,闲池阁,山盟虽在,锦书难托。莫!莫!莫!”的押韵方式是(　　)。

A. 排韵　　B. 随韵　　C. 交韵　　D. 偶韵

4. 词语选择最基本的要求是(　　)。

A. 准确　　B. 生动　　C. 精练　　D. 鲜明

5. 如果一首诗歌有 A、B、C、D 四句,如果 A、B 押一个韵,C、D 押另一个韵,这就是(　　)。

A. 排韵　　B. 交韵　　C. 随韵　　D. 抱韵

6. 下列拟声词的移用，属于味觉移用的是(　　)。

A. 感觉脑子里哄哄地响。　　B. 我拉着她，感觉她的身子在咚咚地颤抖。

C. 那酸味唧唧地传进我的牙齿。　　D. 刚吃过的早餐"咕"的一声涌进了嘴里。

三、多项选择题

1. 汉语语序的变化包括(　　)。

A. 词语语序的变化　　B. 语法语序的变化　　C. 逻辑语序的变化　　D. 语用语序的变化

2. 汉语语音表现节奏匀称的手段有(　　)。

A. 虚词的运用　　B. 双声叠韵　　C. 押韵　　D. 音节组合及呼应

3. 汉语语音表现音韵和谐的手段有(　　)。

A. 虚词的运用　　B. 关联词语的运用

C. 音节组合流畅自然而不拗口　　D. 不同语音成分相互对比，彼此衬托

4. 下列具有语音表象功能的是(　　)。

A. 哈哈、嘻嘻、呼呼、呜呜　　B. 常常、仅仅、默默、嬷嬷

C. 嘿嘿、咚咚、哗哗、汩汩　　D. 个个、哥哥、年年、时时

5. 下列关于"意思"的理解，语义相同的是(　　)。

A. 你大晚上的跑到这里来质问我，是什么意思？　　B. 一点小意思，请笑纳！

C. 这个时候，你给她意思一下，她就不好意思了。　　D. 其实也没有别的意思，就是来看看你而已。

6. 以下词语在意义上具有表象功能的是(　　)。

A. 思想　　B. 灿烂　　C. 可怜巴巴　　D. 绿油油

四、判断题(对的打"✓"，错的打"×")

1. 节奏的匀称感，它要求重复，由于相同的语音成分重复出现彼此呼应而造成。(　　)

2. 音韵的和谐感，它要求重复，由于不同的语音成分相互对比映衬而造成。(　　)

3. 词语推敲的语用策略关键在于两个方面：善于掌握词的意义和在语境中的用法。(　　)

4. 如果词语的语序发生了变化，那么句法结构里的语义一定会发生变化。词语推敲的语用策略关键在于两个方面：善于掌握词的意义和在语境中的用法。(　　)

5. 语法语序变化的动因都是修辞的最基本要求：强调、连贯、信息的突出等。词语推敲的语用策略关键在于两个方面：善于掌握词的意义和在语境中的用法。(　　)

6. 语用语序的变化，一般有两种情况：第一，强调后移成分，多见于口语。第二，强调前移成分，多见于书面语。词语推敲的语用策略关键在于两个方面：善于掌握词的意义和在语境中的用法。(　　)

7. 简单句与复杂句是就句子内部构造的繁密程度而言的，紧凑句与松缓句则是就句子之间的关系而言的。(　　)

8. 汉语中的拟声词是语音实现表象功能的主要手段。(　　)

9. 修辞，是指为了增强语用表达效果，对语言要素进行的选择、加工和调整。(　　)

五、简答题

1. 什么是修辞？

2. 现代汉语中为达到音韵的和谐有哪些要求?

3. 汉语语用语序的变化有什么特点和修辞效果?在遇到这种情况时我们应该注意些什么?

六、应用题

1. 请指出下面诗歌的韵脚。

(1) 使君从南来,五马立踟蹰。
使君遣吏往,问是谁家姝。

(2) 床前明月光,疑是地上霜。
举头望明月,低头思故乡。

(3) 轻轻地我走了,正如我轻轻地来。
我轻轻地招手,作别西天的云彩。

2. 根据下列叠音的例句，说明叠音有哪些作用。

（1）大弦嘈嘈如急雨，小弦切切如私语，嘈嘈切切错杂弹，大珠小珠落玉盘。

（2）寻寻觅觅，冷冷清清，凄凄惨惨戚戚。

（3）我怕自己将慢慢地慢慢地老去，随着那迟迟寂寂的时间，而那每一个迟迟寂寂的时间，是将重重地载着无量的怅惜的。

（4）夜空像无边无际的透明的大海，安静、广阔而又神秘。繁密的星，如同海水里漾起的小火花，闪闪烁烁的，跳动着细小的光点。田野、村庄、树木，在幽静的睡眠里，披着银色的薄纱。山，隐隐约约，像云，又像海上的岛屿，仿佛为了召唤夜航的船只，不时地闪烁起一点两点嫣红的火光。

第六节　语用效果与辞格

一、填空题

1. 从结构上说，比喻应由四个要素构成：________、________、________、________。

2. 运用联想，直接将本体当作拟体进行描写或说明，这种辞格叫________。将事物或现象当作人来描写或说明是________。将人当作事物，或将此物当作彼物来描写或说明则是________。

3. 将用于甲事物的词语顺势搭配到乙事物上，产生两个相关联的陈述或描写结构，这样的辞格叫________。

4. 故意对事物或属性的范围、数量、程度等方面进行超出或者缩小等的描述，这种辞格叫________。它可以分为两类：________和________。

5. 在特定的语境中，利用语言要素，使同一语句具有“语内”和“语外”两层意义，这种辞格叫________。它可以分为三类：________、________、________。

6. 故意使用相反的词句来表达真正意思，这样的辞格叫________，也叫________。它可以分为________和________两类。

7. 将字数相等、结构相同或相似、意义相关的两个句子（或短语）并举，这种辞格叫________。它有________、________、________三种类型。

8. 把三个以上字数大体相等、结构相似、语气一致的短语或句子排列起来，这种辞格叫________。

9. 前一个句子的结尾部分作后一个句子的开头，使相邻的两个句子头尾蝉联，前后串联，这种辞格叫________，也称顶针、联珠。其中包括________________以及________两种形式。

10. 回环可以分为两类：一类语序颠倒、构成成分基本不变，叫做__________，另一类语序颠倒、构成回环的成分不完全相同，叫做________。

11. 反复可以分为________和________两种类型。

12. 一般说来，辞格的综合使用有________、________和________三种情形。

二、选择题

1.“我似乎打了一个寒噤;我就知道,我们之间已经隔了一层可悲的厚障壁了,我再也说不出话。”(鲁迅《故乡》)此句中使用的比喻是哪种类型?(　　)

A. 明喻　　B. 暗喻　　C. 借喻　　D. 夸张

2.“月亮一露面,满天的星星惊散了。”(杨朔《金字塔夜月》)此句中所用的辞格是(　　)。

A. 比喻　　B. 比拟　　C. 借代　　D. 双关

3.“波浪一边歌唱一边冲向高空去迎接那雷声”(高尔基《海燕》)此句中所用辞格是(　　)。

A. 比喻　　B. 比拟　　C. 借代　　D. 双关

4.“他留着浓黑的胡须,目光明亮,满头是倔强得一簇簇直竖起来的头发,仿佛处处在告白他对现实社会的不调和。”(唐弢《琐忆》)此句中所用辞格是(　　)。

A. 比喻　　B. 双关　　C. 拈连　　D. 移就

5.“你别看我耳朵聋,我的心并不聋啊!”此句中所用辞格是(　　)。

A. 比喻　　B. 双关　　C. 拈连　　D. 移就

6.“一滴太白酒,十里草木香。”两句分别使用的辞格是(　　)。

A. 扩大夸张;缩小夸张　　B. 缩小夸张;扩大夸张

C. 缩小夸张;缩小夸张　　D. 扩大夸张;扩大夸张

7.“东边日出西边雨,道是无晴却有晴。”(刘禹锡《竹枝词》)此句中所用辞格是(　　)。

A. 比喻　　B. 双关　　C. 拈连　　D. 移就

8.“四面又明明是寒冬,正给我非常的寒威和冷气。”(鲁迅《风筝》)此句中所用的辞格是(　　)。

A. 比喻　　B. 双关　　C. 拈连　　D. 移就

9.“把名字刻入石头的,名字比尸首烂得更早。”(《有的人》)此句中所用的辞格是(　　)。

A. 比喻　　B. 比拟　　C. 借代　　D. 双关

10.“当三个女子从容地辗转于文明人所发明的枪弹的攒射中的时候,这是怎样的一个惊心动魄的伟大啊!”(鲁迅《记念刘和珍君》)此句中所用的辞格是(　　)。

A. 比喻　　B. 反语　　C. 借代　　D. 双关

11.“致敬最美逆行者!”此句中所用的辞格是(　　)。

A. 特征借代　　B. 成分借代　　C. 作者借代　　D. 品牌借代

12.“三顾频繁天下计,两朝开济老臣心”(《出师表》)中所用的辞格是(　　)。

A. 对偶　　B. 排比　　C. 顶真　　D. 回环

13.“燕子去了,有再来的时候;杨柳枯了,有再青的时候;桃花谢了,有再开的时候。”此句中所用的辞格是(　　)。

A. 对偶　　B. 排比　　C. 顶真　　D. 回环

14.“复前行,欲穷其林。林尽水源,便得一山,山有小口,仿佛若有光,便舍船从口入。”此句中所用的辞格是(　　)。

A. 对偶　　B. 排比　　C. 顶真　　D. 回环

15.“赏花归去马如飞,去马如飞酒力微。酒力微醒时已暮,醒时已暮赏花归。”诗句中所用的辞格是(　　)。

A. 对偶　　B. 排比　　C. 顶真　　D. 回环

三、判断题(对的打“✓”,错的打“×”)

1. 在言语行为中对语言规则或语用规则进行有效偏离的特定格式,就是辞格。(　　)
2. 对偶、排比、顶真、回环、反复等属于辞格中的“语义内容的超常表达”。(　　)
3. 暗喻是指直接将本体等同于喻体,常用“是”“成为”“成了”“等于”等动词联结本体和喻体。(　　)

4. “鸟抛软语丸丸落”是“移情式”移就。( )

5. 故意对事物或属性的范围、数量、程度等方面进行超出的描述,这种辞格叫夸张。( )

6.《红楼梦》六十五回有:兴儿摇手道:“不是那么不敢出气儿,是怕这气儿大了,吹倒了林姑娘,气暖了,又吹化了薛姑娘。”说的满屋里都笑了。这里所用的修辞是对象双关。( )

7. 前一个句子或句子的一部分次序颠倒,形成第二个句子,使前后两个句子内容循环往复,紧密相关。这种辞格叫回环。其中语序颠倒、但构成成分基本不变。( )

8. 在一句话内,一个或几个辞格前后连续性地出现,叫辞格的连用。其中又分为同格连用与异格连用两种情况。( )

四、名词解释

1. 比喻

2. 移就

3. 借代

4. 回环

5. 反复

6. 辞格的兼用

五、简答题

1. 什么是辞格？可以分为哪些类型？

2. 明喻、暗喻和借喻有哪些区别？

3. 请对比喻和比拟进行比较。

4. 常见的借代有哪些类型？

5. 请对双关和歧义进行比较。

6. 顶真与回环有何区别？

六、应用题

1. 下面例子有无使用辞格？有的话,试分析它们的表达效果。

(1) 搞好菜园子,丰富菜篮子。

(2) 被角的湿冷不可感,歌声还在心的深处长颤。

(3) 那窗外笑着的阳光一扑就扑了你个满怀。

(4) 瞧着那窗外的一丛迎春花,你自己也仿佛变作了它的一枝。

(5) 身在井隅,心向星光;眼里有诗,自在远方。

(6) 一个木匠学徒找自己的师傅请教技艺,师傅正在做活,就对徒弟说:“等着,我先咔嚓咔嚓这块木头,然后再咔嚓咔嚓你。”

(7) 暮色灰黄而凉爽,本来就宁静的黄昏,静止了一般。

(8) 突然有钟声缓缓飘上来,很重,很古老,很悠久,很轻柔。

(9) 李医生给人看病,药还没开,病就好了三分。

(10) 周蘩漪:好,你去吧！小心,现在(望窗外,自语)风暴就要起来了。

(11) 当三个女子从容地辗转于文明人所发明的枪弹的攒射中的时候,这是怎样的一个惊心动魄的伟大呵！中国军人的屠戮妇婴的伟绩,八国联军的惩创学生的武功,不幸全被这几缕血痕抹杀了。

(12) 忽闻海上有仙山,山在虚无缥缈间。

(13) 我们发展网络,网络发展我们。

(14) 宝钗因笑道:“你正经去吧。吃不吃,陪着林妹妹走一趟,他的心里正不自在呢。何苦来?”宝玉道:“理他呢,过一会子就好了……”宝玉进来,只见地下一个丫头在吹熨斗;炕上两个丫头打粉线,黛玉弯着腰拿剪刀裁什么呢。宝玉走进来,笑道:“哦！这是做什么呢？才吃了饭就这么控着头,一会子又头痛了。”黛玉并不理,只管裁他的。有一个丫头说道:“那块绸子角儿还不好呢,要熨熨吧。”黛玉便把剪子一撂,说道:“理他呢！过一会子就好了。”(曹雪芹《红楼梦》)

2. 分析下列修辞格综合运用的情况。

(1) 寅卯时分,你的梦境不是忽然透出了一丝绿莹莹的微光么,像东风吹过经冬的衰草似的,展眼就青到了天边。

(2) 恍惚惚的,屋前屋后有一片啾唧唧唧唧的闹声,像是竹乐嘈杂,像是姑娘们吵嘴,又像一群活泼泼的孩子在乱唱。

(3) 摇动的车轮,旋转的锭子,争着发出嗡嗡嘤嘤的声音,像演奏弦乐,像轻轻地歌唱。

(4) 我麻木的神经在清醒,我滚滚的热血在沸腾！奇耻大辱,大辱奇耻,如毒蛇之齿,撕咬我的心！

(5) 千锤百炼吧,中国的“铁榔头”！有朝一日,当祖国人民需要你“一锤定音”时,切盼你敲得重重的,响响的,敲出我们的国威来！

(6) 这时,春风送来沁鼻的花香,满天的星星都在眨眼欢笑,仿佛对张老师那美好的设想给予这肯定和鼓励。

（7）看吧，狂风紧紧抱着一层层巨浪，恶狠狠地将它们甩到悬崖上，把这些大块的翡翠摔成尘雾和碎末。

第七节　语体的分类与功能

一、填空题

1. 语体的基本属性是________、________、________。

2. ________指的是人们日常交谈活动的话语表达体系。

3. ________指的是在网络交际中快速传播，具有一定时效性的文本模块，通常根据其特征被称为“××体”。

4. 语体通常分为________和________两类。

二、选择题

1. 下列选项中不是公文事务语体的是（　　）。

A. 政府的各类法规、通告　　B. 社会管理部门之间来往信函、文件

C. 企业部门间的合同、协议　　D. 电视、广播、报刊的新闻通讯

2. 科技专著、学术论文、考察、实验报告、技术标准、教材等属于（　　）。

A. 网络语体　　B. 科学技术语体

C. 公文事务语体　　D. 大众传媒语体

3. 功能在于准确地记录自然、社会及人类自身的各种现象，用一定的语言符号将其过程和结果表述出来进行交流的语体是（　　）。

A. 文艺语体　　B. 科学技术语体

C. 公文事务语体　　D. 大众传媒语体

4. 中国网教育用配乐视频和文字发表一则消息，一个小女孩哽咽着含泪送别即将离世的宠物鸡。有网友评价道：“两只美丽的母鸡，你们遇到这么好的女孩，人生已经很精彩”。网友的评价属于（　　）。

A. 网络语体　　B. 科学技术语体

C. 公文事务语体　　D. 大众传媒语体

三、判断题（对的打“√”，错的打“×”）

1. 语体具有“稳定性”的特点，所以语体一旦形成就不会改变。（　　）

2. 公文事务语体在词语选择上书面语体色彩浓厚且用词力求客观准确、避免歧解模糊。（　　）

3. 文艺语体与其他语体不同的一个很重要的表现就是，允许和提倡偏离语言的一般规则，利用变异手段，进行创造性运用，以适应形象塑造、情感表达。（　　）

4. 在公众生活语境中关涉大众和社会生活主题的话语表达体系指的是正式演说语体。（　　）

四、简答题

1. 什么是语体?

2. “口语语体就是口头表达,书面语体就是文字表达”,这种观点正确吗?

3. 什么是口头语体? 其主要特点是什么?

4. 什么是书面语体? 其主要特点是什么?

5. 什么是日常谈话语体？它有什么特点？

6. 什么是正式演说语体？它有什么特点？

7. 什么是大众传播语体？它有什么特点？

8. 什么是公文事务语体？它有什么特点？

9. 什么是科学技术语体？它有什么特点？

10. 什么是文艺语体？它有什么特点？

11. 什么是网络语体？它有怎样的语言特征？

五、应用题

1. 请指出下列语段属于哪种语体。

(1) 近年来关于框式结构的研究异军突起。在已有论证的基础上,文章对框式结构中构式义对语境的依赖性、原型义的形成与固化、语义的增值及其途径、凸显的主观情态、褒贬倾向的决定性因素、X1 与 X2 同形的框式结构的不同内涵、框式结构的灵活性与多样性、框式结构的集合比较、框式结构研究的双向互动视角以及框式结构的跨语言类型视角等十大热门话题进行了再思考。这不仅有助于汉语语法理论研究,尤其有助于构式理论的中国化,对国际汉语教学也有重要的实用价值。

(2)《道路交通安全法》第九十一条规定,饮酒后驾驶机动车的,处暂扣六个月机动车驾驶证,并处一千元以上二千元以下罚款。

因饮酒后驾驶机动车被处罚,再次饮酒后驾驶机动车的,处十日以下拘留,并处一千元以上二千元以下罚款,吊销机动车驾驶证。

醉酒驾驶机动车的,五年内不得重新取得机动车驾驶证。

饮酒后驾驶营运机动车的,处十五日拘留,并处五千元罚款,吊销机动车驾驶证,五年内不得重新取得机动车驾驶证。

饮酒后或者醉酒驾驶机动车发生重大交通事故,构成犯罪的,依法追究刑事责任,并由公安机关交通管理部门吊销机动车驾驶证,终生不得重新取得机动车驾驶证。

(3) 会议号召,全国各族人民更加紧密地团结在以习近平同志为核心的党中央周围,高举中国特色社会主义伟大旗帜,以习近平新时代中国特色社会主义思想为指导,全面贯彻党的十九大和十九届二中、三中、四中全会精神,坚决贯彻党的基本理论、基本路线、基本方略,增强"四个意识"、坚定"四个自信"、做到"两个维护",紧扣全面建成小康社会目标任务,统筹推进疫情防控和经济社会发展工作,在疫情防控常态化前提下,坚持稳中求进工作总基调,坚持新发展理念,坚持以供给侧结构性改革为主线,坚持以改革开放为动力推动高质量发展,坚决打好三大攻坚战,加大"六稳"工作力度,全面落实"六保"任务,坚定实施扩大内需战略,维护经济发展和社会稳定大局,同心协力,攻坚克难,锐意进取,确保完成决战决胜脱贫攻坚目标任务,全面建成小康社会。

(4) 我常想在纷扰中寻出一点闲静来,然而委实不容易。目前是这么离奇,心里是这么芜杂。一个人做到只剩了回忆的时候,生涯大概总要算是无聊了罢,但有时竟会连回忆也没有。中国的做文章有轨范,世事也仍然是螺旋。前几天我离开中山大学的时候,便想起四个月以前的离开厦门大学;听到飞机在头上鸣叫,竟记得了一年前在北京城上日日旋绕的飞机。我那时还做了一篇短文,叫做《一觉》。现在是,连这"一觉"也没有了。

(5) 新华社斯德哥尔摩10月5日电(记者和苗　付一鸣)瑞典卡罗琳医学院5日宣布,将2020年诺贝尔生理学或医学奖授予美国科学家哈维·阿尔特、查尔斯·赖斯以及英国科学家迈克尔·霍顿,以表彰他们在发现丙型肝炎病毒方面所作出的贡献。

2. 在实际运用过程中,语体之间的界限并不一定是十分分明的。请分析下列语段在语体界限上有何特点。

(1) "我们这学期读完了《宝岛》,下学期就要读托尔斯泰的《复活》,"觉民对琴说,他的脸上现出得意的微笑,他们已经走出上房,刚下了石阶,向着他们的房间走去。"下学期我们国文教员要改聘吴又陵,就是那个在《新青年》上面发表《吃人的礼教》的文章的。"

"吴又陵,我知道,就是那个'只手打孔家店'的人。你们真幸福!"琴兴奋地、羡慕地说。"我们国文教员总是前清的举人秀才,读的书总是《古文观止》一类。说到英文,读了这几年还是在读一本《谦伯氏英文读本》。总是那些老古董!……我巴不得你们的学堂马上开放女禁。"

"《谦伯氏英文读本》也是好的,中国不是已经有译本吗?听说叫做什么《诗人解颐语》,还出于林琴南的手笔。"觉慧在后面嘲笑道。

琴回过头看他一眼,抱怨道:"三表弟,你总爱开玩笑,人家在说正经话!"

"好,我不再开口了,"觉慧笑答道,"让你们两个去说罢。"他故意放慢脚步,让觉民和琴走进了房间,他自己却站在门槛上。

(2) 从基层上看去,中国社会是乡土性的。那些被称土气的乡下人是中国社会的基层。我们说乡下人土气,这个土字用得很好。土字的基本意义是指泥土。乡下人离不了泥土,因为在乡下住,种地是最普通的谋生办法。靠种地谋生的人才明白泥土的可贵。农业直接取资于土地,种地的人搬不动地,长在土里的庄稼行动不得,土气是因为不流动而发生的。

不流动是从人和空间的关系上说的,从人和人在空间的排列关系上说就是孤立和隔膜。孤立和隔膜并不是以个人为单位的,而是以住在一处的集团为单位的。中国乡土社区的单位是村落,从三家村起可以到几千户的大村。孤立、隔膜是就村和村之间的关系而说的。孤立和隔膜并不是绝对的,但是人口的流动率小,社区间的往来也必然疏少。我想我们很可以说,乡土社会的生活是富于地方性的。地方性是指他们活动范围有地域上的限制,在区域间接触少,生活隔离,各自保持着孤立的社会圈子。

乡土社会在地方性的限制下成了生于斯、死于斯的社会。常态的生活是终老是乡。假如在一个村子里的人都是这样的话,在人和人的关系上也就发生了一种特色,每个孩子都是在人家眼中看着长大的,在孩子眼里周围的人也是从小就看惯的。这是一个"熟悉"的社会,没有陌生人的社会。

在社会学里,我们常分出两种不同性质的社会:一种并没有具体目的,只是因为在一起生长而发生的社会;一种是为了要完成一件任务而结合的社会。用一位外国学者的话说,前者是"有机的团结",后者是"机械的团结"。用我们自己的话说,前者是礼俗社会,后者是法理社会。生活上被土地所囿住的乡民,他们平素所接触的是生而与俱的人物,正像我们的父母兄弟一般,并不是由于我们选择得来的关系,而是无须选择,甚至先我而在的一个生活环境。

第八节　病句的类型与修改

一、填空题

1. 修改病句时两种常用的辅助方法是________和________。

2. 从语法角度来说,病句类型有________、________、________、________四种类型。

3. 从语义角度来说,病句类型有________、________两种类型。

4. 从语用角度来说,病句类型有________、________两种类型。

5. 复句常见的病句类型,跟单句有所不同。主要发生在____________________,分句间次序层次混乱以及____________________这三个方面。

二、选择题

1. 下列各句中,没有语病的一句是(　　)。

A. 开心果的单不饱和脂肪酸含量较高,有利于提高血中高密度脂蛋白胆固醇,降低体内低密度脂蛋白胆固醇,帮助降低血脂,以减少心血管疾病发生。因此建议大家每天吃适量开心果来替代其他食物中的油脂效果最好。

B. 中国愿同各国分享中国市场机遇,实现互利共赢。要高质量共建“一带一路”,致力于构建健康丝路、数字丝路、绿色丝路,通过共商、共建、共享实现共同繁荣。

C. 有人认为为了健康我们需要每天睡够八小时。有人则提出,重要的不是睡够八小时,重要的要睡够四到五个睡眠周期。对这种观点,我不敢苟同。

D. 反过来,个人的全面发展又必然以自由发展为前提,当个人只有真正获得发展的自由时,他才有可能突破片面的局限而达到全面的发展。

2. 下列各句中,没有语病的一句是(　　)。

A. 受这次问题水果的影响,水果店的生意一落千丈,加之水果存放时间短,老板只好三折、四折甚至五折出售。

B. 以正心诚意、修身齐家为基础,以治国平天下为主旨,把远大理想与个人抱负、家国情怀与人生追求熔融合一,是今人传承家风和家教的本分。

C. 这家面馆虽然老旧,铺面也不大,但从选料到制作都非常讲究卫生,他家的面条一直都是顾客们深受喜爱的。

D. 把全面深化改革不断引向深入,实现“两个一百年”奋斗目标,实现中华民族伟大复兴的中国梦,我们非得万众一心、攻坚克难才行。

3. 下列各句中,没有语病的一项是(　　)。

A. 人民银行也应加大对滥用人民币图样生产、包装、销售的查处,打击唯利是图损害人民币信誉的违法行为。

B. 教育涵盖各个教育层面,包括学校教育、社会教育、职业教育,教育对象包括决策者、公务人员、自由职业者、科技工作者、普通公民。

C. 如今的报道实现了多维度视角,呈现了丰富的价值取向,使报道变得具有说服力、人情味、精彩纷呈。

D. 从党的十八届五中全会作出全面实施一对夫妇可生育两个孩子政策的决策以来,何时实施全面两孩政策就成为社会关注的焦点。

4. 下列各句中,没有语病的一句是(　　)。

A. 在昨晚的酒会上,京格尔和自己所作所为如出一辙的李宁把酒言欢。

B. 乱砍乱伐大大危害了当地自然环境,百姓十分希望当地政府下令禁止任何人停止对这片森林的砍伐。

C. 学习教育学还可以提高从事教育工作的光荣感和使命感,自觉地把聪明才智献给教育事业。

D. 2020 年跨年夜上映的电影《送你一朵小红花》讲述了一个温情的现实故事,获得了观众的一致喜爱是毋庸置疑的。

5. 下列句子中没有语病的一项是(　　)。

A. 在《乡土中国》中,作者用通俗、简洁的语言对中国的基层社会的主要特征进行了概述和分析,全面展现了中国基层社会的面貌。该书语言流畅,浅显易懂。读后深受启迪。

B. 河南眼癌女童母亲诈捐一事曝光以来引起了社会热议,不少专家和网友谴责这种行为是在透支社会的善意。社会上存在的这种诈捐现象,《慈善法(草案)》规定将依法查处。

C. 鲁迅这个名字对于中国人是很熟悉的。

D. 俄罗斯驻华大使杰尼索夫代表欧亚地区国家驻华使节表示,欧亚地区国家愿同中国一道,携手推动合作发展再上新台阶。

三、简答题

1. 什么是病句？判断一个句子是否是病句时应该注意些什么？

2. 病句修改应遵循哪些原则？

3. 修改病句的方法有哪些？

4. 复句的常见病句类型有哪些？

四、应用题

1. 请指出以下句子的错误之处，并判断属于语序不当中的哪些类型。

（1）杜甫是中国文学史上伟大的敢于为底层人民发声的诗人。

（2）一个学校的管理系统如果能肩负起激励老师与学生的责任感与认同感的使命，那么这个学校的活力与自信就会得到保持。

（3）他朋友昨天在家里用心地为了表示谢意准备了一顿丰盛的晚餐款待他。

（4）新文件对地方文化领域中的一些问题，从理论上和政策上作了详细的规定和深刻的说明。

2. 请指出以下句子错误之处，并判断属于搭配不当中的哪种类型。

（1）现在，中国城乡居民的温饱问题已经基本成熟。

（2）天地路羽毛球馆是经体育局和教育局批准的专门推广羽毛球运动的团体。

（3）企业能否迅速发展，人才队伍的建设跟上是一个重要因素，留住人才是另外一个重要因素。

（4）学校领导们严肃地研究学生的建议，又虚心地征求了专家们的意见。

3. 请指出以下句子错误之处，并判断属于成分残缺或赘余中的哪种类型。

（1）他们号称社会主义国家的主人，但缺乏主人意识，对社会事务呈现出冷漠、厌倦甚至抵触。

（2）在不同的社会历史阶段，由于生产力发展水平不同，生产关系和政治制度各异，使得教育也具有不同的性质和特点。

（3）在播出的 15 条广告中，食品类 7 条，由此可略见食品广告繁荣之一斑。

（4）我校最近又开展了第二次质检活动，要在这个活动中建全与加强班级管理制度等一系列的工作。

（5）同学们都需要有开阔的心胸，就是和自己观点不一样的同学也应求同存异，精诚合作。

（6）这次沙龙收获很大，时间并不长。

（7）澳门基本法的颁布，为澳门居民展现了一幅描绘未来远景的美好蓝图，提供了信心上的保障。

（8）凡事要依靠方法，否则单靠蛮力，什么事也做不成。

现代汉语通论模拟试题

第1套模拟试卷(上学期A1卷,一般难度)

一、单项选择题。每小题的四个选项中只有一个是正确的,请将正确选项前的字母填在括号内。(本大题共计20小题,每小题1分,共20分)

1. 吴方言的代表是(　　)。

A. 梅县话　　B. 上海话　　C. 福州话　　D. 南昌话

2. 下列说法中,(　　)是正确的。

A. 音高具有区别意义的作用　　B. 妇女的声带比男子要厚

C. 汉语中音长具有区别意义的作用　　D. 汉语“天”“空”两个音节的音高不同

3. 现代汉语普通话音节最多可以有(　　)个音素。

A. 四　　B. 三　　C. 五　　D. 二

4. 发音特征是“舌尖后、清、擦音”的声母是(　　)。

A. j　　B. ch　　C. q　　D. sh

5. 下列各项中,两个韵母都是齐齿呼的是(　　)。

A. 遇见　　B. 容易　　C. 洋相　　D. 水平

6. 下列各项中,两个音节都是零声母的是(　　)。

A. 明月　　B. 温馨　　C. 如意　　D. 鸳鸯

7. 下列各项中,韵母都是后响复韵母的是(　　)。

A. 过节　　B. 劳累　　C. 求救　　D. 号召

8. 下列各项中,读音按“阴阳上去”排列的是(　　)。

A. 光明磊落　　B. 姹紫嫣红　　C. 一泻千里　　D. 心慈手软

9. 下列哪个语族的语言不是汉语的亲属语言(　　)。

A. 壮侗语族　　B. 苗瑶语族　　C. 藏缅语族　　D. 孟高棉语族

10. 下列各组字中,都是象形字的一组是(　　)。

A. 鱼、苗、灭　　B. 羊、鸟、米　　C. 车、尖、立　　D. 寒、禾、刃

11. 下列各组中,每个字都是多音多义的是(　　)。

A. 恶、载、和　　B. 读、公、长　　C. 参、度、明　　D. 发、丧、这

12. 下列各组成语中,没有错别字的是(　　)。

A. 穿流不息、不可思议　　B. 迫不及待、一蹴而就

C. 一如继往、一鼓作气　　D. 异想天开、因地治宜

13. 下列属于成词语素的是(　　)。

A. 化　B. 者　C. 香　D. 习

14. “墓”字用了哪种造字法?(　　)

A. 象形　B. 会意　C. 形声　D. 指事

15. “琵琶”一词是(　　)。

A. 双声词　B. 叠韵词　C. 音译词　D. 非双声叠韵词

16. 下列各词中的“老”是词缀的是(　　)。

A. 老派　B. 老虎　C. 老手　D. 老人

17. 下列各项属于古语词的是(　　)。

A. 玻璃　B. 演员　C. 好彩　D. 大臣

18. “善良”“制造”“买卖”“眉目”的结构方式是(　　)。

A. 主谓型　B. 动宾型　C. 联合型　D. 补充型

19. “笔—墨—纸—砚”的语义场类型是(　　)。

A. 同义义场　B. 类属义场　C. 关系义场　D. 顺序义场

20. “打官腔”“一言堂”“戴高帽”这三个熟语属于(　　)。

A. 成语　B. 谚语　C. 歇后语　D. 惯用语

二、多项选择题。在每小题列出的五个选项中有二至四个是符合题目要求的,请将正确选项前的字母填在括号内。多选、少选、错选均无分。(本大题共5小题,每小题2分,共10分)

1. 从语体特点来看,以下属于口语特点是(　　　)。

A. 严谨规范　B. 灵活简短　C. 用词通俗　D. 常有省略　E. 句子完整

2. 以下音节中可以充当韵头的是(　　　)。

A. i　B. o　C. u　D. ü　E. ɑ

3. 根据《第一批异形词整理表》,下面哪些异形词的推荐词形是正确的?(　　　)

A. 订婚(推荐词形)——定婚　B. 按语(推荐词形)——案语

C. 本分(推荐词形)——本份　D. 简炼(推荐词形)——简练

E. 笔画(推荐词形)——笔划

4. “石榴籽儿”由(　　　)构成。

A. 三个音节　B. 四个音节　C. 三个语素　D. 四个语素　E. 两个语素

5. “卡片、扑克牌、芭蕾舞”这类词属于(　　　)。

A. 单纯词　B. 音译词　C. 外来词　D. 合成词　E. 连绵词

三、判断题。对的打“√”;错的打“×”。(本大题共5小题,每题2分,共10分)

1.《汉语拼音方案》规定iou、uei、uen在拼写成音节时,中间元音字母一律省去。(　　)

2. 轻声在形式上主要取决于音长和音高,它与非轻声音节是对比而言的。(　　)

3. 文字是人类社会最重要的交际工具。(　　)

4. 六书中的象形字、指事字、会意字都是独体字,形声字则是合体字。(　　)

5. “她姓花”“种花”“花时间”中的三个“花”是多义词。(　　)

四、分析题。(36分)

1. 请完成下列音节结构分析表。(8分)

结构 例字	声母	韵母				声调
		韵头	韵腹	韵尾		
				元音	辅音	
求						
月						
困						
将						

2. 按照“啊”的变读规律,把下列短句末尾的语气词“啊”念准,在横线上写出对应的汉字。(4分)

(1) 怎么还不去________?

(2) 快走________!

(3) 老周那边怎么样________?

(4) 看她多开心________!

3. 根据下边繁体字的字形,在括号中写出相应的简体字。(4分)

書(　　)　興(　　)　夢(　　)　過(　　)

眾(　　)　傳(　　)　車(　　)　務(　　)

4. 请辨析“妈妈”“太太”是单纯词还是合成词,并说明原因。(6分)

5. 请辨析“白字”“白布”是合成词还是词组,并说明原因。(6分)

6. 请举例介绍外来词有哪几种译借方式。(8分)

五、简答题。(本大题共2小题,每小题6分,共12分)

1. 举例说明/a/的主要音位变体及它们的出现条件。

2. 简述下列同义词有何区别。

(1) 愿望——希望

(2) 突然——忽然

六、应用题。(本大题共 2 题,共 12 分)

1. BE-KIND 是一种含有多种坚果、谷物的能量棒,对身体健康有一定的好处。请试用以下四种不同的翻译方法对其进行翻译。(4 分)

音译式:

意译式:

半音半意式:

音意兼译式:

2. 押韵是“韵头+韵腹+韵尾”相同?还是只要“韵腹+韵尾”相同?请从以下诗中的用韵情况加以说明。(8 分)

即　事

宋·刘克庄

峤南气候异中州,多病谁令作远游。
瘴土不因梅亦湿,飓风能变夏为秋。
方眠坏絮俄敷簟,已著轻絺又索裘。
自叹幻身非铁石,天涯岂得久淹留。

第 2 套模拟试卷(上学期 A2 卷,提高难度)

一、单项选择题。每小题列出的四个选项中只有一个是正确的,请将正确选项前的字母填在括号内。(本大题共计 20 小题,每小题 1 分,共 20 分)

1. 在方言分区中,下列属于中部方言的是(　　)。

A. 闽方言、吴方言、湘方言　　B. 吴方言、湘方言、赣方言

C. 客家方言、闽方言、粤方言　　D. 湘方言、客家方言、闽方言

2. 造成“大鱼”和“大雨”中的“鱼”和“雨”读音不同的主要原因是(　　)。

A. 音高　　B. 音强　　C. 音长　　D. 音色

3. 普通话音节“chuāng”的音素有(　　)。

A. 6 个　　B. 5 个　　C. 4 个　　D. 3 个

4. 下列音素的发音,舌位前后不同的一组是(　　)。

A. i——ɛ　　B. u——ü　　C. o——ɔ　　D. ə——ɑ

5. 下列各项中,两个音节声母的发音部位相同的是(　　)。

A. 组织　　B. 先进　　C. 图书　　D. 通知

6. 下列各项中,韵母都是合口呼的是(　　)。

A. 外国、圆环　　B. 围墙、乌云　　C. 贯穿、怪物　　D. 完全、蚊虫

7. 下列各项中,两个声母都是塞音的是(　　)。

A. b q　　B. d g　　C. h r　　D. p m

8. 下列各项中,两个字的读音韵尾均为 u 的是(　　)。

A. 拖、搜　　B. 步、波　　C. 扭、剖　　D. 许、举

9. 下列各组中两个成语都包含两个中响复韵母的是(　　)。

A. 指路为马、见异思迁　　B. 道听途说、千奇百怪

C. 一挥而就、逍遥自在　　D. 知难而上、好事多磨

10. 普通话中“简”的国际音标应该注为(　　)。

A. [$jian^{214}$]　　B. [$ts^{h}iɛn^{214}$]　　C. [$tsian^{214}$]　　D. [$tɕiɛn^{214}$]

11. 下列各组中,两个词的后一个音节一定都读轻声的是(　　)。

A. 甜头、椅子　　B. 宝宝、棉花　　C. 意义、开心　　D. 放出、瓜子

12. 语气词“啊”变读为 wa 的是(　　)。

A. 多好看啊!　　B. 写啊!　　C. 真好啊!　　D. 快听啊!

13. 下列各组中,每项都属于会意字的是(　　)。

A. 析、拿　　B. 上、柏　　C. 末、衣　　D. 江、燕

14. “巯”的造字方法是(　　)。

A. 会意　　B. 形声

C. 切音合形法　　D. 省形的切音合形法

15. 繁体字“術”“屬”转换为简体字“术”“属”,所依据的简化方法分别是(　　)。

A. 整字替换、偏旁替换　　B. 局部删除、偏旁替换

C. 局部删除、整字替换　　D. 整字替换、整字替换

16. “布置”“一匹布”“布拉格”中的“布”分别是(　　)。

A. 词、语素、语素　　B. 词、词、语素

C. 语素、词、语素　　D. 语素、词、音节

17. 下列属于不成词语素的是(　　)。

A. 浆、涤　　B. 民、山　　C. 墨、塑　　D. 脑、第

18. 对"妈妈""馍馍""姥姥""潺潺"断定正确的是(　　)。

A. 都是重叠式合成词

B. 都是叠音式单纯词

C. 前两个是叠音式单纯词,后两个是重叠式合成词

D. 前两个是重叠式合成词,后两个是叠音式单纯词

19. 下列成语结构不同的一组(　　)。

A. 飘飘欲仙、昏昏欲睡　　B. 白雪皑皑、杨柳依依

C. 晶莹剔透、繁花似锦　　D. 引经据典、拖泥带水

20. "艰、难、戏、劝、对"等字中的部件"又"是(　　)。

A. 意符　　B. 音符　　C. 记号　　D. 既是意符又是音符

二、多项选择题。每小题的五个选项中有二至四个是符合题目要求的,请将正确选项前的字母填在括号内。多选、少选、错选均无分。(本大题共 5 小题,每小题 2 分,共 10 分)

1. 普通话声母中的擦音声母包括(　　)。

A. sh　　B. f　　C. h　　D. s　　E. c

2. 跟拼音文字相比,以下可以看成是汉字的特点的有(　　)。

A. 汉字是平面型方块文字

B. 汉字的形义之间本来存在一定的理据

C. 汉字是音素文字

D. 汉字记录的语音单位是音节

E. 现代汉语书面语中还有少量用两个汉字记录一个音节的情况

3. 下列各组词中,有错别字的有(　　)。

A. 凑和、精萃、甘败下风　　B. 妥贴、消弥、英雄倍出

C. 水蒸汽、舶来品、哈蜜瓜　　D. 蹇脚、磬竹难书、萎靡不振

E. 切蹉、明查暗访、烩炙人口

4. 下列每组词中全是单纯词的是(　　)。

A. 徘徊、雷达、枇杷　　B. 姐姐、麦克风、沙发

C. 玫瑰、瑟瑟、奥林匹克　　D. 蝴蝶、人人、玻璃

E. 飒飒、芙蓉、秋千

5. 下列加横线的词的意义是比喻义的是(　　)。

A. 我们进入了一个很<u>深</u>的山洞。　　B. 对别人乱扣<u>帽子</u>是不对的。

C. 这个大灯笼像火红的<u>太阳</u>。　　D. 心里有个<u>疙瘩</u>,解不开,拿不掉。

E. 我肚子里的<u>火</u>在熊熊燃烧。

三、判断题。对的打"✓";错的打"×"。(本大题共 5 小题,每题两分,共 10 分)

1. 音位是指某一特定语音系统中能够区别意义的最小语音单位。(　　)

2. "雷峰塔""塔吉克族""一座塔"中的"塔"分别是语素、字、词。(　　)

3. "赴汤蹈火""走马观花"中的"汤、走"意义跟今义不同,其演变途径是词义缩小。(　　)

4. “管家”“失业”“家务”这三个词的构词方式是一样的。(　　)

5. “想头”和“床头”的“头”都是词缀。(　　)

四、分析题。(共38分)

1. 改正下列音节的拼写错误,将正确的音节写在括号内,并指出原因。(8分)

(1) 群众　qǘnzhòng　(　　)

(2) 旅游　lǚyioú　(　　)

(3) 杨柳　iángliǔ　(　　)

(4) 醒悟　xǐngù　(　　)

2. 请按照音变规律,在括号里标出下列画线字的声调调值。(4分)

打假(　　)　蒙古语(　　)　火柴(　　)　不仅(　　)

一瞬(　　)　扫一扫(　　)　姐姐(　　)　巴不得(　　)

3. 指出下列汉字的造字方法。(6分)

矗(　　)　牛(　　)　期(　　)

中(　　)　松(　　)　泉(　　)

4. 简要说明同形同音词与多义词的异同,并区分以下各组词语属于同形同音词还是多义词。(6分)

(1) a. 新生力量是不可战胜的,这是颠扑不破的真理。

b. 现在正是春天,依然是桃红陌上,燕筑堂东,孕育着新生。

c. 新闻系今年招了三百多名新生。

(2) a. 李老师板书的字总是写得很端正。

b. 他是个品行端正的好学生。

c. 你想要有好成绩,先端正态度,再努力学习。

5. 请指出下列合成词的构词方式。(8 分)

(1) 剥削　(2) 刑法　(3) 羊群　(4) 动员

(5) 肉麻　(6) 任意　(7) 矛盾　(8) 吃紧

6. 用义素分析法分析下面的词语。(每小题 3 分,总共 6 分)

(1) 效果　后果　成效

(2) 煎　炒　炸

五、简答题。(本大题共 2 小题,每小题 6 分,共 12 分)

1. 以“蜡烛”为例简述语素的确定方法。

2. 现代汉语出现了越来越多的外来词。有人说外来词是对现代汉语的“异化”和“污染”,请谈谈你的看法。

六、应用题。(本大题共 1 小题,10 分)

“蘑菇”是汉语中的常用词,有人用以下方式证明它是 2 个语素。你觉得这种检测正确吗?如果“蘑菇”的“蘑”不是一个语素,为什么它又可与“松、榛、口”等语素组合构成“松蘑”“榛蘑”“口蘑”等词语形式?

被鉴单位	替换单位		
蘑菇	草菇	香菇	金针菇
蘑菇	松蘑	榛蘑	口蘑

第 3 套模拟试卷(下学期 B1 卷,一般难度)

一、单项选择题。每小题列出的四个选项中只有一个是正确的,请将正确选项前的字母填在括号内。(本大题共计 18 小题,每小题 1 分,共 18 分)

1. “结构主义语法”理论的创始人是(　　)。

A. 乔姆斯基　　B. 索绪尔　　C. 韩礼德　　D. 布龙菲尔德

2. 下列各项中,不能用作动量词的是(　　)。

A. 场　　B. 趟　　C. 桶　　D. 圈

3. “她写完了作业就出去玩了”中两个“了”的词性分别是(　　)。

A. 语气词和助词　　B. 助词和助词　　C. 语气词和语气词　　D. 助词和语气词

4. 下列各组中三个词都是介词的一组是(　　)。

A. 其实、把、自　　B. 似的、为、对　　C. 于、被、相对　　D. 因此、从、与

5. 下列句子中,疑问代词是实指用法,即表示疑问的是(　　)。

A. 现在哪儿哪儿都是人。　　B. 我刚来的时候哪儿也不认识。

C. 你说什么我都不相信。　　D. 哪儿可以买到烤鸭?

6. “去打网球”是(　　)。

A. 主谓短语　　B. 连谓短语　　C. 兼语短语　　D. 同位短语

7. 下列各项中,“得”后成分是宾语的一项是(　　)。

A. 学得很好　　B. 觉得很累　　C. 吃得很快　　D. 看得清楚

8. “请勿摘花!”是(　　)。

A. 动词性非主谓句　　B. 名词性非主谓句

C. 动词性主谓句　　D. 形容词性主谓句

9. 下列画线词语语义指向主语的是(　　)。

A. 我把牙吃酸了。　　B. 他做了一个惬意的梦。

C. 他经常熬夜。　　D. 他把花圆圆地排成一个圈。

10. 下列句子中,属于倒装句的是(　　)。

A. 电视剧《家有儿女》,许多人都看过。　　B. 好极了,这场表演!

C. 二十块钱,不多吧?　　D. 我知道了,别再说了。

11. “那件衣服,说实在的,真不算贵。”中的“说实在的”是(　　)。

A. 谓语　　B. 状语　　C. 插入语　　D. 同位语

12. 下列句子中的宾语属于受事的是(　　)。

A. 他修洗衣机。　　B. 我写铅笔。

C. 他没有钱了。　　D. 教室里发出一声怪响。

13. 下列句子中,属于复句的是(　　)。

A. 只有我的朋友,我才敢信任。　　B. 无论谁,都对这件事无能为力。

C. 只有小王来了,我们才能完成任务。　　D. 无论谁介绍来的人,他都热情接待。

14. 下列复句中,属于选择复句的是(　　)。

A. 与其冒着被染上新冠肺炎的危险回家,不如留在学校。

B. 她不但做到了,而且还做得很出色。

C. 我下周回来,不过只住几天就走。

D. 没顾上吃药,这感冒竟然好了。

15.“冰冷、雪白、笔直”是(　　)。

A. 动词　B. 形容词　C. 副词　D. 区别词

16.“言内行为”是一种(　　)的行为。

A. 以言行事　B. 以言取效　C. 以言指事　D. 以言止行

17.“人生是一趟没有返程的列车。”这是用了什么修辞手法?(　　)

A. 比喻　B. 比拟　C. 借代　D. 夸张

18.“午睡醒来愁未醒”运用的修辞格是(　　)。

A. 借代　B. 借喻　C. 拈连　D. 回环

二、多项选择题。在每小题列出的五个选项中有二至四个是符合题目要求的,请将正确选项前的字母填在括号内。多选、少选、错选均无分。(本大题共5小题,每小题2分,共10分)

1. 下列各项中,都属于及物动词的有(　　　)。

A. 停止、打扫　B. 休息、能够　C. 服从、觉悟　D. 主张、以为　E. 推广、赛跑

2. 下列各项中,不是状心词组的有(　　　)。

A. 仔细研究　B. 木头房子　C. 才星期二　D. 行为端正　E. 已经结束

3. 下列语句中的“的”不属于结构助词的有(　　　)。

A. 我会记住你的　B. 我是昨天来的学校

C. 教室里静悄悄的　D. 过去的时光

E. 这是从图书馆借来的

4. 话语交际原则主要包括(　　　)。

A. 合作原则　B. 接话原则　C. 礼貌原则　D. 和谐原则　E. 策略原则

5. 以下各例中运用了暗喻修辞手法的有(　　　)。

A. 话音刚落,他就像一阵风似的跑开了。

B. 生存的小品文,必须是匕首,是投枪,能和读书一同杀出一条生存的血路来的东西。

C. 我们用自己的手搬掉三座大山。

D. 一头猪等于一个小小化肥厂。

E. 茫茫人生好像荒野。

三、判断题。对的打“√”;错的打“×”。(本大题共5小题,每题两分,共10分)

1. 在现代汉语中,名词不能够充当谓语。(　　)

2.“床上躺着一个病号”是隐现句。(　　)

3. 句法关系和语义关系可能一致,也可能不一致。(　　)

4. 修辞只是语言技巧。(　　)

5. 指称和指示是语境意义产生的语用手段。(　　)

四、分析题。(共46分)

1. 指出下列疑问句所属的结构类型。(4分)

(1) 你去北京还是深圳?(　　)

(2) 明天星期一吗?(　　)

(3) 你明天怎么去北京?(　　)

（4）好不好看？（　　）

2. 运用层次分析法分析下列短语的层次结构。（8分）

（1）把房间打扫得干干净净

（2）一篇观点清晰的好文章

3. 利用变换法改变语句的形式来分化歧义。（8分）

（1）他借了我五块钱。

（2）打伤了狗的主人。

（3）鱼不吃了。

（4）在屋子上看到了小偷。

4. 请用中心词分析法分析下列句子的结构成分。（6分）

（1）他把来信仔细读了一遍。

（2）去年他去了两趟美国。

（3）据说这个山洞里住过一个神仙。

5. 请指出下边画线部分的句法功能,同时指出其语义角色。(10分)

(1) 小朋友们在挤电影票。

句法功能:【　　】　　语义角色:【　　】

(2) 我家今年盖了一栋小楼。

句法功能:【　　】　　语义角色:【　　】

(3) 对这件事他一直是对你有意见的。

句法功能:【　　】　　语义角色:【　　】

(4) 食堂我吃不惯。

句法功能:【　　】　　语义角色:【　　】

(5) 他成为了研究生。

句法功能:【　　】　　语义角色:【　　】

6. 在括号中写出下列复句的语义类型。(10分)

(1) 就算你是铁石心肠,也会被那一幕幕贫困落后的情景所震撼。(　　)

(2) 除非你丧失了劳动力,否则父母已没有抚养的法律义务了。(　　)

(3) 他的产品不但分文没赚,反倒贴了老本。(　　)

(4) 这不是无知,就是别有用心。(　　)

(5) 他们不是去求助于科技,而是求神拜佛。(　　)

(6) 我们固然要责怪这个社会的弊端,可也得注意调整自己的心态。(　　)

(7) 双方先是双手合十致意,紧接着两位佛学大师的手紧紧握在一起。(　　)

(8) 我们应当不断提高自己,以便更好地担负起我们的历史使命。(　　)

(9) 英特尔公司用一片晶圆加工出更多的处理器芯核,从而降低了制造成本。(　　)

(10) 股价偶尔会跌破支撑线,这可能是主力试探市场心态的方法。(　　)

五、论述题。(本大题共3小题,第1小题4分,第2小题和第3小题各6分,共16分)

1. 就下面两例谈谈排比和层递的相同点和不同点。(4分)

(1) 没有理想,人生如荒漠,没有生气;没有理想,人生如黑夜,没有光明;没有理想,人生如迷宫,没有方向。

(2) 后来我才体会到,这位老教师是怎样关心青年一代,关心教育事业,关心祖国的未来的。

2. 下边两组例句,A 组能成立,B 组不能成立。请运用语义特征分析法加以解释。(6 分)

A 组	B 组
很有思想	*很有房子
很有水平	*很有桌子
很有激情	*很有衣服

3. 请分析下列画线的句子有什么样的语用含义,并解释它是如何产生的。(6 分)

天黑鸟飞高,老奶奶手拄拐杖上夜校。
路上碰见青年小阿苗,把他吓了一大跳;"老奶奶还是回去吧,这样黑的天你怎能看得到!"
"傻瓜,奶奶正因为看不到,所以才去上夜校。"(《浙江民歌》)

第 4 套模拟试卷(下学期 B2 卷,提高难度)

一、单项选择题。每小题列出的四个选项中只有一个是正确的,请将正确选项前的字母填在括号内。(本大题共计 18 小题,每小题 1 分,共 18 分)

1. 以下语法学流派中,强调语言结构内部的层次,运用“直接成分分析法”对句法结构进行层次分析的是(　　)。

A. 传统语法　　B. 描写语法　　C. 形式语法　　D. 功能语法

2. “北京和和北京相邻的城市”中前后两个“和”分别是(　　)。

A. 连词、介词　　B. 介词、连词　　C. 连词、连词　　D. 介词、介词

3. 下列各项中,两个都是区别词的一组是(　　)。

A. 草本、道德　　B. 中式、首要　　C. 矛盾、彩色　　D. 长期、密切

4. 下列各句中,“在”为副词的是(　　)。

A. 我家在广州。　　B. 他在车上看书。　　C. 他在吃饭。　　D. 他书包放在教室里。

5. 下列哪个不是同位词组(　　)。

A. 山城重庆　　B. 我们自己　　C. 明天清明　　D. 她这个人

6. 下列各项中,动词后面的数量词组是补语的一项是(　　)。

A. 写了一本　　B. 看了三页　　C. 读了三遍　　D. 听了前两节

7. 下列各项中,两个成语的结构关系相同的一组是(　　)。

A. 德才兼备　壮志未酬　　B. 翻天覆地　不求甚解

C. 日新月异　司空见惯　　D. 轻歌曼舞　广开言路

8. 下列各组中,画线的词属于词类活用的是(　　)。

A. 调查小组在村里调查了三天。　　B. 有同情心的人都很同情他悲惨的遭遇。

C. 他比专家还专家。　　D. 我花一元钱在马路边买了一朵花。

9. 下列主谓句中,属于连谓谓语句的是(　　)。

A. 学校派老王出差。　　B. 饭我吃完了。

C. 他去书店买书。　　D. 火车开动了。

10. 下列句子中没用插入语的是(　　)。

A. 这件事,从某种程度上说,影响了他的一生。　　B. 这篇文章从头到尾都在探讨科技问题。

C. 看来他要离开这个地方了。　　D. 有些事,老实说,我心里也不同意的。

11. 下列各项中,不是被动句的是(　　)。

A. 小王差点儿叫他骗了。　　B. 钱包让小偷偷走了。

C. 苹果给他吃光了。　　D. 大米拿我们家的吧。

12. 下列各动宾短语中,对动宾语义关系的判断不正确的是(　　)。

A. 盖房子(动作—结果)　　B. 吃大碗(动作—方式)

C. 过春节(动作—时间)　　D. 吃大户(动作—凭借)

13. 下列各项中,有歧义的是(　　)。

A. 城市与乡村的差距　　B. 甲方与乙方的沟通

C. 思维与存在的关系　　D. 鲁迅和他的老师

14. “多可爱的小猫!”这个句子的句型属于(　　)。

A. 非主谓句/形容词句　　B. 非主谓句/名词性谓语句
C. 主谓句/形容词谓语句　　D. 非主谓句/名词句

15. 下列复句类型错误的一项是(　　)。
A. 他输掉了比赛,但赢得了尊严。(转折复句)
B. 既然你那么不情愿,为什么放弃呢?(让步复句)
C. 如果你周末有空,我们就去看电影。(条件复句)
D. 他下午也许来,也许不来。(选择复句)

16. "最可恨那些毒蛇猛兽,吃尽了我们的血肉。一旦把它们消灭干净,鲜红的太阳照遍全球。"这句歌词中运用了(　　)的修辞格。
A. 暗喻　　B. 明喻　　C. 借喻　　D. 借代

17. 下列诗句中运用了借喻修辞手法的是(　　)。
A. 余霞散成绮,澄江静如练。　　B. 不知细叶谁裁出,二月春风似剪刀。
C. 山河破碎风吹絮,身世飘零雨打萍。　　D. 端州石工巧如神,踏天磨刀割紫云。

18. 下列词语中带有书面语色彩的一组是(　　)。
A. 造诣、讥诮　　B. 商榷、吓唬　　C. 苍穹、邋遢　　D. 嘴硬、较劲

二、多项选择题。在每小题列出的五个选项中有二至四个是符合题目要求的,请将正确选项前的字母填在括号内。多选、少选、错选均无分。(本大题共5小题,每小题2分,共10分)

1. 下列句子中,属于兼语句的有(　　　)。
A. 老李介绍我去见经理。　　B. 我让他洗手后再吃饭。
C. 王主任代替校长主持会议。　　D. 陈经理托我办一件事。
E. 老张有个儿子在北京创业。

2. 下列各组词语中,可以带谓词性宾语的有(　　　)。
A. 赞成、起身　　B. 害怕、准备　　C. 进行、喜欢　　D. 知道、受到　　E. 停止、觉悟

3. 下列复杂短语中,偏正短语作修饰语的是(　　　)。
A. 学校的白色的礼堂　　B. 手中的鲜花的颜色
C. 一位教育工作者的愿望　　D. 干净的整洁的教室
E. 亭亭的少女的长发

4. 下列运用了拟人辞格的是(　　　)。
A. 最后是事实跑出来,证明他们是贪便宜的空谈主义者。
B. 阳光下盛开的百合花就是您的笑容。
C. 春天到了,大地变成了一片绿毯。
D. 鸟儿在树上唱歌。
E. 风儿来了,花向我招手。

5. "指示"是一种言语行为,主要有(　　　)这四种类别。
A. 时间指示　　B. 人称指示　　C. 空间指示　　D. 全称指示　　E. 话语指示

三、判断题。对的打"✓";错的打"×"。(本大题共5小题,每小题2分,共10分)

1. 独立成分指在句子中临时插进一些习惯用语,这些习惯用语不仅跟别的成分发生结构上的联系,在语义的表达上也有重要作用。(　　)
2. 语用分析的基本要素是说话者、受话者和话语内容。(　　)
3. 原型范畴是指具有该类范畴典型属性和特点的成员集合。(　　)

4. 双关是利用词语的比喻性、同音构成的修辞格式。(　　)

5. 小李去拜访小张,谈话间觉得肚子饿了,一看时间已到饭点,于是问:“你们午餐时间是几点?”从言语行为理论来看,小李的问话是“以言指事”。(　　)

四、分析题。(共36分)

1. 指出下列画线词语的词性。(8分)

(1) 我亲眼看见他拿走了钥匙。(　　)

(2) 这是一个低级错误。(　　)

(3) 他的实验还处于初级阶段。(　　)

(4) 这是送给我的吗?(　　)

(5) 我应该告诉他我的想法。(　　)

(6) 他走一走,看一看。(　　)

(7) 六十岁以上的老人可以免票。(　　)

(8) 什么张三李四,我都不认识。(　　)

2. 请用层次分析法分化下列歧义短语。(9分)

(1) 采访陈老师的学生

(2) 关于儿童的作品

(3) 反对刘老师袒护学生

3. 请依据下边“还”和“更”的替换情况,分析它们在句式选择上的异同。(10分)

(1) 小王比他更高。——小王比他还高。

(2) 香蕉比苹果更好吃。——香蕉比苹果还好吃。

(3) 小王更高。——＊小王还高。

(4) 香蕉更好吃。——＊香蕉还好吃。

(5) 小王比小李高,比小张更高。——＊小王比小李高,比小张还高。

(6) 那条蛇比碗口还粗呢。——＊那条蛇比碗口更粗呢。

(7) 小孩儿比书架还高呢。——＊小孩儿比书架更高呢。

4. 用层次分析法分析下列多重复句。(9分)

(1) 只要遇到令他产生为文意向的事物,他总是让自己硬是去看、去想,不找到可心的切入角度,不悟出一点情思,不逮住一点启迪,就不肯罢休,而且既不允许与别人的所见所思重复,又不允许与自己写过的相雷同。

(2) 一个作家,无论他观察生活的能力有多强,写作水平有多高,没有对生活的全面了解和积累,也是难以写出好作品的。

五、简答题。(每小题8分,共16分)

1. 礼貌原则有哪几条准则?请分别举例加以说明。

2. 什么是隐喻?什么是转喻?请结合下边的例子对隐喻和转喻机制进行阐释。

(1) 这是我们系的头,你跟他谈吧!

(2) 这是我们学校的校花。

(3) 回到单位,看到的都是新面孔。

(4) 那边来了几个红领巾。

六、应用题。(本大题共 1 小题,10 分)

有的动词可以受“新”的修饰,如(1a—4a),有的动词却不能受“新”的修饰,如(1b—4b),请根据“新”与“动词”的搭配规律,运用语义特征分析法解释“新”的分布规律并提取“新”的语法意义。(* 表示不合法)

（1） a. 我们学院新来了一位老师。　　b. * 我们学院新走了一位老师。

（2） a. 他昨天新买了一部手机。　　b. * 他昨天新卖了一部手机。

（3） a. 贷款新增加了 20 亿。　　b. * 贷款新减少了 20 亿。

（4） a. 墙上新贴上了红纸。　　b. * 墙上新撕下了红纸。

第 5 套模拟试卷(上下册 C1 综合卷,一般难度)

一、填空题。(本大题共计 10 小题,每小题 1 分,共 10 分)

1. 语言是人类特有的________的符号系统。
2. 普通话中不能做声母的辅音是________。
3. 普通话的韵母按结构可分为单元音韵母、复元音韵母和________三大类。
4. 世界上的文字基本上可以分为两大类,一类是表音文字,一类是________文字。
5. 不能独立成词,只能和别的语素结合成词的语素叫做________语素。
6. “我和老王关系密切。”中“密切”的词性是________。
7. “妈妈”和“母亲”的差别体现的是词的________不同。
8. 以古代汉语为研究对象,仿照拉丁语法建立了第一个以字为本位的语法体系的汉语语法著作是________。
9. 改变句子常规语序,但句法结构不变,语义关系也基本不变的现象称为________。
10. 会话合作原则的四条准则分别为数量准则、________、关联准则和方式准则。

二、单项选择题。每小题列出的四个选项中只有一个是符合题目要求的,请将正确选项前的字母填在括号内。(本大题共计 10 小题,每小题 1 分,共 10 分)

1. 汉语方言之间的差异,主要表现在(　　)方面。
A. 语音　　B. 词汇　　C. 语法　　D. 文字
2. 下列(　　)组字的韵母都是中响复韵母。
A. 来、跑、邮　　B. 巧、歪、唯　　C. 秋、白、步　　D. 道、段、花
3. 下列(　　)组字的韵母都是撮口呼韵母。
A. 宽、快、圈、书　　B. 无、夸、忆、绿　　C. 吕、雨、元、剧　　D. 云、轩、骨、铺
4. 元音和辅音最主要的区别是(　　)。
A. 发音时气流的强弱不同　　B. 发音时紧张均衡与否
C. 发音时气流是否受阻　　D. 发音时声带是否振动
5. 下列四个字中不是形声字的是(　　)。
A. 诞　　B. 众　　C. 怯　　D. 钗
6. “打官腔”“笑面虎”“唱白脸”这三个熟语属于(　　)。
A. 成语　　B. 谚语　　C. 歇后语　　D. 惯用语
7. 下列各组词中,属于“词根+词缀”式合成词的是(　　)。
A. 画家　作家　儒家　老家　　B. 老板　老公　老外　老头
C. 奔头　丫头　插头　苗头　　D. 桌子　椅子　杯子　房子
8. “英子在图书馆学习”“小杨踩在椅子上”“她在哼歌”中的三个“在”分别是(　　)。
A. 副词　介词　副词　　B. 介词　副词　动词
C. 动词　介词　介词　　D. 介词　介词　副词
9. 下列句子属于正反问的是(　　)。
A. 工资发了多少?　　B. 工资难道没发吗?
C. 工资发了没有?　　D. 是发工资还是不发工资?

10. 下面句子属于顶真修辞格的是(　　)。
A. 这天乌沉沉的,好像要下雪了。　B. 枪杆子里面出政权。
C. 楚山秦山皆白云,白云处处长随君。　D. 不拿群众一针一线。

三、多项选择题。在每小题列出的五个选项中有二至四个是符合题目要求的,请将正确选项前的字母填在括号内。多选、少选、错选均无分。(本大题共5小题,每小题2分,共10分)

1. 下列词有两个语素的是(　　)。
A. 依靠　B. 芙蓉　C. 巴黎　D. 愚蠢　E. 人口
2. 下列成语中,有错别字的是(　　)组。
A. 变本加厉、信口开合　B. 隔隔不入、浩如烟海
C. 同仇敌忾、戒骄戒躁　D. 鱼翁得利、气势磅礴
E. 呕心沥血、锋芒必露
3. 下列各组词中,属于偏正式合成词的有(　　)。
A. 毛笔　嫩绿　瓦解　顿悟　B. 日出　海啸　地震　雪崩
C. 领袖　改善　头疼　文身　D. 龟缩　藤椅　婚房　笔直
E. 电冰箱　微波炉　热水器　自行车
4. 下列短语中,属于状心词组的有(　　)。
A. 激烈辩论　B. 已经结束　C. 教育市民　D. 一流水平　E. 从今天起
5. 下列各组全部词语都属于行业语的是(　　)。
A. 车床、铡刀、钢筋、大楼　B. 花旦、老生、花生、青衣
C. 课时、教案、课件、说课　D. 字节、磁盘、显卡、插件
E. 抢断、助攻、盖帽、失误

四、判断题。对的打"√";错的打"×"。(本大题共10小题,每题1分,共10分)

1. 由三个音素组成的韵母必定由韵头、韵腹、韵尾三个部分组成。(　　)
2. d、t、n、l 四个声母与四呼韵母都相拼合。(　　)
3. 普通话送气声母总共有 p、t、k、c、ch、q 六个。(　　)
4. 大多数拼音文字是线性文字,汉字是平面性文字。(　　)
5. 由单音节语素构成的词语叫做单纯词。(　　)
6. 词的本义和基本义不一定一致。(　　)
7. "单车"是方言词,"陛下"是古语词。(　　)
8. "老师有话对你说"是兼语句。(　　)
9. "最起码的待遇"和"最起码要出五万元"中的"起码"从词性上看属于副词。(　　)
10. 现代汉语词汇语素以单音节为主,词则以多音节为主。(　　)

五、分析题。(共37分)

1. 根据下列发音特征,写出对应的音素。(6分)
(1) 后半高圆唇舌面元音(　　)
(2) 后半高不圆唇舌面元音(　　)
(3) 央低不圆唇舌面元音(　　)
(4) 舌尖前、不送气、清、塞擦音(　　)
(5) 舌根、清、擦音(　　)

(6) 舌面、送气、清、塞擦音(　　)

2. 按拼写规则用汉语拼音拼写下列词语和句子。(5分)

(1) 创伤____________________

(2) 隽永____________________

(3) 主角儿____________________

(4) 他一不小心就被打回原形了。

____

3. 请指出下列合成词的构词方式。(8分)

泥石流(　　)　　剥削(　　)　　延长(　　)　　年轻(　　)

星座(　　)　　公主(　　)　　防守(　　)　　口红(　　)

4. 请指出“老李说不好”有几种意义,并分析歧义产生的原因。(4分)

5. 运用层次分析法分析下列多重复句的结构层次与语义关系。(8分)

(1) 气流虽然继续,但声带停止振动,所以产生降调。

(2) 假如你想让自己的火气继续燃烧,或者你想利用一下自己的火气,那就尽情发泄吧。

(3) 即使因为忙而不运动,只要你的饮食合理,也不会明显长胖。

(4) 干部制度改革不但逐步解决了干部能上不能下的问题,而且因步子稳妥,保持了干部队伍的稳定。

6. 请找出下列句子中所运用的指示语,并指出它们的类别。(6分)

(1) 昨晚去哪儿了?这么大一点就到处乱跑,你知道外面有多危险吗?

(2) 清慧,这几天又写了什么?上周给你的文章看了吗?

(3) 来,各位,看看这句,看得懂吗?

六、简答题。(共13分)

1. 请说说“翩翩”和“偏偏”的重叠形式有没有不同?(4分)

2. 如何用同形替代法鉴定现代汉语的语素,请以“蝙蝠”和“肺炎”为例说明。(4分)

3. 下边(1)—(4)中,(1)(2)肯定式和否定式都成立,(3)(4)只有否定式成立,肯定式不成立。请对这种不对称现象进行解释。(5分)

	否定式		肯定式
(1)	没有钱	——	有钱
(2)	没有书	——	有书
(3)	没有来	——	*有来
(4)	没有买	——	*有买

七、应用题。(10 分)

方式准则是合作原则的准则之一,一般不能违反。但相声创造中常常有意违反方式准则来制造“包袱”和笑料。请分析以下相声片段,指出它是如何利用方式准则的违反来制造“包袱”和笑料的。

(1) 卢鑫:咱们什么名字?

玉浩:相声新势力。

卢鑫:所以咱们得创新,我们得求新、求变、求突破,我们得勇敢地踹一踹。

玉浩:等会儿,勇敢地什么?

卢鑫:踹一踹。

玉浩:你怎么不蹬一蹬呢?

卢鑫:我还摇一摇呢!

玉浩:不是,什么叫踹一踹?

卢鑫:try! 尝试! 英语 t-r-y,try!

玉浩:就这么个 try。

——卢鑫、玉浩相声《相声新势力》

(2) 卢鑫:因为我们两个从小就看湖南卫视。

玉浩:一直都关注着。

卢鑫:其实像我这样的“sunshine 小 boy”,我是最喜欢看湖南卫视的。

玉浩:您先等会儿,像您这样的什么?

卢鑫:“sunshine 小 boy”。

玉浩:桑葚什么?

卢鑫:你饿了是怎么着?

玉浩:桑葚嘛。

卢鑫:“sunshine 小 boy”。

玉浩:什么意思?

卢鑫:阳光小男孩。

——卢鑫、玉浩相声《那些年我们追过的芒果台》

第6套模拟试卷(上下册 C2 综合卷,提高难度)

一、填空题。(本大题共计10小题,每小题1分,共10分)

1. 现代汉民族共同语是以北京语音为标准音,以北方话为基础方言,以________为语法规范的。

2. 音色的不同至少是由以下三方面原因之一造成的:________、发音方法不同、发音时共鸣器形状不同。

3. ________是一个语音系统中能够区别意义的最小单位。

4. ________在字体演变史上的地位最为重要,它是古今汉字的分水岭。

5. 附加式合成词中,________语素的意义是词义的核心。

6. ________是指从古代、近代汉民族语言词汇中流传下来而为现代汉语词汇所承接的词,它是现代汉语词汇的核心部分,属于基本词汇。

7. 表示________的词是叫基数词。

8. 普通话"玉"的声母是________声母。

9. 借喻是以事物之间的相似性为基础,借代是以事物之间的________为基础。

10. 言语交际中礼貌原则的三条准则分别为慷慨准则、谦虚准则、________准则。

二、单项选择题。每小题列出的四个选项中只有一个是正确的,请将其字母填在括号内。(本大题共10小题,每小题1分,共10分)

1. 下列各组词语中,韵母都是撮口呼的是(　　)。

A. 圆圈、糊涂　　B. 圆弧、段落　　C. 粤剧、冤屈　　D. 忽略、督促

2. 下列各项中,两个音节都属于零声母的是(　　)。

A. 无奈　　B. 棉袄　　C. 温柔　　D. 万一

3. "看一看""揉一揉"中的"一"应读(　　)。

A. 阴平　　B. 阳平　　C. 去声　　D. 轻声

4. 下列各组字中,每个字都是半包围结构一组是(　　)。

A. 冈、区、因　　B. 房、尼、凶　　C. 击、匹、家　　D. 分、可、医

5. "躺下睡觉""有人在睡觉""在床上睡觉""孩子睡觉"各短语的类型分别是(　　)。

A. 偏正、主谓、偏正、主谓　　B. 连谓、兼语、偏正、主谓

C. 偏正、主谓、主谓、偏正　　D. 偏正、兼语、偏正、主谓

6. 下列各组词中全部是连绵词的是(　　)。

A. 咖啡、伶俐、篱笆、拮据、滥觞　　B. 珊瑚、苍茫、秉持、雷达、游弋

C. 徘徊、狐狸、祈福、侏儒、娉婷　　D. 叮咛、蟋蟀、蔷薇、仿佛、蜉蝣

7. "花里胡哨""老里老气""傻不愣登""灰不溜秋"这几个词都属于(　　)。

A. 带缀式合成词　　B. 并列式合成词　　C. 补充式合成词　　D. 偏正式合成词

8. "学校里 昨天来了两位新老师。"和"昨天 学校里来了两位新老师。"两句中的主语分别是(　　)。

A. 学校里、学校里　　B. 学校里、昨天　　C. 昨天、学校里　　D. 昨天、昨天

9. "什么""黑白""默默""应该"各个词的词性分别是(　　)。

A. 代词、形容词、形容词、动词　　B. 代词、区别词、形容词、助词

C. 代词、名词、副词、动词　　D. 代词、区别词、副词、动词

10. 下列画线的词语在句法结构中不是补语的是(　　)。

A. 消息来得很突然　　B. 诗歌要多读几遍

C. 碟子打碎了三个　　D. 小明已经走出来

三、多项选择题。在每小题列出的五个选项中有二至四个是符合题目要求的,请将正确选项前的字母填在题后的括号内。多选、少选、错选均无分。(本大题共5小题,每小题2分,共10分)

1. 下列对元音的发音特征描写正确的是(　　　)。

A. [i]:舌面、前、高、不圆唇元音　　B. [o]:舌面、后、半高、圆唇元音

C. [ü]:舌面、前、高、不圆唇元音　　D. [e]:舌面、前、半高、不圆唇元音

E. [u]:舌面、后、高、圆唇元音

2. 下列各组词中,全是由两个语素构成的有(　　　)。

A. 鸳鸯浴　咖啡店　因特网　枇杷膏

B. 柠檬茶　葡萄糖浆　可口可乐　马克思主义

C. 遗憾　秘密　安宁　苦涩

D. 歇斯底里　阿司匹林　优柔寡断　囫囵吞枣

E. 霹雳舞　红领巾　维吾尔族　反法西斯

3. 下列句法结构中,因词类不同而造成歧义的有(　　　)。

A. 王芳是去年生的孩子。　　B. 你爬过那座山呀!

C. 这本书你给我看看。　　D. 存货多一点好。

E. 汽车运走了。

4. 下列属于领属性主谓谓语句的有(　　　)。

A. 任何困难我们都能克服。　　B. 我们班一半是广东人。

C. 老张手艺非常棒。　　D. 这衣服我还没洗。

E. 十道题四道错了。

5. 下列诗词中运用了暗喻修辞手法的是(　　　)。

A. 若问闲愁都几许,一川烟草,满城风絮,梅子黄时雨。

B. 忽如一夜春风来,千树万树梨花开。

C. 旧恨春江流不断,新恨云山千叠。

D. 柔情似水,佳期如梦,忍顾鹊桥归路。

E. 大道如青天,我独不得出。

四、判断题。对的打"✓";错的打"×"。(本大题共10小题,每题1分,共10分)

1.《汉语拼音方案》是一个用拉丁字母拼写普通话语音的方案。(　　)

2. 后响复韵母中"ie"和前响复韵母"ei"中的"e"实际发音一样,所以都用"e"这个符号表示。(　　)

3. 元音发音时,气流在口腔、鼻腔中没有受阻;辅音发音时,气流必定受阻。(　　)

4. "凹"字的笔画有5画。(　　)

5. "水果洗净才能吃"和"净给我添乱"中的"净"都是副词。(　　)

6. "司令""革命""立春"这三个词的构词方式是一样的。(　　)

7. 叹词和拟声词是特殊的词类,是因为这两类词都不跟别的词发生句法关系。(　　)

8. 同一句型可以是不同的句类,同一句类可以是不同的句型。(　　)

9. "五斤重"和"精神焕发"都是主谓短语。(　　)

10. 排比是把一对结构相同、字数相等的句子连接在一起的修辞格式。(　　)

五、分析题。(共30分)

1. 请完成下列音节结构分析表。(8分)

结构 例字	声母	韵母				声调	四呼
		韵头	韵腹	韵尾			
				元音	辅音		
无							
鸟							
创							
晕							

2. 运用层次分析法分析下列句子的层次结构。(4分)

(1) 小王早知道他已经回来了。

(2) 他的到来给我们带来了欢乐和惊喜。

3. 请指出下列语例中"的"的词性,并说明结构助词"的"和语气词"的"的区别方法。(6分)

(1) 他是卖菜的。| 我是修电脑的。

(2) 他是会生气的。| 花是会红的。

4. 用画线分析法分析下列复句的结构层次和语义关系。(6分)

(1) 尽管句中的词汇、语法都很简单,但如果读者不具备西方圣诞节的有关背景知识,不了解圣诞老人从烟囱里下来给孩子们送礼物的传说,就不能完全理解这个句子。

(2) 他刚毕业就来了这个城市,而且在这里既没有亲人,又没有什么朋友 但是他敢闯敢拼、百折不挠,所以拥有了一番自己的事业。

5. 请指出以下病句的病因,并作出修改。(6分)

(1) 为了促进新生党员的政治意识,我院党委拟召开2020级新生党员见面会。

(2) 他不仅迅速端正了学习态度,而且诚恳地接受了老师的批评。

(3) 风借火威,越烧越猛。

六、简答题。(10分)

1. 请用单纯音译式、半音半意式、音译加义类式、音译兼意译式四种翻译法把英文品牌 Aigoua(一种狗粮)翻译成中文。(4分)

2. 汉语普通话中的元音[e]和[ə]可以看作一个音位的两个变体。请根据下列语音材料,分析这两个元音的分布特征,并说明将它们归并在一个音位中的理由。(6分)

[p‘ei^{35}]陪　[ʂuei^{51}]税　[məu^{214}]某　[t‘uən^{55}]吞　[p‘ən^{35}]盆　[tɕiəu^{51}]就

七、应用题。(每小题10分,共20分)

1. 什么是会话合作原则?合作原则与会话含义的推导有什么关系?请指出下列对话中乙的会话含义及推理过程。

甲:你借点钱给我吧!

乙:对不起!我刚从澳门回来!

2. 据下列实例并结合语感,区分"常常、往往"的语义差异。(*表示不合法)

a1. 请你常常来。 a2. *请你往往来。

b1. 我会常常来看你。 b2. *我会往往来看你。

c1. 就算你常常看,也看不出。 c2. *就算你往往看,也看不出。

d1. 他不常常来我家。 d2. *他不往往来我家。

e1. *经济发达地区思想工作常常比较难做。 e2. 经济发达地区思想工作往往比较难做。

f1. *年轻人火气旺盛,行事常常过于鲁莽。 f2. 年轻人火气旺盛,行事往往过于鲁莽。

参 考 答 案

导 论

一、填空题

1. 上古汉语　中古汉语　近代汉语　现代汉语
2. 普通话　国语　华语
3. 北京语音　北方话　典范的现代白话文著作
4. 方言
5. 白话
6. 以北京话为代表的北方“官话”
7. 白话文运动　国语运动
8. 来源的共同性　历史比较法　语系　语族　语支
9. 汉语　壮侗　苗瑶　藏缅
10. 同一原始基础语
11. 地域变体　社会变体　功能变体
12. 性别变体　年龄变体　行业变体　阶层变体　社区变体
13. 方言
14. 北方方言　吴方言　湘方言　赣方言　客家方言　闽方言　粤方言
15. 中部方言　南部方言　吴方言　湘方言　赣方言　粤方言　闽方言　客家方言
16. 闽方言　吴方言　客家方言　赣方言
17. 一致性大、差异性小
18. 形成规范　遵守规范

二、单项选择题

1. A　2. D　3. C　4. D　5. C　6. B　7. D

三、多项选择题

1. ABD　2. BD　3. ABCD　4. ABC

四、判断题

1. (×)。解析:语言属于一定的社会或民族,一个民族有一个民族的语言。汉民族的语言就是汉语,我国是一个多民族的国家,除了汉族外,还有55个少数民族,各个民族都有自己的独立语言。少数民族的语言不属于汉语的组成部分。

2.（√）。

3.（×）。解析：汉语属于汉藏语系，汉语的亲属语言包括属于壮侗、苗瑶、藏缅三个语族的语言。但我国55个少数民族中存在不属于汉藏语系的语言。

4.（√）。

5.（×）。解析：分化于同一原始基础语的亲属语言在语音、基本词汇和语法结构方面应该具有一定的相似点，但部分语言也会因为语言接触等其他因素而与非亲属语言在这些方面具有相似点。

五、名词解释

1. 文言

文言是指以先秦口语为基础而形成的上古汉语书面语言以及后来历代作家仿古的作品中的语言。具有词汇丰富、语句精练的特点。唐宋以后，与口语逐渐脱离，在书面语上逐渐形成与白话并存的状况。五四新文化运动之后，逐渐被白话所取代。

2. 白话

白话是指唐宋以来在口语基础上形成的一种新的书面语。起初只用于通俗文学作品，如唐代的变文，宋、元、明、清的话本、小说等，以及宋元以后的部分学术著作和官方文书。到五四运动以后才在社会上普遍应用。

3. 社会方言

由于性别、年龄、地位、职业、信仰、文化程度等社会因素的不同，人分属不同的社会群体。每一群体都有一些区别于其他群体的语言特点，从而形成语言的各种社会变体，也叫做社会方言。

4. 黑话

黑话属于现代汉语社会变体中的行业变体。社会分工促使形成不同的行业群体，群体内部由于特殊交际需要形成自身词汇特点，可分为专业术语变体和行帮隐语变体两类。行帮隐语是行帮内通用的语言变体，也称黑话，是为了加强凝聚力和保密性而使用的特殊表达方式，具有强烈的排他性，使用范围有限。

5. 社区变体

由于不同社会制度，特别是"一国两制"的实施，在我国香港、澳门和台湾等地以及海外华人中间，形成具有社区特色的汉语变体。这最主要反映在词汇方面，有一些反映该社区政治、经济、文化、教育的特殊词语，例如：打工皇帝、直通车、夹心阶层等（香港社区词）；扫街、冻蒜、拜票等（台湾社区词）。当然在语音、语法等方面也有一些差异。

六、表格填充题

1. 在相应空格内写出下面地域方言的典型代表。

地域方言	典型代表
北方方言	北京话
吴方言	上海话
湘方言	长沙话
赣方言	南昌话
客家方言	梅县话
闽方言	福州话
粤方言	广州话

2. 请把下列语言填入表中相应的空格内。

黎语、苗语、瑶语、藏语、侗语、仫佬语、壮语、傣语、布依语、彝语、傈僳语、哈尼语、景颇语

汉语的亲属语言	壮侗语族	壮傣语支	壮语、傣语、布依语
		侗水语支	侗语、仫佬语
		黎语支	黎语
	苗瑶语族	苗语支	苗语
		瑶语支	瑶语
	藏缅语族	藏语支	藏语
		彝语支	彝语、傈僳语、哈尼语
		景颇语支	景颇语

七、问答题

1. 现代汉语共同语为什么选择北京语音作为标准音?是否意味着所有的北京话语音皆为标准音?

现代汉语共同语即普通话,普通话作为国家法定语言,必须具有明确的统一的语音标准,必须以一个具有代表性的地点方言的语音为标准音。北京自 13 世纪以来,即成为全中国的政治、经济、文化中心,因此,选择北京语音为标准音,是历史发展的必然结果,也是中国人的唯一选择。

普通话虽然以北京语音为标准音,但不能包括北京语音的所有语音现象。原因:其一,北京话存在大量异读现象以及所谓的“女国音”等,这些特殊的语音现象不适于纳入普通话的语音标准。其二,存在部分对区别意义或词性没有作用的语音现象,对此需要弹性处理,比如北京话里的轻声词和儿化词特别多,其中只有少数具有区别意义或词性的作用,比如:白面/白面儿、大爷(dàyé)/大爷(dàye),两者意义完全不同。但是许多情况下儿化、轻声,对区别意义或词性根本就没有作用,例如:刀把/刀把儿、豆腐。这就不一定需要规范进来。

2. 谈谈书面语与口语的关系。

通常认为,口头上说出来的话语就是口语,用文字写下来的话语就是书面语。但实际情况显然比较复杂:两者界限并非那么清晰、绝对。有口语形式的书面语(比如广播政府文件、宣读法律文书),也有书面形式的口语(比如话剧里人物的对话、相声、笑话的记录稿)。

因此,从语言学的角度来看,口语与书面语的差别主要在语言风格上。口语的使用环境一般为交际双方同时参加,说话者可以充分利用语言和非语言的各种因素,例如语气、语调和手势、姿态,并直接观察交际对象的种种反应,及时调整自己话语,所以口语往往具有临场性、简明性、可变性、互动性的特点;而书面语的使用环境则多为单方独自进行,语言交际是超越时空的,而且拥有充分的思考、斟酌和修改的余地,所以相对具有周密、严谨、准确的特点。

当然,口语和书面语的界限不是绝对的而是相对的,会有不同程度的交叉,也可能在一定条件下变换。作为语言的两种表达形式,关系密切。口语是书面语的基础,书面语是口语的加工形式,书面语的发展要适应口语的发展,而口语也直接影响了书面语的发展和变化,两者相辅相成,相互影响又相互促进。而且,在实际语言运用中,书面语中往往夹杂口语因素,而口语也有可能夹杂书面语成分,两者无法截然分开。

3. 如何理解属于同一语系的亲属语言之间的亲疏不同?请结合谱系分类法相关理论和具体例子予以简要说明。

谱系分类法是以来源的共同性为依据对世界诸语言加以分类的方法。这种分类法依照语言之间的亲属关系的亲疏程度把语言分为语系、语族、语支等。

语系作为谱系分类的最大单位,是由具有共同历史来源的亲属语言组成的语言系属。语族是属于同一语系的语言按亲属关系的远近划分出来的较小的谱系;语支是属于同一语族的语言按亲属关系的远近划分出来的更小的谱系。

同一语支的语言,分化最晚,亲属关系最近,语言要素之间的相似点最多;语支不同而语族相同的语言,分化的时间要早一些,亲属关系就比较疏远一些,语言要素之间的相似点也比较少;语族不同而语系相同的语言,分化的时间更早,亲属关系最为疏远,语言要素之间的相似点也更少,但是仍然存在来源上和结构上的共同点。这跟人类的亲属关系大体相似,有近亲也有远亲,有父系也有母系。以汉藏语系为例,壮语和傣语同属于壮侗语族的壮傣语支,侗语属于壮侗语族的侗水语支,藏语属于藏缅语族的藏语支。较之于壮语与侗语之间的亲属关系,壮语与傣语之间的亲属关系更近,壮语与藏语的亲属关系更远。

4. 如何理解美国著名语言学家萨丕尔所说的"语言,像文化一样,很少是自给自足的"?请结合具体例子予以说明。

"语言,像文化一样,很少是自给自足的。"这是指我们很难指出世界上哪一种语言是完全孤立不跟其他语言发生接触的。民族之间的贸易往来、文化交流、移民杂居、战争征服等各种形式的接触,都必然使语言之间产生联系和互动。汉语对日本、朝鲜、越南等国家的语言产生过巨大的影响,而且汉语也受到其他语言的影响,比如数量众多的外来词,"葡萄、石榴、菠萝、狮子"等是来自于西域各民族的语言;"佛、菩萨、罗汉、阎罗、魔、僧、塔、刹那"等来自于印度语言;"胡同、站、蘑菇"等来自于蒙古语言;"苏维埃、托拉斯、布拉吉、扑克"等来自于印欧语言;"哲学、经验、主观、发动"等来自于日语。不仅词汇,汉语语法也从其他语言里吸收了,如"过去是、现在是、将来仍然是我们学习的榜样""进行了并正在进行着建设"等欧化句格式,从而使现代汉语更加精密、准确,富有表现力。

5. 现代汉语的各种方言之间存在不小的差异,为何仍是从属于汉民族共同语的语言变异形式?

虽然现代汉语的各种方言相互间存在不少差异,主要是语音差异比较大,有的可懂度很低,但它们共用一套汉字书写符号系统,并有着一大批共同的词汇单位,又有大致统一的语法结构和整套关系密切对应的语音系统。所以汉语各种方言仍然是从属于汉民族共同语的地域变体,而并不是和普通话并立的独立语言。

6. 什么是规范化?为什么要对语言实行规范化?

首先,规范化就是使人们的思想、行为等更加符合规范。这就需要建立或进一步完善规范的"标准",并使人们接受和遵循这个"标准"。

其次,要促使语言更好地为我们的建设和生活服务,就必须让语言的交际消除一些不规范的地方,使之更为纯洁、健康和高效。如果没有一定的语言规范,人际交流就无法有效地进行。此外,在语言实际运用过程中,由于各种各样的原因,越出语言结构规则、背离表达常规的现象会时时发生,语言表达形式和内容之间的联系在日常的语言运用中会慢慢地走样,语言规则会受到不同程度的"磨损"。因此,语言规范化是出于确保社会中运用语言传递信息的有效性和可靠性的需要。

7. 为什么要同时树立语言的规范观和动态观?

一个社会的人群要进行正常的高效的交际,就必须对语言进行规范,以保证基本规则得以被全社会接受;另一方面,我们又必须认识到,语言在使用过程中,人们往往希望求新、求异、求变,语言的吐故纳新、不断完善是正常的合理的。因此,语言基本规则和格局保持不变,以及语言在实际运用和外界影响下不断发生变化,这都是并存的,互补的。在不变和可变之间,我们需要找到一个平衡点,即在规范的基础上促进某些创新。所以,我们应该同时树立语言的规范观和动态观。

第一章　语　　音

第一节　现代汉语语音概述

一、单项选择题

1. D　2. C　3. B　4. A　5. D　6. C　7. A　8. C　9. A　10. A

二、多项选择题

1. BD　2. AC　3. ABD　4. ABC

三、判断题

1. (×)。语音跟自然界其他声音的区别有三:第一,语音是由人的发音器官发出来的;第二,不同的语音代表不同的意义;第三,其作用在于社会交际,具有“社会”性。
2. (√)。略
3. (×)。世界上有各种语言,有的具备相应的文字,有的至今尚没有文字,其存在与使用的凭借正是语音,这就是“语音是语言的物质外壳”的道理。所谓的“无声语言”实际上是不存在的。
4. (×)。物理属性是就发音体发音的特点而言,任何声音都是由物体的振动而产生的,都有音高、音强、音长、音色四要素。
5. (×)。语音的社会属性不在于它是否好听,而在于它能表达意义,直接用于交流,而且这个意义是由一定社会约定俗成的。
6. (×)。语义跟语音的结合是某个社会约定俗成的结果,不同语言社会约定俗成的内涵并不一样,并不是语音选择语义的。
7. (×)。物理属性是就发音体发音的特点而言,任何声音都是由物体的振动而产生的。
8. (×)。声带是主要的发音震动体,由两片带状的富有弹性的薄膜构成。
9. (√)。略
10. (√)。略
11. (√)。略
12. (×)。发声的方法或共鸣形式的不同,音色也就不同。
13. (×)。平时呼吸的时候,声门呈倒“V”形大开;发音的时候声带靠拢。
14. (×)。硬腭在软腭的前面。
15. (×)。《汉语拼音方案》是专门为普通话读音而设计的一套语音注读方案,而且只适用于普通话,能够准确地反映现代汉语规范语的语音面貌。
16. (√)。略

四、填空题

1. 发音器官　一定意义　社会交际
2. 交际　声音　意义　物质外壳
3. 发音体发音　振动　声带　音高、音强、音长、音色(音值)
4. 发音体的振幅　呼出的气流量　用力
5. 发音体振动的频率　赫兹　声带紧张
6. 发音体振动持续时间的长短　轻声　语调　重音
7. 音值　音素　发声与共鸣的形式
8. 呼吸器官、发声器官和共鸣器官　呼吸器官　肺　气管和支气管
9. 喉腔　口腔　上腭和下腭
10. 舌头　舌位和活动方式
11. 字母表、声母表、韵母表及说明、声调符号、隔音符号　拉丁字母　现代汉语普通话　帮助解决汉字、词语等语言单位的规范读音与拼写

五、简答题

1. 鸟叫声与语音的差别在哪里?

其根本区别在于语音具有社会属性，鸟叫声则没有。"社会属性"是语音区别于非语音的本质特征，其内涵在于语音符号的形式与意义相对应，具备一定的民族、地域特征，且具有严格的系统性。所谓严格的系统性，表现为一种语音系统中的音素、音节是相对固定的，其结构是严整的，与"鸟叫声"相比，鸟儿的叫声不可能受制于系统的约定俗成，不具备语言功能。综上所述，鸟叫声是一种信号，语音则是一个符号系统。

2. 如何理解语音的"约定俗成"性？

单纯的声音并无语言价值，只有跟一定的社会意义结合起来的声音才能成为语音。语音的形式和意义间没有必然的联系，同一个声音在不同的语言社会中往往表示不同的意义，如[iaŋ]在汉语中表示"羊"，在英语中表示"年轻"(young)；同样的内容在不同的语言社会里往往可用不同的语音形式来表达，如汉语普通话把装订成册的著作称为"书"[ʂu^{55}]，英语称为 book[buːk]。即使在不同的区域方言中，同一个东西使用不同的名称也必须是区域的共识，如"马铃薯"，有的方言叫"土豆"，有的方言叫"地豆"，还有的方言称"洋山芋"。用什么样的语音形式来表达什么样的内容不决定于个人的意志，完全是语言社会成员约定俗成的结果。

3. 结合声音的物理属性，简单分析"刺耳"与"悦耳"的区别。

"刺耳"指声音尖锐、杂乱，使人听着不舒服，属于噪音，"悦耳"指声音婉转悠扬，节奏明快清晰，使人声声入耳，属于乐音。从音色角度分析，"刺耳"的噪音具有的"杂乱"的特点，反映在声波振动的形式上就是无周期性变化规律，反之，"悦耳"的乐音则节奏清晰入耳，声波振动形式具有周期性的特点。另外，从音高角度分析，"刺耳"是"尖锐"的，而"悦耳"是"婉转"的，前者的振动频率远高于后者。

六、论述题

1.《汉语拼音方案》出台之前，我们有哪些历史注音经验？这些方法为什么会被"拼音"淘汰？

《汉语拼音方案》出台之前，古人曾使用过"直音""读若"及"反切"等注音法，此后又产生了一套"注音字母"，这些注音方法存在以下局限性：(1)用来注读的仍然是汉字，倘若用来注音的汉字我们仍然不认识，这种方法就失效了。(2)即使我们认识用来注读的字，不同地区的方言发音不一样，仍然确定不了一个生字的规范读音。(3)之前的注音法因不是音素标音，也没采用拉丁字母符号，仍不能准确地反映规范语音的面貌，也无法与国际通用的拼音符号接轨。

《汉语拼音方案》具有科学性和先进性。它是在总结历史注音经验的基础上，针对现代汉语语音系统的特点，采用国际上通用的拉丁字母与音素标音的方法所制定的一套较为完善的拼音方案。现行的《汉语拼音方案》能够准确地反映现代汉语规范语的语音面貌，并在世界范围内得到承认与使用。

2. 有观点认为，"《汉语拼音方案》已经同我国国计民生、现代化建设与国际文化交流发生了密切的联系"。请结合《汉语拼音方案》的使用进程，分析该观点的合理性。

(1)《汉语拼音方案》自颁布使用后，普遍施用于中小学语文课本的汉字认读与拼写注音，为少年儿童的学习及提前认读提供了极大的方便。

(2) 现代出版的字典、词典与各类汉语工具书基本均以汉语拼音作为拼注、检索的首选方法，为少数民族、外籍人士等所有学习使用汉语的人提供了有效的帮助。

(3)《汉语拼音方案》还可作为我国少数民族创制或改革本民族文字的基础。

(4) 汉语拼音作为国家标准代号制定的根据，已经广泛应用于各种技术标准和工业产品代号的编排、索引，已被各级图书馆、资料室、户籍管理部门、银行、医院及其他机关团体用作排序、检索的手段。

(5) 近年来，随着电脑、手机的普及与网络的发展，汉语拼音更是信息编码与网络传输不可缺少的信息符号，拼音输入法已逐渐成为大多数汉语应用者汉字输入的首选，汉语拼音的作用得到了前所未有的发挥。

总的来看，半个多世纪以来，《汉语拼音方案》不仅促进了学校教育、社会扫盲工作、民族共同语的推广和普及，也有效地促进了民族团结和国际文化交流。

第二节 音节分析:元音和辅音

一、单项选择题

1. D 2. B-B 3. B-C 4. B-C 5. B 6. C 7. A 8. B

二、多项选择题

1. AB 2. BC 3. BC 4. AC 5. AE 6. BD

三、填空题

1. 音色(音值) 元音与辅音
2. 音节 区别性特征
3. 四个 非零声母 韵头、韵腹、韵尾
4. 口腔的开合 舌头的伸缩 唇形的圆展
5. 收紧隆起 舌面元音 舌尖元音 卷舌元音
6. [ɚ]
7. 舌面元音 舌位的前后 舌位的高低 唇形的圆展
8. 卷舌元音 er 的主体音是[ə],且伴随翘舌动作
9. 舌尖活动的前后 唇形的圆展
10. zh[tʂ]、ch[tʂʰ]、sh[ʂ]、r[ʐ] z[ts]、c[tsʰ]、s[s]
11. 22 21
12. n[n] ng[ŋ]
13. 发音时形成和克服阻碍的方式 成阻和除阻的方式 声带振动与否 呼出气流的强弱
14. i[i] u[u] ng[ŋ]
15. 双唇 唇齿 舌尖前 舌尖中 舌尖后 舌面 舌根

四、判断题

1. (×)。音节是人们听感容易分辨出来的最小语音片段。
2. (×)。除儿化音外。
3. (√)。略
4. (×)。“小孩儿”由两个音节构成。
5. (√)。略
6. (×)。还有一部分是带鼻音的韵母。
7. (√)。略
8. (×)。还有浊辅音。
9. (×)。构成音节的韵母是元音的主要功能,辅音可以构成韵母的韵尾。
10. (√)。略
11. (×)。er 的主体音是 e[ə],同时伴随翘舌动作翘舌,严格地说,普通话的卷舌元音 er[ɚ]应属于舌面元音。
12. (×)。“-”不可省去,省去后会与舌面元音 i[i]混淆。
13. (√)。略
14. (√)。因为音素是语音分析所得到的最小语音单位。
15. (×)。部分单元音能独立构成一个音节;一个音节最多不过四个音素。

16.（×）。“ong”实际是合口呼韵母。
17.（×）。“波”的韵母是单元音[o]。

五、分析题

1. 根据发音部位和发音方法，写出相应的辅音。
   【1】[kʰ]
   【2】[tɕ]
   【3】[ʐ]
   【4】[pʰ]
2. 在横线上写出下列元音的发音条件。
   [ɤ] 舌面后、半高、不圆唇元音
   [ɛ] 舌面前、半低、不圆唇元音
   [ᴇ] 舌面前、中高、不圆唇元音
   [ə] 舌面央、中高、不圆唇元音
3. 下列发音特点，有的属于元音，有的属于辅音，请在元音发音特点后填“Y”。

声带振动（Y）	声带不振动（ ）
发音器官局部紧张（ ）	发音器官均衡紧张（Y）
声音响亮（Y）	声音不响亮（ ）
声音能延长（Y）	声音一般不能延长（ ）
气流较强（ ）	气流较弱（Y）

4. 在下示舌面元音舌位图中，准确标出七个舌面元音（国际音标）的位置，可尝试将所有位置的元音补充完整。

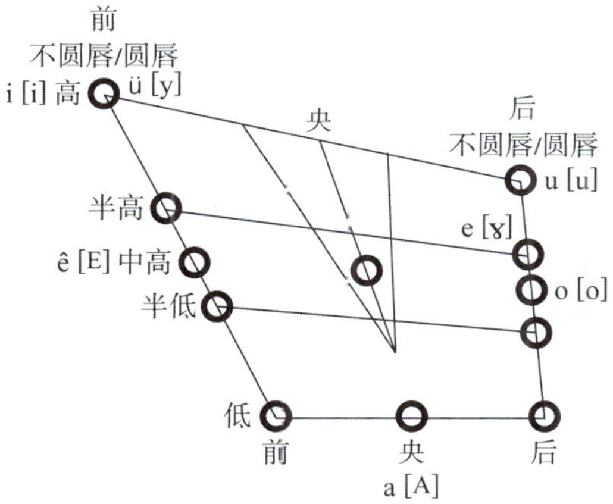

现代汉语普通话舌面元音舌位图

解析：七个舌面元音为：
ɑ[ᴀ]：舌面央、低、不圆唇元音。
o[o]：舌面后、中高、圆唇元音。
e[ɤ]：舌面后、半高、不圆唇元音。
ê[ᴇ]：舌面前、中高、不圆唇元音。
i[i]：舌面前、高、不圆唇元音。
u[u]：舌面后、高、圆唇元音。
ü[y]：舌面前、高、圆唇元音。

5. 根据国际音标识别辅音，并说出它们发音的区别。

【1】 l[l]、n[n]

l 和 n 同为舌尖中、浊音。区别在于 l 为边音，n 为鼻音，二者成阻和除阻的方式不同：边音发音时，舌尖抵住上齿龈始终接触成阻，声带振动，让气流从舌的两边通过。鼻音发音时，成阻部位完全堵塞口腔气流通道，声带振动，让发音气流从鼻腔冲出形成鼻腔共鸣。

【2】 h[x]、ng[ŋ]

h 和 ng 同为舌根音。二者的发音区别有两点：一是声带振动情况，h 为清音，发音时声带不振动，ng 为浊音，发音时声带振动；二是成阻和除阻的方式，h 为擦音，成阻部位不完全封闭气流通道，其间留有一条窄缝，让发音气流挤出窄缝摩擦成声。ng 为鼻音，成阻部位完全堵塞口腔气流通道，声带振动，让发音气流从鼻腔冲出形成鼻腔共鸣。

【3】 sh[ʂ]、r[ʐ]

sh 和 r 同为舌尖后擦音，二者的发音区别在于声带振动情况，sh 是清音，发音时声带不振动，r 是浊音，发音时声带振动。

【4】 x[ɕ]、f[f]

x 和 f 同为清擦音，二者的区别在于发音部位不同，x 为舌面音，是由前舌面与硬腭构成气流阻碍而发出的音，f 为唇齿音，是由上齿与下唇构成气流阻碍而发出的音。

六、简答题

1. 分析元音与辅音的区别。

元音是发音时气流振动声带，发音部位不受阻碍而形成的音，其主要功能是构成音节的韵母。辅音是发音时气流在发音部位受到明显的阻碍而形成的音，其主要功能是担当音节的声母或韵母的韵尾。

元音与辅音的主要差异有四点：一是元音发音时，气流通过发音部位不受阻碍；辅音发音时，气流通过发音部位时受到明显的阻碍。二是元音发音时，声带一定振动，声音总是比较响亮，并且能延长；辅音发音时，声带不一定振动。三是元音发音时，发音器官肌肉保持均衡的紧张状态；辅音发音时，发音器官肌肉局部(成阻部位)紧张。四是元音发音时，因声带振动能量消耗，气流较弱；辅音发音时，气流较强。

2. 分析塞音和塞擦音在发音方法上的区别。

塞音发音时，成阻部位完全封闭气流通道，然后突然除阻，让气流冲出爆发成声。塞擦音发音时，发音部位先完全封闭，然后打开一条窄缝，让发音气流从中挤出。塞擦音发音成阻时为塞音状态，除阻时为擦音状态，两个过程紧密连接，一次完成。

第三节　音节分析：声母和韵母

一、单项选择题

1. B-D　2. B-E　3. B　4. C-B-B　5. D　6. B　7. C-B　8. D-C-A

二、多项选择题

1. BCD　2. AB　3. CD　4. BCE　5. ABCD　6. BA　7. AD　8. CD　9. DDBA　10. DC

三、填空题

1. 39　元音　元音加鼻辅音
2. 零声母音节
3. 隔开音节　i、u、ü
4. i、u、ü

5. e[ɤ]　ê[ᴇ]　[ɤ]　[e]

四、判断题

1. (×)。正确拼读音节,必须掌握声母的本音。
2. (×)。声母 zh 的呼读音要在后面加上元音-i。
3. (✓)。略
4. (×)。零声母音节是指没有辅音开头的音节。
5. (✓)。略
6. (×)。yuè 没有韵尾。
7. (×)。"瓦"的韵母是后响复元音韵母[uᴀ]。

五、写出下列词语的拼音

(1) 桑葚、日食、剥夺、隔阂

sāngshèn[saŋ^{55} ʂən^{51}]　　rìshí[ʐʅ^{51} ʂʅ^{35}]

bōduó[po^{55}tuo^{35}]　　géhé[kɤ^{35}xɤ^{35}]

(2) 签写、圆月、雇佣、退婚

qiānxiě[tɕʰiɛn^{55}ɕiᴇ^{214}]　　yuányuè[yɛn^{35}yᴇ^{51}]

gùyōng[ku^{51}yŋ^{55}]　　tuìhūn[tʰuei^{51}xuən^{55}]

(3) 蜂花护发素、限选、火烧云

fēnghuāhùfàsù[fəŋ^{55}xuᴀ^{55}xu^{51}fᴀ^{51}su^{51}]　　xiànxuǎn[ɕiɛn^{51}ɕyɛn^{214}]

huǒshāoyún[xuo^{214} ʂɑu^{55}yn^{35}]

(4) 硫磺皂、天真无邪、剥大白兔奶糖

liúhuángzào[liəu^{35}xuɑŋ^{35}tsɑu^{51}]　　tiānzhēnwúxié[tʰiɛn^{55}tʂən^{55}u^{35}ɕiᴇ^{35}]

bāodàbáitùnǎitáng[pɑu^{55}tᴀ^{51}pai^{35}tʰu^{51}nai^{214}tʰɑŋ^{35}]

六、简答题

1. 为什么声母的发音有本音和呼读音的区别?

本音是完全按照辅音的发音原理,发出的声母的读音。由于普通话声母中多数是清辅音声母,其本音发音不响亮,在无元音拼合的情况下难以显示其音色特点,不便于称说,所以在教学中常常在声母的后边加上一个元音,实际上已组成了一个音节,以方便不同声母的称读,这就是呼读音设立的原因。

2. 如何正确辨认普通话韵母 ong、iong 的四呼位置?

《汉语拼音方案》韵母表将 ong、iong 分别列在开口呼、齐齿呼位置,这是根据两个韵母现有的书写形式排列的。如果从音质上分析,韵母 ong 中的主要元音 o 实质上是个发音较松的 u[ʊ](比 u 位置稍低,比 o 位置稍高),所以,也可以将 ong 认定为"合口呼"韵母。韵母 iong 中的介音是 i,主元音是 u[ʊ],当介音 i 与 u 连读时,韵母 iong 很容易变成 üng,所以把 iong 认定为"撮口呼"韵母也有一定道理。换言之,两种处理方法都可以,本书为了大家学习方便,采用《汉语拼音方案》的处理方法。

第四节　普通话声调

一、单项选择题

1. B　2. C　3. B　4. D

二、多项选择题

1. BC　2. BD　3. ABCD　4. ABCD　5. AB　6. ABD　7. BD

三、填空题

1. 音节读音的高低升降　区别意义
2. 抑扬顿挫
3. 高低　升降　曲折　长短
4. 五度标调法　相对音高　音长
5. 高而平　中升到高　由次低降到低再升至次高　由高降到低
6. 高低、升降　高平　高升　先降后升　全降
7. 标志符号　阴平　阳平　上声　去声
8. 调值　区别意义
9. 平、上、去、入
10. 声母的清浊　调类　调值
11. 北方方言声调　南方方言声调
12. 调值
13. 三个　四个　入声
14. 十个　六到八个　入声

四、判断题

1. (√)。略
2. (×)。调值标为35,表示的调型是高升。
3. (√)。略
4. (×)。全浊是这样,次浊仍保留为上声。
5. (√)。略
6. (×)。北方方言大多数没有短促的入声调,但少数方言有入声调,如南京、扬州、合肥、太原等地。
7. (√)。略
8. (×)。北方方言大多数没有短促的入声调,但少数北方方言有入声调,如南京、扬州、合肥、太原等地。
9. (√)。略
10. (×)。上海话的上声的调值为14。
11. (√)。略
12. (√)。略
13. (√)。"粘"和"对"。
14. (×)。是平仄两类声调有规律地交替使用。

五、平仄标注练习

战　城　南

杨　炯

塞北途辽远,城南战苦辛。
幡旗如鸟翼,甲胄似鱼鳞。
冻水寒伤马,悲风愁杀人。
寸心明白日,千里暗黄尘。

| | —— |　——　| —
●●○○●，○○●●□。
———| |　| | |——
○○○●●，●●●○□。
| | ——|　——| | —
●●○○●，○○◎●□。
——| | |　| | | ——
⊙○◎●●，◎●●○□。

（○：平声，●：仄声，⊙：原平可仄，◎：原仄可平，□：平韵，■：仄韵）

登　高

杜　甫

风急天高猿啸哀，渚清沙白鸟飞回。
无边落木萧萧下，不尽长江滚滚来。
万里悲秋常作客，百年多病独登台。
艰难苦恨繁霜鬓，潦倒新停浊酒杯。

| | ——| | —　——| | | ——
◎●○○◎●□，⊙○◎●●○□。
——| | ——|　| | ——| | —
○○●●○○●，●●○○●●□。
| | ———| |　———| |——
●●○○○●●，⊙○⊙●●○□。
——| | ——|　—| ——| | —
○○●●○○●，⊙●○○●●□。

（○：平声，●：仄声，⊙：原平可仄，◎：原仄可平，□：平韵，■：仄韵）

第五节　普通话音节结构

一、单项选择题

1. D　2. B　3. D　4. A　5. G　6. A　7. A　8. C

二、多项选择题

1. CE　2. HI　3. CD　4. BCE　5. ABC

三、填空题

1. 声母　韵母　声调
2. 发音部位　四呼
3. 开口呼　齐齿呼　合口呼　撮口呼
4. u　ua　uo　uai　uei　uan　uen　uang　ueng
5. j、q、x　齐齿呼和撮口呼　g、k、h　开口呼和合口呼
6. 舌尖中音 n、l　唇齿音 f　开口呼和合口呼的单元音韵母 u
7. 开口呼　撮口呼　ü、üe、üan、ün、iong

8. 5 j、q、x n、l

9.《汉语拼音正词法基本规则》 Jì' nán Xuébào

四、判断题

1. (×)。舌尖中声母除拼合开口呼、合口呼外,还可拼合齐齿呼、撮口呼。
2. (×)。“质”(zhì)的韵母属于开口呼韵母。
3. (×)。音节由声韵调三部分构成,“尖”和“见”声调不同。
4. (×)。“饥饿”在实际使用中标音为“jī' è”。
5. (√)。略
6. (×)。声调一般标在韵腹上。
7. (×)。零声母音节例外。
8. (×)。不存在没有声调的音节,包括轻声。
9. (√)。略
10. (√)。略
11. (×)。舌尖后音与舌尖前音都可以与开口呼以及合口呼相拼,不可以与齐齿呼和撮口呼相拼。

五、简答题

1. 如果声母的发音部位相同,与之拼合的韵母的四呼类别也完全相同。这一说法正确吗?如不正确,请找出反例,如正确,请解释原因。

这一说法是错误的,声母的发音部位和韵母的四呼共同构成了现代汉语普通话的声韵配合规律,一般来说,如果声母的发音部位相同,与之拼合的韵母的四呼类别也基本相同,而不是完全相同,例如舌尖中音“d、t、n、l”发音部位相同,但是“d、t”不能和撮口呼相拼,“n、l”却可以,如“女、吕”。

2. 普通话开口呼韵母的配合能力最强,可以与所有辅音声母相拼。这一说法正确吗?如不正确,请找出反例,如正确,请解释原因。

这一说法是错误的,普通话开口呼的配合能力确实是最强的,现代汉语普通话韵母中数量最多的也是开口呼韵母,几乎达到韵母出现总频率的一半,但它并不可以与所有辅音声母相拼。证据有三:

一、舌面音 j、q、x 不能与开口呼韵母相拼。

二、单元音韵母 er 是开口呼韵母,但在使用时只有零声母音节一种情况,不能与任何辅音声母相拼。

三、舌尖前元音-i[ɿ]和舌尖后元音-i[ʅ]是开口呼韵母,但舌尖前元音-i[ɿ]只与舌尖前辅音 z、c、s 相拼,舌尖后元音-i[ʅ]只与舌尖后辅音 zh、ch、sh 相拼。

3. 现代汉语普通话的音节结构中一定要有辅音吗?一定要有元音吗?结合具体音节结构进行回答。

现代汉语普通话音节结构中可以没有辅音,但一定至少有一个元音音素,最多有三个元音音素。

从功能来看,辅音在音节构成上的主要功能是构成辅音声母,另外鼻辅音 n 和 ng 还可以充当韵母的韵尾,音节必有韵与调,辅音的功能决定了其必须与元音组配才能构成音节结构。元音在音节构成上的主要功能是充当韵母,韵母依据组成成员的性质和数量可分为单元音韵母、复元音韵母和带鼻音韵母,单元音韵母中大部分都可以独立构成一个简单音节,复元音韵母基本都可以独立构成一个简单音节。因此,零声母非鼻音韵尾音节都是不包含辅音的,如“啊、呀、喂”。事实上,普通话韵母的具体结构类型有六种,其中韵头、韵腹、韵尾均由元音构成的情况是音节构成中元音数量最多的情况,具体例子如“药、由、外、位”。

4. 实际应用中,每一个声韵结构(基本音节)都可以与四声相配,这一说法正确吗?如不正确,请找出反例,如正确,请解释原因。

普通话 21 个声母(再加上零声母)与 39 个韵母可以组合成 405 个基本音节,如果再配以四声,理论上讲,应该有 1 620 个音节,但有些组合不是阴、阳、上、去四声都具备,实际上有意义的音节只有 1 200 多个。以基本音节“hua”为例,该声韵结构与阴平、阳平、去声相配,分别是“花、划、化”,但不能与上声相拼。“huǎ”在普通话中无意义。

5. 如何理解“无辅音音节一定是零声母音节,零声母音节不一定没有辅音”?

从功能来看,辅音在音节构成上的主要功能是构成辅音声母,另外鼻辅音 r 和 ng 还可以充当韵母的韵尾,音节没有辅音也就意味着该音节没有辅音声母,符合零声母音节的定义。

零声母音节是指没有辅音声母,由韵母独立形成的音节,普通话韵母结构中有辅音参与的情况是带鼻音韵尾韵母,如“恩、音、文、翁”。因此,零声母音节不一定没有辅音。

6. 现代汉语普通话音节的声调一定标在韵腹上吗?结合具体音节进行说明。

声调符号原则上应标在音节的主要元音韵腹上面,但是对于省写拼式的音节,声调的标注位置会发生改变。在韵母为 uen 的非零声母音节中,声调要标在韵头元音 u 上;在韵母为 uei 或 iou 的非零声母音节中,声调要标在韵尾 i 或 u 上。

六、分析题

1. “温”和“吞”、“退”和“喂”、“优”和“秀”的韵母相同,但声调标注位置不同,解释原因。

首先先看三组词音节拼写及声调标注情况:

第一组:温(wēn)吞(tūn)　　韵母都是 uen

第二组:退(tuì)喂(wèi)　　韵母都是 uei

第三组:优(yōu)秀(xiù)　　韵母都是 iou

经分析,温(wēn)、喂(wèi)、优(yōu)皆为零声母音节,吞(tūn)、退(tuì)、秀(xiù)皆为辅音声母与韵母相拼的情况。声调符号原则上应标在音节的主要元音韵腹上面,但是对于省写拼式的音节,声调的标注位置会发生改变,在韵母为 uen 的非零声母音节中,声调要标在韵头元音 u 上,在韵母为 uei 或 ou 的非零声母音节中,声调要标在韵尾 i 或 u 上。

2. 运用隔音符号将下列拼音隔为有意义的音节。

jinan	Ji'nan 济南	jin'an 近岸
chuangan	chuan'gan 船竿	chuang'an 窗案
shenao	she'nao 蛇脑	shen'ao 深奥

3. 指出下图中的注音错误及不符合词语拼写规则的地方并改正。

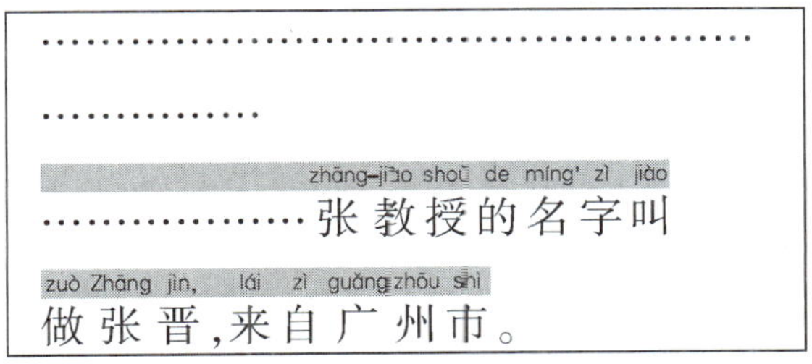

(1)“张教授”应注为“Zhāng jiàoshòu”。

原注音,首字母没有大写,错误使用了短横,且音节结构“shou”的声调标注位置错误。

(2)“名字”应注为 míngzi。

原注音错误使用了隔音符号,且未注意到“字”发轻声不标调。

(3)“叫”应注为 jiào-。

原注音在切断换行的情况下,未体现出词语未完。

(4)“张晋”应注为 Zhāng Jìn。

原注音未隔断且名的首字母未大写。

(5)“广州市”应注为 Guǎngzhōu Shì。

原注音未遵守《中国地名汉语拼音字母拼写法》。

4. 将表格填写完整。

汉字	拼音	音标	声母	韵头	韵腹	韵尾	调类	调值	调型	四呼
春	chūn	[tʂ^{h}uən^{55}]	ch	u	e	n	阴平	55	高平	合口呼
琼	qióng	[tɕ^{h}yŋ^{35}]	q		ü	ng	阳平	35	高升	撮口呼
缀	zhuì	[tʂuei^{51}]	zh	u	e	i	去声	51	全降	合口呼
韵	yùn	[yn^{51}]			ü	n	去声	51	全降	撮口呼
写	xiě	[ɕiE^{214}]	x	i	e		上声	214	降升	齐齿呼
添	tiān	[t^{h}iɛn^{55}]	t	i	a	n	阴平	55	高平	齐齿呼
耳	ěr	[ɚ^{214}]			er		上声	214	降升	开口呼
疚	jiù	[tɕiou^{51}]	j	i	o	u	去声	51	全降	齐齿呼
虹	hóng	[xuŋ^{35}]	h		u	ng	阳平	35	高升	合口呼
饶	ráo	[ʐɑu^{35}]	r		a	u	阳平	35	高升	开口呼
阅	yuè	[yE^{51}]		ü	e		去声	51	全降	撮口呼
圈	quān	[tɕ^{h}yɛn]	q	ü	a	n	阴平	55	高平	撮口呼

5. 根据普通话声韵配合规律说明并纠正下面这些音节拼写存在的问题。

(1) 流 lióu

辅音声母与复元音韵母 iou 相拼，省写韵腹 o，声调标在韵尾 u 上，即 liú。

(2) 虐 nuè

ü 行韵母与 n 和 l 相拼，ü 上两点不能省略，即 nüè。

(3) 搬 buān

双唇音辅音声母仅与合口呼中的单元音韵母 u 相拼，正确拼写为 bān。

(4) 程 chén

舌尖后音可以与前鼻音韵尾韵母相拼，也可以与后鼻音韵尾韵母相拼，且组拼的音节区别对立，“程”属于舌尖后音与后鼻音韵尾韵母相拼的情况，即 chéng。

(5) 捐 jüān

舌面音可与撮口呼相拼，不与合口呼相拼，因此 ü 行韵母与 j、q、x 相拼，ü 上两点需省略，即 juān。

(6) 泄 sìe

舌尖前音声母不与齐齿呼相拼，“泄”属于舌面音 x 与齐齿呼后响复元音韵母相拼的情况。因此声调需标在韵腹 e 上，即 xiè。

(7) 忧 yiū

辅音声母与复元音韵母 iou 相拼，省写韵腹 o，“忧”是零声母音节，因此韵腹 o 不可省写。另外，在隔音字母的使用上，i 行零声母音节，i 如果是韵头，一律把 i 改写成 y，因此“忧”的正确拼写为 yōu。

(8) 占 zàn

舌尖前音声母与舌尖后音声母都可以与开口呼韵母相拼，且组拼的音节区别对立，“占”属于舌尖后音与开口呼韵母相拼的情况，即 zhàn。

第六节 音位和音位归纳法

一、单项选择题

1. B 2. D 3. D 4. C

二、多项选择题

1. BCD 2. BD 3. CAB 4. AC 5. AC

三、填空题

1. 区别意义 最小
2. 音素 音素
3. 音素 区别意义 最小对立体
4. 一般和个别
5. 国际音标 方括号 双斜线
6. 条件变体和自由变体 条件
7. 音素成分 音值
8. 音色音位 音段音位
9. 音高起落 /55/ /35/ /214/ /51/
10. 非音色音位 超音段音位

四、判断题

1. (×)。音位变体的本质是音素。
2. (×)。音位需用双斜线//来表示。
3. (√)。略
4. (√)。略
5. (×)。音素是数目繁多的,音位是数目有限且成系统的。
6. (×)。音位归纳必须在同一语音系统(音系)中进行,不同系统不可以类推。
7. (√)。[ɛ]是前半低不圆唇舌面元音。
8. (√)。普通话音系中有阴平、阳平、上声、去声四个声调,调值分别是 55、35、214、51,且都能承担区别意义的功能,所以同样能归纳出四个不同的音位,简称"调位":/55/、/35/、/214/、/51/。

五、简答题

1. 结合具体语言事实,说明音位分析需在一个具体的音系之中进行的原因。

音位是指某一特定语音系统中能够区别意义的最小语音单位。音位分析的前提条件之一,就是必须在一个具体的音系之中进行,因为不同的音系有不同的语音结构与音节结构的特点:例如[l]与[n]是两个不同的音素,在普通话中"连"lián 与"年"nián 绝对不能混读,因为/l/、/n/是两个对立的音位;在江淮官话或某些湘语音系中,"连"与"年"读音一样,无论将声母读成边音 l 还是鼻音 n,当地人在听感上觉得没有任何意义上的区别,可见[l][n]两个音素在这些方言中是同一个音位,可任意变读的[l][n]就是该方言同一音位中的两个自由变体。

2. "有互补关系的音素一定要归并成一个音位。"这一说法是否正确?请判断正误并结合具体实例说明原因。

归纳音位的原则有四:对立原则、互补原则、音感差异原则和系统性原则。互补分布是把若干音素归并为一个音位的必要条件,不是充足条件。

所谓音感差异原则,是指属于同一音位的各个变体在语音上还应该是近似的,至少本地人听起来比较近似;如果两个音的音感差异明显,即使是互补关系也不能归并为一个音位。如普通话的 m 只能出现于音节开头作声母;ng 只能出现于音节末端作韵尾,从整个鼻辅音系统上看,m 和 ng 存在互补关系。但是 m 和 ng 的音感差异较为明显,来源也不同,没有人认为它们是一个音,当然不能归并为一个音位。语音的相似与音感差异是相对的,必须在具体的音系中作具体判断,能否归纳为一个音位,应从整个音位系统的格局考虑。

另外,归纳音位还须考虑归纳出来的全部音位是否系统整齐,简明经济。有时候归为一套音位还是两套音位,似乎都有道理,都符合对立互补原则,语音上也有一定的相似性,这时就主要考虑语音的系统性了。比如 j、q、x 这一组辅音跟 g、k、h 和 z、c、s 以及 zh、ch、sh 这三套辅音都形成互补,从理论上讲,j、q、x 跟 g、k、h 或 z、c、s 或 zh、ch、sh 都可以归并为一套音位。但是,从语音的系统上考虑,j、q、x 不论跟哪一组辅音归并,都会造成另外两组辅音音位新的不平衡。此外,如果跟 zh、ch、sh 归并的话,辅音 r 也很难处理。因此有互补关系的音素适宜独立为一组音位。

3. 结合具体例子说明,什么是“音位变体”?具体有哪些类别?类别之间的差异是什么?

属于同一音位中的不同音素称“音位变体”,音位变体又分“条件变体”与“自由变体”两类。

条件变体指受语音环境制约的音位变体。属于同一音位的各个不同的音素只出现于各自不同的条件与语音环境中,彼此形成互补关系的,称之为“条件变体”。例如[a]、[ʌ]、[ɑ]是前、央、后不同发音位置上的三个音素。在普通话中,ɑ[a]只出现在[i]或[n]之前,[ɑ]只出现在[ŋ]和[u]之前,[ʌ]只出现于没有韵头尾,或只有[i]、[u]介音的韵母中,[a]、[ʌ]、[ɑ]三者从不可能出现于相同的语音环境里并起到区别意义的作用,所以[a]、[ʌ]、[ɑ]三个音素是互补关系,只是同一音位/a/三个不同条件下的变体。

自由变体指不同的音素在同一语音环境里可无条件地自由变读。如果不同的音素在相同的语音环境中自由出现,不受语音条件的限制,也不构成互补关系,且变读不产生意义区别,就属于同一音位中的自由变体。如[l]与[n]是两个不同的音素,在普通话中“连”lián 与“年”nián 绝对不能混读,因为/l/、/n/是两个对立的音位;在江淮官话或某些湘语音系中,“连”与“年”读音一样,无论将声母读成边音 l 还是鼻音 n,当地人在听感上觉得没有任何意义上的区别,可见[l]、[n]两个音素在这些方言中是同一个音位,可任意变读的[l]、[n]就是该方言同一音位中的两个自由变体。

六、分析题

1. /a/音位变体的使用条件考察。

请指出下列音节中包含的/a/音位变体,并说明其受限制的语音环境。

战线(zhànxiàn)　　　　枪炮(qiāngpào)　　　　百搭(bǎidā)

解析:战线(zhànxiàn)两个音节分别包含[a]和[ɛ]两个音位变体,[a]为前低不圆唇舌面元音,出现在韵尾-i 和-n 之前,在韵母 an、ai、uan、uai 中做主要元音。[ɛ]为前半低不圆唇舌面元音,出现在韵头 i、ü 和韵尾 n 之间,在韵母 ian、üan 里做主要元音。

枪炮(qiāngpào)两个音节都包含音位变体[ɑ],[ɑ]为后低不圆唇舌面元音,出现在韵尾-ng、u 前,在韵母 ang、iang、uang、ao、iao 中做主要元音。

百搭(bǎidā)两个音节分别包含音位变体[a][ʌ],[a]的发音条件和语音环境前边已经说过,[ʌ]为央低不圆唇舌面元音,出现在韵母 ɑ、iɑ、uɑ 中做主要元音。

2. /ɤ/音位变体的使用条件考察。

请指出下列音节中包含的/ɤ/音位变体,并说明其受限制的语音环境。

车灯(chēdēng)　　　　春分(chūnfēn)

车灯(chēdēng)两个音节都包含音位变体[ɤ],[ɤ]为后半高不圆唇舌面元音。出现在单元音韵母 e 中,也出现在韵尾-ng 前,充当 eng、ueng 韵母的主要元音。

春分(chūnfēn)两个音节都包含音位变体[ə],[ə]为央中不圆唇舌面元音。出现在韵母 en、uen 中做主要元音,也在助词“的”“地”“得”轻声音节韵母中充当主要元音。

第七节 音　变

一、单项选择题

1. C　2. B　3. CB　4. D　5. A　6. D　7. A　8. B　9. B　10. D　11. D　12. B　13. C

二、多项选择题

1. CD　2. BD　3. BCD　4. BD　5. AD　6. BD

三、填空题

1. 轻声
2. 儿化
3. 区别词性
4. 轻声词　儿化词
5. 连读变调　连读变音
6. 它前面那个音节

四、判断题

1. (×)。轻声与儿化音变部分是规范的读音要求,在书面拼音形式上有相应的标示与规定。语流音变受自然发音机理的影响,在书面拼音形式上不作标示。
2. (×)。轻声是规范的读音要求,在形式上主要取决于音长和音高,它与非轻声音节是对比而言的。
3. (√)。略
4. (×)。轻声在形式上主要取决于音长和音高,它与非轻声音节是对比而言的。
5. (×)。某些以擦音为声母的轻声音节在极度轻读的情况下,往往会脱落韵母,只剩声母。
6. (√)。略
7. (√)。略
8. (×)。普通话连读一般是前一音节发生变调,其变调的高低由后一音节的声调调型决定。
9. (√)。略
10. (×)。“吗”在“吗啡”中读本调,“们”在“图们江”中读本调,它们都有固定的调值。

五、简答题

1. 什么是“儿化”? 举例说明其作用。

　　在普通话中,某些词在口语中往往要带上一个词尾“儿”,以表示某种语义色彩或相关功能。作为词尾的“儿”不自成音节,也不代表一个音素,只是词尾所在音节发音时的一个伴随性的翘舌动作,这一语言现象叫“儿化”。被“儿化”的音节叫“儿化音节”,又称为“儿化韵”。

　　普通话里的“儿化”现象具有区别词性、词义或表示感情色彩的作用。区别词性方面,例如:盖(动词)——盖儿(名词)。区别词义方面,例如:眼(眼睛)——眼儿(小窟窿)。此外,一些儿化词往往表示微小的形状或者带有喜爱、亲切等感情色彩。例如“妞儿”。

2. 对比非轻声音节,说说轻声的形式特点及位置特点。

　　在词或句子里,某些音节往往会说(读)得相对轻而短,以体现某些语义或语法功能,这一现象叫“轻声”。轻声在形式上主要取决于音长和音高,它与非轻声音节是对比而言的,词语中的轻声音节总处在非轻声音节的后头,音长明显短于非轻声音节,音长一缩短,原来的调值也就发生相应的变化,变为轻声特有的音高形式。

3. 根据语音事实,判断韵母经过儿化以后,韵类数目的变化趋势,并说明原因。

普通话 39 个韵母中,除了 ê 和 er 外,其余的韵母都可以儿化。经过儿化,有些原来不同的韵母变得相同了,如“宝贝儿”中“贝”的韵母 ei,“树根儿”中“根”的韵母 en,“枪子儿”中“子”的韵母-i 和“果汁儿”中“汁”的韵母-i,在儿化词中都变为[ər],因此,儿化韵的数目少于 39。

六、应用题

1. 诵读下面这段话,读准所有的轻声词语并指出轻声词的规律性。

解析:轻声词分“语法轻声词”与“口语轻声词”两种,上段话中的轻声词有以下几种情况:

一是语法轻声词。这类词有较强的规律性,这些词或语素在词句里必须读成轻声。

(1) 语气词,如“吧”。

(2) 助词,如“着、了”。

(3) 名词的后缀,如“祥子、棚子”中的“子”。

(4) 用在名词、代词后的方位词,如“钢轮条上、脸上”的“上”。

(5) 用在动词后面表示趋向,如“放下”的“下”。

(6) 动词重叠或一些叠音名词的后一个音节,如“听听、看看、按按”。

(7) 量词“个”。

二是口语轻声词,出于长期的口语习惯而必须读轻声,如“喇叭、铃铛”。

2. 朗读下面的对话,填写“啊”音变后的对应汉字。

甲:医生你好啊(哇)!

乙:怎么是你啊(呀)? 这次哪里不舒服啊(哇)?

甲:没有不舒服,您上次看过以后,什么头晕啊(哪),眼花啊(呀),食欲不振啊(哪),都没了!

乙:那你大老远来这里是什么原因啊(哪)?

甲:医生您总是这么忙啊(啊 nga)? 我占用您点时间行不行啊(啊 nga)?

乙:行,你说,别见外啊(呀)!

3. 运用儿化韵的变读规律,读读下面两段话。(略)

第八节 节 律

一、单项选择题

1. C 2. A 3. B 4. D 5. A 6. C

二、多项选择题

1. BD 2. DA 3. AB 4. ABCD 5. BC 6. BC 7. CD

三、填空题

1. 结构关系 语义关系 逻辑关系
2. 语音
3. 语法重音 逻辑重音 音长 音高
4. 结构关系 语义内涵
5. 顿断分割 连延组合
6. 音高
7. 末尾 语气 句义

四、判断题

1. (×)。“停延”指“断连”,不是轻重。
2. (✓)。略
3. (×)。节律受语义、语法的制约,它将相互关联的语言材料组合成既彼此层次分明,又连接有序的表达单位,是言语过程中不可或缺的表达手段。
4. (×)。语音实验结果表明,体现重音的主要成分是音长和音高,音强的作用是次要的,因命名的习惯,我们仍然沿用“重音”一词。
5. (✓)。略
6. (×)。语法重音关系到表达者对语义的理解与把握,所以比较重要,且比较有规律,也相对稳定,因此在言语表达中必须首先掌握。
7. (×)。词的不同轻重读音格式主要依据于词的结构形式与口语化的程度。
8. (✓)。单音节的实词不存在结构类型,所以不存在轻重读;单音节虚词(如助词“着、了、过、的、地、得”)因语义的虚化,不可能重读。
9. (×)。逻辑重音只能出现在语句中,不能出现在无独立表达功能的词与短语中。同样一句话,因为上下文规定与具体表达语义指向的不同,逻辑重音就有不同的落点。
10. (✓)。略
11. (✓)。略

五、简答题

1. 结合具体实例,说明“短语重音是区别不同短语类型的重要形式标志。”

　　短语的重音落点与短语的语法结构类型密切相关,不同结构、不同语义关系的短语一般均有相对固定的重音位置。短语是由词构成的,所以短语的重音要落在具体的词上。比如,主谓短语的重音一般都要落在谓语上,如“今天国庆节”,重音落在“国庆节”一词;述宾短语的重音一般都落在宾语上,如“启动拖拉机”,重音落在“拖拉机”一词。

2. 兼语短语的重音落在什么位置? 原因是什么?

　　兼语短语的重音一般都落在前后谓语的中心语上,例如“请你上来”,重音落在“请”和“上来”。如果后一中心语还带宾语,则重音由述宾结构承担,如“催学生交作业”,重音落在“催”和“交作业”。谓语通常要负载语法重读音这是一般规律。兼语短语的前后两个谓语相比,后一谓语成分是更具体的语义说明所在,所以处于两个谓语中心语间的兼语成分虽是前一谓语的宾语(在独立的述宾短语中负载重读音),但更是后一谓语的主语,所以不能负载语法重音。

3. 句调和声调的关系是什么?

　　句调属于语句的范畴,声调属于音节的范畴,但两者在句尾往往发生一定的牵连关系。就总体格局而言,句调贯穿于全句的始末,它不受制于声调调形的升降;当在句子末尾时,句调的升降趋势对处于句末的音节可能产生一定的影响。句调对音节声调的影响主要表现为改变音节声调的相对音高,以服从句调的基本走势。如果句末音节的声调与句调的升降走向一致,句调就会使声调的高低声域相对扩大;如果句末音节的声调与句调的升降走向不一致,句调就会使声调的高低声域相对缩减,但不会因此完全改变句末音节的基本调型。

4. 语句重音有哪两类,它们有什么不同? 如何区分二者?

　　语句重音有“语法重音”和“逻辑重音”两种。同样一句话,因为上下文规定与具体表达语义指向的不同,逻辑重音就有不同的落点,可见逻辑重音与语法重音的区别是明显的。从性质来看,语法重音是在不受上下文或具体语境规定下,由语言单位自身的结构关系、语义内涵所规定的重音,是言语表达首先必须掌握的基本重音。逻辑重音则是由具体上下文语义与特定语境所规定的重音,是在具体的交际情境中对需要凸显或特别强调的语义所施加的重音。“稳定性”特点方面,语法重音关系到表达者对语义的理解与把握,所以比较重要,其特点是比较有规律,也相对稳定。而逻辑重音不像语法重音那样受相对固定的规律制约。相对于语法重音而言,它又称为临时重音。语言单位呈现方面,语法重音主要呈现在词、短语中。逻辑重音只能出现在语句中,不能出现在无独立表达功能的词与短语中。重音力度方面,逻辑重音旨在强调,在重音的力度上明显强于语法重音。

5. 句调形式有哪些？使用条件是什么？有什么样的作用？

句调升降主要指句调的音高变化。句调贯穿于整个句子的始终,但却突出地体现于句子的末尾。不同的句调标志不同的语气,表示不同的句义,口语中常见的句调形式有降调、升调、平调和曲折调四种,表示陈述、祈使、感叹等语气要用降调,如说明、命令、感慨等;升调常表示征询、疑惑、反问等疑问语气;平调一般表示冷淡、含蓄的讥讽等语气;曲折调则大多用来表示讥讽、嘲笑、埋怨等复杂的语气。句调不仅有区别语气的作用,而且有表达情感与语义分寸的作用,所以它不但与音高有关系,而且与音长、音强也有密切的关系。

六、应用题

1. 读下列对话,标出它们的句调形式。

甲:快走吧！我再也不想看见你了。(降调)

乙:你是认真的吗？(升调)

甲:再过五分钟我就要登机了。(降调)

这段感情今天必须做个了断。(降调)

乙:东京这么繁华的地方,你一个人就能生活？(升调)

不要再闹脾气了,我求求你好不好？(平调)

甲:我最后再问你一次,你到底跟不跟我走？(降调)

乙:和你走又怎么样？和你走你就愿意嫁给我？(平调)

甲:好啊,当初我要是对你视而不见,现如今就不会是这个下场！(曲折调)

乙:是,论视而不见,谁能和你比！(曲折调)

要出国的人果真就是不一样了。(曲折调)

2. 读一读下面的短语、短句,指出其重音落点。

(1) 我非常欣赏《海上钢琴师》,无论是故事还是语言我都很喜欢。

(2) 他不是在弹钢琴,而是在驾驭钢琴。用键盘,用音符,随心所欲地驾驭它。

(3) 对我来说,大地是一艘太大的船,是一段太漫长的旅途,是一个太漂亮的女人。

(4) 在他看见她的一刹那,她正舒缓地转过身来,在那一瞬间,恰好与他的目光相遇。

(5) 既然你有求于他,就不要追问过多。

(6) 这一场红方战败,落后十四分。

3. 分析下列短语、短句的顿断位置,并说明各断连情况下短语的类型。

(1) 攻击老板的司机

a. 攻击老板的/司机(偏正短语)

b. 攻击/老板的司机(述宾短语)

(2) 没有举手的

a. 没有/举手的(述宾短语,“的”字结构“举手的”充当宾语)

b. 没有举手的(“的”字结构)

(3) 无人工服务窗口

a. 无人工服务/窗口(偏正短语)

b. 无/人工服务窗口(述宾短语)

(4) 几个市民的建议

a. 几个/市民的//建议(偏正短语:中心语为偏正短语“市民的建议”)

b. 几个//市民的/建议(偏正短语:中心语为名词“建议”)

第二章 汉 字

第一节 现代汉字概述

一、填空题

1. 现代汉语
2. 意音
3. 从意义入手 从语音入手 从音义入手(用音符记录语言 用意符记录语言 兼用音符和意符记录语言)
4. 语素
5. 音素文字 音节文字
6. 线性排列 平面组合
7. 平面性文字 方块字
8. 形象性减弱 符号性加强
9. 省形的切音合形造字法 省形造字法
10. 意符 音符 记号
11. 小篆 隶书 草书 行书
12. 甲骨文
13. 金文
14. 小篆 隶书
15. 由繁难变为简易

二、单项选择题

1. D 2. C 3. A 4. B 5. D 6. C 7. A 8. D 9. BEA 10. D 11. C

三、多项选择题

1. ABE 2. BCD 3. AC 4. ABCD

四、判断题

1. (×)。解析:汉字是记录语素的文字,但是汉字与语素并非一一对应。汉语的多数语素在语音上正好是一个音节(如“天”语音是 tiān 音节)。有少部分语素在语音上是双音节或多音节的,如“涟漪”和“奥林匹克”在语音上是 liányī 和 àolínpǐkè,分别是两个音节和四个音节,“涟漪”是两个汉字记录一个语素,“奥林匹克”是四个汉字记录一个语素。
2. (×)。解析:由繁难变为简易是汉字字体演变的总趋势,但在演变过程中也有字形结构繁化的现象。为了区别同音异义字而添加形旁就是典型的一类,如“其”的原义是簸箕,借为虚词后,用添加“竹字头”的“箕”记录簸箕义。相对“其”字,“箕”的字形结构趋于繁复。
3. (×)。解析:字体的演变一般是缓慢的、渐进的。不是新的字体一出现,旧的字体就淘汰,而是经过一段新旧字体并存的时间,才会由新体逐渐代替旧体。例如“它”和“牠”就曾经并存过。
4. (√)。解析:文字是以形来记录语言符号的,任何文字都是形、音、义的统一体。所谓表音和表意是就作为文字本身所使用的字符来说的,不是就作为语言的符号的一个个文字说的。凡是跟整字在意义上有联系的字符,称为“意符”;凡是跟整字在读音上有联系的字符,称为“音符”。

5.(√)。解析:汉字虽然存在许多从语音、语义两方面入手记录语言音和义的形声字。但汉字字符中的声符并不是专职的声符,实际上是原来的表意符号在一定条件下充当了声符,所以,如果从字符的根本性质看,现代汉字基本上仍应属于表意文字体系。

6.(×)。解析:篆书才是汉字的第一次规范化的字体。因为在秦朝之前是春秋战国,秦始皇统一天下后,才提出“书同文,车同轨”的主张,这才产生了篆书。

五、名词解释

1. 六书

“六书”是古代文字学家根据汉字形体和意义的关系,分析归纳出来的构形规则。“六书”一语最早见于《周礼》,后世文字学家多采用许慎的“六书”名称,刘歆的“六书”排序,即象形、指事、会意、形声、假借和转注。许慎在《说文解字·序》中给六书分别下了定义:“指事者,视而可识,察而见意,上下是也;象形者,画成其物,随体诘诎,日月是也;形声者,以事为名,取譬相成,江河是也;会意者,比类合谊,以见指㧑,武信是也;转注者,建类一首,同意相受,考老是也。假借者,本无其字,依声托事,令长是也。”现在汉字学界通常认为“象形、指事、会意、形声”属于造字之法,“假借、转注”为用字之法。

2. 象形字

指用线条描画出事物的形象,其字形与字义的联系比较具体、紧密的一类字,这类字大多表示自然界和日常生活中的实物,例如古汉字“日”作⊙,像太阳之形,其中间一点为区别符号,用以和圆形、方形符号相区别。

3. 指事字

指用抽象符号来提示字义的一类字,这类字可以分两种:一、纯符号的,例如“一”,用一根线条表示所记录的数字;二、在具体事物的图形上添加抽象符号,例如“末”,在树木的顶端加一短横,指示那里是树梢。

4. 会意字

指用两个以上意符共同来表示一个跟这些意符本身意义不同却密切相关的字,例如“涉”,用人的两脚分别在水溪两侧,表示徒步涉水的意思。

5. 形声字

指由形旁与声旁组成一个字,形旁表示大致的字义或字义的类属,声旁提示字的读音或近似的读音。例如“湖”,用“氵”(三点水)表示字义跟水有关,用“胡”注明字的读音。形声法是汉字最主要的造字方法,在《说文解字》里,形声字已占82%。

6. 假借

借用某个现成字或者某种事物的图形作为表音符号,来记录跟这个字或者这种事物的名称同音或音近的字。假借可以分为三类:一、无本字的假借,例如句末语气词“耳”假借耳朵的“耳”;二、本字后造的假借,即有的词本来用假借字表示,但是后来又为它造了本字,例如“云谓”的“谓”本来借“胃”字表示,后来才加形旁“言”造出本字“谓”;三、原来有本字的假借,例如“艸”是草木之“草”的本字,传世古书大都已借“草”为“艸”,现在“艸”已经作为异体字并入“草”字。

六、分析题

1. 从造字法角度分别指出以下汉字的形旁与声旁。

防、芹、衷、徒、祁、哀、匪、旗

解析:

防	从阜方声	芹	从艸斤声
衷	从衣中声	徒	从辵土声
祁	从邑示声	哀	从口衣声
匪	从匚非声	旗	从㫃其声

2. 写出下列汉字的造字法。

例字	友	州	固	闪	面	丞	虫	楚
造字方法	会意	会意	形声	会意	指事	象形	象形	形声

3. 请根据以下古文字字体,写出对应的现代汉字及其造字方法。

(明,会意) (首,象形) (本,指事) (胡,形声)

(象,象形) (执,会意) (哀,形声) (甘,指事)

4. 指出下列各字的造字方法,并说明其造字理据。

羞、相、末、丘、首、陟

解析:

(1) 羞:形声,"羞"本义为进献食物,表意初文从"又"持"羊",后来"又"改为形近的"丑",成为从"羊""丑"声的形声字。

(2) 相:会意,"相"本义为察看,从木从目,字形表示用目观察树木。

(3) 末:指事,木上曰末。从木,一横指在树木上端。

(4) 丘:象形,像比山低小的丘陵。

(5) 首:象形,像人头。

(6) 陟:会意,登也,从阜(山丘)从步。

5. 根据构字部件的属性,指出下列汉字的类别并进行归类。

三、掰、疆、岱、霎、日、仅、我、劣、凹

解析:

三(意符字) 掰(合成意符字) 疆(意符音符字) 岱(意符音符字)

霎(合成记号字) 日(记号字) 仅(合成记号字) 我(记号字)

劣(合成意符字) 凹(意符字)

意符字:三、凹

记号字:日、我

合成意符字:掰、劣

意符音符字:疆、岱

合成记号字:仅、霎

6. 请分别判断以下汉字属于哪类字体。

(小篆) (行书) (隶书) (楷书)

七、问答题

1. 举例说明现代汉字的意符在传递语义信息上的局限性。

汉字的意符,也叫形旁,能够提示语义的类别或范围,帮助了解和区别字义。但由于种种原因,现代汉字的意符在表义上的作用已较为有限。

(1) 汉字在几千年的发展过程中,形体自身也多次发生变化,特别是汉字进入隶楷阶段,汉字形体跟它所记录的汉语在语义上的联系变得非常松散,一些表义符号已经看不出原先所象之形和所表之意,成了既不象形又不表意的记号,例如古汉字的⊙变成隶书、楷书的"日",便看不出太阳的样子,如果不考察"日"字的历史,也就无法找出"日"这个字的字形跟"日"这个词有任何联系。

(2) 部分字的语义在长期使用中已经发生了变化,而这些汉字的意符本身的意义却并无变化,这就发生了脱节的现象,例如形声字"特"本义是公牛,所以以"牛"作意符,但如今其本义早已不再使用,故意符

"牛"已成为不表意的记号。

(3) 假借字也有可能成为不表意的记号,例如"笨"本为竹子里的白色薄膜,被假借来表示愚笨的"笨"这个词,后本义不再使用,意符"竹"也就无法提示语义。

(4) 事物本身或者人的思想意识的变化。例如古代用青铜镜,因此"镜"从"金",但现代社会的镜子均为玻璃制品,意符"金"的表义功能消退。

2. 请举例说明现代汉字是如何记录汉语语素的。

(1) 有的汉字由一个意符单独组成,该意符记录的是音义结合的语素,如"门",它所记录的语素,其语音为"mén",语义为"建筑物的出入口"。

(2) 有的汉字由几个意符组成,这些意符分别表示的只是跟被记录的语素义相关的一部分意义成分,如"休",由"亻"和"木"两个意符组合而成,《说文解字》:"息止也。从人依木。"用人倚靠树旁来记录"休(息)"的语义。

(3) 有的汉字由一个意符和一个音符组成,意符记录该语素的义类,音符记录该语素的音节,如"花",意符是"艹",表示这个语素的意义属植物一类,音符是"化",表示该语素的读音近似于"huà"。

(4) 有的汉字由一个音符单独组成,该音符记录的是非词语素的音节,如"马达"的"马",它在词中只起记录音节"mǎ"的作用。

3. 请谈谈现代汉字的性质。

(1) 从字符与语言的音、义联系情况来看,汉字可以由语义切入,例如来源于象形字、指事字和会意字的现代汉字;部分也可由语音切入,例如来源于假借字的现代汉字。但汉字绝大多数都是兼用表音和表义的方法,形声字约占全部汉字的90%左右。即使现代汉字的部分字符成为既不表意也不表音的记号,这些记号仍几乎都由意符和音符变来。因此,现代汉字基本上是一种兼顾意音的"意音文字"。

(2) 从汉字记录语言的单位来看,现代汉字所记录的语言单位多数情况下为音义结合的语素,虽存在像"涟漪""葡萄"等连绵词、译音词中的汉字,一个字所记录的单位是不能单独表意的音节,但这些词在汉语体系中仅占极少数。因此,现代汉字基本上是一种语素文字。

综上所述,现代汉字是一种兼表意音的语素文字。

4. 什么叫"隶变"? 简述隶书对于汉字形体的改造。

用点、横、竖、撇、捺等笔画转写篆书所发生的字形变化叫隶变。

隶书对于汉字形体的改变主要为两大方面:

(1) 笔势(笔画形态,风格)的变化:隶书改变了古文字的象形原则,将古文字"随体诘诎"的线条分解为平直的笔画。变圆笔为方笔,变连笔为短笔,变曲笔为直笔。例如隶书将篆文的"日"改写为"日",像太阳外部轮廓的线条分解为"丨""ㄱ""一""一"四笔。

(2) 结构(组装结构)的变化:省并、省略、偏旁变形和偏旁混同。

【1】省并:主要是笔画合并和偏旁合并,例如将小篆"大"的双臂合并作"一"。

【2】省略:省去篆文字形的一部分。例如"屋"省略为"屋"。

【3】偏旁变形:在篆文里,一个字用作偏旁的写法和独立成字时的写法无异,而在隶书里,一个字用作偏旁的写法与独立成字时可以不同。例如"人":在左为亻;"手":在左为扌;在右为攵。

【4】偏旁混同:隶书将篆文中某些形体相近但写法繁复的偏旁改为相同、简易的偏旁。例如:古文字"活""括""适"偏旁复杂但形体相近,将其偏旁都改为"舌"。

第二节　现代汉字的字形

一、填空题

1. 笔画　部件　整字

2. "永"字八法　点　提　折

3. 基本笔形　派生笔形
4. 分离关系　相接关系　相交关系
5. 笔画的走向　笔画出现的先后次序
6. 由笔画组成的　能独立运用的　具有组配汉字功能

二、单项选择题

1. D　2. CD　3. D　4. B　5. B

三、多项选择题

1. BD　2. ABCD　3. ABC;AB　4. ABDE;CF　5. ABD

四、判断题

1. (√)。解析:部件这个概念可大可小:有时部件是对合体字进行一次切分而得出的单位,即“古”和“月”;有时部件是对合体字进行多次切分而得出的多个单位,即“十”“口”“月”。
2. (×)。解析:部件这个概念可大可小:有时部件是对合体字进行一次切分而得出的两个单位,这时的部件往往相当于偏旁;有时部件是对合体字进行多次切分而得出的多个单位,这时的部件就小于偏旁。
3. (√)。解析:两者有联系也有区别。一、部首多以取义为主,这就相当于形旁了,例如“松”的形旁“木”,也是部首。但独体字就无法归为哪个部首了,而且声旁也跟部首无关。二、设立部首是为了给汉字分类,以便检字;而偏旁则是为了字形的分析。两者目的不同,角度有别。
4. (×)。解析:“回”是属于里外结构。
5. (×)。解析:“甘”是属于独体的指事字(口中含有甘甜之物)。

五、名词解释

1. “札字法”
   “札字法”是现代汉字笔形的分类法之一,包括横、竖、撇、点、折。因为“札”字刚好含有这五种笔形,因而就有“札字法”的名称。
2. 独体字
   独体字是指无法分离出两个或两个以上部件的汉字,例如“厂”“手”“甘”“禾”。有些字笔画相交,结构呈镶嵌式,即使笔画很多,由于从字形上不能分解出相离的部件,因而也是独体字,例如“串”“东”“夷”“事”“重”等。有些字分解后就是相离而又对称或平行的笔画,这类字也宜看作独体字,例如“八”“儿”“三”“川”。
3. 合体字
   合体字是由两个或两个以上部件组合而成的汉字,例如“的”“何”“合”“赤”。会意字、形声字通常属于合体字,但在汉字形体演变过程中,合体字也会变成独体字,如“及”,小篆从又(手)从人。

六、分析题

1. 请采用“部件识字法”,称说以下汉字:
   赏、弄、嚷、器、阁、街
   解析:
   (1) 赏(常字头,口字腰,贝字底)
   (2) 弄(王字头,弄字头)
   (3) 嚷(口字旁,襄字边)
   (4) 器(左上口字角,右上口字角,犬字腰,左下口字角,右下口字角)
   (5) 阁(门字框,各字心)

(6) 街(双人旁,圭字腰,亍字旁)

2. 分析下列汉字的部件、偏旁和部首。(部件要求切分至最小单位,偏旁需具体指出声旁或形旁)

然、修、荆、益、急

解析:

(1) 然:部件—月、犬、灬　　声旁:肰;形旁:火　　部首—灬

(2) 修:部件—亻、丨、攵、彡　　声旁:攸;形旁:彡　　部首—亻

(3) 荆:部件—艹、开、刂　　声旁:刑;形旁:艸　　部首—艹或刂

(4) 益:部件—丷、八、皿　　形旁:水;形旁:皿　　部首—丷或皿

(5) 急:部件—⺈、彐、心　　声旁:及;形旁:心　　部首—⺈或心

3. 请依据合体字的基本结构模式,将以下汉字分别归类。

袅、禀、复、风、国、析、杂、击、莽、坐、乘、掰、磊、是

解析:

左右结构:析　　上中下结构:禀 复 莽

上下结构:杂 是　　品字结构:磊

里外结构:国　　镶嵌结构:坐 乘

左中右结构:掰　　半包围结构:袅 击 风

4. 请指出现代汉字"章""鞭""虐"中的基础部件和合成部件分别是什么,三者的结构模式是什么。

解析:

"章"　基础部件:立日十　　合成部件:音　　结构模式:上下结构

"鞭"　基础部件:革亻更　　合成部件:便　　结构模式:左右结构

"虐"　基础部件:虍⺕　　合成部件:无　　结构模式:包围结构

七、问答题

1. 请分别阐述笔画、笔形和笔顺的概念。

笔画是构成楷书字形的最小单位,书写时从落笔到下一次提笔的过程中写出的点和线就叫一笔或一画,而点和线的具体形状便叫作笔形,对其概括的分类法,主要有五类说(横、竖、撇、点、折)、八类说(点、横、竖、撇、捺、提、折、钩)。笔顺则是书写汉字时笔画的走向和次序,例如横(一)是从左到右,竖(丨)是从上到下,这是笔画的走向;"山",由三笔组成,它们出现的次序是:竖　竖折　竖。丨 山 山。

2. 笔画是什么?基础部件是什么?两者存在什么差异?

笔画是构成楷书字形的最小单位,书写时从落笔到下一次提笔的过程中写出的点和线就叫一笔或一画。基础部件是由笔画组成的、能独立运用的、具有组配汉字功能的最小构字单位,它不能够再被拆分。单笔笔画的基础部件会与笔画发生重合,例如"丨""丿",既是基础部件,又是笔画;但并非所有的笔画均能成为基础部件,例如"㇄""㇋"。

第三节　现代汉字的字音

一、填空题

1. 音节

2. 同音字

3. 多音字

4. 同一个汉字可以有不止一个读音,而同一个读音也可以由多个汉字共同拥有

5. 全表音　半表音　不表音

二、选择题

1. ABCD 2. CD 3. BD 4. BC

三、判断题

1.（✓）。解析：同一音节可以用不同的字形来记录，一个字形也可以记录不同的音节。
2.（×）。解析：全表音声旁是指能够准确表示所有由它构成的形声字字音的声旁。
3.（✓）。
4.（✓）。

四、分析操作题

1. 根据下列形声字归纳声旁的表音功能。
 稀、拭、抗、颖、愎、缅、迸、皲、苜、厩、匪、都、雇、特
 解析：
 （1）字音跟声旁的读音在声、韵、调上完全相同：稀、拭、苜、皲。
 （2）字音与声旁的声母、韵母相同，声调不同：抗、缅、匪。
 （3）字音与声旁的声母相同，韵母不同：厩、迸。
 （4）字音与声旁的韵母相同，声母不同：颖、雇。
 （5）字音与声旁在声、韵、调上完全不同，或只是声调相同：愎、都、特。
2. 改正下列词语中的标音错误。
 横剖（pāo）面 岿（guī）然不动 追本溯（shòu）源
 锲（qì）而不舍 鞭笞（tái） 踽（yǔ）踽独行
 佣金（yōng） 方枘（nèi）圆凿
 解析：
 横剖（pāo）面（改“pāo”为“pōu”） 岿（guī）然不动（改“guī”为“kuī”）
 追本溯（shòu）源（改“shòu”为“sù”） 锲（qì）而不舍（改“qì”为“qiè”）
 鞭笞（tái）（改“tái”为“chī”） 踽（yǔ）踽独行（改“yǔ”为“jǔ”）
 佣金（yōng）（改“yōng”为“yòng”） 方枘（nèi）圆凿（改“nèi”为“ruì”）
3. 指出下列形声字的声旁、形旁以及两者的配置方式。
 雌、欣、靳、徒、衷、滕、楚
 例如：斧：下形上声 形旁：斤 声旁：父
 解析：
 （1）雌：右形左声 形旁：隹 声旁：此
 （2）欣：右形左声 形旁：欠 声旁：斤
 （3）靳：左形右声 形旁：革 声旁：斤
 （4）徒：声占一角 形旁：辵 声旁：土
 （5）衷：形外内声 形旁：衣 声旁：中
 （6）滕：形占一角 形旁：水 声旁：朕
 （7）楚：上形下声 形旁：林 声旁：疋

五、问答题

1. 形声字的出现使得汉字出现了表音成分，那么，形声字的声旁是否等同于音素文字的字母和音节文字的音节符号呢？并简述理由。
 形声字的声旁不能等同于音素文字的字母和音节文字的音节符号。

理由:形声字的声旁不是专职的表音成分,而是借用已有的象形字、指事字、会意字、形声字来标记字音。从原则上说,任何一个汉字都可以被借用为声旁,同一个音节也可以用不同的字形来记录,每个音节跟字形之间并不是固定的关系,如记录“shī”这个音节的汉字,在《新华字典(第11版)》中有“尸、鸤、失、师、狮、浉、鸸、施、湿、虱”等17个汉字。而音素文字的字母和音节文字的音节符号则是专职的表音成分,音素文字是一个字母记录一个音素,音节文字的字母则是记录一个音节,音节与字母符号之间都是固定的关系,如日语中的“ka”一律写作か(平假名)或カ(片假名),“ki”一律写作き(平假名)或キ(片假名)。

此外,在语言发展过程中,因为语音的演变、字形的缺省等原因,形声字声旁的表音功能是有限的,甚至失去表音的作用,成为一个记号。

2. 如何理解语言中“有义的声旁”这一现象?

通过观察语言事实,可发现一些形声字的声旁兼有表意作用或能提示语源,比如“取”,从又从耳,古代捕获到野兽或战俘时会割下左耳,作为“获取”的凭证,故“取”可表示获取义,后引申出“娶妻”之义,加注“女”旁分化出“娶”表示此引申义,“娶”可以分析为从女取声的形声字,声旁“取”亦能提示字义;再如以“参”为声旁的“胗袗疹珍”等一系列形声字,都具有“浓重”这一义素。其中“参”,《说文》:“参,绸发也。”其语义中含有“浓重”这一义素,而“胗”,《尔雅·释言》:“胗,重也。”郭璞注:“谓厚重。”“袗”,《说文》:“袗,玄服。”段玉裁校改为:“袗,禅衣也,一曰盛服。”注:“参本训稠发,凡参声字多为浓重。”“疹”,《释名·释疾病》:“疹,诊也,有结聚可得诊见也。”也就是皮肤上的“结聚”。“珍”,《说文》:“珍,宝也。”可以引申为“重视、慎重”之义,也就是说,事物在心中的份量重。声旁“参”提示了“胗袗疹珍”等一系列形声字构字的源义素。

这类现象产生的主要原因是形声字的产生方式,形声字产生的主要途径之一就是在母字上加注形旁,用以记录本义、引申义和假借义,其中前两种类型尤能解释“声旁提示字义”这一现象的存在。一、当母字的引申义或假借义比较通行而本义逐渐不为人知的时候,就会在母字的基础上加注形旁来表示本义,比如“益”,从水从皿,本义为“水漫出器皿”,后引申为“增益、饶益”,相较于本义,引申义更为通行,于是便在母字的基础上加注形旁“水”构成“溢”表示本义,声旁“益”便也能提示字义;二、一个汉字的本义会在使用过程中衍生出其他引申义,引申义数量过多不利于人们理解话语,因此为了明确引申义,也会采取在母字的基础上加注形旁的方式来记录引申义,例如上文所举的“取”和“娶”,通过这一方式产生的形声字的声旁也能提示字义。

对于“有义的声旁”,我们仍应保持审慎的态度,因为汉字的简化、声旁的替换、语义的演变以及其他产生形声字的途径,只有少部分声旁是兼表义的,不能错误地以为所有的声旁都能表义。

第四节 现代汉字的字义

一、填空题

1. 字形记录词义　字形记录语素义　字形记录音节
2. 语素义
3. 提示　区别
4. 见形知义

二、单项选择题

1. C　2. D　3. A　4. C

三、判断题

1. (×)。解析:随着汉字字形的形象性渐渐丧失,形旁直接用字形的图像来表意的功能消退了。但这些符号化的形旁跟它们所表示的字义已经产生了固定的联系,也就是它们各自表示的字义已经一一固定在相对应的形旁上了。人们通过学习，也在自己的知识库里建立了这种联系。尽管“日”已经不像太阳，但人们一看到“日”这个形旁，马上就会跟“太阳”联系起来，比如“晴、晒、旱、晓”。

2.（×）。解析：在“鸡”“邓”“观”等字中的“又”不表音，也不表义，可以看作记号。

3.（×）。解析：常用字字义的变化比罕用字大。不少常用形声字，由于客观事物或字形、字义的发展变化，其形旁早已失去它的表义作用。所以形旁表意功能的强弱与汉字的使用频率一般成反比关系。

4.（✓）。

四、分析操作题

1. 请用✓指明以下汉字所记录的语言单位。

项目	瑙	释	很	辱	咖	蜘	听	盛	乒	了	震	啊
词义			✓				✓		✓	✓		✓
语素义		✓		✓				✓			✓	
音节	✓				✓	✓						

2. 根据下列形声字归纳形旁与字义的关系。

黝　枫　刻　笨　逃　馥　群　頭　狡　镜　忍

解析：

（1）形旁完全表义：馥　頭

（2）形旁基本表义

① 形旁表示字义的大致类别：枫（树类）、忍（心理类）

② 形旁与字义直接相关：黝（微青黑色）、刻（工具：刀）、逃（逃跑需要走路）

③ 形旁与字义间接有关：群（用羊儿聚群表达聚在一起的人或物）、狡（用狡猾的动物表达狡猾的品性）

（3）形旁不表义，变成记号：羞（害羞，与“羊”无关）、镜（镜子，现在的镜子为玻璃制品，与“金”无关）、笨（愚笨，与“竹”无关）

3. 列表指出下列形声字的声旁与形旁，并分析声旁、形旁的表音和表义情况。

基、哺、暇、机、垣、钉（dīng）、悸

汉字	声旁	声旁表音情况	形旁	形旁表义情况
基	其	韵母相同	土	形旁与字义间接有关
哺	甫	韵母相同	口	形旁与字义间接有关
暇	叚	声韵调相同	日	形旁不表义
机	几	声母、韵母相同	木	形旁不表义
垣	亘	声韵调都不相同	土	形旁与字义直接有关
钉	丁	声韵调相同	金	形旁与字义直接有关
悸	季	声韵调相同	忄	形旁表示字义的大致类别

五、问答题

1. 请结合具体实例说明大量的现代汉字无法从字形直接推知字义的原因。

（1）汉字字形的不断简化，特别是符号化，使得早期阶段的象物表意功能逐渐淡化。例如汉字“山”，字形从“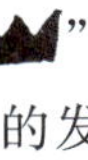”简化为“山”，便不能直接看出字义。

（2）字义的发展。同一字形增加跟原始本义有联系的字义，有些初始义变为罕用义甚至消退了，字形跟常用字义的表达关系模糊了。例如“物”在甲骨文中指称“杂色牛”,形旁“牛”可以指示类别,后来“物”引申泛指一切事物,这一形旁跟字义的联系便模糊甚至消退了。

(3) 事物本身或者人的思想意识发生了变化。例如古代用青铜镜,因此“镜”从“金”,但现代社会的镜子均为玻璃制品,形旁“金”的表义功能消退。

(4) 假借现象。例如形声字“特”本义为“公牛”,因此以“牛”为形旁,后假借为表示“特殊”,本义不再使用,假借义成为常用义,我们便无法从形旁推知字义。

2. 下列汉字的形旁都是“竹”,请以此分析形旁的作用和局限。

笞、箱、符、籍、竿、笆、笨

形声字的形旁能够记录、提示整字所记录的语素义或词义的大致范围,例如“笞”,《说文》:“笞,击也”,古代常用竹板击打,以形旁“竹”记录;竿,《说文》:“竿,竹梃也”,即竹子的主干,形旁“竹”提示字义范围;笆,古指一种长刺的竹子,又指用竹子、柳条、荆条等编成的器物或障碍物,形旁“竹”与整字字义直接相关。

局限:由于汉字字形的演变、字义的发展、人类认识和事物本身的变化以及假借现象的存在,形声字形旁的表义功能存在很多局限,例如“箱”,《说文》:“箱,大车牝服也”,后假借为箱子柜子之称,即盛物的、有盖有底的方形盛物器,古代多以竹为材料。而现代社会的箱子,制作材料发生变化,基本不再以竹为材料,形旁“竹”表义功能消退。“笨”,本义为竹子里的薄膜,后假借为表示愚笨,本义不再使用,形旁“竹”实际变成记号。“籍”,《说文》:“籍,薄书也”,是关于贡赋、人事及户口等的档案,古代多书写在竹简上,现泛指书册,且以纸张制成,形旁“竹”表义功能消退。“符”,原指古代朝廷传达命令或征调兵将用的凭证,部分以竹制成,现泛指代表事物的标记、记号,形旁“竹”表义功能也无以体现。

3. 下列汉字的声旁都是“皮”,请以此分析声旁的作用和局限。

波、坡、披、破、玻、跛、被、疲、彼

“皮”读作“pí”,以“皮”为声旁的汉字与之声韵调都相同的只有“疲(pí)”;与之声母、韵母相同的有“披(pī)”;与之声母相同的有“坡(pō)”“破(pò)”;与之韵母相同的有“彼(bǐ)”,由此可见,声旁具有一定的表音功能。但是,也存在“波(bō)”“跛(bǒ)”“玻(bō)”“被(bèi)”这类与之声、韵、调皆不相同的同声旁汉字,说明汉字形声字声旁的表音功能是有限的。

第五节 现代汉字形音义的关系

一、单项选择题

1. A 2. C 3. D 4. D;B;A 5. B

二、多项选择题

1. AD 2. BD 3. DE 4. ACD

三、分析题

1. 改正下列词语中因形近而用错的字,并总结近形字的差异。

鬼鬼崇崇	流水汨汨	涣然一新	高瞻远嘱
方柄圆凿	各抒已见	戊边	百练成钢
白壁微瑕	奕棋	变本加历	草管人命

解析:

鬼鬼崇崇(改“崇崇”为“祟祟”) 流水汨汨(改“汨汨”为“汩汩”)

涣然一新(改“涣”为“焕”) 高瞻远嘱(改“嘱”为“瞩”)

方柄圆凿(改“柄”为“枘”) 各抒已见(改“已”为“己”)

戍边(改“戌”为“戍”)　　百练成钢(改“练”为“炼”)
白壁微瑕(改“壁”为“璧”)　　奕棋(改“奕”为“弈”)
变本加历(改“历”为“厉”)　　草管人命(改“管”为“菅”)

近形字的差异:

(1) 笔画数的微小差异,例如“戌”和“戍”、“柄”和“枘”。

(2) 个别笔形的差异,例如“已”和“己”、“汩”和“汨”。

(3) 笔画组合关系的差异,例如“奕”和“弈”。

(4) 形似构件,例如“壁”和“璧”、“管”和“菅”等。

2. 改正下列词语中因同音字而用错的字。

隔隔不入　黄梁一梦　幅圆辽阔　愤闷不平
蝉连冠军　决无仅有　甘之如怡　轰堂大笑
刻己奉公　既往开来　意兴阑姗　出奇不意
惨绝人圜　粗制烂造　测隐之心　插科打浑

解析:

隔隔不入(改“隔隔”为“格格”)　　黄梁一梦(改“梁”为“粱”)
幅圆辽阔(改“圆”为“员”)　　愤闷不平(改“闷”为“懑”)
蝉连冠军(改“连”为“联”)　　决无仅有(改“决”为“绝”)
甘之如怡(改“怡”为“饴”)　　轰堂大笑(改“轰”为“哄”)
刻己奉公(改“刻”为“克”)　　既往开来(改“既”为“继”)
意兴阑姗(改“姗”为“珊”)　　出奇不意(改“奇”为“其”)
惨绝人圜(改“圜”为“寰”)　　粗制烂造(改“烂”为“滥”)
测隐之心(改“测”为“恻”)　　插科打浑(改“浑”为“诨”)

3. 给下列各组形似字注音。

(1) 己(　　)——已(　　)——巳(　　)

(2) 黜(　　)——拙(　　)——咄(　　)——诎(　　)

(3) 恬(　　)——括(　　)

(4) 怙(　　)——估(　　)

(5) 肓(　　)——盲(　　)

(6) 荼(　　)——茶(　　)

(7) 拈(　　)——沾(　　)

(8) 瞠(　　)——堂(　　)

解析:

(1) 己(jǐ)——已(yǐ)——巳(sì)

(2) 黜(chù)——拙(zhuō)——咄(duō)——诎(qū)

(3) 恬(tián)—括(kuò)

(4) 怙(hù)——估(gū)

(5) 肓(huāng)——盲(máng)

(6) 荼(tú)——茶(chá)

(7) 拈(niān)——沾(zhān)

(8) 瞠(chēng)——堂(táng)

四、问答题

1. 举例说明异体字和繁体字的区别。

异体字(也叫异形字):即数形对一音一义。不同字形之间没有任何音义差别。如“窗”和“牎牕窻窓”,这 5 个字形都记录同一个字音“chuāng”,同一个字义“窗户”。经过整理,规定字形“窗”为正体字形,后 4 个字形为异体字形,不在通用层面使用。

繁简字:即一为笔画比较多的字,一为笔画比较少的字,字音和字义都相同。如“國”和“国”是繁体和简体的关系,都读“guó”,它们的字义都是“①国家;②代表国家的,属于本国的”。

简言之,异体字和繁简字都是就同一个音义结合体且形体不同的字来说的,不同之处是:异体字是就字形的差异来说的,繁简字是就笔画的多少来说的。

2. 举例说明多音多义字、同音字和同形字之间的关系。

多音多义字就是同一个字形却记录不同的读音和不同的字义。如“打”既可以读作“dá”,是一个量词,表示十二个为一打;也可以读作“dǎ”,是一个动词,表示用手或器具撞击物体,或器皿、蛋类等因撞击而破碎等义。

同音字包括狭义和广义两种。狭义的同音字指同形同音异义字。例如“打仗”的“打”和“打哪里来”的“打”,字形、字音相同,字义不同。广义的同音字指异形同音异义字,如“张”“章”“漳”“蟑”,字形不同,字音都是 zhāng,字义各异。

同形字:一是音相同,义不同,相当于狭义的同音字。如“乘”(chéng),动词,有时表示借助交通工具或牲畜出行;有时表示进行乘法运算。二是音不同,义不同。如“和”既可以读作“hé”,表示和平、和谐;也可以读作“hè”,表示“和谐地跟着唱”,如曲高和寡;也可以读作“hú”,表示“打麻将或斗纸牌时某一家的牌合乎规定的要求,取得胜利”;还可以读作“huó”,可组词“和面、和泥”。

简言之,多音多义字是“一形数音数义”,同音字包括“一形一音数义”和“数形一音数义”,同形字包括“一形一音数义”和“一形数音数义”,也就是说,同形字与多音多义字是由交叉的,与同音字也是有交叉的,而多音多义字与同音字之间并无交叉关系。

3. 举例说明多音多义字与异读字的区别。

多音多义字就是同一个字形却记录不同的读音和不同的字义。如“打”既可以读作“dá”,是一个量词,表示十二个为一打;也可以读作“dǎ”,是一个动词,表示用手或器具撞击物体,或器皿、蛋类等因撞击而破碎等义。

异读字有两个或两个以上的字音,而字形和所记录的字义却只有一个。如“波”,以前有 bō 和 pō 两个读音,字义都是“江、河、湖、海等因振荡而一起一伏的水面”。

简言之,多音多义字是“一形数音数义”,异读字是“一形数音一义”。多音多义字的几个读音是有区别意义作用的,所以有存在的价值;异读字的几个读音是没有区别意义的作用的,所以现在除了少数异读字在实际使用中还有保留的必要外,多数异读字已经统一为一个读音。

第六节　现代汉字的规范

一、填空题

1. 标准汉字
2.《第一批异体字整理表》《简化字总表》《现代汉语常用字表》《现代汉语通用字表》
3. 规范的简体字
4. 从俗从简
5. 正体字　简化字字形　新字形
6. 笔顺规范　电脑用部件规范
7. 部首法　笔画法　笔形法
8. 字音　声韵序列法　注音字母序列法　汉语拼音字母序列法
9.《字汇》　传统部首　改良部首
10. 据义定部　据形定部

二、单项选择题

1. C　2. D　3. B　4. A　5. C　6. B

三、多项选择题

1. ABCD　2. AC　3. ABD　4. AC

四、判断题

1.（×）。解析：存在一个简化字要对应两个或三个繁体字（或传承字）的情况，如发（發/髮）、台（臺/檯/颱）。这样的简化字约有 100 个，在简繁转换时经常会出现差错。

2.（×）。解析：同一个字有几个形体，相较于笔画较多的繁体字，笔画比较少的叫简体字。至于“简化字”则有特定的含义，指由国家明文规定取代繁体字而推广使用的简体字。

3.（×）。解析：按《简化字总表》，“藉口、凭藉”的“藉”简化为“借”，而“慰藉、狼藉”的“藉”不简化。

4.（√）。

五、分析题

1. 写出下列繁体字的规范简化字，并据此归纳简化方法。

解析：

幣—（币）　　斃—（毙）　　鬆—（松）　　衆—（众）　　專—（专）

齣—（出）　　釁—（衅）　　聯—（联）　　歡—（欢）　　婦—（妇）

滅—（灭）　　區—（区）　　禮—（礼）　　書—（书）　　穀—（谷）

简化方法：第一，从形体结构上分析：（1）局部删除，如：婦—妇、滅—灭；（2）偏旁更换，如：斃—毙、聯—联、歡—欢、區—区；（3）整字替换，如：幣—币、釁—衅。

第二，从简化字来源来分析：（1）起用古字，如：衆—众、禮—礼；（2）草书楷化 如：專—专、書—书；（3）同音替代，如：鬆—松、齣—出、穀—谷。

2. 请指出并改正以下汉字在由简化字转换为繁体字后出现的错误。

窗明几净—窗明幾净　　封面设计—封麵設計　　圣贤故里—聖賢故裏

诗云子曰—詩雲子曰　　令人发指—令人發指　　历历在目—曆曆在目

解析：

“窗明幾净”应是“窗明几净”

“封麵設計”应是“封面設計”

“聖賢故裏”应是“聖賢故里”

“詩雲子曰”应是“詩云子曰”

“令人發指”应是“令人髮指”

“曆曆在目”应是“歷歷在目”

3. 分别运用音序法和部首法，在《现代汉语词典》中确定下列汉字的音节和部首。

非、丢、出、用、亭、暮、耐、虐、包、暨

解析：

非（音节：fēi；部首：丨）　　暮（音节：mù；部首：艹、日）

丢（音节：diū；部首：厶、丿）　　耐（音节：nài；部首：而、寸）

出（音节：chū；部首：屮、乚）　　虐（音节：nüè；部首：虍）

用（音节：yòng；部首：丿、冂）　　包（音节：bāo；部首：勹、巳）

亭（音节：tíng；部首：亠）　　暨（音节：jì；部首：旡）

六、问答题

1. 请说说“通用汉字”与“常用汉字”的区别。

“通用汉字”着眼于使用的广度,它是与专用字、生僻字相对而言的;“常用汉字”着眼于使用的频率,它是与低频字相对而言的。

2. 简述现代汉语常用字的特点。

(1) 常用性。主要的依据是该字出现的频率,如“的、一、是、在、不、了、有、和、人、这”等字在各家的统计资料中出现频率都是名列前茅的。

(2) 能产性。常用字大都构词能力比较强,由于能产性强,经常被选作记录新词语的构成成分。如“电”字,由它参与构成的词多达数百个。

(3) 稳定性。虽然社会发生了很大变化,但人们在书面交际中最常用的字却相对稳定。这是因为常用字记录的语素所代表的事物本身具有稳定性。

(4) 简易性。指书写简易。高频字因为经常使用,成为简化的重点对象。高频趋简,这是汉字字形发展演变的一条重要规律。

3. 观察以下几组繁简体,分析简繁转换时需注意什么问题?

① 复(複、復)

② 谷(谷、穀)

③ 泸(瀘)、颅(顱)、炉(爐)、庐(廬)

④ 难(難)、欢(歡)、戏(戲)

在简繁转换中,简化字与繁体字并非都是一一对应的,因此,在转换过程中,需要格外注意以下几个问题:

(1) 一个简化字形同时对应两个繁体字形。例如:

复—(重复、繁复)複:复写、复印

复—(转过来转过去、回答、再、恢复)復:反复无常、光复

有时会把“复写”误转为“復写”(应是“複写”),把“光复”误转为“光複”(应是“光復”)。

(2) 简化字与传承字(非简化字)同形。例如:“谷”对应着两个字,一个是山谷的“谷”,它是传承字;另一个是稻谷的“穀”,它是繁体字。我们在繁简转换的时候需要注意这种情况,对应传承字山谷的“谷”,我们在简转繁时,繁体字仍是“谷”,但是稻谷的“谷”,转换成繁体字,就要写成“穀”。有的人不了解这种同形字现象,遇到要写繁体字的场合,或是电脑进行简繁体自动转换时,就有可能产生差错。

(3) 简化偏旁的类推可能出现问题。因为汉字简化时,为了求简,汉字构字的系统性常常会有所突破:一是相同的偏旁部件简化后,却分化为不同的偏旁,如卢(盧)、泸(瀘)、颅(顱)、鲈(鱸) | 炉(爐)、庐(廬)、芦(蘆)、驴(驢),声符“盧”简化后分化为“卢”和“户”;二是繁体字中不同的偏旁简化后,反而成为相同的偏旁,如邓(鄧)、对(對)、难(難)、欢(歡)、戏(戲),左偏旁都简化成了“又”。不熟悉简化字的人要特别注意这类情况,防止不恰当地简化偏旁类推。

4. 请概述现代汉字规范化的基本内容。

现代汉字规范主要表现在定量、定形、定音和定序上,俗称“四定”。

(1) 定量:就是规定现代汉字的使用总量。汉字的总量和实际用量都不少,适当精简汉字字数有利于减轻汉字学习和使用的难度,20 世纪 50 年代以来,主要通过淘汰异体字、更改地名生僻字和统一计量单位名称用字三种途径有效地减少了汉字字数。统计规范了现代常用汉字和通用汉字的字数。内容:A.1955 年 12 月,文化部和中国文字改革委员会联合发布了《第一批异体字整理表》,根据“从俗从简”的原则,对 810 组异体字进行整理,淘汰了其中重复多余的异体字 1053 个。B.从 1956 年到 1964 年,经国务院批准,用同音的常用字代替了 35 个县级以上地名中的生僻字,共精简了 15 个地名字,例如陕西省的“盩厔县”改为“周至县”。C.1977 年 7 月,中国文字改革委员会和国家标准计量局联合发布了《部分计量单位名称统一用字表》,该表通过统一计量单位名称用字,精简了 20 个字。

（2）定形：就是规定现代汉字的形体。包括笔画简化、异体整理、字形整理以及笔画、部件规范等各个方面的工作。内容：A.1964年，中国文字改革委员会在《简化字方案》的基础上编辑出版了《简化字总表》，实际共得简化字2236个。B.1986年10月，国家语言文字工作委员会重新发表《简化字总表》，共收录简化字2235个，并对个别字和注解作了调整。其中，汉字简化方法从形体结构上分析主要为局部删除、偏旁更换和整字替换，从简化字来源上看主要为起用古字、草书楷化和同音替代。C.整理异体即上文所述淘汰异体字，故不再赘述。D.1965年1月，文化部和中国文字改革委员会联合发布《印刷通用汉字字形表》，为6196个通用汉字规定了通用字体的印刷规范字形。大大减少了同一个字形存在细微差别的混乱情况。

（3）定音：就是确定现代汉字的规范字音。内容：A.《汉语拼音方案》（1958年）确定了普通话的声、韵、调系统。B.《普通话异读词审音表》（1985年修订稿）对一千多条异读词作了审订和修订，为字音的标准化打下了基础。

（4）定序：就是确定汉字排列的先后顺序。内容：制定并完善汉字序列法，其中音序法以汉语拼音字母序列法为主，形序法以部首法为主，尤其要确立部首检字法的标准和统一现代汉字的笔形顺序。

第七节　现代汉字的信息处理

一、填空题

1. 形　音　义
2. 汉字键盘输入　汉字字形识别输入　汉字语音识别输入
3. 整字输入法　汉字编码输入法　汉语拼音输入法
4. 音码　形码　音形结合码
5. 笔形编码　部件编码　部首编码　四角编码
6. 减少同音选择　“以词定字”　“高频先见”　“用过提前”
7. 汉字字形输出　汉字语音输出

二、选择题

1. B　2. D　3. A

三、问答题

1. 分别阐述音码与形码这两种编码输入方案的优缺点。

（1）音码是按照汉字字音编码输入来设计。优点：可以使用计算机上的通用键盘，简单易学，可以盲打；缺点：不认识的字输入较困难，同音字较难处理。

（2）形码是按照汉字字形编码输入来设计。优点：按形取码，不涉及字音，因此不认识的字也同样可以编码输入，输入速度较快。缺点：汉字形体结构复杂，分解标准不一，主观随意性太强，因而不少方案规则较多，难于掌握。

2. 汉语拼音输入法具有什么优点？

（1）不需要编码规则。

（2）体现语言中以词为单位的特点。

（3）输入与思维同步进行。

（4）有利于学习普通话和汉语拼音。

（5）有利于国际的信息交流。

3. 请谈谈加强汉字研究对汉字信息处理的用途。

当今社会正处于信息化时代，汉字信息处理是我国各类信息技术发展的基础。而拼音输入法、语音自动识别、汉字自动识别、词语自动切分、同音词自动识别等输入方式的研制和应用,都与普通话的推广、汉语拼音的推行、汉字的整理和简化工作密切相关。因此,为了促进信息处理技术的发展,必须进一步强化语言文字的规范化标准化工作。

(1) 汉字属性研究

汉字属性是汉字信息处理不可缺少的基本要素。这些信息包括每个字的序号、读音、笔画数、部件数、部首、部首笔画数、部首外笔画数、部首序号、笔顺、笔顺编号、结构方式、异体字、繁体字、旧字形、字频、国际码、电报码、四角号码等。只有对此进行充分研究,才能提高计算机进行汉字信息处理的功能,使得电脑中文处理更高效、更经济、更方便。

(2) 汉字规范化、标准化研究

汉字信息处理中的输入、输出、频率统计、汉字识别、语音识别、语音合成等都和汉字规范化标准化有着密切的关系。例如汉字的自动识别,如果字形不规范,就会影响汉字识别的研究工作。要提高汉字信息处理的速度和效率,必须加强汉字规范标准的研究,加快汉字信息处理急需的规范标准的制订,并不断予以优化,这对推动我国现代化的历史进程,具有非常重大的意义。

第三章 词 汇

第一节 现代汉语词汇概述

一、填空题

1. 词 固定短语 集合和个体
2. 单音节语素 双音节语素 成词语素 不成词语素 定位语素 不定位语素
3. 同形替代法
4. 能够独立运用的音义结合
5. 拓展法
6. 词组 自由短语 固定短语
7. 离合词
8. 固定短语 固定性 整体性 独立性 专用短语 惯用熟语
9. 单音节 多音节
10. 单音节词 多音节词 双音节词 双音节化

二、选择题

1. C 2. D 3. C 4. A 5. B 6. D 7. D 8. D 9. C 10. A

三、多项选择题

1. CE 2. ABCDE 3. BCD 4. AB 5. ABC 6. ACDE

四、判断题

1. (×)。解析:不成词语素可以是不定位语素,如民、语等;也可以是定位语素,如老、头等。
2. (✓)。
3. (✓)。
4. (×)。解析:鉴定方法应为“剩余法”。

5.(√)。
6.(√)。
7.(×)。解析:双音节语素在现代汉语中不占绝对优势,同时构词能力有限。
8.(√)。

五、分析题

1. 请指出下列句子中“字”的含义有何不同。
   (1) 音节单位
   (2) 书写单位
   (3) 音义结合体
   (4) 文章
2. 请填出表中词条的音节数、字数、语素数和词数。
   快乐:2-2-2-1
   美:1-1-1-1
   爬山:2-2-2-1
   花儿:1-2-2-1
   红萝卜:3-3-2-1
   白酒:2-2-2-1
   布尔乔亚:4-4-1-1
   歇斯底里:4-4-1-1
   铿锵:2-2-1-1
   黑糊糊:3-3-2-1
   甭:1-1-2-1
3. 请用“同形替代法”鉴定下列词语由几个语素构成。
   1个语素:蜘蛛、踟蹰、安培、搜狐、画儿、艾滋病、布拉吉
   2个语素:友好、新冠、电影、呼唤、诚信、城墙、叱责、橄榄球、共和国、唱白脸、红彤彤、葡萄干
   3个语素:自来水、子母钟、凝聚力、步行街、高血压、斑马线
   4个语素:北回归线
4. 请将下列语素按类别填入表中。

语素类别	单音节语素	双音节语素	多音节语素
成词语素	人、学、热、猫、呢、的、了	澎湃、刹那、肮脏	吉普赛 奥林匹克
不成词语素	民、丽、境、老、阿、然、性		
定位语素	老、阿、然、性		吉普赛
不定位语素	人、学、热、猫、民、丽、境		

六、简答题

1. “本书重点探讨了‘爱情’作为一个词汇、一种观念在近现代中国的言说历史。”请找出这句话的语病。
   该句子的语病在于“一个词汇”,应改为“一个词”。因为词汇是语言中能够独立运用的最小音义结合单位的集合,有时也可以指特定领域内词语的集合。词汇是一个集合概念,不能接受数量词修饰。
2. 简述词汇在语言中的地位。
   词汇又称语汇,是语言中能够独立运用的最小音义结合单位的集合,有时也可以指特定领域内词语的

集合。词汇是语言的建筑材料,是构成语言的要素之一。词汇反映语言的状态,就一种语言来说,它的词汇越丰富、越纷繁,语言本身也就越丰富、越发达,表现力也就越强。丰富的词汇客观上为使用这种语言来反映纷繁的事物或现象的人们提供了丰富的语言材料,就个人来说,一个人掌握的词汇量越大,那么他驾驭语言的能力也越强,就越能准确地表达个人的思想感情。

3. 同形替代法可以验证一个词的语素构成情况,那么鉴定一个构词成分是语素需要满足什么条件?请举例说明。

语素是语言中最小的音义结合的构词单位,是最基本的语言单位。鉴定一个构词成分是语素必须满足两个语义条件:一是该词分解出的这个构词成分必须具有独立的意义,二是这个构词成分的意义必须与该词整体意义有一定的语义联系。举例来说,虽然“马虎”在语义上表示“草率”义,但其中的“马”和“虎”都不具备独立的意义,也没有与“草率”相关的意义,因此,“马”“虎”都不能作为语素来看待,它们合在一起才是一个语素。

4. 如何理解词的“能够独立运用”的含义?

词能够独立运用,有两方面的含义:一是指词可以独立做主语、谓语、宾语、定语、状语、补语等句法成分,如:(家家户户)的大门[都]堵〈住〉了。二是指词可以独立表示语法意义,如“我用什么方法来报答母亲的深恩呢?”中的“的”和“呢”。

5. 请举例说明词和语素的关系。

词和语素既有联系,又有区别。联系:词和语素都是音义结合的语言单位,都是词汇的组成材料;且词是由语素构成的,成词语素同时也是词。区别:①功能不同:词是构成短语或句子的基本结构单位,语素是构词成分。②层级不同:语素在词汇系统中处于基础层级,是语言中最小的音义结合体;而词在语素层级之上,是由语素构成的。③表义特点不同:词表示的意义比较确定,语素表示的意义则比较宽泛。比如“骚扰”“风骚”这些词的含义都是十分明确的;其中,“骚”这个语素如果处在游离状态,则有多种含义。只有在同别的语素构成合成词时,它的意义才能明确地固定下来。

6. 请举例说明词和自由短语的关系。

联系:第一,词和短语都具有独立运用能力。第二,有些双音节词在中间插入别的成分,可以由词变成自由短语,这类词即为“离合词”,如“看见——看得见——看不见”。

区别:第一,在意义整合上,词的意义比较凝固,往往不是语素意义的简单相加,而具有“综合性”。比如,“白菜”不等于“白色的菜”。而自由短语的意义往往可以从组成成分及其意义关系上给予解释,短语的整体意义是组合成分意义的加合,具有“分析性”。如,“白布”就是“白色的布”。第二,在语音停顿上,词的语音结构具有整体性,不允许内部有停顿,而短语则可以有内部语音停顿。第三,在内部扩展上,词的意义具有凝固性和专指性,不可以扩展,而短语的意义具有分析性,可以扩展。

7. 请简要回答固定短语的特点。

固定短语是词与词的固定组合,在长期使用过程中形成了相对完整的意义,在实际使用时作用相当于一个词。固定短语的特点是:(1)其中的词和词序一般不能自由变化;(2)整个短语的意义往往不能按字面意义去理解;(3)与词一样不能拆开,并且具有独立运用能力。简而言之,固定短语具有结构的固定性、意义的整体性和功能的独立性。

8. 请举例说明现代汉语词语双音节化的途径。

现代汉语词语双音节化的途径主要有以下几种:

第一,以一个单音节语素为主,在前面或后面加上一个辅助性的相关成分,如:月—月亮,发—头发。

第二,单音节语素的前后添加没有实体意义的附加成分,如:石—石头,师—老师。

第三,意义相同或相近的单音节语素联合起来使用,如:经历、解释、学习。

第四,三音节的词省略其中一个音节,如:照相机——相机。

第五,四音节以上的词语采用缩略法,如:超级市场——超市。

七、论述题

1. 请举例谈谈汉语的语素、音节和汉字的关系。

汉语的语素在口头上用音节表示，在书面上用汉字表示。语素是语言的最小音义结合单位，汉字是记录汉语的符号，是书写单位。在具有意义这一点上，字近于语素，但两者并不时时处处都能画上等号。汉语的语素和音节、汉字的关系，主要有以下几种情况：

（1）一素一音一字。一个语素由一个音节表示，写成一个汉字。如：祝 zhù、贺 hè。

（2）几素一音一字。几个语素由一个音节表示，写成一个汉字。如：划 huá——①拨水前进：划船 ②合算：划得来；

（3）几素一音几字。几个语素由同一个音节表示，分别写成几个不同的汉字。如：读 shī 音的常用字在《现代汉语词典（第 7 版）》上就有 8 个：尸、失、师、诗、施、虱、狮、湿。

（4）几素几音一字。几个语素由几个音节表示，却写成一个汉字，如：盛——①shèng 强烈、旺盛：年轻气盛；②chéng 把东西放在容器里：盛饭。

（5）一素几音一字。一个语素由几个音节表示，写成一个汉字。如：杉——①shān：红杉；②shā：杉木。

（6）一素几音几字。一个语素由几个音节表示，写成不同的汉字。如：参差 cēncī。

2. 语素"趋"一般不能单独成词，往往与其他语素组合成词，如"趋避、趋奉、趋时、趋附、趋向"等双音词，但有时也能出现在句子中词所能出现的位置，如"两极分化状况更趋严重。"再比如"校"，一般情况下必须与其他语素组合成词，如"学校、高校、母校、校车"等，但有时也能出现在词所能出现的位置，如："此校一出门就是马路"。这一类语素该怎么处理？你还能再举出类似的语素吗？

从语素的构词能力看，"趋""校"这一类语素一般不能独立成词，只能与其他语素组合成词，不具备成词语素（或自由语素）的特性。但是，从句法层面看，这类语素也能出现在词所能出现的位置，如，"趋"可以出现在谓语动词的位置，且后面带"严重"这一宾语，"校"可以出现在主语的位置。但是其出现必须有条件限制，如"趋"须前加单音节副词"更"（或"日"），"校"须前加单音节指示词"此"（或"本"），否则的话，句子不能成立。例如：

*他的作品趋成熟。

*校是学生学习的地方。

由此可见，这类语素一方面不能像一般的动词、名词那样独立使用，另一方面当与某些词结合时又可以作为词出现在句子中。可以说，这类语素在词法和句法层面的表现介于自由语素和黏着语素之间，我们可以将其处理成"半自由语素"。

半自由语素多出现在文雅庄重的书面语体中，一般不在口语中出现，可以说，它们是活跃在书面语中的文言层次的成分，除了"趋""校"之外，类似的还有"鼻、目、佳、畅、觉、感、具、愈、宜"等。

3. 请举例说明常用的鉴定词的方法。

词是能够独立运用的音义结合的最小语言单位。所谓独立运用是指，词可以独立作语法结构成分或者独立起语法作用。常用的鉴定词的方法有以下四种：

（1）单说法。依据能否单独回答问题来确定词。该方法对确定一个语素可否为词很有效。如：

a_1：这是什么？　　a_2：苹果。

b_1：这道菜香吗？　　b_2：香。/很香。

由于短语也可以回答问题，所以用单说法来确定词并不具有充分性。

（2）成分法。依据能否做"主、谓、宾、定、状、补"六大句子成分来确定词。该方法对检测不能单说的语言单位是否为词很有效。如：

a：年轻人买不起房。（房：名词）

b：男厕所在左边。（男：区别词）

（3）扩展法。依据插入别的语言成分后的语言单位是否合法来确定词。如果不合法，该语言单位就是词；如果合法，则是短语。如：

大家——*大的家

大海——大的海

扩展法的功能就是运用插入语言成分的办法检测一个语言单位内部结合得是否紧密，能插入的，结合不紧,是短语;不能插入的,结合得紧,是词。但扩展法并非任何情况下都可以使用,有其局限性。

(4) 剩余法。在使用单说法、成分法和扩展法之后尚且不能确定该语言单位是否为词时,可采用剩余法。该方法对确定虚词非常有效。如:

(他)的父亲[为国家]避免了(许多)损失。

"他、父亲、国家"都可以单说,"避免、许多、损失"都不可以扩展,它们都是词。剩余的语言单位"的、为、了"既不能单说,也不是一个词的一部分,都有一定的意义,表示一定的语法功能,因此它们都是词。"的"表示一种限制性的定中关系,"为"表示目的,"了"表示动作的完成,所以都是虚词。

第二节 构词法与造词法

一、填空题

1. 构词法　造词法
2. 一个语素　合成法
3. 传承词　音译词　拟声词
4. 联绵词　叠音词　音译词　拟声词
5. 音译词　拟声词
6. 联绵词　双声词　叠韵词　非双声叠韵词
7. 词根　词缀　词根　词缀　词根前后或中间
8. 联合型　偏正型　述宾型　补充型　主谓型
9. 前缀型　后缀型　中缀型
10. AA 型　AABB 型
11. 语音指称法　音义结合法　语义关联法　短语缩略法
12. 语音指称法　摹音式　双音式
13. 语义关联法　直指式　喻指式
14. 短语缩略法　分段简缩式　截段简缩式　综合简缩式　取异合同式　数字概括式

二、单项选择题

1. D　2. D　3. C　4. C　5. D　6. B　7. D　8. C　9. D　10. C　11. B　12. A

三、多项选择题

1. BCE　2. ABC　3. ABC　4. AD

四、判断题

1. (×)。解析:对构词法和造词法性质判断说反了。
2. (×)。解析:命题不全面,应为合成词,合成词内部除了复合词还有派生词和重叠词两种类型。
3. (✓)。
4. (×)。解析:错误。词的内部结构和整个词的词性并不一一对应。如:定中结构的词,可能是名词,也可能是其他词类的词。
5. (✓)。
6. (×)。解析:错误。中缀及类中缀最少。
7. (×)。解析:错误。词缀作为一种构成分,既可能是本语言出产的,也可能是舶来的,如"化、性"。
8. (×)。解析:错误。词缀不仅可以用于构词,还可以用于构成大于词的单位,如"热"既可以构成"留学热",也可以构成"武侠小说热"。

五、分析题

1. 请依据构词法在下表的空栏处填写出至少4个词语。

单纯词	单音节	音译词	氢 锂 铍 氮
		传承词	说 木 天 人
		拟声词	喵 咩 汪 哞
	双音节	联绵词	倜傥 蹊跷 峥嵘 蘑菇
		叠音词	饽饽 澄澄 太太 蛐蛐
		音译词	吠陀 布丁 槟榔 葡萄
	多音节	音译词	蒙太奇 布达佩斯 巧克力 夏威夷
		拟声词	叽叽喳喳 叮叮当当 咕噜咕噜 淅淅沥沥
复合词	合成词	偏正型	水灾 大力 大家 一样 （定中）
			后卫 奋战 良久 不免 （状中）
		述宾型	下海 动人 作揖 收礼
		补充型	通过 放松 到底 人口
		主谓型	官司 质变 肉麻 目击
		联合型	天地 打击 自己 按照
	派生词	前缀型	老鹰 初一 第三 阿姨
		后缀型	石头 作家 光溜溜 绿油油
		中缀型	稀里糊涂 巴不得 稀巴烂 来得及
	重叠词	AA 型	妈妈 星星 哥哥 宝宝
		AABB 型	断断续续 轰轰烈烈 战战兢兢 熙熙攘攘

2. 分析下面多音节合成词的层次关系。

校/医院(外定中,内定中)　　癌/细胞(外定中,内定中)
生产/线(外定中,内联合)　　出租/车(外定中,内状中)
指南/针(外定中,内述宾)　　助学/金(外定中,内述宾)
多样/性(外后附,内定中)　　说明/书(外定中,内补充)
刽子/手(外后附,内后附)　　第一/手(外后附,内前附)

3. 请指出下列词语的造词方式及具体类型。

语音指称法	摹音式	指音型	喵、稀里哗啦
		指情型	哇、哦、啧啧
		指物型	猫、知了、布谷
		译音型	咖啡、沙发
	双音式	重叠型	奶奶、狒狒
		附缀型	老鹰、初三
		变音型	本儿(本→本儿)
		联绵型	窈窕、蒹葭
音义结合法		任意式	天、千
		音义式	啤酒、哈哈镜

(续表)

语义关联法	直指式	组合型	英雄、国家
		类推型	校草(校花→校草)
	喻指式	比喻型	蛇行、吃香
		引申型	岁月、矛盾
		借代型	丝竹、须眉

4. 请比较并分析以下三组 AA 式重叠的特点。

第一组为构词重叠。该式两个重叠的音节构成一个单纯词,只有一个语素,删去重叠的形式,则不成词。如“蛐蛐”减为“蛐”则没有任何意义。

第二组为构形重叠。该式为两个重叠的语素形成合成词,删去重叠的形式,依然成词。如“妈妈”减为“妈”,依然可以自然使用。

第三组为语法重叠。该式通过两个词重叠表达特定的语法意义,如动词“看看”重叠后表示动量,即“一下”的意思;形容词“高”重叠后强调度量,即“相当”或“很”的意思;名词“人”重叠后表示周遍义,即“每一”的意思。

5. 请指出下列短语简缩成词的方式。

分段简缩式	基本建设→基建;文学艺术工作联合会→文联;社会保障→社保 师范学院→师院
截段简缩式	清华大学→清华;中国人民解放军→解放军 中华人民共和国国务院→国务院
综合简缩式	联合国安全理事会→安全理事会→安理会
取异合同式	理科工科→理工科;马克思主义、列宁主义→马克思列宁主义
数字概括式	养老保险、医疗保险、失业保险、工伤保险、生育保险、住房公积金→五险一金 有理想、有道德、有文化、有纪律→四有 象形、指事、会意、形声、假借、转注→六书

六、简答题

1. 请举例说明联合型复合词中两个词根之间的意义关系。

联合型复合词由两个意义相同、相近、相关或相反的词根并列组合而成。

(1) 相近关系:词根意义相同、相近,互为说明。如:奴隶、替代、疼痛。

(2) 相关关系:词根意义相关、并列,构成一个新的词义。如:骨肉、手足、江湖。

(3) 相反关系:词根意义相反、对立,构成一个新的词义。如:开关、始终、东西。

(4) 偏义关系:词根意义相关或相反,但一个词根的意义消失,如:国家、窗户、忘记。

2. 请举例说明补充型复合词的具体类型。

补充型复合词语素之间有补充说明的关系,后一个词根补充说明前一个词根,主要有以下三种语义类型:

(1) 动作与结果关系。如:冲决、压倒、处死、荡平、缩小。

(2) 动作与趋向关系。如:纳入、撤回、打下、起来、敞开。

(3) 事物与计量关系。如:书本、纸张、船只、花朵、信件。

3. 从历时角度看,现代汉语的词缀类型有哪些?

从历时纵向的角度看,汉语的词缀类型可分为以下三种情形:

(1) 古代产生的词缀现代仍然沿用,但不大再为今人用来构造新的词语,如构成“耕者、记者、笔者、老者、尊者”的语体呈古雅色彩的“者”。

（2）古代、现代都用该词缀构造词语，如“桌子、刀子”的“子”。

（3）近现代以来产生用以构造词语，这样的词缀有较强的能产性，如“热”，可以构成“基金热、汉语热、出国热、留学热”等。

七、论述题

1. 一个词缀被判定为典型词缀的标准是什么？类词缀与典型词缀的区别在哪里？

一个词缀之所以被判定为典型词缀，需要满足三个条件：

第一，必须具有定位性，不可既出现于词首的位置又出现于词尾的位置。

第二，必须具有较强的构词能力，有相当一批的词都以它为构词要素。

第三，该词缀的作用应该主要是标示整个词的语法类属，而不表示概念性的意义。

类词缀是在用词缀的尺度对一些构词成分严格衡量之后落选下来的那些既非严格意义上的词缀又非普通词根的成分。它们或者不大具有严格的定位性，词首词尾位置游移不定，或者有一定的构词能力但又比典型词缀的构词能力更弱，或者在对整个词的语法类属具有一定的标示作用的同时也还有着较强的概念性意义。

从历时角度看，词缀大都是由词根演化而来的。就整个词缀现象的演化过程而言，其中有一些成分或是演化终结的成分，即为典型词缀；或是演化过程中的成分，即为类词缀。

2. 请举例谈谈汉语词缀的功能和作用。

词缀是附缀于词根表示附加意义的定位语素。以汉语词缀的性质而言，可以分为语音化词缀、语法化词缀和语用化词缀。

语音化词缀的主要作用在于补足音节，满足一个音步的要求。汉语主要的语音化词缀是轻声和儿化。前者如“镜”这个语素在古代都可以单用，后来必须加词缀“子”才行，但与其他语素构词时，词缀“子”必须去掉，例如，我们会说“花镜”，而不说“花镜子”。后者如常见的儿化音“猫儿、狗儿”，都有补足音节的作用。

语法化词缀的主要作用在于改变词义或表示语法类属。比如“然”这一（类）词缀构成的词语都是形容词，“儿”“子”这一词缀标示的都是名词性词语（如：“盖—盖子”，“盖”是动词，加上词缀“子”则是名词。）

语用化词缀的主要作用在于表达一定的感情色彩。如儿化音常带有一种特殊的感情色彩，又如“胖嘟嘟、圆溜溜”等词缀带有可爱、喜爱的感情评价。

3. 复合词的构成方式除了教材提及的五种主要类型，还有没有其他方式？请举例说明。

（1）承继式。例如：

拆洗：拆[而后]洗	衰亡：衰[以至]亡
查办：查[然后]办	拔取：拔[而]取[之]

（2）使动式。例如：

催产：[甲]催[乙，以使乙]产	震慑：[甲]震[乙，以使乙]慑
惩戒：[甲]惩[乙，以使乙]戒	指正：[甲]指[乙，以使乙]正

（3）正偏式。例如：

宅院：[带]院的宅	氛围：[包]围[着的气]氛
烟卷：卷儿[状的]烟	韭黄：黄[色的]韭[菜]

4. 复合词的主要构词类型有哪些？哪类数量多，哪类数量少？为何多，又为何少？

复合词的主要构词类型有联合型、偏正型、述宾型、补充型和主谓型五种类型。

从历时角度考察，联合型最早产生，其次是偏正式，且数量多；述宾型和补充型，在上古汉语中比较少，但中古阶段大量出现，尤其是述宾型；主谓型数量最少，在上古汉语阶段很少见，中古汉语逐渐产生，但总体来说也不多见。

复合词类型的数量不同与其内部词根之间的句法语义关系有很大的关系。主干成分如主谓型，可分析度高，较难凝固成词。述宾型介于二者之间，意义较为凝聚，结构较为稳固，但也存在可以插入成分转换成短语结构的离合词。定中型往往容易凝固成词,在句法语义上联系更为紧密。

第三节 词义构成

一、填空题

1. 义素 义位 义项
2. 义素 区别性语义特征
3. 义位 义素
4. 义项
5. 客观概念义 主观色彩义 固定修辞义 时间空间义 临时语境义
6. 实体概念义 关系概念义
7. 情态色彩义 语体色彩义
8. 比喻义 借代义 委婉义

二、单项选择题

1. C 2. B 3. A 4. D 5. C 6. D 7. A 8. B 9. B 10. D 11. C 12. C 13. A 14. A

三、多项选择题

1. ABC 2. ABCDE 3. AD 4. BCDE 5. ABD 6. ABCD 7. ACE

四、判断题

1. (✓)。
2. (✓)。
3. (×)。解析:义项不一定就是义位,也可以是不能独立运用的语素义。
4. (×)。解析:义位和义素是整体与部分的关系。
5. (✓)。
6. (×)。解析:词义的客观性主要是指反应对象的客观存在性以及词义形成的约定俗成性。约定俗成的未必是对客观事物的正确认知,也有可能是错误认识。
7. (×)。解析:普通词和专有词的词义都既有概括性,又有具体性。
8. (×)。解析:不一定是正确认识,也可能是错误认识。
9. (×)。解析:不一定,如客观世界并不真存在着"鬼"这种事物。
10. (×)。解析:词的情态色彩义必须附着在词的客观概念义上。
11. (✓)。
12. (✓)。
13. (×)。解析:古今色彩义是指概念义基本相同,而古今色彩不同。

五、简答与分析题

1. 请举例说明义项的类型。

义项是字典、词典中按照一个词的意义数量分列的项目。包括以下两类:

第一,可以独立运用的词义,也就是义位。

第二,不能独立运用,只是作为构成词或固定短语的语素义。如:

"晚"在《现代汉语词典》(第7版)主要有以下几个义项:

① 名 晚上:今~/~会

② 形 时间靠后的：~稻/~秋

③ 形 比规定的或合适的时间靠后：八点再去就~了

④ 后来的：~辈

⑤〈书〉靠后的一段时间，特指人的晚年：岁~/~节

在这五个义项中，义项①②④⑤是不能独立运用的语素义，义项③是可以独立运用的词义。

2. 请说出以下词语的词义发生了什么变化。

(1)词义缩小；(2)词义缩小；(3)词义扩大；(4)词义转移；(5)词义色彩变化，由中性变为贬义。

3. 请指出下列词的释义中，哪些是语素义，哪些是词义？

(1) 义项①②③④⑤⑦为能够独立运用的词义，义项⑥为不能独立运用的语素义。

(2) 义项①②③为语素义，义项④为词义。

(3) 义项①③为词义，义项②为语素义。

(4) 义项①③④⑥⑦为语素义，义项②⑤为词义。

4. 请指出下列词语的情态色彩义。

情感色彩	褒义	精英、劳模、光荣
	中性	未婚青年、媒人、攻击、经纪人、尸体、律师
	贬义	剩女、入侵、死尸、皮包商、讼棍、光棍、屌丝
态度色彩	谦词	鄙人、犬子、舍下、刍议
	敬词	贵庚、府上、赐教、高见
	客套话	劳驾、赏光、恕罪、叨光
	强硬	驳斥、驳回、抗议、强制

5. 请指出下列词语的语体色彩义。

口语语体		打的、当家的、磨叽、大肚子
书面语语体	科技语体	量子纠缠、赫兹、凝华、元素
	文艺语体	孩提、哭嚎、肃穆、寂寥
	政论语体	弹劾、民主、专政、议会
	公文语体	请示、拟定、暂行、条例
中性语体		太阳、最近、休息、教育、睡眠、轻松、运动

6. 请指出下列词语固定修辞义的具体类型。

比喻义	老油条、校花、钉子户、代沟
借代义	小白脸、咸猪手、红领巾、伯乐
委婉义	挂花、行房、出恭、盥洗室

六、论述题

1. 请简要说明义素、义位和义项之间的关系。

义素、义位和义项都是词义单位。这三者之间既有联系，又有区别。

(1) 义素和义位：义素是词义系统中不能独立运用的最小的意义单位，是构成义位的区别性语义特征。义位是词义系统中可以独立运用的最小的意义单位，是最基本的词义单位。义位是义素的集合，二者之间是整体和部分的关系。

(2) 义位和义项：义项是字典、词典中按照一个词意义数量分列的项目。义项包括能够独立运用的义位，也包括不能独立运用、只能作为构成词或固定短语的语素义。因此，义位在词典中必定表现为义项，

但义项并不完全等于义位,因为有的义项可能是不能独立运用的语素义。

2. 词义的特征有哪些?请举例阐述。

词义是人们通过词的形式反映客观世界、主观世界的事物、现象及其关系的意义内容。其特征主要有客观性、主观性、概括性和演变性。

(1) 词义的客观性。主要表现在两个方面:一是反映对象的客观存在性,二是词义形成的约定俗成性。首先,从反映对象上看,无论是客观世界的山川草木,还是主观世界的爱恨情仇,都是客观存在的。其次,从词义形成来看,什么样的语音形式及其书写形式表示什么事物、现象及其关系的意义,是基于社会成员客观存在的共同认知而约定俗成的,否则社会成员无法进行交际。比如客观世界存在着"地震"并得到社会成员的共同认知,才会产生"地震"这个词及其意义。

(2) 词义的主观性。主要表现为两个方面:一是使用主体的民族性,二是词义理解的个体性。首先,不同民族在用不同的词语记录客观世界和主观世界的事物现象时,由于民族思维、语言系统、生活习惯等方面差异,决定了词义的民族差异,主要表现为对相同的事物现象用不同的语言单位或不同数量的词来概括。此外,对相同的事物会赋予不同的民族情感。比如,"鹤"在中国文化中是吉祥与长寿的象征,在日本象征着幸福,而在英国却被看作丑陋的鸟,在法国被认为是蠢汉和淫妇的代称。其次,即使同一个民族,在对事物认识基本一致的情况下,也会因年龄、生活环境、文化水平和认知能力等差异,造成词义理解的个体差异。比如,对"橘子、葡萄"的词义,南方人与北方人的认知也存在差异。

(3) 词义的概括性。从指称方式上看,词义对所指事物、现象及其关系都具有概括能力。词义都是对一类对象的概括反映。如"笔"的词义是写字画图的工具,是从铅笔、钢笔、圆珠笔、毛笔、蜡笔、水彩笔等不同类型和派克笔、英雄笔、金星笔等不同品牌的"笔"中概括出来的,舍弃了不同个体的差异特征,抽象出共同的功能特征。另外,不仅普通词的词义是概括的,专有词的词义也具有概括性。比如,"巴金"一词的词义就概括了巴金的全部特征,不仅指不同时期的巴金,也指在社会、家庭中不同身份的巴金。

(4) 词义的演变性。从发展趋势上看,词义并非一成不变的,而是随着客观世界和主观世界的发展变化,人们对各类事物、现象及其关系的认识和使用方式也随之发生变化,从而影响到词义的变化发展。总体来看,词义的演变主要有以下几种类型:

① 词义认识的深化。随着社会的发展,一个词在古代和现代所指事物的范围没有变化,但是人们对词所指事物的性质特征的认知却在不断深化。如:

人:天地之性最贵者也。(《说文解字》)

能制造工具并使用工具进行劳动的高等动物。(《现代汉语词典》)

"人"这个词所指的对象古今是一样的,但从古今定义来看,主要有两点不同:一是属概念不同,古代用代词"者"而现代用"高等动物";二是种差所反映的人的特征不同,古代用"天地之性最贵",而现代用"能制造工具并使用工具进行劳动"。这说明无论在归类还是揭示本质上,古代人与现代人都呈现出显著的差异。

② 词义范围的变化。词义所指事物和搭配对象的范围发生了由小到大或者由大到小的变化。词义扩大。如:"河"从专指黄河扩大到泛指一切河流,"洗"从只限"洗脚"扩大到了洗一般物体。词义缩小。如:"学者"从指"求学之人"缩小到指学术上有一定成就的人,"报复"从指报答恩和怨缩小到专门报怨。

③ 词义功能的转移。词义的功能会随着使用条件和搭配对象的变化而发生转移。如:从古至今,"布告"从原义表示"对众宣告、公告"的动词转移到表示"(机关、团体)张贴出来通告群众的文件"的名词;"秀才"从原义表示"才能优秀"的形容词转移到"通称明清两代生员或泛指读书人"的名词。

④ 词义色彩的变化。词义在感情色彩上也会发生变化。如:"爪牙"在古代原指鸟兽用于攻击和防卫的"爪"和"牙",引申指武臣,在感情色彩上属于中性或褒义词,但现在用来比喻坏人的党羽,变成了贬义。同样,"勾当"原义是感情色彩中性动词"办理",现在指感情色彩贬义的名词"坏事情"。

第四节 词义分析与释义

一、填空题

1. 共同义素 区别素
2. 意义关联性
3. 元语言
4. 系统性 对等性 区别性 简明性
5. 属 种差
6. 互训 反训
7. 时空信息 主观色彩 语法属性

二、单项选择题

1. D 2. A 3. D 4. D 5. D 6. B 7. D 8. C 9. B 10. A 11. D 12. B

三、多项选择题

1. BDE 2. ABCDE 3. ABCDE 4. ADE 5. ABCD

四、判断题

1. (×)。解析:义素分析法适用于对同一语义场的一组义位进行对比分析。
2. (√)。
3. (√)。
4. (×)。解析:义素分析法必须在最小的语义场里进行。
5. (×)。解析:义素分析法适用于一些普通名词、动词和形容词,而对一些泛义动词和虚词等较难作义素分析。
6. (×)。解析:应该是义素分析法。
7. (√)。
8. (√)。

五、简答与分析题

1. 请举例说说语义场的类型。

语义场就是在共时条件下,在同一个语义系统中具有意义联系的词的聚合体。根据语义场内义位之间的关系,可以把语义场分为以下类型:

(1) 分类语义场,如表示军阶:军长、师长、团长、营长、连长、排长、班长

(2) 顺序语义场,如表示节气:立春、雨水、惊蛰、春分、清明、谷雨、立夏

(3) 关系语义场,如表示父系男性亲属称谓:爷爷、伯伯、爸爸、叔叔、哥哥、弟弟、儿子、侄子、孙子

(4) 反义语义场,如黑—白、善—恶

(5) 同义语义场,如热爱—疼爱—怜爱—喜爱—溺爱

2. 请举例说说语义场的特征。

语义场就是在共时条件下,在同一个语义系统中具有意义联系的词的聚合体,具有以下三个特征:

(1) 联系性。语义场必须在一个共同意义的支配下组成的。例如在"家具"这一义位的支配下,由"桌子、椅子、床、沙发、柜子"等构成一个语义场。而一个多义词语可以根据不同的意义归入不同的语义场。

比如根据时间单位,“日”可以归入“秒、分、刻、时、日、旬、月、季、年、世纪……”语义场,也可根据分段计时,归入“日、夜、早晨、上午、中午、下午、晚上……”语义场。

(2) 民族性。语义场分类带有鲜明的民族特点。比如在亲属分类上,汉语和英语就有很大的区别,汉语里父系亲属和母系亲属分属于不同的语义场,而英语里就不那么严格区分。

(3) 层次性。语义场是具有上下层次的语义有序集。大的语义场可以分为几个小的语义场,小的语义场再分为更小的语义场,而义素分析法必须在最小的语义场里进行。如视觉颜色的语义场就具有以下的层次性:“感觉”语义场→“颜色”语义场→“红”语义场。

3. 请用义素分析法分析下列五组词语。

(1) 父亲:[+直系亲属,+长一辈,+男性]
母亲:[+直系亲属,+长一辈,-男性]
儿子:[+直系亲属,-长一辈,+男性]
女儿:[+直系亲属,-长一辈,-男性]

(2) 叩:[+碰击,+用头部]
敲:[+碰击,+用手部]
撞:[+碰击,+用身体]

(3)

词项	[交通工具]	[陆路]	[机动]	[用燃油]	[载人]
自行车	+	+	−	−	+
卡车	+	+	+	+	−
公共汽车	+	+	+	+	−
电车	+	+	+	−	+
飞机	+	−	+	+	+

(4)

词项	[水域]	[流动]	[面积大]	[水深]
川	+	+	+	−
溪	+	+	−	−
海	+	+	+	+
湖	+	−	+	+
池	+	−	−	−

(5)

词项	[借助工具]	[凭借动物]	[脚向前行进]	[膝部弯曲]	[快速]
奔	−	−	+	+	+
步	−	−	+	−	−
乘	+	−	−	±	±
骑	+	±	−	±	±

4. 请指出下列合成词中语素义和词义的关系类型。

词义由语素义构词直接来表示	联合型	怅惘、美满
	偏正型	常备、高价、猛醒
	述宾型	弭兵、逐利、节育
	主谓型	貌似、自尽

（续表）

词义由语素义同义互补来表示	形容词	怅惘、美满
	动词	种植
	名词	模样、朋友
词义由语素义和附加义来表示	主体	娇嗔、焦枯
	对象	错过、计数
	时间	儿童、打从
	处所	郊外、连载
	目的	红包
	工具	聚敛
	方式	劫犯
	范围	搭建、达到
	性状	话痨、供品
词义由语素义修辞间接来表示	比喻	矛头、门户
	借代	眉宇、朱门
词义由部分语素义来表示	语素义脱落	睡觉、好歹
	语素义模糊	高汤、行李
词义与语素义没有直接关系		东西

5. 用构词分析法分析下列三组词语。

（1）“亡”：

① 死亡：亡故、死亡、亡灵、阵亡

② 逃跑：逃亡、流亡

③ 灭亡：存亡、亡国、兴亡

④ 丢失：亡羊补牢

（2）“传”：

① 由上一代交给下一代：流传、传本、传承、传代、传家宝、传世

② 传授：师传、传道、传灯

③ 传播：宣传、传播、传唱、传单、传扬

④ 传导：传电、传热、传导

⑤ 表达：传神、眉目传情

⑥ 发出命令：传讯、传唤、传见、传令

⑦ 病原体侵入生物体产生病理反应：传染

（3）“中”：

① 中间：当中、中天、中央、中州、中年、中悔、中衰、中途

② 里面：中心、中衣

③ 不偏不倚：中道、中庸、中立

④ 公正、正直：中正

⑤ 媒介：中人

⑥ 中等或平常：中民、中智、中士

⑦ 内心：中怀

⑧ 内脏：中肠

⑨ 半：中宵、中夕、中分、夜中

⑩ 符合:中声、中节、中式、中理

⑪ 合用:中意、中试

6. 分析下列词的释义,请分析它们运用了何种释义方式。

(1) 逻辑定义释义法

(2) 描写比喻释义法+附加信息释义法(比喻说明+附加方言信息)

(3) 补充论元释义法(补充主体信息)

(4) 逻辑定义释义法

(5) 描写比喻释义法(形容说明)

(6) 互训反训释义法(对被解释的语素次序进行对等的同义近义解释)

(7) 描写比喻释义法+附加信息释义法(形容说明+附加用法)

六、论述题

1. 请举例说明义素分析法的原则。

义素分析法是对同一语义场的一组义位进行对比分析,从中寻找义位之间共同义素和区别义素的方法。在进行义素分析时,应遵循系统性、对等性、区别性和简明性的原则。

(1) 系统性原则。义素分析法的目的就是找出同组义位在义素上的异同,因此,必须把义位放在属于同一语义场的语义系统中进行对比分析,从而达到对同一语义场内各个义位的系统比较。如:"大人"在汉语中有两个义项,一个指"成人",与"小孩"等在同一个语义场;一个指"旧称地位高的官长",与"长官"等在同一个语义场。

(2) 对等性原则。由于义位与义素是整体与部分关系,义位的意义必须等于分解出来的各个义素的总和,所指范围不能过宽或过窄。例如:"单身汉"的义位结构式是[+男性,+未婚,+成年],三个义素相加等于"单身汉"的意思。如果将其分析为[+男性,+未婚],那么其范围就过宽了,把未成年的男性也包含在内。

(3) 区别性原则。对同一语义场中两个义位进行义素对比分析时,要找出具有区别作用的义素,这是义素分析的根本目的。如:灌木[+矮小,+丛生,-没有明显主干,+木本植物],乔木[-矮小,-丛生,+有明显主干,+木本植物],其中"木本植物"是共同义素,二者的区别语素在于"矮小""丛生""有无明显主干"。

(4) 简明性原则。任何一个义位的语义属性都很多,因此,义素分析不能罗列过多的属性,用尽可能少的典型区别性义素来揭示义位的区别性特征。例如:"男孩"分析为[+人,+男性,-成年],就能简明而充分地揭示"男孩"的语义特征;如果分析为[+动物,+人,+男性,+思维能力,-成年],"+动物、+思维能力"就多余了。

2. 请阐述义素分析法的优点和缺点。

义素分析法是对同一语义场的一组义位进行对比分析,从中寻找义位之间共同义素和区别义素的方法。

优点:在分析词义的聚合、组合、比较、变化、关系及其内部构成上具有很强的实用价值,因为它深入到了一个词义的内部构成因子。有利于对比辨析义位之间的异同,也有利于分析确定义位的语义特征。

缺点:

① 使用范围有限:适用于一些普通名词、形容词和动词,而对于一些泛义动词(如:弄、做、打、搞等)和虚词(过、和、且、吧等)较难作义素分析。

② 义素提取具有一定的任意性:义素提取的数量和种类往往因人而异,不同的人在分析同一组词时所提取的义素很不一样,带有一定的主观性。这既与人们因对词义的感知不同而辨认词义的经验与方式不同有关,更与人们对语言中义素的类别、存在方式等缺乏完整的认识有关。

第五节 词汇的分类系统

一、填空题

1. 同音同形词　同音异形词
2. 语音形式　意义
3. 英文字母词　汉语拼音字母缩略形式　以字母表形的字母词
4. 单义词
5. 既有联系又不相同　固定性　关联性　区别性
6. 本义　基本义　引申义　比喻义
7. 等义词　近义词
8. 意义　功能　色彩
9. 色彩分析法　意义分析法　功能分析法
10. 反义词　同一范畴
11. 矛盾关系　反对关系
12. 属种关系　属种关系　属概念　种概念
13. 相对性　层次性

二、单项选择题

1. A　2. D　3. A　4. D　5. D　6. B　7. A　8. B　9. C　10. A　11. C　12. D　13. C　14. D

三、多项选择题

1. BCE　2. ACDE　3. ABCE　4. ABCDE　5. ABCDE　6. AC　7. ABDE　8. BCE　9. ACE　10. ABCD
11. ABDE　12. BCD

四、判断题

1. (×)。解析:只是语音形式相同,书写形式有可能相同,也有可能不相同。
2. (√)。
3. (×)。解析:字母词是指汉语中由拉丁字母、希腊字母等西文字母构成的或由它们与符号、数字或汉字混合构成的词,主要包括英文字母词、汉语拼音字母缩略形式和以字母表形的字母词三类。
4. (√)。
5. (×)。解析:一个词所包含的义位并非所有都有意义上的联系,也有些无意义联系的义位,如假借义。
6. (×)。解析:应为词义。
7. (×)。解析:多义不成词语素在古汉语中绝大多数是词,现在仍在一些书面语或文言格式中作为词使用。
8. (√)。
9. (×)。解析:词的基本义都是词义义项,不能是语素义义项。
10. (√)。
11. (×)。解析:同义聚合和反义聚合并不仅仅限于词,还可以是成语等词汇单位。
12. (√)。
13. (×)。解析:应该是该词的一个意义,即基于一个义项。
14. (√)。
15. (×)。解析:不能,因为这样只否定了对方,并没有新的内容。
16. (×)。解析:二者词性不同,不能构成反义关系。

17.(×)。解析:像多数的象声词和感叹词就没有同义关系或反义关系。

18.(×)。解析:应为类与子类、一般与个别的关系。

19.(×)。解析:应为非严格的基于日常生活中的类义词。

五、分析题

1. 指出下列字母词的具体类型。

英文字母词	GDP、B超、ATM机、NBA、EMS、VIP、CEO、DVD、MP3
汉语拼音字母缩略形式	HSK、GB、RMB
以字母表形的字母词	C位、T台、S形

2. 请指出下列多义词的引申演变关系。

(1) ③→②→①

(2) ①→③→②

(3)
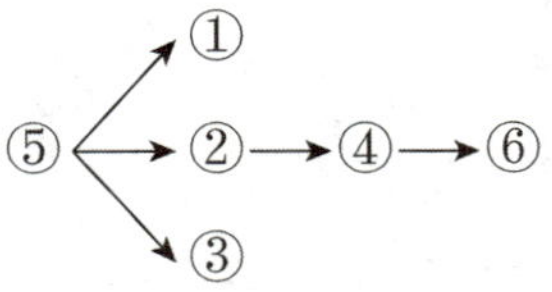

(4)
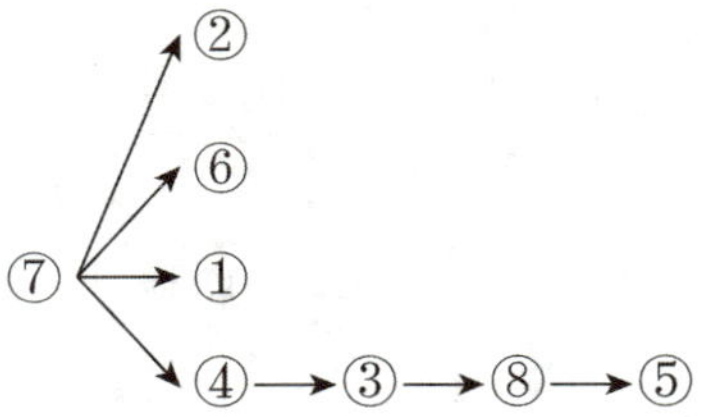

3. 请给下列词语找到合适的上位词、下位词和类义词。

	上位词	下位词	类义词
民族器乐	器乐	吹奏乐器、拉弦乐器、弹拨乐器、打击乐器	西洋器乐
颜色	感觉	大红、枣红、桃红、粉红、橘红、血红、紫红、火红、淡红、深红	声音、味道、温度
球类运动	体育	篮球、排球、足球	田径类运动、体操类运动

4. 请指出下列成语的同义词和反义词。

成语	同义词	反义词
生气勃勃	生机盎然/生机勃勃	死气沉沉
安分守己	循规蹈矩	惹是生非
安居乐业	安身立命	流离失所
安然无恙	安然无事	飞来横祸
半途而废	功亏一篑	持之以恒
半信半疑	将信将疑	深信不疑
饱经风霜	备尝艰苦	一帆风顺
比比皆是	俯拾即是	寥寥无几
博古通今	博学多才	胸无点墨
赤手空拳	手无寸铁	荷枪实弹
不攻自破	不堪一击	无懈可击

（续表）

成语	同义词	反义词
别出心裁	独出心裁	千篇一律
变化多端	变幻无常	一成不变

5. 选择同义词填空。

(1) 工作顺利　　交通便利
(2) 房子坚固　　性格坚强
(3) 河水清澈　　画面清晰
(4) 时间充裕　　理由充分
(5) 国家繁荣　　街道繁华
(6) 听从劝告　　服从领导
(7) 规模庞大　　目标远大
(8) 性格软弱　　身体虚弱
(9) 圆满的结局　　美满的生活
(10) 达到目的　　到达目的地
(11) 维持生活　　保持清洁
(12) 举办展览会　　举行毕业典礼
(13) 保重身体　　珍重友谊
(14) 校对文稿　　核对账目
(15) 扔掉破旧衣物　　抛弃妻子儿女

6. 辨析下列同义词。

(1)“性质”和“品质”代表的都是“属性”这一概念。但“性质”可以指一切事物的属性，范围较大；“品质”则多指人的品性，有时指物品的质量，范围较小。

(2)“时代”和“时期”都指社会或人生发展的某一阶段，但“时代”所指时间较长，“时期”所指时间可长可短。

(3)“损坏”和“毁坏”都有使事物受到伤害的意思，但“毁坏”指严重的损坏，程度比“损坏”更重。

(4)“失望”和“绝望”都指失去希望，但“失望”可以是部分地失去希望，“绝望”指完全失去了希望。

(5)“美满”和“圆满”都指没有缺欠、使人满意。但“美满”着重指美好，完美，一般用于形容生活、家庭等；“圆满”着重指完备、周全，一般用于形容答案、结果等。

(6)“看透”“看破”和“看穿”都是看出本来的东西。但“看透”侧重了解得透彻，看出本质；“看破”着重强调认识得彻底，不被表面现象迷惑；“看穿”偏向强调完全地看出了本来的性质或面目。

(7)“侵占”一般和“主权、利益、领空”等搭配，“侵犯”一般跟“土地、财产、领土”等搭配。

(8)“美丽”多形容容貌、姿态、风景、动物、植物等，用于人时多指女性；“漂亮”则广泛用于人和具体的事物。

(9) 形容词“充足”和“充分”都能充当定语，如“充分的理由”“充足的人力”。但“充分”还可以充当状语，“充足”却不能。

(10)“永久”是形容词，常作定语，如“永久的纪念”；“永远”是副词，一般只作状语，如“永远记住这个教训”。

(11)“行为”和“行径”的基本义都指举动、活动，但“行为”是中性词，而“行径”为贬义词，表示坏的行为，如“无耻的行径”。

(12)“吝啬”“小气”和“抠门”的基本义都相同，但“吝啬”是书面用语，“小气”是口语语体，而“抠门”则是方言词。

六、简答题

1. 请举例说明同音词的来源。

同音词是指语音形式(声母、韵母和声调)相同而意义完全不同的词。同音词间意义不同,这是就当代的情况来说的。从历史上看,同音词之间有可能在词义上毫无关联,也有可能在词源上存在一定的联系。

第一类:词源不同,发音偶合的同音词。如“轻”和“清”,在古代是不同音的,二者的声母不同,“轻”是“溪”母字,“清”是“清”母字;有的是因音译外来词借用汉语词而形成的同音词,如电流单位“安培”的简称“安”和安全的“安”的同音,就是偶然的因素造成。

第二类:词源相同,词义分化而产生的同音词。这一类在古代是有意义联系的,后来随着意义的演变逐渐分化,解体为几个不同的词,失去了原有的联系,但语音形式却没有产生变化。如表示计时单位的“刻”和雕刻的“刻”,其意义在过去都是有联系的,现在都演变为同音词了。

2. 请举例说说同形词的类型。

同形词是指书写形式相同,语音形式和意义不同的词。汉语的语音形式主要包括声韵调,以及特殊的语流音变,主要包括以下四类:

(1) 声母、韵母相同,声调不同。如:难(nán),工作很难——难(nàn),有难大家帮

(2) 声母相同,韵母不同或韵母声调不同。如:称(chēng),称一称——称(chèn),称心如意。

(3) 韵母相同,声母不同或声母声调不同。如:弹(tán),弹棉花——弹(dàn),弹药。

(4) 第一个音节相同,第二个音节有轻声与否的差别。如:地道(dì dào)(地下通道)——地道(dì · dao)(真正的)。

3. 请简要说说同音词和多义词的区别。

同音词和多义词都是用同一语音形式来表示不同的意义内容。但多义词指的是一个词具有几个不同的意义,这些意义之间有一定联系;而同音词则是几个意义不同的词具有相同的语音形式,它们在意义上没有联系。例如,“鲜花、雪花、礼花、眼花、校花”中的“花”,它们在意义上有联系,都是从“花朵”的“花”这一基本义派生出来的,因此是一个多义词;而“花钱、花时间”跟“花朵”的“花”虽然语言形式相同,意义上却没有联系,它们就不是一个多义词,而是两个同音词。

4. 请举例说说多义词的类型。

多义词的几个义项,有的是可独立运用的词义,有的则是构成词和固定结构、不能独立运用的语素义。根据多义词所包含的义位和语素义情况,可以分成三种类型:

(1) 所有义项都是词义的多义词。属于合成词的双音节多义词和多音节多义词,其义项绝大多数都是词义,有些单音节多义词的义项也都是词义。如:

闹:① 形喧哗;不安静:~市 | 这里~得很,没法儿看书。
② 动吵;争吵:又哭又~ | 两个人又~翻了。
③ 动扰乱;搅乱:~公堂 | 大~天宫。
④ 动发泄(感情):~情绪 | ~脾气。
⑤ 动害(病);发生(灾害或不好的事):~病 | ~肚子 | ~水灾 | ~矛盾。
⑥ 动干;弄;搞:~革命 | ~生产 | 把问题~清楚。
⑦ 动开玩笑;逗:打~ | ~洞房。

白白:① 副没有效果;徒然:瞎跑了一天,时间~浪费了。
② 副无代价;无报偿:这些东西不能~送给你。

(2) 有些义项是词义而有些是语素义的多义词。如:

富:① 形财产多(跟“贫、穷”相对):~裕 | ~有 | ~户 | 农村~了。
② 使变富:~国强兵 | ~民政策。
③ 资源;财产:~源 | 财~。
④ 丰富;多:~饶 | ~于养分。

其中,①②为词义,③④是语素义。

(3) 所有义项都是语素义的多义不成词语素。如:

危：① 危险；不安全（跟“安”相对）：～急｜～难｜转～为安｜居安思～。

② 使处于危险境地；损害：～害｜～及。

③ 指人快要死：临～｜病～。

④〈书〉高；高耸：～冠｜～墙。

⑤〈书〉端正；正直：正襟～坐｜～言正色。

5. 请举例说说多义词的本义发展情况。

本义是文献记载的词的最初意义。词的本义在历史长河发展过程中，有消有长：

（1）有些多义词的本义已经消失，在一般词典中不再列为义项。如：“封”的本义是“加土培育树木”，“封殖此树”（《左传·昭公二年》）中的“封”就是用本义。“集”的本义是“鸟栖止于树”，“肃肃鸨羽，集于苞栩”（《诗经·唐风·鸨羽》）中用的本义，后来发展出一般的“集合、汇集”的意义。

（2）有些多义词的本义作为语素义至今保留，但只出现在合成词或固定结构中。如：“兵”的本义是“兵器”，存在于“短兵相接、秣马厉兵”中。“汤”的本义是“热水”，保留在“扬汤止沸、赴汤蹈火”中。

（3）有些多义词的本义，至今仍然是最常用最主要的意义，这时多义词的本义与基本义就一致了。如“土”的本义是土壤、泥土，这个意义现仍广泛使用。

6. 请举例阐述上下位词的作用。

上下位词的作用有以下三个方面：

（1）是表达认知的重要方式。上下位词常用来构成一种表达认识的重要方式，即“下位词是……的上位词”。在“酵母菌是一种单细胞的微生物”中，“酵母菌”是下位词，而“微生物”则是上位词。该类表达方式很容易形成“属加种差”式的科学定义和定义式释义。如：“数学是研究现实世界的空间形式和数量关系的科学”，形成“种概念＝种差＋属概念”。

（2）形成构词的重要手段。词的上下位关系在构词中有重要作用，以某种事物现象为词根，加上某种修饰性限制性的语素，就会产生出很多下位词。如：车——汽车、火车、出租车、自行车、公交车、军车、货车、客车、校车……

（3）词汇系统性的重要表现。比较不同语言的上下位词，就会发现不同语言词汇的一些特点。比如：汉语“红”的下位词有桃红、橘红、猩红、枣红、血红、绯红、粉红、鲜红等，而英语 red 的下位词是 crimson（深红）、scarlet（绯红、鲜红、浅红）、pink（桃红），而枣红是 purplish red，血红是 blood red，二者用英语词组来表示。

7. “肥”是一个多义词，在具体表示什么意义时，分别与“瘦”“窄”“贫”“枯”“瘠”等词构成反义关系？这说明反义词鉴定时应遵循什么标准？

①表示脂肪多：肥——瘦；②衣服宽大：肥——窄；③家底殷富：肥——贫；④饱满厚实：肥——枯；⑤土地肥沃：肥——瘠。

由“肥”在分别表示不同意义时与不同词构成反义关系，可以看到构成反义关系必须遵循以下标准：

（1）必须属于同一范畴。反义关系是词与词在语义上的一种横向联系，构成反义词的一对词或一组词必须属于同一个意义范畴。如“肥”的指称对象不同，如脂肪、衣服、家底、土地等，则与相应意义范畴的词构成反义关系。

（2）必须属于同一词性。“肥”的不同词义构成的反义词，它们的词性要求都为形容词。

（3）基于义项构成反义关系。反义词的反义关系是以义项为基本单位的，所以才会出现一个多义词“肥”与不同的词构成如上五组反义关系。

七、论述题

1. 有人担心字母词的大量出现会危及汉语的纯洁性，你对这个问题怎么看待？请简要谈谈字母词规范的问题。

字母在汉语中安家是近代以来就存在的事实。改革开放以后，以英文缩略词为主体的字母词大量涌入汉语，这引起一些人的担忧。就目前字母词的使用现状来看，这种担心没有必要。第一，字母具有的排序和替代功能已使其成为现代汉语书面表达不可或缺的子系统。第二,字母词使用在经历了数量大幅增长之后逐渐趋于平稳,说明汉语能够吸纳的字母词数量是有限度的,这与语言的工具性及字母词的非汉字性性质有关,语言具有自我调节功能。第三,字母词稳定性差,被高频使用而能在汉语系统中沉淀下来的共用字母词数量很少,对汉语本体并未构成威胁性影响。第四,字母词使用反映时代特点,具有客观现实需求。网络时代信息通达,科技发展日新月异,每天世界上都会有一些新思想、新观念、新技术、新成果涌现出来,我们可能一时无法将其名称妥帖地翻译成汉语,不妨先用字母形式表达;中国与国际社会联系日益密切,参与国际活动逐渐增多,采用一些国际通用的语言表述形式,与国际社会的互通更密切等。基于以上从社会生活和语言文字使用本身考虑,字母词在短时间内不可能也不应该从我们的语言生活中消失,而应采取适当的方式加以控制并引导,如给出一个分级的常用字母词表,帮助解决交流障碍。

2. 等义词中的意义是否真的绝对完全相同?请谈谈你的看法。

　　等义词的意义并非绝对完全相同。现代汉语中的等义词主要有两种类型:一是借用方言词或外来词的结果,一是语素相同而词序不同的等义词。借用方言词的,比如东北话“忽悠”。借用外来词的,多是音译方式和意译方式造成的等义词,比如“盘尼西林——青霉素”。方言词和外来词都是从别的地区进入现代汉语词汇中的,因而能共存。

　　就第二种类型而言,同素逆序的等义词彼此作用完全相同,不能长时间共存于词汇中,其结果不外乎两种:要么随着语言规范化,其一被择取,而其余则被淘汰,要么在并存的时期内逐渐产生分化,成为近义词而留存在现代汉语词汇中。如“演说”和“演讲”是等义的,但是近些年来,彼此的搭配情况已不完全相同:

演说	发表演说	每次演说	/	演说者
演讲	/	每次演讲	演讲比赛	演讲者

　　总之,等义词的意义并非绝对完全相同。能共存的,或是来源于方言词或外来词;不能共存的,由于语言经济性原则,要么被规范化,要么逐渐分化变成近义词。

3. 在日常使用中,我们会说“大班/小班,大便/小便,大肠/小肠,大乘/小乘,大写/小写”,可为什么“大海/＊小海,大团圆/＊小团圆,大师/＊小师”“小康/＊大康,小费/＊大费,小贩/＊大贩”却没有相应的反义词呢?

　　其原因在于:

(1) 这些词词义所指称的事物只有一方面的特征,而无另一方面的特征,例如只有大,没有小(如大海);或者只有小,没有大(如小费、小贩)。

(2) 词的反义关系的对立是在同一个语义范畴内,“大”和“小”构成反义关系,但并不等于其构成的词也会在同一个语义范畴内构成反义关系。

(3) “大”和“小”都是多义词,其所构成的词中的“大”和“小”并非指大小的“大”、大小的“小”,如“大团圆”和“小康”。

第六节　词汇的构成系统

一、填空题

1. 历史古语词　文言古语词
2. 新造词
3. 方言词
4. 社区词　中国大陆　香港特区　澳门特区　台湾地区　海外华语
5. 行业词
6. 连音带义

二、单项选择题

1. B　2. D　3. B　4. C　5. C　6. D　7. D

三、多项选择题

1. BCD　2. ABCE　3. ABCDE　4. BDE　5. ABCDE　6. ABCD

四、判断题

1. (×)。解析:应为传承词。
2. (×)。解析:古语词在现代汉语中有时出于特殊需要偶尔会使用。
3. (×)。解析:应为文言古语词。
4. (×)。解析:新出现的词语也有可能是旧词的复出。
5. (√)。
6. (√)。
7. (×)。解析:“足球”和“蜜月”不是外来词。
8. (√)。

五、简答与分析题

1. 请举例说明传承词的类别。

传承词是指从古代、近代汉民族语言词汇中流传下来而为现代汉语词汇所承接的词,是现代汉语词汇的核心部分,属于基本词汇。主要包括以下几类:

(1) 表示自然现象和事物的词:山、水、草、木、虫、鱼、鸟、兽
(2) 表示生产和生活资料的词:车、米、刀、灯、田、工厂、房屋
(3) 表示时量和空间概念的词:春、秋、年、东、西、左右、前后
(4) 表示事物的性质状态的词:深、浅、红、白、大、小、曲、直
(5) 表示人体部位和器官的词:头、口、鼻、手、足、脚、四肢、唇
(6) 表示动作行为和变化的词;吃、想、睡、问、答、
(7) 表示亲属、人称、指代的词:爷爷、奶奶、我、你、这、那
(8) 表示事物或行为关系的词:之、的、连、且、而、以、才、都

2. “语言词汇中的主要东西就是基本词汇,其中包括所有的根词,成为基本词汇的核心。基本词汇是比语言的词汇窄小得多的,可是它的生命力却长久得多,它在千百年的长时期中生存着并给语言构成新词提供基础。”请结合这句话谈谈传承词的特点。

传承词是指从古代、近代汉民族语言词汇中流传下来而为现代汉语词汇所承接的词,是现代汉语词汇的核心部分,具有以下三个特点:

(1) 共时的普遍性。传承词是人们日常生活交际的基本词汇,其使用范围广,使用频率高,不受使用主体的地域、性别、年龄、行业、阶层、文化、心理等社会因素的制约,具有普遍使用的特点。
(2) 历时的稳定性。传承词所指称事物现象的词义范围从古至今基本保持不变。
(3) 构词的能产性。传承词能针对社会发展中出现的新事物、新现象构造新词。现代汉语大量的双音节词语都是在单音节传承词的基础上构成的。

3. 有人说,古语词在现代社会中彻底消亡了。你赞同这个说法吗? 说说你的理由。

不赞同,这是对古语词概念的理解出现了失误。古语词是指在古代、近代汉语中使用而现代汉语出于特殊需要偶尔使用的词语。之所以称为古语词,是因为这些词所指称的对象或是在历史上存在过而因社会的发展改变现在不存在了,或是用新的词语去表示;前者称为历史古语词,后者称为文言古语词。人类的社会生活的时间并非单线性,在追溯过去历史的时候必然需要使用到这些古语词,如在描述历史事物、

现象和观念的历史著作、文艺作品和特定语境中使用。另外,古语词在现代社会中也有其独特的使用价值。如在郑重场合之中,我们使用古语词时能显出典雅古朴的语体色彩,以表示使用者的庄重。所以说,古语词在现代社会并非彻底消亡,它们在现代社会中依然有独特的使用价值。

4. 查查最新版的《现代汉语词典》,看里边收录了哪些新造词。

新造词是指为指称新事物、新概念或新现象而创造的词语。以《现代汉语词典(第 7 版)》新造词为例,主要有两种类型:一是新词新义,即用新的词语形式指称新的事物、概念或现象;二是旧词新义,即原有的词语形式并没有改变,而是增加了新的义项或是被重新赋予新的意义。例如:

供给侧:指国民经济中供给的一方。

虚热:①中医指由于身体虚弱而产生的发热的症状。②指表面的虚假繁荣。

《现代汉语词典(第 7 版)》较之前一版,新增词语有 333 个。集中在以下几个领域:

(1) 政治领域:破冰(比喻打破僵局,关系缓和)、党情、治国理政、八项规定、社会主义核心价值观

(2) 经济领域:虚热、供给侧、白菜价、电商、众创、上架

(3) 社会生活领域:直通车(比喻畅通无阻的沟通渠道)、踩雷、掺水、钓鱼、点赞、吐槽、泪奔、光盘、躺枪、开房、私信、备胎、民宿、垃圾分类

(4) 文教领域:负能量、接地气、工匠精神、通识教育、学霸

(5) 科技领域:大数据、充电宝、互联网+、二维码、微信

5. 请搜集一些新冠疫情下进入到日常生活的医学行业用语。

新冠、核酸检测、方舱医院、雷神山医院、火神山医院、隔离、N95、KN95、飞沫传播、气溶胶传播、粪口传播、潜伏期、交叉感染、疫情峰值、特效药、试剂盒、防护服、护目镜、疫苗、防护物资、防疫、疫区、肺炎、甲类传染病、确诊病例、疑似病例、输入性病例、封城、拐点、健康码等。

6. 请举例说说汉语发展史上外来词大规模介入的时期。

在汉语发展史上,外来词的大规模借入主要有四个时期:一是借入西域诸国事物类词语的两汉时期,如骆驼、狮子等;二是借入佛教词语的魏晋南北朝至唐宋时期,如佛、菩萨等;三是借入西方哲学、政治和科技词语的近代时期,如干部、民主等;四是全面借入外来词的改革开放时期,如的士、啤酒等。

7. 请指出下列词语的译借方式。

纯音译式	迷你、粉丝、肯德基、沙扬娜拉
音译混意译式	迷你裙、摩托车、剑桥、马克思主义
音译兼意译式	可乐、肥皂剧、爱豆
音译加语素式	保龄球、艾滋病、酒吧
借音借形式	IP、BB 机、MP4丨革命、共和、社会

8. 如何区分外来词和字母词?

外来词是指从外国语或外族语中连音带义吸收来的词语,其区别性特征在于音译性,它跟源语言在语音上以及语义上存在一定对应关系。而字母词是指汉语中由字母单独或字母与汉字、数字、符号等构成的词。两者是属于不同范畴的概念,外来词着眼于词语来源,字母词着眼于词语形式。

外来词和字母词之间存在很大程度上的交叉,因为从西方借来的词语会采用借音借形的译借方式,如 X 光、ID 卡、SOS、NBA,既属于外来词,也属于字母词。而且字母词中"外文缩略词"也占了绝对的优势地位。

外来词和字母词并不完全重合。因为外来词也可以采用纯汉字形式音译或意译,而不借助字母形式,如基因、巴士、芭蕾舞等;字母词中也有汉语拼音的形式,如阿 Q、RMB、HSK,都是指称汉语本身的事物,所用也是汉语拼音的形式材料。

9. 请查阅《全球华语大词典》,指出下列社区词分别属于什么社区。

大陆社区词	老外、非典、小皇帝、黑五类、方便面
香港社区词	水货、物业、廉租房、总督、古惑仔
台湾社区词	麻吉、社屋、国宅、泡面、延长线、坎城、机车
澳门社区词	人情纸、打老虎、蛊惑狗
新加坡社区词	劳资证、牛车水

六、论述题

1. 比照《甲骨文词典》或向熹先生的《简明汉语史》，找一找传承至今的基本词。

《简明汉语史》(修订本)中"上古汉语词汇发展"一章记录已出土的甲骨文字约 4 500 字，能够辨认的 1 000 多个。在这 1 000 多个词中，名词最多，动词次之，形容词较少，虚词更少。以下列举一些从甲骨文时期传承至今的基本词：

名词：

(1) 有关天象、地理的名称：日、月、星、云、雷、雨、虹；土、山、丘、岩、石
(2) 时间、方位名称：日、月、年、岁、春、秋、旬、晨、昏；东、南、西、北、中
(3) 植物名称：木、林、森、竹、柳、桑、禾、麦、稻
(4) 动物名称：虎、象、狼、鹿、猴、兔、狐、虫、蚕、鱼、鸡、犬、羊、马
(5) 武器、生产工具名称：兵、戈、刀、斧、弓、网、田
(6) 有关物质生活方面的名称：衣、肉、酒、宫、室、家、庭、户、门、车、舟、皿
(7) 有关祭祀迷信的名称：上帝、祈、鬼、祠、福、祭、祀、祝、祸
(8) 关于人体的名称：首、眉、目、面、耳、舌、齿、身、足、肘、腹、骨、肉
(9) 称谓词：祖、父、母、兄、弟、夫、妻、妇、子、侄、孙、友

动词：

(1) 有关农业生产、畜牧渔猎：农、采；牧、渔、狩
(2) 有关战争方面：征、伐、杀、俘、斗、败
(3) 有关日常生活：宿、盥、沐、浴、洒、饮、食、扫
(4) 有关人的行动：立、来、往、出、入、行、登、降、归、遇、追、逐
(5) 有关言语：言、曰、呼、告、问、命、令
(6) 表示存在或变化：在、有、无、生、死、成
(7) 表示视和听：见、望、省、监、观、闻、听

形容词：

表示事物的性质(味道和气味、状态形貌、颜色)：吉、利、良、善、新、旧、安、宁；甘、香；大、小、长、幼、老、高、美；白、赤、黄、绿、幽

数词：一、二、三、四、五、六、七、八、九、十、百、千、万

2. 如何界定新造词？

词汇的发展跟社会的发展紧密联系在一起，社会发展导致新事物、新概念的出现，这些新事物、新概念的表达，引起了词汇的发展变化。但也有一些大家觉得很新的词，它们表达的内涵其实并不新鲜，或者在表达新事物、新概念的时候，沿用旧有的词，这两者能否认定为新造词呢？

我们借用义素分析法，将词形和词义作为标准，判定新造词需要满足什么条件。

	[新词形]	[新词义]	是否为新造词	例子
新词新义	+	+	✓	截屏、二维码、新冠、封城
新词旧义	+	−	✓	计算机—电脑、欺骗—忽悠、饭—粉丝

(续表)

	[新词形]	[新词义]	是否为新造词	例子
旧词新义	−	+	✓	绿茶、摸鱼、同志
旧词旧义	−	−	×	—

由表可知,界定新造词这一概念要综合考虑词形和词义的因素,只要词形或词义任一条件发生了变化,都可以认为是新造词。“新词新义”和“旧词新义”都是比较常见的,不大引起注意的是“新词旧义”。举个常见的例子,“忽悠”一词曾在短时间内迅速传遍各地,是一个公认的新词,但它所表达的内涵,却并非过去不存在、大家从不提及的。不考虑色彩和语义上的细微差别,在《现代汉语词典》中,我们可以找出一批意义和“忽悠”相近的词,比如:骗、欺、蒙、哄、诈、欺骗、蒙骗、诈骗、哄骗等。因此,新词语也可以指称一些早已存在的事物、概念和现象,这一点常常被我们所忽略。

所以说,在界定新造词这一概念时,只要是该词的词形或词义任何一个条件发生了变化,即指称新事物、新概念或新现象,或是用新的词语形式指称已有的事物、概念或现象,都可以称之为新造词。

3. 找一部极具地方色彩的现当代小说,好好体味其方言词语的特色。

(1)《繁花》是作者金宇澄用上海话的词汇、句式和腔调创作的一部描写上海市民的心灵成长史,也是上海这座城市的成长史,小说语言极具沪语韵味。小说中的方言词语列举如下:

有特色的方言实词。如:不响、有事体、寿头、瘟生、翘脚、贼骨头、赤佬、滑头、瘪三、不适意、吵相骂。

有特色的方言熟语。如:瞎七搭八、搞七捻三、狗皮倒灶、七搭八搭、瞎三话四、辣手辣脚、叫花子吃死蟹,只只鲜、死蟹一只、轧姘头、陈年宿古董;好吧、对吧、是吧(习用语)

方言重叠形式。如:白相相、灰扑扑、滴滴滑、蜡蜡黄、潮潮翻翻、耐耐心心、花头花脑、独头独脑。

(2)《骆驼祥子》是老舍京味小说的代表作,其京味不仅表现在题材的京味,即描绘北京地区的文化风俗,更表现在语言的京味,即使用纯正地道的北京口语。小说中的方言特色表现在:

大量使用儿化词:《骆驼祥子》儿化词词例共有722例,有名词、动词、代词、形容词、量词。如:极慢的立起来,找到了个馄饨挑儿。/人和厂有地方住,拉他的车的光棍儿,都可以白住——可是得交上车份儿。/“来铜子儿的?”一个车夫试着步儿问。

使用北京口语词汇:主儿、叉杆、老年间、体己、白房子、水月灯、放青、新新、敢情、甭。

4. 阅读并搜集刘慈欣《三体》小说中涉及的一些有关物理学科的行业词,或者是特德·姜的《你一生的故事》中涉及的一些有关语言学的行业词。

《三体》中的物理学行业词:纳米材料、超导线圈、高能加速器、球状闪电、宏原子、理论物理、撞击实验、弦论、粒子、加速度、物质微观结构、反应黑箱等。

《你一生的故事》中的语言学行业词:

(1) 语音:发音器官、喉腔、听觉器官、音位、声谱仪、语音实验室、扬声器、声谱图、颤音、声谱、音节、语言习得过程、字母。

(2) 文字:文字、书写系统、语标文字、口头语言、笔画、会意、象形、语标、舌文、言语文字。

(3) 词汇:动词、词汇、不及物动词、名词、及物动词、前缀、词、字根。

(4) 语法:主语、宾语、词格、视觉语法、主格、宾格、词形变化、主谓结构、条件从句、修饰性从句。

5. 如何认定一个词是外来词?

外来词是指从外国语或外族语中连音带义吸收来的词语,反映的是词汇和外族语言的关系。其区别性特征在于音译性,它跟源语言在语音上以及语义上存在一定的对应关系。

从概念上看,判定一个词是否是外来词必须满足以下两个条件:一是词所指称的事物或概念是外来的;二是必须具备表音译的成分,或音节上汉化,字面上用汉字表示,或直接音译过来,用字母表示。二者缺一不可。至于具体的译借方式则有多种,纯音译式、音译混意译式、音译兼意译式、音译加语素式、借音借形式。

有的词语指称外来事物或概念时,既有意译形式也有音译形式,而只有音译形式的才是外来词。如盘尼西林——青霉素，盘尼西林才是外来词。唯一特殊的一类外来词是借自于日文汉字字形而非读音的词语，如哲学、议会、演绎、干部、经济等词。

6. 生长于台湾的欣怡暑期来到大陆探亲，大多数情况下沟通没有任何问题，但有时也会碰上一些语言问题：欣怡刚来餐馆点餐时，称呼服务员为“小姐”时，立马被旁边的长辈制止了；欣怡有一次出去游玩，向路人询问：“您好，请问临近坐捷运的入口在哪里？”路人一时没反应过来，后来欣怡才知道捷运在大陆叫做地铁。请问，这些问题反映了什么语言现象？

　　欣怡碰到的语言问题是因为大陆社区词和台湾社区词不同所造成的隔阂。社区词是指反映某一社区政治、经济、文化特点并只在该社区流通的特有词语。在材料中提到的“小姐”和“捷运”都是台湾社区词，在内地相对的社区词是“服务员”和“地铁”。二者之间所指称的事物是相同的，但由于不同的社会文化形态所用的词语是不相同的，可以看成同一词语在不同社区里的变体。

　　除了上述所说的义同形异社区词之外，还有义异形异社区词和形同义异社区词。前者如大陆社区词在社会主义建设中所形成的“四个现代化、五位一体、知青、上山下乡、下岗、北漂”等别具特色的词语，而台湾社区因其选举制度所形成的特有的“蓝营、绿营、造势、站台、固票、拜票”等。后者即词形相同，但含义和用法存在差异，比如“地盘”一词，在大陆社区指“占用或控制的地方，势力范围”，而在香港社区中其最常见的意义为“建筑工地”。

　　可以说，以上三种情况都是很典型的社区词，是同一语言在不同的社区由于政治、经济、文化、教育等方面的不同而产生的独具特色的词语，同时也反映了该社区社会生活和文化特征，属于社会语言学的概念。

7. 普通话中的“苦瓜、洗澡、开水”在香港叫“凉瓜、冲凉、滚水”，普通话中的“香菇、香油、沏茶”在香港叫“冬菇、麻油、冲茶”，请问这两组词都属于香港社区词吗？

　　这个问题考查的是社区词和方言词之间的关系。方言词反映的是词汇和地域的关系，社区词反映的是词汇和不同社区的关系：两者属于不同范畴的概念。社区词是通行于某个特定的政治经济文化社区的词语，而香港社会普遍使用的是粤语，很容易与方言词发生交叉情况。

　　当香港使用的词语在广东地区的粤语中也是这样使用的时候，只能将这些词语看成是方言词，而非社区词。方言词是可以跨社区的，因而第一组词的“凉瓜、冲凉、滚水”在广东地区的粤语中基本上也是这么使用的，不属于社区词。

　　当香港使用的词语在广东地区的粤语中不这样使用的时候，可以将这些词语看成是社区词，即便有可能在别的方言中也有可能使用。如第二组词的“冬菇、麻油、冲茶”并非粤方言词语，那么可以认为这些词语属于社区词。实际上，这些词语是吴方言词语，由于历史原因上海人迁至香港，语言相互接触，久而久之，香港话里也夹杂了些上海话。但因吴方言并非香港通行语言，因而可以将这些词语看成社区词。

第七节　词汇的熟语系统

一、填空题

1. 凝固　精辟
2. 深刻的社会生活经验　警示或教育
3. 喻意类　谐音类
4. 修辞
5. 习惯用语

二、单项选择题

1. C　2. A　3. D　4. B　5. C　6. A

三、多项选择题

1. ABCDE 2. ABCD 3. ACDE 4. ACDE 5. ABDE 6. AD 7. ACDE

四、判断题

1. (×)。解析:应为“谚语”。
2. (✓)。
3. (✓)。
4. (×)。解析:惯用语只具有描述性,成语同时具有表述性和描述性。
5. (×)。解析:熟语使用时不能后接宾语。
6. (×)。解析:应为谜面和谜底的关系。

五、分析题

1. 请指出下列成语的结构类型和关系类型。

短语结构	主谓结构	百花齐放、百家争鸣、实事求是、理所当然
	述宾结构	附庸风雅、各抒己见、暴殄天物、掩人耳目
	述补结构	小心翼翼、寿终正寝、操之过急、退避三舍
	偏正结构	扬长而去、巍然不动、以身作则、萍水相逢 不正之风、一技之长、庞然大物、沧海一粟
	兼语结构	认贼作父、引狼入室、请君入瓮、指鹿为马
	连动结构	前倨后恭、前仆后继、画蛇添足、先斩后奏
	联合结构	暴风骤雨、独立自主、不卑不亢、东奔西走 斩钉截铁、门当户对、从容不迫、阳春白雪
复句关系	目的关系	刻舟求剑、治病救人、惩前毖后、杀鸡儆猴
	因果关系	曲高和寡、得道多助、理屈词穷、睹物思人
	转折关系	不言而喻、不辞而别、物是人非、有名无实
	连贯关系	投桃报李、继往开来、登堂入室、见异思迁

2. 请举出至少三种以上不同类型的谚语。

(1) 农业谚语:六月不热,五谷不结;瑞雪兆丰年;水满塘,谷满仓

(2) 气象谚语:东虹晴,西虹雨;朝霞不出门,暮霞走千里

(3) 风土谚语:苏湖熟,天下足;南甜北咸,东辣西酸;天上九头鸟,地下湖北佬

(4) 规诫谚语:人前莫说人长短,始信人中更有人;吃得亏,做一堆;吃水不忘挖井人

(5) 常识谚语:活到老,学到老;有理走遍天下,无理寸步难行;不当家不知柴米贵

3. 请把下列歇后语补充完整,再指出其具体类型。

喻意类	直指类	(竹篮打水)——一场空 阎王爷的计——(鬼主意) (三十晚上出月亮)——头一回 刘姥姥进大观园——(眼花缭乱)
	喻指类	泥菩萨过河——(自身难保) 丈二和尚——(摸不着头脑) 墙头上跑马——(难掉头)

（续表）

谐音类	卖布不带尺子——（存心不良/量） 马背上定钉掌子——（离题/蹄太远） 庙里撞钟——（精/惊神）

4. 请举出不同结构类型的惯用语。

典型的惯用语是以动宾结构为主，也有部分偏正结构，少数主谓结构。

（1）动宾结构：碰钉子、吃闭门羹、拍马屁、背黑锅、耍赖皮、戴高帽、打秋风

（2）偏正结构：寄生虫、摇钱树、空城计、笑面虎、耳边风、千里眼

（3）主谓结构：耳朵软、一刀切、一碗水端平

5. 请把下列熟语的英汉互译补充完整。

破釜沉舟——burn one's boats
walls have ears——隔墙有耳
rain cats and dogs——倾盆大雨
bite the dust——一败涂地
a wild goose chase——白忙一场
hale and hearty——老当益壮
just like mushrooms——雨后春笋
go with the stream——随波逐流
love me, love my dog——爱屋及乌
pailing sailing——一帆风顺
to spend money like water——挥金如土
like father, like son——有其父必有其子
to fish in troubled waters——浑水摸鱼
a nodding acquaintance——点头之交
a drop in the ocean——沧海一粟
to go from bad to worse——每况愈下
to shed crocodile tears——猫哭耗子假慈悲
the apple of one's eyes——掌上明珠
谋事在人成事在天——man proposes, god disposes
dragons and fishes jumbled together——鱼龙混杂

6. 请指出下列惯用语所用的修辞手段。

（1）比喻；（2）借代；（3）借代；（4）夸张；（5）夸张。

7. 请举例说明惯用语的来源。

（1）来源于日常生活，如“菜篮子”“吃白饭”“大眼瞪小眼”。

（2）来源于行业用语，如“打预防针”“唱黑脸”“翻老账”。

（3）来源于历史典故和神话传说，如“孺子牛”“跳不出如来佛的手掌心”。

（4）来源于方言，如“吃白相饭”（吴语）、“炒鱿鱼”（粤语）。

（5）来源于谚语、歇后语，如“抱佛脚”源于谚语“平时不烧香，急来抱佛脚”，“铁公鸡”源于歇后语“铁公鸡——一毛不拔”。

8. HSK 的《汉语水平词汇与汉字等级大纲》收录的惯用语有：

甲级词：对不起，开玩笑，没关系，没意思

乙级词：不得不，不敢当，不好意思，不要紧，不一定，看不起，看样子，来不及，来得及，了不起，没什么，没事儿，用不着

丙级词:不见得,不像话,不在乎,不怎么样,出难题,出洋相,打交道,打招呼,对得起,怪不得,恨不得,开夜车,可不是,没说的,闹笑话,闹着玩儿,忍不住,伤脑筋,舍不得,说不定,无所谓,有两下子,走后门儿,走弯路

丁级词:爱面子,半边天,大锅饭,发脾气,顾不得,好样的,铁饭碗,真是的

真正的惯用语有:出难题、出洋相、打招呼、开夜车、闹笑话、走后门儿、走弯路、爱面子、半边天、大锅饭、铁饭碗。除了以上的惯用语之外,其余则为习用语。习用语指口语中常用的一些习惯用语,形式不拘但基本固定,意义固化而有趣。

六、论述题

1. 请谈谈你对成语结构凝固性特点的理解。

成语结构的凝固性主要表现在成语字数、构成成分和结构关系的固定性上。

(1) 成语字数固定。绝大多数属于四字格成语。如:狐假虎威、叶公好龙等。有些四字格成语是通过省略部分词语而来的,如:一言(当)九鼎、车(如)水马(如)龙等。还有少量成语多于四个字,如:物以稀为贵、风马牛不相及、五十步笑百步等。

(2) 构成成分固定。成语的构成成分通常不能改换。如:“任重道远”不能改为“任重路远、任繁道远”。不过,少数成语在历史发展中由于个别字的意义比较生僻而改为容易理解的字。如“覆车之鉴”改为“前车之鉴”。有的成语可以临时改动某个字而起到一定的修辞作用。如:有的放矢——无的放矢/抛砖引玉——抛玉引砖。

(3) 结构关系固定。成语的结构关系和次序不能随便改变。如:“杀鸡儆猴”不能改为“儆猴杀鸡”。不过,也有少量成语可以更换次序而意义不变。如:背井离乡——离乡背井/得意洋洋——洋洋得意。

2. 请谈谈你对成语意义的整体性的理解。

成语意义的整体性是指其意义不是构成成分的简单相加,而是相互制约、相互依赖。各个构成成分的意义整合为一个新的完整意义,具体可以分成三类:

(1) 少数成语的整体意义是成语的语素义直接相加而形成的。如:汗流浃背、无稽之谈、面红耳赤、既往不咎、救死扶伤、安居乐业、以理服人等。

(2) 部分成语的整体意义与成语的语素义不是直接相加关系,而是人为赋予和约定俗成的。如:高山流水(指知音难遇或乐曲高妙)、石破天惊(形容事情或文章议论新奇惊人)、风声鹤唳(形容惊慌疑惧)等。

(3) 大多数成语的整体意义是比喻义。如:废寝忘食的字面意义是“不顾睡觉,忘记吃饭”,而比喻义是“极为专心努力”。水落石出的字面意义是“水落下露出石头”,而比喻义是“真相完全暴露”。狐假虎威的字面意义是“狐狸假借老虎的威势”,而比喻义是“依仗别人的权势去欺压人”。同类型的还有:叶公好龙、破釜沉舟、立竿见影、大海捞针、对牛弹琴、悬崖勒马等。

3. 请举例说明成语和谚语的联系与区别。

联系:都是现代汉语熟语系统重要的组成部分。

区别:

(1) 定义的差异:成语是人们从历史上传承下来并长期使用的结构凝固、意义精辟且具有民族特点的熟语,主要具有历史的传承性、结构的凝固性、意义的整体性和习用的民族性四个特点。谚语是民间基于深刻的社会生活经验而提炼出来的通俗、上口、精练、形象而有一定警示或教育意义的熟语,是人民智慧的结晶,能以浅显的语言表达深刻的道理。

(2) 字数形式的差异:成语绝大多数是四个字,形式上比较定型。谚语则不受字数限制,甚至很多谚语不止一个句子;形式上往往有多重表现形式,如“三个臭皮匠,顶个诸葛亮”就有许多变体:“三个臭皮匠,赛过诸葛亮”“三个臭皮匠,胜过一个诸葛亮”“三个臭皮匠,合个诸葛亮”“三个臭皮匠,变成诸葛亮”。

(3) 句法功能的差异:成语一般表示的是概念,在句法上相当于词,一般可做句子成分;谚语表示的是命题

和推理，多数作为引用语而独立成句。如：

专门找人家错处而吹毛求疵的人，一定不是个好亲人，好朋友。（成语）

无论如何爸爸都会全心全意地爱护你的。（成语）

俗话说：众人拾柴火焰高。一人纵有知识，终不及众人之谋。（谚语）

他是所谓差生的标准代表，可是浪子回头金不换，我决定给他一次机会。（谚语）

（4）语体风格的差异：成语一般书面性强，谚语因民间口耳相传而口语性强。

4. 相较于成语、谚语、歇后语，惯用语有什么样的特性？

惯用语是群众口头创造并通过修辞手段准确、生动、形象、概括地揭示某些社会现象和某种行为的熟语。

从语体风格来看，相对于成语，惯用语具有鲜明的口语色彩。即便有些惯用语来源于成语，其表现依然具有鲜明的口语色彩。如“井底蛙”化用于“井底之蛙”，“风马牛”化用于“风马牛不相及”。其次，和同样具有口语色彩的谚语、歇后语也有所不同，惯用语更多地表现出戏谑、讽刺的感情色彩，如“省油灯”“磨洋工”“红眼病”等。

从结构凝固性来看，相比于成语、谚语和歇后语，惯用语同样具有结构固定性的特征，如“吹牛皮”不能替换为“吹羊皮”“吹马皮”。但同时，惯用语在使用上又表现出一定的灵活性，如“碰钉子”，可以说成“碰了他一个钉子”“碰软钉子”“碰了一个大钉子”，也就是说，可以在动词和宾语之间插入相关成分而不影响意思的表达，类似于离合词。

从音节数量来看，惯用语以三字格结构为主，成语以四字格为主，歇后语有其“谜面——谜底”的形式特征，而谚语的音节数量通常在五个音节以上。

5. 相对其他熟语类别来说，习用语有什么样的特点？

习用语是特定语境条件下使用的一种定型的语句，对语境有很强的依赖性。倘若脱离了语境，也就同时失去了其作为习用语的表达职能，而转变为临时的组合结构。如“又来了”，在“你瞧瞧，说着说着又来了，烦不烦哪？”和“他去年来过，今年又来了”两个句子中的性质是不一样的，前者是习用语，后者则是临时组合。

习用语的特点：

（1）从音节数目上看，有双音节的，也有三音节及以上的，长短不一，没有相对整齐的音节规律。如“对了、我说呢、话是这么说”等都是习用语。

（2）与其他熟语相比，用字平常普通，没有运用比喻、双关等修辞手法，整个形式显得没有凸显性，人们往往习用而不自知。

（3）习用语的结构形式看起来往往不符合语法和逻辑，但却是正确的。如“有两下子”，在搭配上不如“有两辆车”这样典型的动宾结构合理，但它表达一个特定的意义“某人在某方面的能力有很高的水平”。

（4）习用语的语义是特定的、约定俗成的，表达的往往是说话人对人和事的一种态度和评价。所表达的语义有时是话语交流的主要信息，如“没的说”；有的则是辅助性信息，如“我说呢”。

（5）从句法功能上看，习用语可充当多种句子功能，有的可作句子成分，如“他这个人根本就拾不起个儿来”中充当谓语；有的可作话语标记，“对了，你怎么还不出发？”；甚至有的还可以单独作为一个句子使用，如回答对方请求时的“没的说”则是一个句子。

第八节　词汇的发展与规范

一、填空题

1. 词汇系统　词汇使用
2. 同素颠倒词　异形等义词　异形外来词
3. 引进方法不同　引进地区

4. 意义和书写形式　读音形式
5. 造词规律　任意拼凑语素　任意简缩　随意破词　随便拼凑
6. 词义及其色彩义　词形或字音
7. 规范意识　动态观念

二、单项选择题

1. C　2. B　3. B　4. A

三、多项选择题

1. ABCE　2. BC　3. AE　4. ACE　5. BCD　6. BDE　7. ACD

四、判断题

1. (×)。解析:应为意译词基本上占优势,音译词已经或正在被淘汰。
2. (✓)。
3. (×)。解析:异形词是指同义但不同音、同形的词,是指同一个词的不同书写形式或语言形式。
4. (×)。解析:第一批异形词整理表有 338 组,第二批有 264 组。
5. (×)。解析:应以词为对象。
6. (✓)。

五、简答题

1. 请标出下列异形词经整理规范后的正体。

<u>喘吁吁</u>——喘嘘嘘
轱轳——<u>轱辘</u>
帐本——<u>账本</u>
<u>惺忪</u>——惺松
<u>磐石</u>——盘石
飘流——<u>漂流</u>
热呼呼——<u>热乎乎</u>
晖映——<u>辉映</u>
胡蝶——<u>蝴蝶</u>
沙鱼——<u>鲨鱼</u>
<u>黧黑</u>——黎黑
恭惟——<u>恭维</u>
<u>溜达</u>——蹓跶
<u>疯瘫</u>——风瘫
蚂蜂——<u>马蜂</u>
<u>伙伴</u>——火伴

2. 请简要谈谈现代汉语中异形词的发展与规范。

异形词是指语义相同或相近,而词的书写形式和语音形式不同的词。根据书写形式不同,异形词主要分为三类:同素颠倒词、异形等义词、异形外来词。

针对前两类异形词的规范,有两种趋势:一是在并存的时期内,进行语言自我分化和调整,那么就可以成为两个词,留存在现代汉语中,如"教室"和"课堂"是等义词,并存了一个长时期之后,现在搭配上可以说"课堂上",却不能说"教室上";"课堂"用在"上"之前还有了"上课时的场合"的意义。二是两个形式没有产生分化,则有可能被规范化,其一被择取,而其余则被淘汰。在进行取舍的过程中,需要遵循以下三条原则：①从俗原则，如：选择“思维、保姆、按语、悲痛”，而舍弃“思惟、保母、案语、悲恸”；②从简原则，如：选择“人才、暗淡、噩梦、舢板”，而舍弃“人材、黯淡、恶梦、舢舨”；③明确原则，如：选择“盯梢、吩咐、筹码、酒盅”，而舍弃“钉梢、分付、筹马、酒钟”。

针对第三类异形词的规范，因采取音译或意译的方式不同而造成的不同，现在基本上以意译词占优势，音译词已经或正在被淘汰。

3. 请指出并改正下列句子中词语使用不当的地方。

(1) “必须品”改为“必需品”。

(2) “暴光”改为“曝光”。

(3) “不致于”改为“不至于”。

(4) “启示”改为“启事”。

(5) “合适”改为“适合”。

(6) “心甘情原”改为“心甘情愿”。

(7) “相敬如宾”改为“相处和谐”。

(8) “大家赞不绝口这部电影”改为“大家对这部电影赞不绝口”。

(9) “爱护”改为“爱惜”。

(10) “慈爱”改为“关爱”。

(11) “后来”改为“以后”或“后”

(12) “陈设”改为“布置”。

(13) “溶入”改为“融入”。

(14) “敏捷”改为“敏感”。

4. 请举例说说造成异读词的原因。

造成异读词的原因，主要有以下几个方面：

(1) 读书音（文读）和口语音（白读）的分歧。如“暴露”的“暴”，文读是 pù，白读是 bào；“血”文读 xuè，白读 xiě。

(2) 方言读音的影响。如“揩油”的“揩”读成 kā 和 kāi 两个读音，前者是受吴语的影响。同样，“咖啡”的“咖”也有 kā 和 kǎ 两个读音，“卡片”的“卡”也有 qiā 和 qiǎ 两个读音。

(3) 古代汉语多音字沿用至今。如：“臭，《广韵》尺救切”，恶气，今读 chòu。

(4) 语音的自然发展。北京话中“危险”的“危”、“期望”的“期”、“帆船”的“帆”，旧读阳平，今读阴平。

(5) 讹读的影响。有些异读是误读造成的。如“械”读 jiè，“畸”读 qí，“酵”读 xiào，都是照半边字读错了字音，但长期通行，正误并存，形成异读。

5. 请举例说明该如何规范异读词的读音。

如何规范异读词读音，应遵循以下三个原则：

(1) 合并原则。如“指”在“指甲、指示、手指头”里原来分别读成阴平、上声和阳平，现规范成一律读上声 zhǐ。

(2) 从俗原则。如“事迹、成绩”中的“迹、绩”原来都读 jī，现在改为群众习惯的 jì，“啥”原来读 shà，现改为 shá。

(3) 区别原则。主要是区别文白异读。如“血”在“血压、血脂、血浆、血债、心血、血染的风采”中文读为 xuè，在“流血了、输了 200 cc 的血”中白读为 xiě，另外，“削、剥、谁”等也都需要分清文白异读。

6. 请分析异读词和多音字的区别。

异读词和多音字表面上看都是“一词多音”现象，但二者有着本质上的区别。异读词是指在同一个词里、词义不变的情况之下有不同的读法，这两种读法偏差没有积极作用，是语言中的累赘，需要整理和规范。多音字是在一个汉字在不同的词里有不同的读音，不同的读音有不同的意义，是多个词用同一个汉字字形表现。如“琴弦”的“弦”，有人读 xián，有人读 xuán，这就是异读词，需要规范。而“重”在“重复”里读 chóng，在“重量”里读 zhòng，这就是多音字，是两个不同的词。

7. 请简要阐述现代汉语词汇规范观念。

现代汉语词汇规范观念简要说来有如下几点:

(1) 认识到"语言的纯洁性"是不切实际的。词汇在不断地发展变化。新词语、新意义、新用法不断地出现。这是语言发展的重要源泉。

(2) 词语的准确不等于"确切和精密",要重视语境对理解词语意义的定位作用。

(3) 新词语的明确性是在逐步使用中获得的,而不是天生就具备的。

(4) 多义词也是符合语言需要的。表达形式的多样也是交际的需要,是语言丰富性的重要表现。

(5) 规范是对语言变化的评价与抉择,从而引导人们更好地理解、使用、创造语言。

(6) 语言中的任何新现象,比如新生的一个词语,一个新的用法等,它们可以在长时间的使用当中因竞争而淘汰,因竞争而分化,或者走向并存,最终趋向平衡。这就是"词竞众择,适者生存"。因此,语言学者的任务就是描写语言习惯,发展新的趋势和规律,选择约定俗成的普遍推行开来的形式,引导言语活动,优化交际效能。具体地说,就是追踪、描写、总结规律,并确定哪些词语的使用现象是一定要从严规范的,哪些是可以从宽处理的,从而制定相应的引导策略;必要的时候还要制定标准,向全社会推行,比如异形词就一定要从严处理。总而言之,规范的目的是更有利于交际。

六、论述题

1. 意义相同是异形词的性质,同义词也是两个或两个以上的词的意义相同或相近,那么异形词和同义词有什么区别呢?

异形词和同义词都有"意义相同"这个共同点,但在本质上却是两种不同的现象。它们之间的根本区别点在于材料构造不同。

就同义词而言:无论是等义词还是意义有细微差别的一般同义词,词与词之间存在着材料构造上的差异。材料的不同或材料在构词上方式的不同,致使相互同义的词各自有着自己的意义特点,各作为一个独立的词位而彼此区别开来。异形词则不然,它不是语言中的"一组词",不论书写形式有多少个,在实际语言中都只是一个词;也就是说,它是一个词位在书写上表现为若干个变体的现象。而之所以如此的最根本原因就在于异形词的不同的书写形式在材料构造上并无不同。异形词是用若干个形体表现一个材料,或者说,一个材料由若干个形体来代表。例如,"光荣"和"荣光",材料虽同,构造逆序,成为意义相等的成组的词。而"耿直""梗直"和"鲠直"则是异形词,不是同义词,因为它们都只是一个词书写上的不同变异形式,在不同的变体之间也不存在可使它们彼此区别的意义特点。

2. 媒体在报道新冠疫情时,有时读冠(guàn),有时读冠(guān),那到底是新冠(guàn)肺炎,还是新冠(guān)肺炎呢?

从来源上说,"冠"字的两个读音 guān 和 guàn 是古代汉语"四声别义"造成的多音现象。"冠"原是名词,义为"帽子"。同时又可以作动词,表示"戴帽子"。古人为了区别这两种用法,就把动词用法破读成去声 guàn,而名词用法维持阴平 guān。类似的例子在古汉语中还很多。应该说,多音现象是在"字"的层面上定义的,但是表现在具体的"词"上,"冠"的读音就确定下来了。而现在新冠中的"冠"的意义有两个读音,则可以说是异读词,需要加以厘清并规范。

新冠中的"冠"的理据义取的是名词用法的"冠",读音应为 guān。"冠"是医学领域的术语,像是"冠心病""冠状动脉"等,取的是其形状义,像皇冠;因为冠状动脉在心脏的顶部,环绕着心脏,好像是皇冠一样。新冠中"冠"同样取的是其形状义,所以应该读 guān。但因为"新冠"原本仅限于医学领域使用,基本不进入大众视野,在以往的异读审音工作中并没有引起关注,所以相当大的一部分人未明其理据义。

在新冠疫情报道中,guàn 这个读音显得非常强势,而且在非播音员、主持人群中,念 guàn 的比例可能要大于 guān。因为 guàn 在日常生活中的使用要多过 guān,"冠军""夺冠"等词非常常见,因此可以说,人们自然而然容易将冠军中的"冠"guàn 读音迁移到新冠中的"冠"。

在两个异读的字音中,我们在绝大多数情况下只能选择一个规范读音。新冠中的"冠"今后应以 guàn 还是 guān 为规范呢?根据从俗原则,恐怕应以 guàn 为规范。从理据出发,应以 guān 为规范。

3. 熊猫到底是猫，还是熊？请从语言学的角度谈谈你的看法。

在汉语的词汇结构里，偏正结构前一个词根为辅，后一个词根为主。那么，在“熊猫”这个偏正结构中应该就是“像熊一样的猫”，字面意思是猫类。但从生物学研究来看，熊猫并非猫科动物，而是熊科动物。依据汉语的构词规律，就应该改称“猫熊”了。但是许多人仍习惯称为熊猫。针对这种现状，我们该怎么进行词汇规范呢？是合乎科学的分类呢，还是沿用社会俗名呢？

把“熊猫”改为“猫熊”，显然是采用生物科学的分类观点来纠正社会习惯。但是，我们不能忽略一个问题：当初为什么把这种动物称为熊猫？这涉及词汇形成的主要因素。

许多事物并不等待自然科学检验之后，才制定其名称，各种事物的命名往往是源于社会心理。就“熊猫”一例而言，社会心理给予“熊”的语义特征是：[身躯庞大][凶恶可怕][食人猛兽]；给予“猫”的语义特征是：[性情温驯][状貌可爱][亲近人类]。于是，当人们初见一种陌生动物，显然具有后一种属性时，自然便会归之于“猫”类。这是社会心理的“猫”，不是自然科学的“猫”。又由于它身躯壮硕，与熊相若，故加以“熊”的修饰成分。命名之初，人们绝对不会考虑“熊”的生物学属性：哺乳类、食肉动物、脚有五趾、冬眠。

由此观之，我们处理词汇规范问题时，也应分开考量，科学术语当然应合乎科学分类，社会俗名则未必然。

第四章 语　　法

第一节 现代汉语语法概述

一、填空题

1. 语音　词汇　语法
2. 《马氏文通》
3. 形态变化　语序　虚词
4. 物质外壳　建筑材料　构造规则
5. 决定性　制约性　选择性　解释性

二、单项选择题

1. B　2. D　3. B　4. C　5. D

三、多项选择题

1. ABCD　2. ABC　3. ABCD　4. CD　5. BCD

四、判断题

1. (×)。解析：在汉语里，词类跟句法成分之间的关系比较复杂，除了副词基本上只能作状语，属于一对一之外，其余的都是一对多，即一种词类可以作多种句法成分。
2. (×)。解析：这是在语言交际使用时出现的临时性的移位，虽然基本语义和语法结构没有改变，但增加了一些语用意义。
3. (√)。解析：词语的组合绝不是任意的，实际上有某种规则在起作用：如果符合这个规则，句子就合法，否则就不合法。制约着句子组合合法性的规则就是“语法”。
4. (√)。
5. (×)。解析：重叠也是汉语表示语法意义的语法手段，比如：走走；小小；高高兴兴；个个都是英雄。

五、名词解释

1. 词类
词类专指词的语法类别,不同的词类在形态、意义和功能等方面都表现出一些区别性的特点。
2. 主体词
主体词是词类的主干系统,包括表示事物与概念的名词、表示动作与行为的动词以及表示性质与状态的形容词。
3. 功能词
功能词包括数词、量词、代词、区别词、副词、叹词、拟声词七类,特点是相对可数、定位、粘着,并具有某种特殊语法功能,以帮助主体词表情达意。
4. 区别词
区别词是只能作定语或构成“的”字结构,起着属性区别作用的词。比如:金耳环;这是金的。
5. 兼类词
一个词在不同语境中,具有 A 和 B 两类词的不同的语法功能,意义上又有密切的联系,这就是兼类词。

六、简答题

1. 请简要谈谈语法和语法学分别是什么。

语法是语言的构造规则。有了语法,才能够把词语组织成合格的句子,并进行交际。词语好比水泥、钢筋等建材,遵循一定的建造规则,才能把这些建筑材料建造成语言大厦。因此语法是语言不可缺少的有机的组成部分。“语法”是制约着句子组合合法性的规则。词语的组合并不是任意的,而是由某种规则在起作用:如果符合这个规则,句子就合法,否则就不合法。

语法学是对某种语言的语法进行研究的学问。语法学有很多种类,不同的语法学体现了人们对语法不同的认识。根据不同的语法理论,形成不同的语法学流派。汉语语法学的建立,通常认为以 1898 年《马氏文通》的出版为标志。

2. 怎样理解汉语语法最根本的总特点?

汉语语法最根本的总特点是:不依赖严格意义的形态变化,而借助于语序、虚词等其他语法手段来表示语法关系和语法意义。第一,希望用朴素的眼光来看汉语语法,尽可能地排除印欧语的干扰。第二,把形态变化和语序、虚词等都看作具有平等地位的语法手段。第三,任何一种高度发达语言的语法,都是各有所长,也各有所短,如果它多采用某种语法手段,那么,就必然少采用其他的语法手段,这里不存在优劣、长短之分,只显示其不同的特点和取向。

3. 请指出下边(1)—(4)中 a、b 两例在语义上的差异。

(1) a 指两个人(“叔叔”和“婶婶”),b 指一个人(“叔叔的婶婶”)

(2) a 指一所以“广州大学”命名的大学;b 指广州所有的大学。

(3) a 指“人参”的数量是一斤;b 指“一斤装”的那种人参。

(4) a 指“桌子”的材料属性是“木头”;b 指“桌子”的类别是“木头的”。

七、论述题

1. 人们对语法的不同认识形成了哪些语法学流派,它们各有什么特点?

形成了传统语法、描写语法、形式语法和功能语法四大流派。

传统语法的特点:(1)分为词法和句法两大部分,并以词法为主,详细讲解各类词在句子中的形态变化和语法作用,句法往往比较简单,主要为词法服务。(2)划分词类主要依据形态变化,如果缺乏形态变化,就主要根据该词语在句子中充当什么句子成分或者干脆依赖于意义。(3)注重书面语分析,比较少或者干脆不考虑口语中的变化。(4)总结出来的语法规则被看作一种规范和标准,要求学习者予以遵守。

描写语法的特点:(1)区分语言和言语,认为语言学要研究的是语言,而不研究言语;区分语言的共时和历时，认为语言学家要关心的是共时的客观记录和描写，可以不考虑历史的因素。(2)语言是一个严密的结构系统，语言学要重点研究语言结构内部各个成分之间的结构关系，提出"组合"和"聚合"两大结构关系。(3)注意语言的特征，强调形式的描写与分析，提出根据"分布"来划分词类的标准。有意无意地排斥意义的作用。(4)强调语言结构内部的层次，运用"直接成分分析法"对句法结构进行层次分析。

形式语法的特点：(1)人脑好像一部电脑，有一种天生的能力，当输入一定的语言材料，它就会自动识别并加工出一套规则系统，然后用这套规则系统产生出无数新的合法的句子来。(2)语言学家要研究的就是这种语言能力，语法就是要对这种语言生成的能力进行描写。这种描写不仅是静态的，而且是动态的，即要探索语言是如何产生的。(3)把语言结构分为"深层结构"和"表层结构"两部分，并且找出从深层结构如何转换为表层结构的规则以及制约转换的条件。(4)强调建立适用于世界各种语言的"普遍语法"，各种语言的差异只是"参数"不同而已。在该基础上建立起"语法规则系统"：基础部分的基本规则是"重写规则"，它包括"范畴部分""次范畴部分"以及"词库"。从深层结构到表层结构用的是"转换规则"，对深层结构进行解释的是"语义规则"，对表层结构进行解释的是"语音规则"。

功能语法的特点：(1)语法研究的重心不是语言结构本身，而是言语活动。语言结构不是任意的，一切都可能在语言的使用中得到解释。(2)以功能为基础，而不是以形式为基础。认为语言从本质上讲，是一个意义系统。每一类功能下面还可以分出若干个子功能系统。(3)概念功能包括：及物性系统、语态系统、归属系统、度量系统；人际功能包括：语气系统、情态系统、语调系统；语篇功能包括：主位系统、信息系统、衔接系统。

2. 汉语语法学史该如何分期？

汉语语法学的建立，通常认为应该以 1898 年《马氏文通》的出版为标志。汉语语法学史大致可以分成以下几个时期。

（一）汉语语法学的草创时期(1989—1936 年)：以马建忠的《马氏文通》和黎锦熙的《新著国语文法》为代表。它们分别建立了"字(词)本位"和"句本位"的语法体系。

（二）汉语语法学的探索时期(1936—1949 年)：以王力《中国文法学初探》为划界标志，内部可以分为两个阶段：一是文法革新讨论阶段，着重于语法研究理论和方法的探索；二是著书立说阶段，着重于汉语语法规律的探索，有《中国现代语法》《中国文法要略》和《汉语语法论》三部传统语法著作相继问世。

（三）汉语语法学的发展时期(1949—1978 年)：出现了语法知识的大普及、三次语法问题(汉语词类划分问题、主语宾语区分问题、单句复句的划界问题)大讨论，以及"中学教学语法暂拟系统"的制订。汉语描写语法学派得到了长足的发展，这可以吕叔湘和朱德熙的研究为代表。

（四）汉语语法学的创新时期(1978—)：汉语语法研究空前繁荣。20 世纪 80 年代是后结构主义语法一统天下的局面，以朱德熙为代表的语法思想占据主导地位。此外，胡裕树和张斌关于"句法、语义、语用"三个平面的思想也很有解释力。20 世纪 90 年代，汉语语法学界呈现出多元化的态势。形式语法、功能语法、语义语法、认知语法、构式语法等都各显神通，表现出不同的解释能力。进入 21 世纪后，汉语语法研究的范围扩大了，研究的内容充实了，研究的队伍也壮大了，特别是研究的方法大大地改进了，从简单的模仿性的构拟语法体系到借鉴先进的研究理论和方法来分析汉语语言事实，再到从汉语语法特点出发挖掘出具有中国特色的理论和方法来。

总之，这 100 多年来汉语语法研究在不断地发展，已经取得了颇为丰硕的成果，汉语正在走向世界，汉语语法研究也正在大踏步地登上国际舞台。

3. 有人说"我没有学过语法，看书写文章也没有问题"，你认为我们为什么要学习语法？

这种说法忽视了理论的指导意义，学习语言知识、掌握语言理论可以更好地指导我们的语言实践，提升我们在语言运用方面的能力。在科技快速发展的今天，中文信息处理和汉语言国际教育都需要汉语研究人才的支持。学习汉语语法，是提高整体国民语言素养和语文水平的要求，也是我们开展汉语语法研究的基础性一步。

第二节　词类和功能分析法

一、填空题

1. 说明语言的构造规则
2. 十四
3. 实词　虚词　实词　虚词
4. 数目　次序
5. 主体词　功能词
6. 功能

二、单项选择题

1. A　2. B　3. C　4. C　5. A　6. A　7. D　8. C　9. A　10. C

三、多项选择题

1. ABEF　2. CDF　3. ABC　4. BCE　5. BCD　6. BCD

四、判断题

1. (×)。解析:汉语的形态标志和形态变化虽缺乏普遍性,但能够作为辅助标准,对汉语词类的划分仍有一些帮助。比如能够后加助词“了、着、过”的通常就应该是动词。
2. (×)。解析:代词实际上并不是按照语法功能划分出来的词类,只是在“指代”这一点上有共同点。从句法功能上看,代词和他所替代的语法单位的功能相当。有的代词相当于名词,例如:谁、我、你、他、这、那;有的代词相当于动词或形容词,例如:这样、那样、怎样。有的代词相当于副词,例如:这么、那么、怎么;有的代词相当于数词,例如:几、多少。还有的代词是兼类的,例如:什么、哪儿。所以,说“代词的语法功能和名词一样”其实太绝对,是以偏概全。
3. (√)。解析:副词是个大杂烩,内部虚化程度不等。一些常用副词的语义相当复杂,可能分别属于几个小类。因此需要一个一个地掌握。副词可作状语,应该为实词,但它的词汇意义往往也就是语法意义,并且具有封闭、黏着、定位等特点,所以兼具实词和虚词的某些特点,有人称之为“半实半虚词”。
4. (×)。解析:功能词包括数词、量词、代词、区别词、副词、叹词、拟声词七类,主体词才包括名词、动词、形容词三类。
5. (×)。解析:“金、银”是区别词,“铜、铁、锡”才是名词。

五、分析题

1. 现代(名词/形容词)　练习(名词/动词)　安心(名词/形容词)
悄然(副词)　咣啷(拟声词)　嗯(叹词)
多功能(区别词)　怎么(代词)　阵(量词)
几(数词)　淡然(形容词)　得(动词)
刚才(名词)　刚刚(副词)　轻微(形容词)
稍微(副词)　久(形容词)　永久(区别词)
2. (1) (两)位客人(二)楼请
(2) (两)点钟
(3) (两)星期
(4) 星期(二)

(5) (两)次旅行

(6) (两)张画

(7) (二)号大楼

(8) (二)两面

(9) 第(二)天

3. 例句中加点词都是方位词,A 组均为单纯方位词,B 组均为合成方位词。他们的主要语法特征主要表现在:A 组的方位词“旁”“里”“中”一般不能单用,只能附在其他词语后面来组成表示方位的短语,例如“大楼旁”“一年里”,并且组成的短语凝固性比较强,中间不能插入其他成分,比如不能说成“大楼的旁”“一年的里”;另外,单纯方位词如单用,要对举时才行,例如“上有天堂,下有苏杭”“内有贤妻,外有好友”。B 组的方位词可以作为句法成分独立使用,可以说“旁边的花儿开了”“里头是谁啊”“中间的那本书递给我”;也可以后附于其他词语组成方位短语,比如“大楼旁边”,这样的短语中间可以插入“的”构成偏正短语。

4. 锁(名词/动词)

共同(区别词/副词)

困难(形容词/名词)

端正(动词/形容词)

在(介词/动词)

非法(区别词/副词)

为了(介词/连词)

5. (1) 虚指

(2) 任指

(3) 认知;承指

(4) 虚指

(5) 任指

(6) 例指

6. (1) “进行”后不能带动宾短语,删去“进行”。

(2) “荣誉”应改为“光荣”,“荣誉”是名词,不能修饰动词。

(3) “安慰”应改为形容词“欣慰”,“安慰”是动词,不应受程度副词修饰。

(4) “道歉”应改为形容词“抱歉”,“道歉”是动词,不能被程度副词修饰。

六、问答题

1. 划分词类的标准有哪些?

(1) 形态标准。这应该是最简单、最明显,也最可靠的标准。在一些形态丰富的语言里,一个词属于什么词类,往往由词法上的形式标记或句法上的形式变化来表示,这就叫作形态,包括形态标志和形态变化。

(2) 意义标准。词语,特别是实词,都是有具体意义的,这些意义可以帮助我们快捷地确定一个词的词性。意义的作用也是有限的,特别是意义相同或类似而句法作用不同时,意义反而会产生误导。意义只能是划分词类的参考标准。

(3) 功能标准。功能是指词的组合能力,即能够跟哪些词组合,不能跟哪些词组合。组合能力有三重含义:首先指一个词能否与其他的词组合成短语;如果可以组合,以什么顺序组合;组合以后表示什么关系。组合能力也包括作句法成分的能力。所谓作句法成分的能力是指在句法结构中出现的位置,即能否作主语、谓语、宾语、定语、状语和补语这六大成分中的一个或几个;如果能够作句法成分,那么还要看经常作什么成分,不能作什么成分。

汉语的词类划分,主要依靠功能标准。意义作为参考标准,形态标准只能作为辅助标准。

2. 代词可以分为哪几类?

代词是具有替代和指示作用的词。代词包括以下三类:

(1) 人称代词。替代人的名称的词。例如:我、咱、你、您、他等。

(2) 指示代词。用来指示和区别人或事物的代词。分为近指和远指两种:“这”类为近指代词,例如:这、这儿、这里、这边等。“那”类为远指代词,例如:那、那儿、那里等。

(3) 疑问代词。疑问代词是用来表示疑惑并提出问题的词。例如:谁、什么、哪、几、怎么、为什么等。

3. “西式、中式、男式、女式”这些词属于区别词还是形容词?区别词和形容词分别有什么语法特征?

这些词属于区别词。区别词跟形容词有点儿像,但是不能作谓语,又叫“非谓形容词”。区别词有三类:

(1) 单音节,如:单、双、雌、雄、公、母、荤、素等。

(2) 双音节,如:双边、多边、木本、草本、简装、精装、国产等。

(3) 多音节,如:流线型、综合性、多功能、多渠道等。

区别词的语法特点是:

(1) 不能充当其他句子成分,只能作定语,例如:金项链、男同志、雄激素。

(2) 跟“的”构成“的”字结构,例如:女的、素的、次要的、上等的、中性的。

形容词的语法特点是:

(1) 多数能够受否定副词“不”和程度副词“很”的修饰。

(2) 常作谓语、定语和补语。

(3) 不能带宾语。

(4) 部分形容词能够重叠。

4. 什么是词的跨类现象?主要的跨类现象有哪些?

词的跨类现象是指一个语音和文字形式都相同的词,却分别具有两类词的语法功能。这包括四种情况:

(1) 兼类:一个词在不同语境中,具有 A 和 B 两类词的语法功能,意义上又有密切的联系,这是兼类词。主要有:兼属名词和动词:锁、锄、锯、病、伤;兼属名词和形容词:圆、尖、美、累赘;兼属动词和形容词:热、冷、饿、破、巩固;兼属区别词和副词:长期、无限、基本;兼属动词和介词:在、对、给;兼属连词和介词:和、跟、同、因为。

(2) 同音:两个词同音又同形,而语法功能分别属于 A 和 B 两类词,但意义上没有什么联系,这是语法上的同音词。这又有两种情况:一是意义毫无联系,包括历史上的联系,完全是两个偶然同音同形的词;二是在历史上可能存在意义上的联系,但是在现代汉语中一般人已看不出这种联系了,这也应该看作同音词。

(3) 活用:某个词属于 A 类,是由于表达的特殊需要,而被用作 B 类词,这属于临时性的“活用”。例如:“别太近视眼了”,这里的“近视眼”是名词活用为形容词。

(4) 借用:某个词通常被看作 A 类,但在词汇意义基本不变的情况下可以临时“借用”为 B 类,而且这种用法是全社会公认的。如一些表示容器、肢体以及工具的名词直接出现在数词后面时,是“借用”为量词,例如:一桶油、三车煤、画一笔、咬一口、打两巴掌。

七、思考题

1. 一般说来,名词不可受程度副词修饰,那怎么解释以下“程度副词+名词”现象?

一般情况下,名词确实不受程度副词的修饰,例如“很桌子”“太教师”都不能成立,可是上边语例中的“程度副词+名词”现象却可以成立。这主要是因为,这些名词都具有较强的社会联想性,让人很容易想到它的某些主观属性。以“淑女”为例,一提到“淑女”,人们马上会想到“文静、优雅、漂亮、有气质、有礼貌”等属性,所以,程度副词与这些名词的组配,实际上是与这些属性的组配。而对于不能让人们联想到其主观属性的名词来说,这种组配就不能成立。

2. 你认为副词属于虚词还是实词?为什么?

副词是个大杂烩，内部虚化程度不等。一些常用副词的语义相当复杂，可能分别属于几个小类。因此需要一个一个地掌握。副词可作状语，应该为实词，但它的词汇意义往往也就是语法意义，并且具有封闭、黏着、定位等特点，所以兼具实词和虚词的某些特点。有的副词能单用，意义比较实在，具有实词特征，如“有意”“全力”“亲口”等；有的不能单用，意义比较虚泛，具有虚词的特征，如“很、也、就”等。因而，把副词归为实词或虚词都有一定的道理，也有人称之为“半实半虚词”。

3. 一般说来，名词不能够重叠。那么，下面这几例是否属名词重叠现象，请给予适当的解释。

名词通常确实是不能重叠的，如“书书”“手手”都是不能说的，可是上例中的画线词却可以重叠，那是因为：这里实际上已经不是普通的名词了，而是由名词借用来的量词，而且必须出现在句首，表示“全指”（每一个），无一例外。

第三节　虚词的作用及其辨析

一、填空题

1. 词　短语　分句　句子
2. 结构助词　时态助词　其他助词
3. 成双成对　前后呼应
4. 比况助词
5. 呀　哇　哪

二、单项选择题

1. A　2. B　3. B　4. A　5. B　6. D

三、多项选择题

1. DEF　2. ACF　3. ADE　4. ACD　5. ABCDEFGE

四、判断题

1. （×）。解析：动词和介词还是可以区分的，因为二者在句法功能上有所不同：动词可以单独作谓语，介词不能；动词通常可以重叠，介词不能；动词可以加时态助词“着、了、过”，介词不能。
2. （×）。解析：第一个“在”是动词，第二个“在”是副词。
3. （√）。解析：是的，比如：“昨天已经下雪了。”句子成立，但是“昨天已经下雪。”似乎句子还没有完，可见“了”有完句功能。
4. （√）。解析：是的，比如：“昨天已经下雪了。”句子成立，但是“昨天已经下雪。”似乎句子还没有完，可见“了”有完句功能。
5. （×）。解析：“只有”既可以连接动词性词语和主谓短语，也可以连接名词性短语和介词短语，而“只要”只能接动词性词语和主谓短语。可见，同类甚至是近义的虚词往往配合不同语法功能的词语，需要我们仔细辨别。

五、分析题

1. （1）A. 下雨了再走。（意思是“开始下雨”再走，“了”是语气词，表变化。）
　　B. 下了雨再走。（雨下完了再走，“了”是助词，表完成。）
（2）A. 今天上了三堂课。（今天总共三堂课，上完了。）
　　B. 今天上三堂课了。（已经上了三堂课，告知新情况，意思是接下来还有课。）
2. （1）A. 小明做了今天的作业了。（助词、语气词）

B. 你回去吧,我今天不想聊了。(语气词)
C. 我刚刚去图书馆把书还了。(助词+语气词)
(2) A. 我跟爸爸去公园玩了。(连词)
B. 我以前跟爸爸去过那个公园。(介词)
C. 我跟着爸爸去了公园。(动词)
(3) A. 看我新买的裙子好看吗?(助词)
B. 你这样颓废,他不会开心的。(语气词)
C. 你知道的。(语气词)
(4) A. 他连着说了好几句话,差点气死对方。(副词)
B. 西红柿可以连皮吃吗?(介词)
C. 连校园贷都敢贷,你疯了吗?(介词)
(5) A. 这个东西你问她要去。(介词)
B. 这个东西你问她。(动词)
(6) A. 大会通过了那项决议。(动词)
B. 通过他,我认识了很多人。(介词)

3. (1) 你看他唱(得)多起劲儿。
(2) 早起(的)鸟儿有虫吃。
(3) 太阳将树叶照(得)闪闪发光。
(4) 翠鸟快速(地)掠过水面,惊起了一丝涟漪。
(5) 问题解决(得)不彻底,你也有责任。
(6) 风轻轻(地)吹拂着她年轻(的)脸庞。

六、简答题

1. 举例说明介词的语法作用。

介词的语法作用是引进跟谓词有关的对象。句法上必须跟名词性成分组合成介词短语,主要作状语,也可以作补语。例如:

从:她从北京来。　　用:我用笔写字。
对:这件事对他很有利。　　比:她弟弟比她聪明。
在:她每天坐在椅子上。　　向:他们必将走向世界。

2. 根据连接对象的差异,举例说明连词可分为哪几类?

连词可根据其所连接的对象分为以下三类:
(1) 只连接词和短语的:和、跟、同、与、及、或。
(2) 只连接分句和句子的:即使、既然、尽管、宁可、要么、如果、尚且、虽然、与其、只要、不过、然而、否则、可是、但是、那么、况且、从而、所以、因此、因而。
(3) 既能连接词或短语,又能连接分句或句子的:并、并且、而、而且、或者、还是、只有、因为、由于、不管、不论、无论。

3. 请至少提供三种方法,对"我同他去过"中"同"的介词和连词用法进行辨析。
(1) "同"前状语插入法:作介词时其前可插入状语(如"我曾经同他去过"。),作连词时不可。
(2) "同他"后"都"字插入法:作连词时其后可插入"都"(如"我同他都去过"。),作介词时不可。
(3) 停顿法:连词前不可有停顿,介词前可以有停顿(如"我,同他去过"。)。
(4) 换位法:连词前后的词语可换位(如"他同我去过"。);介词前后的词语不能换位。
(5) 句首位检测法:介词可位于句子首位(如"同他去过的人是我"。);连词不可位于句首位。

七、思考题

1. 你认为如今我们还需要严格区分"的""地""得"的用法吗?

我认为书面上区分开比较好。

“的”主要作用有两个：

(1) 定语的标志,例如:伟大的祖国、工作的时间、生产的经验、战胜困难的勇气。

(2) 附加在实词或短语的后面构成“的”字短语,语法功能相当于名词。例如:父亲的、他的、写的、写书的、他写的、走在前面的。

“的”还有一些特殊的构成准定语的用法。例如:别生我的气、昨天进的城。

“地”是状语的标志。动词或动词短语、名词或名词短语作状语往往要加“地”,如:本能地跳起来、赞成地说、充满深情地望着。

“得”是补语的标志。如:搬得动搬不动、跑得很快、打扫得干干净净。

“的”“地”“得”三者的用法不同,若为了书写方便而不加以区分,很容易造成歧义或者语义不明。例如:“这瓜甜得不想出售”和“这瓜甜的不想出售”,是截然不同的意思。

2. 请指出下边三个句子在语义理解上有何区别。

(1) 表示“原来没有风,现在有风了”。

(2) 表示听话人没有意识到“外边有风”,说话人对此做出提醒;或者表示说话人先前没有意识到“外边有风”,现在忽然获知此信息。

(3) 表示对“外边有风”这一事实的确认肯定。

3. 根据下边的语例,指出“吧”“吗”“呢”在句类分布和语法意义上的差异。

从句类分布看,“吗”“吧”用在是非疑问句句末;“呢”用在特指问、选择问、正反问句末。从语法意义来看,“吗”表高疑问,“吧”表低疑问,“呢”表追究问。

4. 根据下边的语例,请指出副词“才”和“就”在语法意义上的差异。

当数量词出现在“才”和“就”的前面,两个副词都表示对数量、时间的限制,但是,“才”是强调数量大、时间晚,(1)前面可加“只有”,(3)前面可加“必须”;“就”是强调数量小、时间早,(2)前面可加“只要”,(4)前面可加“不到”。“才”“就”句的这些添加词语不能互换。

第四节 短语与层次分析法

一、填空题

1. 短语
2. 偏正词组 述宾词组 述补词组 联合词组 主谓词组 同位词组 兼语词组 连谓词组
3. 量词结构 方位结构 介词结构 “的”字结构
4. 先后顺序 语义关系
5. 层次结构关系 直接成分 结构关系
6. 语感
7. 线形排列
8. 数量 指量 疑量
9. 跟动作有关的对象

二、单项选择题

1. A 2. B 3. B 4. C 5. C 6. B 7. C 8. A 9. B 10. D

三、多项选择题

1. ADE 2. AB 3. CEF 4. CDE 5. BDF 6. ABD 7. ABC 8. AC

四、分析题

1. (1) 穿 好 鞋子

① 述 宾

述 补

② 穿 好 鞋子

述 宾

偏 正

(2) 咬 死 了 猎人的 狗

① 述 宾

述 补 定 中

② 咬 死 了 猎人的 狗

定 中

述 宾

述 补

(3) 李雷 和 韩梅梅 的 同学

① 定 中

联 合

② 李雷 和 韩梅梅 的 同学

联 合

定 中

(4) 看 着 远方 的 老爷爷

① 述 宾

定 中

② 看 着 远方 的 老爷爷

定 中

述 宾

2. (1) 鲁迅的小说 我 看 了 一 个 学期。

主 谓

定 中 主 谓

述 宾

定 中

数 量

(2) 那 位 同学 去年 已经 从 暨大 毕业 了。

主 谓

定 中 状 中

指 量 状 中

状 中

介 宾

五、简答题

1. 层次分析法是一种什么样的方法?它的原则是什么?

分析复杂短语结构层次关系的方法叫作“层次分析法”。它的正式学名叫作“直接成分分析法”

(Immediate Constituent Analysis,简称 IC),它是由美国描写语言学家布龙菲尔德(L. Bloomfield)系统地运用到句法结构分析上来的,后来又由哈里斯(N. Haris)和威尔斯(S. Wells)加以理论化和系统化,使这一方法日趋成熟。由于这种方法在分析时尽可能地采取二分(只有少数联合短语或连谓短语需要多分),所以,俗称"二分法"。

层次分析法有三个原则:

(1) 结构原则:切分得出来的两个部分都必须是合法的句法结构体。

(2) 功能原则:切分出来的这两个部分,可以根据汉语句法的组合规律,再重新组合起来。

(3) 意义原则:语义上要符合逻辑常理,否则也是不可接受的。

2. 偏正词组可以分为定心词组和状心词组,请简单说明它们该如何区分。

区别定心词组和状心词组的方法主要依据中心语来判断:名词或名词性词语前面的修饰语一般应该是定语;谓词(动词或形容词)或谓词性词语前面的修饰语一般应该是状语。此外,还要看修饰语的性质以及整个偏正词组所处的语法位置。名词或人称代词作修饰语(带"的"),不管它的中心语是动词还是形容词,一般应该是定语;副词作修饰语,不管它的中心语是名词还是量词结构,一般应该是状语。例如:

(1) 群众的支持/温度的下降/他们的精明/夜晚的温柔(定心短语)

(2) 才星期三/刚五个人(状心短语)

3. "写得好"既可作情态补语,也可作可能补语,可以用什么方法把它们区分开来?

写得好	情态补语	可能补语
语法意义	写的结果是好	能够写好
否定式	写得不好	写不好
扩展式	写得很好 写得非常好	
疑问式	写得怎么样?	写得好写不好
重音位置	写得'好	'写得好

4. 请指出下边的画线短语到底是同位短语还是偏正短语,并说明理由。

(1)的画线短语是同位短语,(2)的画线短语是偏正短语。

理由:(1)的画线短语可插入指示代词"这些/那些"而不改变意义,如"他们老板→他们那些老板""我们工人→我们这些工人";(2)的画线短语可插入结构助词"的"而不改变意义:"他们学生→他们的学生""我们学生→我们的学生"。

第五节 句 型 系 统

一、填空题

1. 结构模式 显著特点 语气功能
2. 组合 实现
3. 词 短语 句子
4. 生成性
5. 句型成分 结构模式
6. 形容词性主谓句
7. 特殊非主谓句
8. 独立成分 提示成分

二、单项选择题

1. B　2. C　3. C　4. C　5. A　6. C

三、多项选择题

1. ABCDE　2. ABDE　3. ABCDE　4. ABCD　5. ABC　6. ABCF

四、判断题

1.(×)。解析:词跟句子的根本区别不在于量的多少,而在于质的飞跃。词与短语都是语言的备用单位,句子则是语言的使用单位。词跟词可以组合成短语,从而构成“组合关系”;词(主要是实词)和短语,如果赋予它一定的语气语调,并进行交际活动,就可以成为句子,从而形成“实现关系”。

2.(×)。解析:句子跟主谓短语是两个完全不同的概念。书面上的句子往往是主谓形式的,但口语中的句子却常常是非主谓形式的。主谓短语可以单独成句,但是也可以跟其他的短语一样只是句子中的一个成分。例如:“他知道我读中文系”中“我读中文系”作宾语而不是句子。

3.(✓)。

4.(✓)。

5.(×)。解析:中心词分析法认为主语和谓语是主要成分,宾语和补语是次要成分,定语和状语是附加成分。

6.(×)。解析:非主谓句不可能分析出主语和谓语来,所以不宜叫“无主句”。

7.(×)。解析:独立成分最常见的位置是句中。

8.(✓)。

五、分析题

1.(1) 他们都是好孩子。(动宾谓语句)
　(2) 他们都黑头发。(名词谓语句)
　(3) 盘子放得整整齐齐。(动补谓语句)
　(4) 碗筷整整齐齐的。(形容词谓语句)
　(5) 今天是重阳节。(动宾谓语句)
　(6) 今天重阳节。(名词谓语句)
　(7) 任何人他都不怕。(主谓谓语句)
　(8) 他不怕任何人。(动宾谓语句)

2.(1) 多少路程啊,北京到广州。(主语后置)
　(2) 你看看他,全身一直发抖,冷得。(补语前置)
　(3) 他就找借口而已,我觉得。(宾语前置)
　(4) 他已经来了,大概。(状语后置)

3.(1) 你看,这么做可以吗?(“你看”独立成分:引起对方注意)
　(2) 你看他演讲了吗?(无特殊成分)
　(3) 你听老妈唱歌了吗?(无特殊成分)
　(4) 你听,他说的是人话吗?(“你听”独立成分:引起对方注意)
　(5) 听说他得了一等奖。(“听说”独立成分:表示消息来源)
　(6) 看起来,这一关你已经过了。(“看起来”独立成分:表示对情况的推测)
　(7) 我们姐妹俩,一个在教育行业工作,一个在医疗系统工作。(“我们姐妹俩”提示成分:总说成分)
　(8) 这就是我跟你说的那个人,我青梅竹马的恋人。(“我青梅竹马的恋人”提示成分:称代成分)

4.(1) (两岁) 的孩子 ‖[会] 说 (很多) 定 了。
　　定　　主　　状　谓　定　宾

（2）（这本）书 介绍 了（关于宇宙起源）的（几种）（不同）看法 。
定 主 谓 定 定 定 宾

（3）听说，（鲁迅）的（那本）小说 你看了一个学期 。
△△ 定 定 主 谓

（4）（那）（位）同学［已经］［从北大］毕业〈一年〉了。
定 定 主 状 状 谓 补

六、简答题

1. 中心词分析法和层次比较法相比，有哪些优点和不足？

中心词分析法的优点是：

（1）方法简便，易于操作。一个句子，特别是一些比较长、结构比较复杂的句子，可以很快分出句子的主干和枝叶，从而便于提纲挈领，主次分明。

（2）有利于归纳句型。因为经过中心词分析法分析以后，句子的格局比较清楚了，对语文教学有一定帮助。

（3）有利于修改病句。检查语法错误经常使用的“紧缩法”，就是从“中心词分析法”演变而来的。

但是，中心词分析法的缺点也是非常明显的：

第一，缺乏“层次”观念。句子中所有的词语一举多分，致使句子内部的结构相当混乱。它的层次只是句子六大成分的层次，是固定不变的；不是句法结构真正的层次。

第二，缺乏“关系”观念。每个词语虽然都按照六大成分对号入座，但是 它们都是孤立的个体，不讲究词语与词语之间的关系。致使多个定语、多个状语，甚至多个宾语或补语在一个层面上出现。

第三，“联合词组”和“主谓词组”可以直接作句子成分，而其他词组却不行，必须以词的身份进入句子，致使句子成分有的是词，有的是词组，这在理论上就显得不一致。

第四，由于强调寻找中心词，把修饰成分看作附加的，不重要的，致使在语义理解时，会出现偏误。例如：“他（不）是坏人”，如果没有了状语，就可能理解错了。

2. 简述句型分析的原则和方法。

进行句型分析时，我们只考虑句型成分以及句子的结构模式，所以必须首先排除一些不影响句型的因素。这些因素主要有以下几种：

（1）表示语气的因素不影响句型，包括语气词和语调。

（2）功能相同词义不同的词语互相替换不影响句型。

（3）扩展一般不影响句型。也就是说，一个名词或者一个动词、形容词扩展以后，构成了偏正短语，因为语法功能仍然相同，所以不会改变句型。例如：“小花猫回来了。→邻居家的小花猫从外面回来了。’扩展前后句型都是动词谓语句。但是要注意，有时候，定语或状语对句型也是有影响的。例如：“我们要为她着想。”

（4）句子的特殊成分（独立成分以及提示成分）不影响句型。

（5）语用移位不影响句型。

第六节 句式系统

一、填空题

1. 句式
2. 动词性谓语
3. 存现句
4. “等候”
5. “养家糊口的工人多么不容易啊！” 可以复位

6. 结构助词
7. 近宾语　间接宾语　远宾语　直接宾语
8. 受事性主谓谓语句　领属性主谓谓语句　关涉性主谓谓语句　周遍性主谓谓语句

二、单项选择题

1. A　2. A　3. D　4. B　5. D　6. B　7. C　8. D　9. B

三、多项选择题

1. AB　2. BD　3. ABCD　4. AC

四、判断题

1. (×)。解析:虽然有些把字句中"把"的宾语可以还原到动词之后,但是,我们不能认为"把"的宾语就是从原来"主+动+宾"结构的宾语用"把"提前得来的,因为还有大量的把字句,"把"的宾语无法还原到动词后面。例如"他把教室打扫得干干净净的。"
2. (×)。解析:除了"不"字外,否定词以及助动词只能出现在"把"字结构之前,不能出现在"把"字结构之后。
3. (×)。解析:"被"字句原来确实是表示不如意的事情,但是现在也可以表示如意的事情,例如"他被复旦大学录取了。"
4. (×)。解析:被字句的主语表示的事物必须是定指的,有时候,被字句的主语在形式上好像是不定指的,但是在具体的上下文中,仍然可以看出它是定指。例如"他被一个好朋友害惨了。"
5. (✓)。解析:可以,例如"老狼被他把一只眼打瞎了。""手中的一万元钱被我把其中一大半都花没了。"
6. (✓)。解析:是的。因为"把"字句的句式义是导致某种结果或状态,因此往往谓语动词带着补语、宾语,或至少带个"了"或"着",例如"他把汤喝完了。""他把盘子打了一只角。""他把碗端着。"
7. (×)。解析:从语义上看,"把"的宾语主要是动作的受事,因此也有人称之为"处置式"。但是其宾语也可以是工具、处所、与事、使事乃至施事。例如"他在隔壁唱歌,结果把妹妹唱醒了。""他老吃糖,把牙吃坏了。"
8. (×)。解析:被动句≠"被"字句。被动句要求受事作主语,"被字句"不仅要求受事作主语,并且必须用"被"字引进施事。因而,"被"字句是被动句的一部分。
9. (✓)。解析:例如"台上唱着京戏"——"在台上唱着京戏"(非主谓句)。
10. (✓)。
11. (✓)。
12. (×)。解析:"叫"作带有使令意义的动词时,构成兼语谓语句。但这个句子中的"叫"是介词,相当于"被"。
13. (✓)。
14. (✓)。解析:都是形容词谓语句,只是后者属于"主语后置"。

五、名词解释

1. 句式

句式是根据句子的显著特点划分出来的句子类型,它比较集中地体现了现代汉语句子的结构特点以及语义表达上的特色。现代汉语主要的句式有连动句、兼语句、"把"字句、"被"字句、存现句等。

2. "把"字句

由介词"把"和它的宾语充当状语的句子叫作把字句。某个动作往往涉及许多对象(论元),"把"的作用是选择并凸显说话者特别关注的某个对象。整句语法意义表示某种动作或原因的影响而产生某种结果或状态。

3. “被”字句

由介词“被”和它的宾语充当状语的句子叫作被字句。“被”的作用是表示被动意义,并且引进的宾语往往是动作的施事或原因,而主语则是动作的受事。被字句表示被动义,所以指的往往是不如意的事情。现在这类句式可以只表示被动,却不一定表示不如意的事情。

4. 双宾语句

双宾语句是一个述宾短语再带一个宾语的句子。紧靠动词的宾语叫作近宾语(又称间接宾语),不紧靠动词的宾语叫作远宾语(又称直接宾语)。

5. 主谓谓语句

主谓谓语句是由主谓短语充当谓语的句子。全句的主语相当于“话题”,谓语相当于“述题”。

6. 存现句

存现句是表示人或事物存在、出现或消失的句子。它的基本格式是“处所词+存现动词+事物”。存现句包括存在句和隐现句。

7. 存在句

存在句表示什么地方存在什么人或什么事物。存在句又分为静态存在句和动态存在句。

8. 倒装

倒装是句子变化的一种,在一定条件下,句子中成分的位置可以倒过来,但句子中各个成分之间的关系不变,这种现象称为倒装。

六、分析题

1. (1) 静态存在句
   (2) 位移性隐现句
   (3) 非位移性隐现句
   (4) 静态存在句
   (5) 动态存在句
2. (1) 给予类双宾句
   (2) 言说类双宾句
   (3) 取得义双宾句
   (4) 给予类双宾句/取得类双宾句
   (5) 言说类双宾句
3. (1) 我家冰箱食材很多。(领属性主谓谓语句)
   →我家的冰箱食材很多。
   (2) 公主的童话故事我已经跟你讲了不少了。(关涉性主谓谓语句)
   →关于公主的童话故事我已经跟你讲了不少了。
   (3) 那袋洗衣液我已经用完了。(受事性主谓谓语句)
   →我已经用完了那袋洗衣液。
   所有题目他都做完了。(周遍性主谓谓语句)
   →他做完了所有题目。
4. (1) 暴风雨就要来了!(主谓句;谓语由动词充当)
   (2) 这本书十块钱。(主谓句;谓语由名词短语充当)
   (3) 禁止吸烟!(非主谓句;由动宾短语构成)
   (4) 这场球赛精彩极了!(主谓句;谓语由形容词短语充当)
   (5) 漂亮!(非主谓句;由形容词构成)
   (6) 多好的战士啊!(非主谓句;由名词性偏正短语构成)
5. (1) 很多人聚集在超市门口。

→超市门口聚集着很多人。

(2) 他的奖状挂在墙上。

→墙上挂着他的奖状。

(3) 外交使团坐在车上。

→车上坐着外交使团。

(4) 商品陈列在展示柜里。

→展示柜里陈列着商品。

6.

句子	句型	句式
把灯关了!	动词性非主谓句	“把”字句
你看,操场上站着好多学生。	述宾谓语句	存现句
她总是开着音乐打扫卫生。	连谓谓语句	连动句
我的口红是被她弄断的?	述宾谓语句	“被”字句、“是”字句
看来我必须叫你们班主任好好管教你们了!	兼语谓语句	兼语句

7. (1) “把”字句的述语动词不能以光杆形式出现。改为:学生们正在把零食往嘴里送,老师黑着脸走了进来。

(2) “把”字句的宾语不能是不定指的事物。改为:前两天逛淘宝的时候,他把那双运动鞋买了。

(3) “把”字句的动词在语义上不自足。改为:公司已经把项目进行了整改。

(4) 能愿动词不能放在“把”之后。改为:他愿意把参考书借给我看看。

(5) 否定词不能放在“把”之后。改为:一定不要把这个误会放在心上。

8. (1) 一件衣服被人偷了。

“被”字句的主语不能是不定指的事物。改为:那件衣服被人偷了。

(2) 他翻墙出校门的时候又被保安抓。

“被”字句的述语动词不能是光杆动词。改为:他翻墙出校门的时候又被保安抓住了。

(3) 被市委书记能够亲自接待真是太荣幸了!

能愿动词不能放在“被”字结构之后。改为:能够被市委书记亲自接待真是太荣幸了!

(4) 他缺考的事情被老师没有告诉家长。

否定词不能放在“被”字结构之后。改为:他缺考的事情没有被老师告诉家长。

七、简答题

1. 句式大致可以分为哪几个系列?

句式大体上可以分为三个系列:

(1) 以谓语部分的特殊结构为标志,比如主谓谓语句、双宾语句、重动句、兼语谓语句、连谓谓语句等。

(2) 以句中出现某个特殊词语为标志,通常以介词或动词为主。比如把字句、被字句、对字句、连字句、比字句/是字句、有字句等。

(3) 以句子的特殊语义范畴为标志,比如存现句、比较句、被动句、估测句等。

汉语特殊句式类型非常多,最有特色、最常用的是:把字句、被字句、双宾语句、主谓谓语句、存现句。

2. 从不同角度简述一下“被”字句中“被”的变体形式。

(1) 在书面语中,保留着“被……所”“为……所”的文言格式。

(2) 在口语中,“被”字常常用“叫、让、给”来替代。跟书面语相平行,口语中也有“被……给”“叫……给”“让……给”的固定格式表示被动,这里的“给”是个表示被动义的结构助词。

3. “要求”“存在”“下去”“赞成”“是”“到达”这几个动词可以构成“把”字句吗？说说你的理由，并试着将这几个动词做一个归类。

这几个动词不能带结果补语或宾语，又缺乏动作性，因此它们不能构成把字句。构成把字句的往往是动作动词，而且能够带表示结果的补语或宾语。

从类别上看，这几个动词可归为三类：“存在”“是”属于联系动词；“赞成”“要求”属于感受动词；“下去”“到达”属于趋向动词。

4. “把”字句和“被”字句是否都可以互相转换？试说明理由。

“把”字句和“被”字句有许多特点是相似的，而且由于语义上的对应关系，句式之间经常可以互相变换。事实上，“被”字句并不是普通主动句的对应格式，而是“把”字句的对应格式。一般地说，“被”字句的主语是受事，“被”的宾语是施事，整个句子强调被动。“把”字句的主语主要是施事，“把”的宾语主要是受事，整个句子强调结果。当然，两个句式是否可以变换，还有其他的条件制约。比如祈使语气的把字句就不能这样变换：

（1）你把这些东西扔掉！⟷＊这些东西被你扔掉！

再如由于“被”字句对动词的要求不像“把”字句那么严格，那些由光杆双音节动词和感知动词构成的“被”字句就不能变换为“把”字句：

（2）你的要求已经被公司批准。⟷＊公司已经把你的要求批准。

（3）上级的意图被我们理解了。⟷＊我们把上级的意图理解了。

八、辨析题

1. 辨析下列句子是兼语谓语句还是主谓短语作宾语的句子，并归纳一下你的区别方法。

上边的 a 句均为兼语谓语句，b 句均为主谓短语作宾语的句子。区别方法：

一、看谓语动词。如果谓语动词是“让、邀请、要求”之类的使令动词，那么这个句子就是兼语谓语句；如果谓语动词是“听见、知道、希望”之类的认知义动词，那么这个句子就是主谓短语作宾语的句子。

二、看语音停顿。如果语音停顿在第二个动词成分之前，那么这个句子就是兼语谓语句；如果语音停顿在第一个动词成分之后，那么这个句子就是主谓短语作宾语的句子。

2. 辨析下列句子是兼语谓语句还是连谓谓语句，并归纳一下你的区别方法。

上边的 a 句均为连谓谓语句，b 句均为兼语谓语句。区别方法：

一、看谓语动词。如果谓语动词是“让、命令、要求”之类的使令动词，那么这个句子就是兼语谓语句；如果非使令动词，就考虑是连谓谓语句。

二、看主语数量。如果句中的两个动词成分都指向一个主语，则是连谓谓语句；如果两个动词成分的主语不同，则考虑是兼语谓语句。

九、思考题

有人说，“把”字句实际上是表示一种“致使”关系的句式。你同意这种说法吗？请说明理由。

一般我们都是把“把”字句当作表示“处置”意义的特殊句式，这是由于从语义上看，“把”的宾语主要是动作的受事，也可以是工具、处所、与事、使事乃至施事。不过，由于“受事”出现的频率最高，因此也有人称为“处置式”，如“小孩把碗打破了”就具有处置意义，但是“这次活动把我累坏了”当作处置义来说未免牵强。因此，“把”字句的语法意义可以概括为表示某种动作或原因的影响而产生某种结果或状态，它实际上也可以看作是一种“致使”关系，这种关系突出的是结果。“小孩把碗摔破了”和“这次活动把我累坏了”这两句话的意思是“小孩摔碗”导致“碗破”，“这次活动很累人”导致“我累坏了”，由于要突出“碗破”和“累坏”，于是将“碗”和“我”用“把”提到动词前，从而构成“把”字句。

第七节 句类系统

一、填空题

1. 语气功能
2. 陈述句 感叹句
3. 疑惑 询问
4. 结构类型 功能类型
5. 是非问 特指问 选择问 正反问
6. 回声问 附加问
7. 第二人称代词 包括式的第一人称复数 称谓词
8. 特殊肯定
9. 特指问 是非问
10. 陈述句
11. 反问句
12. 设问句
13. 祈使句

二、单项选择题

1. B 2. CB 3. A 4. B 5. C 6. D

三、多项选择题

1. AC 2. BC 3. ABCD 4. BCD 5. ACD 6. ABC 7. AB

四、判断题

1. (×)。解析:在一些习惯用法中,句子的肯定形式跟否定形式所表示的意义是相同的。例如:难免生病/难免不生病;小心摔跤/小心别摔跤。
2. (√)。
3. (√)。
4. (×)。解析:不一定。例如:
   (1) 我的情况,你又不是不了解。
   (2) 从前线回来的人说到白求恩,没有一个不佩服,没有一个不为他的精神所感动。
   在上述两例中,例(1)的语气比单纯肯定要委婉,例(2)的语气比单纯肯定要强烈。
5. (×)。解析:特指问句都需要针对疑问焦点作具体回答。例如:"书呢?"意思是"书在哪里呢?"必须针对性回答:书在我这里。
6. (√)。
7. (√)。

五、名词解释

1. 句类
   句类是句子按照不同语气功能划分出来的类型。一般分为陈述句、疑问句、祈使句和感叹句四类。
2. 反问句
   反问句又叫反诘问,它是"无疑而问",即发问人心目中并没有真正的疑惑,只是在用疑问句的形式曲折地表达自己对某个事情的看法,语气上有不满、反驳的意味。通常用肯定形式表示否定意思,用否定形式表示肯定意思。

3. 设问句

设问句又叫自问自答句,发问人心目中实际上已经有了明确的意见,但并不直接把自己的看法说出来,而是先用一个问句引起对方的注意,然后再顺势引出自己的看法。

4. 祈使句

向听话人提出要求,希望他做什么或别做什么的句子叫祈使句。肯定形式的祈使句要求听话人做些什么,语气强烈的是命令句,委婉的是请求句。否定形式的祈使句要求听话人别做什么,语气强烈的是禁止句,委婉的是劝阻句。

六、分析题

1. (1) 今天周五吧?(是非问)
   (2) 那本小说你看了没有?(正反问)
   (3) 你的新衣服呢?(特指问)
   (4) 你到底去不?(正反问)
   (5) 你是报考公务员还是老师?(选择问)
   (6) 你愿不愿意和她一起?(正反问)
   (7) 谁不想去吗?(是非问)
   (8) 明天讲座的地点在哪?(特指问)
   (9) 下周有谁要回家吗?(是非问)
   (10) 你究竟是有钱,还是没有钱?(选择问)
   (11) 你究竟有没有钱?(正反问)
   (12) 毕业后你想出国读研吗?(是非问)
   (13) 毕业后你想出国读研吧?(是非问)
2. (1) 好一派北国风光!(抒发感情,感叹句)
   (2) 明天是几号?(提出问题,疑问句)
   (3) 明天是16号。(陈述事实,陈述句)
   (4) 动起来吧,不要在沙发上瘫着!(请求命令,祈使句)
   (5) 今天天空特别蓝。(陈述事实,陈述句)
   (6) 你是老师还是我是老师?听你讲课还是听我讲课?(提出问题,疑问句)
   (7) 大堰河,我的保姆!她是多么无私,多么淳朴啊!(抒发感情,感叹句)
   (8) 别争了!(发出命令,祈使句)

3.

句子	句型	句类
出太阳啦!	动词性非主谓句	感叹句
你能不能派人去取一下我的邮件?	兼语谓语句	疑问句
你把炉子熄了火!	述宾谓语句	祈使句
那个女生广东人。	名词谓语句	陈述句
一部直击心灵的电影!	名词性非主谓句	感叹句
学校图书馆藏书资源十分丰富。	主谓谓语句	陈述句
超市的水果多新鲜呀!	形容词谓语句	感叹句

七、简答题

1. 感叹句有哪几种类型?

感叹句是抒发强烈感情的句子,它大体上可以分为三类:

(1) 直接用叹词构成的感叹句。如:啊!

(2) 用副词"多、多么、太、真、好",或语气词"啊",以及某些特定词语标记的感叹句。如:多麻利的手脚!/你这个字写得不错哇!/祝老先生寿比南山!

(3) 句子形式在书面上跟一般的陈述句一样,但句尾用了感叹号的感叹句。这类感叹句在口语中语调是先升后降,并且音量加大。例如:"明天是星期天!"

2. 特指问两种简略格式有何用法?

特指问有两种简略格式:

一、"NP(名词性成分)+呢?"式,这种问句,如果是首发句,通常是询问处所,相当于问"NP 在哪儿呢?"。在一定的上下文里,当"NP 呢?"处在后续句的情况下,也可以询问处所以外的其他情况,相当于问"NP 怎么样呢?"例如:

(1) 你的电脑呢?(=你的电脑在哪儿呢?)

(2) 你去和朋友吃饭,那么我呢?(=我干什么呢?)

二、"VP(谓词性成分)+呢?"式,这种问句中的 VP 可以是动词,可以是形容词,也可以是主谓结构。它通常询问假设性的结果,句中可以出现假设连词。例如:

(3) 他不去呢?(=如果他不去,怎么办呢?)

(4) 要是他们不给钱呢?(=要是他们不给钱,那怎么办呢?)

在一定条件下,这类问句也可以不含假设义,可以理解为语用省略。例如:

(5) 王老师,您说呢?(您说怎么办呢?)

(6) 那么领导对你呢?(领导对你怎么样呢?)

八、辨析题

1. 指出下列句子中句末语气词在语法意义上有何差异。

吧——表示揣测。呢——表示提醒。

的——表示肯定。嘛——表示显然。

呗——表示不满。啦——表示欢愉。

2. 根据下面的语例,指出"不"和"没"在语义和用法上有何差异。

根据以上语例,可得知"不"和"没"在语义和用法上的差异有以下几点:

第一,"不"往往表示主观意愿,"没"往往表示客观情状。

第二,"没"不能用于将来,"不"在时间上没有限制。

第三,"不"可以修饰动词和形容词,"没"原则上只能修饰动词,如果是含变化义的形容词,也可以修饰。

第四,"不"可以跟几乎所有的助动词结合,"没"只能跟部分助动词结合。

3. 指出下列疑问句在语义理解上有何差异。

(1)语调是非问,倾向于否定,表示难以理解,不可思议;(2)为疑惑性比较强的是非问,表示对问题没有什么把握;(3)为疑惑性比较弱的是非问,倾向于肯定,但又不完全肯定,希望对方证实;(4)为带有惊讶兼疑惑的是非问。

4. 是非问、特指问、选择问、正反问在疑问信息的载体和疑问焦点上有何差异?

(一) 疑问信息的载体:是非问的疑问信息由疑问语调或者疑问语气词承担;特指问的疑问信息由疑问代词承担;选择问的疑问信息由"A 还是 B"这样的选择格式承担;正反问的疑问信息由"A 不(没)A"这样的正反并列式承担。

（二）疑问焦点：是非问的疑问焦点是整个句子，特指问的疑问焦点是疑问代词，选择问的疑问焦点是可选项，正反问的疑问焦点是肯否并列项。

九、论述题

1. 有些祈使句，既有肯定形式，又有否定形式；而有些祈使句，要么只有肯定形式，没有否定形式；要么只有否定形式，没有肯定形式。例如：

（1）请进来。/请别进来。

（2）千万当心哪。/＊千万别当心哪。

（3）＊请紧张。/请别紧张。

这就是祈使句肯定形式和否定形式的不对称现象。请从祈使句谓语中心语的词语特点出发，解释造成这种不对称现象的原因。

祈使句肯定形式和否定形式的不对称现象，主要决定于其谓语中心语的褒贬色彩和语义特征。

褒贬色彩的影响

一般地说，褒义色彩的词语，在祈使句中不用否定形式；贬义色彩的词语，在祈使句中不用肯定形式。例如：

	肯定形式	否定形式
褒义	要有礼貌！	＊不要有礼貌！
贬义	＊请大声喧哗！	不要大声喧哗！

因为说话人持肯定性评价的事情，一般不会要求别人不去做；而持否定性评价的事情，一般也不会要求别人去做。显然，这是符合语言使用者的一般心理走势的。

语义特征的影响

（1）祈使句中的动词，有的具有[+自主]的语义特征，表示人有意识地通过某个动作来达到某种结果；有的具有[-自主]的语义特征，表示人无意识地发出了某个动作并客观上造成了某种结果。这两种动词在祈使句的肯定形式和否定形式中的表现是不同的。例如：

	肯定形式	否定形式
自主	走路上学！	别走路上学！
非自主	＊摔倒！	别摔倒！

（2）有些动词性结构，动作和结果之间的关系是能够由人控制的，这样的结构可以进入祈使句的否定式；动作和结果之间的关系不能人为控制的动词性结构，就不能进入祈使句的否定式。例如：

	肯定形式	否定形式
可控	把东西拿走！	别把东西拿走！
不可控	请记住！	＊请别记住！

（3）谓语部分带数量结构的祈使句，一般只有肯定形式，没有否定形式。例如：

	肯定形式	否定形式
带数量结构	倒一点水来！	＊别倒一点水来！
带数量结构	对弟弟好一点儿！	＊别对弟弟好一点儿！

造成这种现象的原因，跟数量短语有关。在肯定式中，说话人要求对方去实施某种动作，可以给予具体的指示，包括数量方面的要求；如果要求对方不做某事，在句中只需要否定那件事，既然事情本身都否定了，那也就无须对数量提出要求了。

第八节 句法结构中的语义分析

一、填空题

1. 句法形式 语义内容

2. 语义角色　语义指向　语义特征
3. 配价关系　格关系
4. 语义指向分析法

二、单项选择题

1. C　2. D　3. A　4. C

三、多项选择题

1. ABC　2. ABD　3. ABC　4. AC　5. ABCD

四、判断题

1. (×)。解析:同一个名词性词语,与不同的谓词搭配也可能产生不同的语义关系。
2. (×)。解析:名词与名词之间也存在语义关系。如:领属关系、处属关系、时属关系等。
3. (√)。
4. (√)。

五、名词解释

1. 语义关系
语义关系是指隐藏在句法结构后面由该词语的语义范畴所建立起来的关系。
2. 语义指向
语义指向是指句法结构中的某一成分跟其他成分之间在语义上的联系。
3. 语义特征
词语中符合某种组合选择的有区别性特征的最小语义成分就是语义特征。

六、简答题

1. 简述句法关系和语义关系的关系。

在句法结构中,词语与词语之间不仅发生种种句法关系,而且存在种种语义关系。句法关系是句法关系,语义关系是语义关系,这两者可能一致,也可能不一致。例如:

(1) 小王吃了/梨子吃了

(2) 吃梨子了/来客人了

例(1)句法上是主谓关系,语义上,“小王”跟“吃”是“施事—动作”关系,“梨子”跟“吃”是“动作—受事”关系。例(2)是述宾关系,语义上,“吃”和“梨子”是“动作—受事”关系,“来”跟“客人”是“施事—动作”关系。可见,主语不等于施事,宾语也不等于受事。所谓“施事”“受事”属于不同的语义范畴。一种句法结构关系,可能包含着多种语义关系,反之,一种语义关系也可能构成多种句法结构关系。

2. 简述语义指向和句法关系的关系。

语义指向是指句法结构中的某一成分跟其他成分之间在语义上的联系。这种语义联系同句法关系有时一致,有时不一致。例如:

(1) 她的身体渐渐好起来了。

(2) 那女人忧伤地低下了头。

例(1)中的状语“渐渐”在语法上修饰谓语“好起来”,在语义上描写“好起来”的速度,“渐渐”与“好起来”在语法关系和语义关系上是一致的。例(2)中的状语“忧伤”在语法上修饰谓语“低下了头”,但在语义上却指向主语,描写“那女人”在发出低头动作时的心情,“忧伤”的语法功能和语义指向就出现了背离的情况。

七、分析题

1.（1）小区里贴满了反代孕的标语，人们都在为平权斗争。
小区里（处所）、反代孕的标语（受事）、人们（施事）、平权（目的）
（2）前天我买了一箱牛奶。
前天（时间）、我（施事）、一箱牛奶（结果）
（3）小李成为了一名乡村义务教师。
小李（系事）、一名乡村义务教师（等事）
（4）她是个歌手。
她（系事）、歌手（等事）
（5）这个早点摊便利了周围的民工。
周围的民工（使事）
（6）学姐对我倾诉了许多烦心事。
我（对象）、许多烦心事（内容）

2.（1）钢铁的意志（比喻关系）
（2）学校的花园（处属关系）
（3）钻石的戒指（质料关系）
（4）同桌的消息（相关关系）
（5）同桌的爷爷（从属关系）
（6）同桌的性格（含属关系）
（7）曾经的传说（时属关系）
（8）广东的早茶（来源关系）
（9）国家的奖励（种属关系）
（10）猫咪的耳朵（隶属关系）
（11）磁悬浮列车（类属关系）
（12）父亲的诗集（领属关系）

3.（1）他把地板拖干净了。（前指“把”的宾语“地板”）
（2）他拖地板拖累了。（前指主语“他”）
（3）他拖干净地板再休息。（后指宾语“地板”）
（4）他还没拖完地板。（前指动词“拖”）

4.（1）他美滋滋地吃了包薯片。（前指主语“他”）
（2）他早早地吃了包薯片。（后指述语“吃”）
（3）他脆脆地吃了包薯片。（后指宾语“薯片”）
（4）他把薯片一片一片地吃完了。（前指介词“把”的宾语“薯片”）

5.（1）我今天晚上要好好怀念一下我逝去的青春。（后指中心语“青春”）
（2）她度过了一个后悔的“双十一”。（前指主语“她”）
（3）妈妈在外面打了一下午的麻将。（前指述语“打”）

6.（1）“大都”语义既能前指“他们”，表示“他们中的大部分人吃米饭”；又能后指“米饭”，表示“他们大多数时候吃的是米饭而不是其他”。
（2）重音在“十分钟”，“就”语义前指“十分钟”，表示“仅仅用了十分钟 就写了五道大题”，“十分钟”时间短，“五道大题”数量多。重音在“就”，语义后指“五道大题”，表示“十分钟只写了五道大题”，“一分钟”时间长，“五道大题”数量少。
（3）重音在“这批货”，“都”语义指向“这批货”，表示“我们对所有的货物表示满意，没有不满意的货”；重音在“我们”，“都”语义指向“我们”，表示“我们所有人对货物表示满意，没有人不满意这批货”。

7. (1) “架”这个动词具有[±附着]的语义特征。当“架”表示[+附着]的语义特征时,“山上”表示“大炮”存在的场所,句子表示存在,是静态的;当“架”表示[-附着]的语义特征时,“山上”表示“架大炮”这一动作进行的场所,句子表示活动,是动态的。

(2) “借”这一动词具有[+借进]和[+借出]的语义特征。当“借”表示[+借进]的语义特征时,意为“我向他借了一本书”;当“借”表示[+借出]的语义特征时,意为“我借给了他一本书”。

八、思考题

请指出下边三组语例中的“两天”在意义理解上有何差异,并运用语义特征分析法加以解释。

(1)	(2)	(3)
离开了两天了	等了两天了	看了两天了
断了两天了	病了两天了	吃了两天了
死了两天了	盼了两天了	谈了两天了

第(1)组:“两天”表示动作完成后到说话时的时间

第(2)组:“两天”表示动作开始后到说话时的时间

第(3)组:“两天”既可表示动作开始后到说话时的时间,也可表示动作完成后到说话时的时间。

原因:动词的语义特征不同:

离开、断、死:【+瞬间/凸显完成】

等、病、盼:【+持续/凸显起始】

看、吃、谈:【+持续/凸显起始】【+瞬间/凸显完成】

第九节　歧义结构与框式结构

一、填空题

1. 口头歧义　书面歧义
2. 词汇歧义　组合歧义
3. 组合歧义　语法组合　语义组合
4. 词　短语　句子

二、单项选择题

1. A　2. D　3. C　4. A　5. B　6. D　7. D　8. B

三、多项选择题

1. BCD　2. BD　3. BCDE　4. ABCD

四、判断题

1. (×)。解析:并非每个框式结构都能够充分显示这三个特点,因为它们语法化发展的进程存在着差异,所以事实上不同的框式结构在这些特点上,存在程度上的区别。
2. (✓)。
3. (×)。解析:框式结构的结构意义,不是组合成分语义的简单相加,而往往产生出新的意义,这一新义是该框式结构整体拥有的,是在长期使用中形成的,换言之,不能直接从几个成分的语义中推导出来。
4. (✓)。
5. (✓)。

五、名词解释

1. 歧义现象

歧义现象是指一个语言片断可以作两种或两种以上的语义理解的现象。

2. 框式结构

指前后有两个不连贯的词语相互照应，相互依存，形成了一个框架式结构。框式结构具有特殊的语法意义和特定的语用功能。

六、分析题

1. (1) 语义角色不同产生歧义。“新来的转校生”可能是施事，也可能是受事，前者意为“新来的转校生瞧不起别人”；后者意为“别人瞧不起新来的转校生”。

(2) 语义指向不同产生歧义。“最”可以指向“小林”，意为“在所有人中，小林最喜欢攀岩”；也可以指向“攀岩”，意为“在所有运动中，小林最喜欢攀岩”。

(3) 结构层次不同产生歧义。既可以为“思念他的/妈妈”，即“妈妈思念他”；又可以理解为“思念/他的妈妈”，即“他的妈妈被思念”。

(4) 词和短语同形产生歧义，“头痛”作词时意为“为难”，作短语时意为“头部疼痛”。

(5) 语义指向不同产生歧义。“在水里”可以只指向“鱼”，意为“他不在水里，鱼在水里”；也可以既指向“鱼”，也指向“他”，意为“鱼在水里，他也在水里”。

(6) 语义角色不同产生歧义。“双手”既可以理解为工具，意为“双手拉着妻子”；又可以理解为受事，意为“妻子的双手被拉着”。

(7) 词类不同产生歧义。“原来”作名词时，意为“那个人原先是律师”；作副词时，对“那个人是律师”表示意外和恍然大悟。

(8) 结构关系不同产生歧义。“进口”和“产品”为偏正关系时，表示进口的产品；为述宾关系时，表示“对产品实行进口”。

2. (1) 第一，添加法。在“煮”和“鸡蛋”之间加上“的”，变为“煮的鸡蛋”时，就没有歧义。

第二，重音法。要表示“煮的鸡蛋”时，重读“煮”；要表示“对鸡蛋实施煮的动作”时，重读“鸡蛋”。

(2) 第一，运用添加法。变成“张爱玲写的书”或“写张爱玲的书”，整个短语就没有歧义。

第二，运用停顿法。在“关于”后或在“张爱玲”后，不同的停顿显示了语义区别。

(3) 运用轻音。要表示“你走那条路的事件发生过没有？”时，“过”轻读；要表示“那条路你走过去了没有？”时，“过”不轻读。

(4) 运用重音。“他”重读，表示“除了别人是老师，他也是一个老师”；“老师”重读，表示“除了具有别的身份外，他还是个老师”。

(5) 运用停顿。要表示打的是“死老虎”时，在“打”后停顿；要表示“把老虎打死”时，在“死”后停顿。

七、思考题

1. 有人认为，“框式结构的语法意义就是结构成分的语义之和”，你觉得这种观点正确吗？为什么？

这种说法不正确。框式结构往往言简意赅，形式相对简略，语义比较特殊。框式结构的结构义，不等于各个部分成分语义之和。换言之，框式结构的结构义是结构整体拥有的，是语义增值的结果。比如“没A没B”的语义不等于“没A”加上“没B”。换言之，不是简单的并列关系，不是一般的双重否定，而是格式赋予它新的含义，起到强调凸显的作用，显示了说话人的主观意图，语义发生了增值。比如“没大没小”“没深没浅”是指应该区别却没有区别，不懂礼貌不知轻重，批评义。

2. 在现代汉语中，有好些表示周遍义的构式，如“一+X+都+不+Y”“最+X+也+Y”“连+X+也+Y”。在这些格式中，Y要么只能为否定形式，要么只能为肯定形式。如果把肯、否颠倒，那么，句子要么不成立，要么不再表示周遍义，如(1)—(3)。请对此进行解释。

下列框式结构在原式上改动后还符合语法规范吗？请尝试运用认知语言学的知识解释。

(1) a. 一个字都不认识。——b. ＊一个字都认识。

a. 一堂课都不上。——b. ＊一堂课都上。

(2) a. 最难的题他也会做。——b. ? 最难的题他也不会做。

a. 最便宜的他也买不起。——b. ? 最便宜的他也买得起。

(3) a. 连看电影也不感兴趣。——b. ? 连看电影也感兴趣。

a. 连民办大学也想上。——b. ? 连民办大学也不想上。

人们在周遍义的表达中(不管是肯定全部还是否定全部),都存在着一条统一的语用规律,即通过否定极小量来否定全量,通过肯定极大量来肯定全量。如果正负颠倒(肯定变为否定,或否定变为肯定)而语用等级不发生变化,句子就不能成立,或根本不表示周遍义。

3. 请指出下边A组和B组的"X+V的+不是+Y,是+Z"在结构性质、对Y和Z的语义选择以及语用功能上有何差异。

A组	B组
哥吃的不是面条,是寂寞。	哥吃的不是面条,是饺子。
姐偷的不是菜,是感情。	姐偷的不是菜,是牛肉。
叔谈的不是恋爱,是无聊。	叔谈的不是理想,是现实。
我卖的不是图书,是文化。	我卖的不是图书,是光盘。

从结构性质来看,A组的"X+V的+不是+Y,是+Z"是不着眼于真值判断的框式结构,B组的"X+V的+不是+Y,是+Z"是着眼于真值判断的非框式结构。A组"X+V的+不是+Y,是+Z"的结构义不等于其成分语义之和;B组"X+V的+不是+Y,是+Z"的结构义等于其成分语义之和。

从对Y、Z的语义选择来看,A组的"X+V的+不是+Y,是+Z"要求其Y、Z具有以下特点:(1)不属于同类事物(即不属于同一语义范畴);具有表里关系(Y是表,Z是里);具有因果关系(Z是因,"V+Y"是果)。B组的"X+V的+不是+Y,是+Z"要求其Y、Z具有以下特点:(1)属于同类事物(即属于同一语义范畴);不具有表里关系;不具有因果关系。

从语用功能来看,A组的"X+V的+不是+Y,是+Z"用于对事物的表象做出否定,即用于告知对方,你不能只着意于你所看到的那种表象,因为其背后有另一种原因和实质。而B组的"X+V的+不是+Y,是+Z"只用于对同为表或同为里或无所谓表里的同一范畴的事物进行限制,即否定某一事物肯定另一事物。

第十节 认知解释与动态变化

一、填空题

1. 原型范畴 象似性原则 图形与背景理论
2. 承前省 蒙后省 对话省 自述省
3. 插入语 插说 习惯用语 特殊成分 临时组合起来 动态变化现象
4. 转喻
5. 转喻
6. 隐喻
7. 移位
8. 注释或补充
9. 桑麻

二、多项选择题

1. ABC 2. ABC 3. ACD 4. ABD

三、判断题

1. (×)。解析:当图形与背景属于不对称关系,图形与背景构成"单衬位置"时,图形与背景不能转换。

2.（√）。
3.（×）。解析：语义重心在前置部分上，后置部分不会成为强调的对象。
4.（×）。解析：这是用局部指称整体，应为转喻。
5.（×）。解析：谓语的省略要比主语少得多，但不是没有，一般是在应答句或祈使句中。例如：谁去？我！
6.（√）。
7.（√）。
8.（×）。解析：状语后置，能后置的仅限于某些副词和某些介词短语充当的状语。
9.（√）。
10.（√）。
11.（×）。解析：如果两个句子成分的位置发生变化以后，句法结构关系也变了，语义也变了，这就不属于移位了。
12.（×）。解析：这是自述省。

四、名词解释

1. 原型范畴

所谓原型范畴，是指具有该类范畴典型属性和特点的成员的集合。在原型和非原型之间没有不可逾越的鸿沟，从最典型成员到最不典型成员，按照典型程度的高低逐步过渡，从而形成一个连续统。

2. 象似性关系

世界上事物与事物之间往往存在某种联系，其中很重要的一个联系就是象似性，即两个事物之间，或者某部分外形，或者某种属性，或者某种特点比较相似，我们就把这种联系称为象似性关系。

3. 转喻

依赖于 A 和 B 的临近性与关联性，把 A 看作相关的 B。属于同一个认知域的转指，用局部指称整体，用来源指称结果等。

4. 隐喻

利用具体、生动、常用、熟悉的概念来表示与之有相似点的比较抽象、陌生、难以理解的概念。

5. 移位

改变句子常规语序，但句法结构不变，语义关系也基本不变的现象称为移位。移位分为口语移位和书面语移位。口语交际时为了表情达意的需要，或由于其他原因，常常改变这种常规语序，变成谓语在主语前面，宾语在述语前面等。书面语里的移位现象，往往是作者为了追求更好的表达效果，突出某些词语而故意安排的。这种移位，后置或前置的部分一般是并列结构，也不轻读。

6. 省略

人们在运用语言时为了达到简洁的目的，在一定语境中常常省去一些成分，这就叫省略。省略部分通常应该可以补出来。

7. 插说

在说话过程中，临时想起了什么，而有意打断原来句子的结构，插入某些内容，对前文予以说明、补充或改正，这就是插说。

8. 追补

当话说出来以后，才发现不够完整、不够准确，甚至有错误，说话人马上在话语之后追加补充，这就叫追补。

五、分析题

（1）激动人心的时刻到了！（隐喻，把时间隐喻为空间）
（2）手里拿着锤子。（转喻，整体转指部分，“锤子”转指“锤子的手柄”）
（3）字里行间充满了深情。（隐喻，把话语（文字）隐喻为容器）
（4）转眼又一秋！（转喻，整体转指部分，“秋”转指“一年”）
（5）苦难已远离我们而去。（隐喻，把“苦难”这种抽象的事物隐喻为可以进行空间位移的事物）

(6) 盯住那顶鸭舌帽!(转喻,部分转指整体,用“鸭舌帽”转指“带鸭舌帽的人”)
(7) 度过三年困难时期。(隐喻,把时间“三年困难时期”隐喻为空间)
(8) 物价上去了。(隐喻,把数量变化隐喻为空间位移)
(9) 白宫没有表态。(转喻,部分转指整体,“白宫”转指“美国政府”)
(10) 我喜欢读朱自清。(转喻,整体转指部分,用“朱自清”转指“朱自清的作品”)
(11) 他又在敲键盘了。(转喻,事件的部分转指整体,“敲键盘”转指“在计算机上工作或者游戏”)
(12) 这篇文章包含许多新观点。(隐喻,把文章隐喻为容器)
(13) 何以解忧,唯有杜康。(转喻,人名“杜康”转指这个人制造的产品“杜康酒”)
(14) 平民寻白羽,没在石棱中。(转喻,部分转指整体,“箭杆后部的白色羽毛”转指“箭”)
(15) 绿水青山枉自多,华佗无奈小虫何。(转喻,成员转指范畴,“华佗”转指“医术高明的人”)
(16) 官不过侍郎,位不过执戟。(转喻,行为转指行为的主体,“执戟”转指“古代中下级武官”)
(17) 歌罢仰天叹,四座泪纵横。(转喻,地点转喻,“四座”转指“坐在周围的人”)
(18) 那辆福特已经到了。(转喻,用被控制物转指控制者,“福特”转指“开福特的人”)
(19) 你记得把牛奶盖上。(转喻,用内容转指容器,“牛奶”转指“装牛奶的容器”)

六、简答题

1. 简述口语移位的类型。

一、主语和谓语的移位。各种谓语基本上都可以移位,放到主语的前面,构成移位句。这类移位现象多见于疑问句、感叹句和祈使句。如:“很优秀吗,这个人?”“好优秀,这个孩子!”“快去,你!”

二、述语和宾语的移位有三种情形:

A. 在主语省略句中,述语和宾语移位。例如:“你想喝点什么?”“咖啡,喝点儿。”(→喝点儿咖啡。)

B. 在主谓句中,述语后移。例如:我一个人去旅游,打算。(→我打算一个人去旅游。)

C. 在主谓句中,宾语前置。例如:一切都是天意,我以为。(→我以为一切都是天意。)

三、状语和中心语之间的移位有两种情况:

A. 状语后置,能后置的仅限于某些副词和某些介词短语充当的状语。例如:你看电影了,又?

B. 谓语中心语前置。例如:回家了,他们已经。

四、述语和补语之间的移位。带“得”的述补短语里的述语和补语也能发生移位。例如:都不知道自己姓什么了,美得。

五、连谓短语内部谓词性成分之间的移位。例如:他赶集去了,骑自行车。(→他骑自行车赶集去了。)

六、兼语短语内部的移位。由表示使令意义的动词构成的兼语短语常可出现后面动词性语词前置于“使令动词+兼语”的情况。例如:等一下,请他。(→请他等一下。)

2. “省略实质上就是隐含、重合”,这种说法正确吗?说说你的理由。

这种说法是错误的。省略的成分是可以肯定地补出来,并且只能有一种补出方式。隐含、重合虽然在语义上可以体会出来,但是在实际语言中无法补出来,或不必补出来。

3. 简述插说的特点和类型。

插说的特点主要是其形式标记,从口头来讲,主要是前后都有一定的语气停顿,书面上表现为破折号、括号、逗号,其中破折号最为常见。

插说大体上有五种类型:

(1) 说明型,对前文某个词语进行必要的注释或说明。
(2) 补充型,对前文从不同的角度进行补充。
(3) 逻辑型,对前文从逻辑语义方面进行限制,包括条件、递进、选择、转折等。
(4) 评述型,对前文表示评述性意见,有的还带一些感情色彩。
(5) 修正型,发现前文不够准确,或有错误,临时进行修正。

4. 省略句与非主谓句有何联系与区别?请举例说明。

省略句与非主谓句是两种不同性质的句子,省略是在语言交际中出现的动态语言现象,非主谓句则属于句子的一种静态结构类型。两者关系是交叉的,即省略句可以是主谓句,也可以是非主谓句,反之,非主谓句可以省略,也可以不省略。例如:

(1) (一位同学在球场上打球,发现开始下雨了,就喊了声:)下雨了!

(2) (小陈找不到自己的帽子,问别人:)我的帽子呢?

(3) "昨天上海下雨了吗?""下雨了。"

例(1)是非主谓句,它的结构是完整的,不必补上也无法确定补上什么。可是例(3)中的答句"下雨了"则是"昨天上海下雨了"的省略形式。例(2)也是非主谓句。在汉语里,"NP+呢"格式可以构成一个完整的特指疑问句,它的意思是:"NP 在哪儿呢?"如果在对话的环境里,它们有可能是省略句。例如:

(4) 你的帽子很好看,我的帽子呢?

例(4)中的"我的帽子呢"受到上文的制约省略了谓语"好看不好看",因此既是省略句,也是非主谓句。可见,判断一个句子是不是省略句,关键是要结合上下文以及语境来进行,一个孤立的脱离语境的句子,就无所谓省不省略。

七、思考题

1. 请依据下面的英语和汉语的语例,指出它们运用了什么样的认知方式。

(1) You're wasting my time.(你在浪费我的时间。)

(2) Can you give me a few minutes? (你能给我几分钟时间吗?)

(3) How do you spend your time? (你的时间是怎么使用的?)

(4) We are running out of time.(我们的时间快用光了。)

(5) This gadget will save you hours.(这个装置能给你节省不少时间。)

(6) Is that worth your while? (值得在那上面花时间吗?)

(7) Do you have much time left? (你还剩下很多时间吗?)

(8) You need to budget your time.(你必须计划好你的时间。)

运用了隐喻的认知方式,把时间隐喻为金钱。表现在语言上,就是可以与"浪费、花费、节省、传递、剩余、计划"等搭配。

2. 请指出下面这三个例子在隐喻的使用上有什么共性。

(1) He's in love.(他处于热恋之中。)

(2) He's coming out of come.(他从昏迷中苏醒过来。)

(3) He fell into a depression.(他陷入苦闷之中。)

这三个例子所使用的隐喻,都是把将某种状态(热恋、昏迷、苦闷)隐喻为容器实体,表现在语言上,都可与"处于……中""从……中""陷入……中"搭配。

3. 下面的句子,A 组成立,B 组不成立,请运用认知语言学的"图形和背景"理论加以解释。

A 组	B 组
脚下的路	*路上的脚
太阳落山了	*山升到太阳上面去了
苍蝇在电脑的旁边	*电脑在苍蝇的旁边
水在壶里	*壶在水外

人每天都要接收到大量的信息。人类对这些视觉和听觉信息有特定的处理方式:总习惯于把信息分为图形(figure)和背景(ground)两部分。一般说来,图形是结构完整的、动态的、体积较小的、依赖性的;背景是结构不完整的、静态的、体积较大的、自立性的。上述 A、B 两组语例的区别,在于 A 组符合图形和背景的选择原则,而 B 组不符合这样的原则。

4. 想象一下没有隐喻的语言会是什么样子的。

如果一种语言没有隐喻,这种语言只能用来表达直观的、具体的事物或现象,这只存在于低级社会。它的词汇表达式应该多得惊人,因为一词或一个表达式只代表某一种事物或现象。

但是这样的语言是无法存在的,因为人的大脑不是一个拥有无限容量的仓库,而是具有创造力的,大脑能借助已知的事物和已有的语言形式去认知和命名新事物,合理地运用扩大词义和构造新词两种手段来承载新信息,将象似性原则与经济原则协调到了最佳状态,从而避免词汇系统向无限大的极端方向发展。由此可见,隐喻对词汇系统的发展起着重要的作用。

第十一节　复句类型

一、填空题

1. 单句　复句
2. 比较关系　事理关系
3. 强化语义特征的区别　强调双视点的命名
4. 平等复句　轻重复句　顺理复句　违理复句
5. 关联词语
6. 假设条件
7. 周遍条件　必要条件
8. 意合法
9. 结构平行、成分省略、代词复指
10. 问号　感叹号　逗号　分号
11. 取舍未定　取舍已定　平等任选　平等必选　先取后舍　先舍后取
12. 重转句　轻转句

二、单项选择题

1. A　2. D　3. D　4. A　5. A　6. C　7. B　8. A　9. C　10. C　11. A　12. C　13. A　14. C　15. D

三、多项选择题

1. ABC　2. AB　3. BDE　4. CD　5. ABC　6. ABC

四、判断题

1. (✓)。
2. (×)。解析:有时候单句或者句段里也可以使用关联词语,也可以起到关联作用。
3. (✓)。
4. (×)。解析:时间是纵向的,构成了“顺承关系”;空间是横向的,构成了“并列关系”。
5. (✓)。
6. (×)。解析:主谓短语如果处于被别的句法结构包含的地位,就不是句子了。
7. (✓)。
8. (✓)。
9. (✓)。
10. (×)。解析:这个句子应是单句,“那位红得发紫的女明星”是提示成分。

五、名词解释

1. 复句

两个或两个以上意义上密切相关,结构上互不包含的分句所构成的语言单位。

2. 分句

分句是一种单句形式,分句的构造与一般单句的构造基本上是一致的,只是分句没有完全独立的语调,不能表达一个完整的意思。

3. 关联词语

所谓“关联词语”,是指起关联作用的词和短语,在复句中用来连接分句并表明分句之间的关系,它是识别复句类型的重要标志。

4. 并列复句

前行分句先提出一件事情作为“参照物”,后续分句则相应提出在意义上并存、平行或对立的事情,全句同时说明或描写几件事情或同一事情的几个方面。分句之间是“参事—并事”关系。

5. 选择复句

几个分句分别说出几个待选项,并表示可以从中进行选择。分句与分句之间是“选事1—选事2”的关系。

6. 递进复句

前行分句提出一个情况,后续分句以此为基准,在数量、程度、范围、时间、功能或者其他方面更推进一层。分句之间是“基事—递事”关系。递进复句的典型格式是“不但……,而且……”。

7. 补充复句

前行分句表示一个主要意思,后续分句对前者进行追补或解说。分句之间是“主事—补事”关系。

8. 连贯复句

前行分句首先陈述一种情况,后续分句随后陈述接着发生的另一种情况。分句之间是“先事—后事”关系。

9. 因果复句

前行分句说出原因,后续分句说出由此而产生的结果。分句之间是“原因—结果”关系。

10. 条件复句

前行分句显示某种条件,后续分句从该条件推导出可能的结果。分句之间是“条件—结果”关系。

11. 目的复句

一个分句表示目的,另一个分句表示为达到这一目的而发生的行为事件。分句之间是“目的—行为”关系。

12. 转折复句

前行分句先姑且承认某种客观事实作为让步,后续分句提出的结果却是违背常理的,与前一分句形成转折语义。两个分句之间是“事实—转折”关系。

13. 让步复句

前行分句先提出一种假设的事实,并退让一步姑且承认这个假设的真实性,后续分句提出的结果却是违背常理的,与前一分句形成转折语义。分句之间是“假设—转折”关系。常用的关联词语是“即便……,也……”。

六、分析题

1. (1) 单句

(2) 单句

(3) 目的复句

(4) 单句

(5) 让步复句

(6) 单句

(7) 转折复句

(8) 单句

(9) 让步复句
(10) 目的复句
(11) 递进复句
2. (1) 条件复句。不管……还是
(2) 条件复句。只要……就
(3) 转折复句。但是
(4) 因果复句。因为……所以
(5) 并列复句。也许……也许
(6) 条件复句。不管……都(倒装)
(7) 递进复句。不仅……还是
(8) 连贯复句。然后
(9) 递进复句。而且
(10) 目的复句。为了
3.

并列复句		让步复句	(9)
因果复句		连贯复句	(1)
转折复句	(4)	选择复句	(5)
条件复句	(8)	递进复句	(6)(7)
目的复句	(2)(3)	补充复句	(10)

七、简答题

1. 如何区别单句和复句。

区别单句和复句可以从三个方面进行:

(1) 句法结构上互不包含,如果充当分句的成分包含在另一个更大的句法结构里边,这个句子就只是单句,而不是复句。

(2) 关联词语是识别复句类型的重要语法标志,通常来讲,关联词语多用于复句之中,但是有时候单句或者句段里也可以使用关联词语,以起到关联作用。这时候就要注意关联词之后是否是一个完整的句子,如果是,则该句子是复句。

(3) 停顿是分句与分句之间的重要的形式标志,单句或复句的结尾一定要用句号、问号或感叹号,而分句与分句之间只能用逗号或分号。

2. 简述并列复句与连贯复句的区别。

并列复句的几个分句呈现一种横向的排列,分句表示的是几个密切关联的事物或者是同一事物的不同方面;连贯复句呈现一种纵向的接续,有时间先后和逻辑程序。

并列复句的分句可以互换位置而句义不变,连贯复句则不能。

3. 比较让步复句和转折复句的异同。

相同点:前、后分句语义上都有一种逆转关系,都是违背常理的。比如:在“即使自己不富裕,也要周济和照顾比自己更穷的亲戚。”和“虽然自己不富裕,也要周济和照顾比自己更穷的亲戚。”中,“自己不富裕”与“周济和照顾比自己更穷的亲戚”之间都是违背一般常理的。

不同点:

(1) 前一分句的特征不同:转折复句的前一分句表示的是客观事实;让步复句的前一分句表示的是假设的事实。例如:

虽然“黑客”们个个神通广大,也无法进入这样的网站。

哪怕“黑客”们个个神通广大,也无法进入这样的网站。

有的前行分句表示的是真实情况,但说话人意念上把它当作有待发生的情况予以承认,这也是一种特殊的让步。例如:就算你是一村之长,也不能随便推翻村民委员会的决议啊!

(2) 关联词语不同。让步复句常用的关联词语是“即使/就是/就算/纵使/纵然/哪怕……,也/还……”“再……也……”“也/还”等;转折复句常用的关联词语是“虽然/尽管……,但是/然而/可/却……”“虽然/尽管”“只是/可是/不过/却”等。

4. 试给句子“她留下,我留下。”添加不同的关联词语,以表示不同的复句关系。

(1) 不仅她留下,我也留下。(递进)

(2) 如果她留下,那么我留下。(条件)

(3) 要么她留下,要么我留下。(选择)

(4) 她留下,然后我留下。(连贯)

(5) 因为她留下,所以我留下。(因果)

(6) 她留下,以免我留下。(让步)

第十二节　多重复句与紧缩复句

一、单项选择题

1. A　2. D　3. D　4. D　5. B　6. A

二、判断题

1. (√)。
2. (√)。
3. (×)。解析:多重复句除了要求有三个或三个以上的分句之外,还要求这些分句的层次在两个及两个以上。
4. (×)。解析:紧缩复句常用成对、成套的关联词语构成一些定型的框架,但有一些紧缩句只使用单个的关联词语。例如:你找谁也没有用。
5. (√)。
6. (×)。解析:在并列、连贯、选择等复句中,分句数量的增加只会延伸复句的长度,不会增加复句的层次。
7. (√)。
8. (√)。
9. (√)。

三、名词解释

1. 简单复句

两个或两个以上分句在一个层次上组合而成的复句,就叫简单复句。

2. 多重复句

三个或三个以上的分句在两个以上的层次上组合起来的复句叫做多重复句。复句有几个层次,就叫几重复句,比如二重复句、三重复句、四重复句等。

3. 紧缩复句

一般的复句在分句与分句之间的语音停顿取消了,并且省略了一些关联词语,那就变成了紧缩复句,简称“紧缩句”。紧缩句的主语,可以相同,也可以不同;可以全部出现,可以部分出现,也可以全不出现。

4. 复句的划线分析法

分句与分句的组合是有层次的,把层次分析法的原则和方法运用到多重复句的分析上,标出层次并标明关系,这就是复句的“划线分析法”。

四、分析题

1. (1) 紧缩复句
   (2) 单句
   (3) 一般复句
   (4) 紧缩复句
   (5) 一般复句
   (6) 紧缩复句
   (7) 单句
   (8) 单句
2. (1) 让步关系
   (2) 条件关系
   (3) 承接关系
   (4) 条件关系
   (5) 假设关系
   (6) 倚变关系
   (7) 让步关系
   (8) 因果关系
   (9) 转折关系
   (10) 条件关系
   (11) 因果关系
3. (1) 只要你来找我，|条件 不管是刮风，|||选择 还是下雨，‖条件 哪怕是天上下刀子，|||让步 我也去接你。
   (2) 我们所坚持的决定,即使完全正确，|||并列 完全可行，‖让步 如果不经过广大群众的讨论表决，||||条件 群众也会对此不满，|||递进 而事实上总有一些事情在实施中并不符合现实状况，|因果 所以没有经过群众的认真讨论，‖条件 就更加无法避免群众的抗议。
   (3) 因为无法打开，‖因果 看不见沙漏里的沙还有多少，|||并列 也听不见那沙漏的速度有多快，|转折 但是可以确定的是哪沙漏不停地漏，‖并列 不停地漏，‖并列 不停地漏。
   (4) 如果林则徐当初选择的是不当众销毁烟草，|条件 那么烟草就会肆无忌惮地侵入到广大民众的生活之中，‖并列 就会成为中华民族的一个巨大的弱点,一个定时炸弹。
   (5) 你可能担任过学生会主席，‖并列 你可能拿过一等奖学金，‖并列 你可能发表过几篇论文……|转折 然而,这些经历并不能表明你以后在工作上也会如鱼得水。
   (6) 一部宫斗大剧《甄嬛传》,能够被那么多观众所喜欢，‖并列 同时又能够被专家学者多角度解读，‖并列 能把它当作对封建制度的批判，‖并列 也能把它当成一门职场厚黑学，|||递进 甚至从中还衍生出了“嬛学”，|补充 这种现象实在有趣，‖转折 却也有理有据。

五、论述题

试比较“她去超市买零食了”和“她一去超市就买零食”这两个句子有何不同。如何区分这两种句式?

“她去超市买零食了”是连谓谓语句,“她一去超市就买零食”是紧缩复句。

区别方式:

(1) 紧缩复句大多都用关联词语,如“非……不”“一……就”“越……越”等。连谓谓语句中很少出现关联词语,特别是成对的关联词语。

(2) 紧缩复句中大多隐含着类似于复句的逻辑关系,因此大多能复原成一般复句。而连谓谓语句不可能再进行扩展,扩展后也不能成为复句。

(3) 连谓谓语句中两个动词或动词性成分连用,这两个谓语必须是同一个主语。而紧缩句中可以出现两个谓语分属不同主语的情况。

第五章 语 用

第一节 现代汉语语用概述

一、填空题

1. 语言符号 语言符号的使用者 语境
2. 发话者 受话者 话语内容 语境
3. 语内环境 现场 情境 背景知识
4. 字面意义 话语意义
5. 连贯
6. 语义的连贯性
7. 话题 述题

二、选择题

1. A 2. D 3. B 4. C 5. A

三、判断题

1. (√)。略
2. (×)。不仅指口语说话者,还包括书面语作者。
3. (×)。其背后实际上都隐含着发话者和受话者。政府文件的发话者是相关部门,受话者是普通百姓;公共场所的警示语(如“禁止吸烟”)的发话者是公共场所的管理人员,受话者是在公共场所活动的人。
4. (√)。略
5. (×)。语外环境包括现场、情境以及背景知识三个方面。
6. (√)。略
7. (√)。略

四、名词解释

1. 语用

语用是语言使用者在不同语境中话语交际的实际运用,包括表达和理解。

2. 语用分析

对语言使用者在不同语境中话语意义准确地表达和理解的基本规律进行分析,就是语用分析。

3. 发话者

发话者指语言信息的发出者,包括口语说话者和书面语作者。

4. 语境

语境是人们运用语言进行言语交际的具体环境。

5. 话题

话题指发话者表述的出发点或对象。

6. 述题

述题指对话题出发点或对象进行的说明。

五、简答题

1. 什么是语用学? 相较于词汇学和语法学,语用学有什么不同?

研究人们话语交际时表达和理解语言的基本规律的学科,就是语用学。与之相关的词汇学探讨的是语言符号与符号所指对象之间的关系,语法学探讨的是语言符号与语言符号之间的关系,而语用学探讨的则是语言符号及其使用者与语境三者之间的关系。可见,与其他语言学分支学科最大的不同之处是:语用是语言使用者在不同语境中对话语的实际运用,包括表达和理解。

2. 语用由哪四个基本要素构成?

由如下四个要素组成:

(1)发话者,即语言信息的发出者,包括口语说话者和书面语作者。(2)受话者,即语言信息接受者,包括听众和读者。(3)话语内容,即发话者用语音表达的口语或文字表达的书面语的具体内容。(4)语境,即人们运用语言进行言语交际的具体环境。

3. 怎样理解"语境"?

语境是人们运用语言进行语言交际的具体环境。语境又可以分为语内环境与语外环境,其中语内环境指的是语言符号所构成的环境,即通常说的口语的前言后语或书面语的上下文,包括词语语境、句子语境、语篇语境;语外环境指的是语言交际中的非语言因素,主要包括现场、情境以及背景知识三个方面。

4. 语境对话语交际的重要作用体现在哪些方面?

第一,共同的语境知识是表达和理解的重要基础,也就是说,语言交际要达到最佳效果,最关键的条件是发话方和受话方必须拥有相同的语境知识。

第二,语境在语言表达中起重要作用。首先表现在为了让受话者能最大限度地理解话语的原意,发话者表达时必须选择受话者已有信息作为出发点,然后再传达受话者的未知信息(这是话语表达中的"从已知信息到未知信息"的表达原则)。其次表现在语境能够提供的信息要优先于话语本身的信息,凡受话者可以从语境中获得的信息,原则上都可以不表现为语言形式,除非有必要特别要强调它(这就是话语表达中的"语境优先"原则)。

5. 发话者话语意义的表达策略有哪些?

第一,预先策略,指的是交际之前把表达内容和表达方式准备好,比如会议报告、诗歌或小说创作、制定谈判主题与步骤等。

第二,临时策略,指的是交际时瞬间来不及周密思考而作出的决策,发话者会利用一些表达方式尽量避免出现失误,使得交际得以顺利进行。

第三,模糊策略,一般是在不想表示、难于表示,或者摸不清对方意图的情况下,在瞬间采取的一种自我保护的策略。

6. 受话人对话语意义的理解策略是怎样的?

如果受话者发现发话者利用字面意思表达某种话语意义,就会通过相关语境知识来理解、推求。这时候,受话者对话语的理解并不是一个被动的过程,恰恰相反,在整个交际过程中,会一直处于主动探索、积极捕捉对方意图的心态中。只要发话者开始表达(或者文字开始出现),受话者(读者)就能敏锐地感触到话语所提供的每一处关键信息,从自己的经验中努力寻找相关语境加以思考和推断,逐步接近、理解发话者的真正意思。

六、应用题

1. 分析下面两段对话，指出画线句子在表达上有何功用。

(1) 甲：廖老师，今晚可以替我上一节晚自习吗？

乙：抱歉！谭老师，今晚我跟朋友约了一起吃饭。

(2) 甲：老江，欢迎你来做客！这位是我太太，这是我儿子，这位是我儿媳妇。

乙：谢谢你们！老徐呀，你儿子跟你一样，会挑媳妇！

例(1)的画线句子有"婉言拒绝"的功用，如果直接拒绝，就会有伤别人的面子。例(2)的画线句子表达了对受话人"老徐"的赞美，而且一句赞四人，让老徐及老徐的家人都感到愉悦，巧妙地营造了老江与老徐家人第一次见面的轻松气氛。

2. 在书面剧本中，我们发现，有些台词前后经常会有用括号标示的相关文字。作者为什么这样做，请以下边巴金《家》里的一段话为例进行解释。

沈氏：(大声，指手画脚地)慢慢走！……不对，戏台在那边！在那边戏台！……太亲母！我们就来，我们照应一会新房就来。

老太太们和其他的女宾们：(客气着，有的笑，有的喊，有的仿佛正颤颤巍巍下着台阶，一片混乱的足步和笑语声夹杂在一起)是呀，进去吧！我们认得！……不用扶了！……四太太，你们招呼别的客人吧！……五太太，进去吧！歇一会儿吧！……戏台在那边？晓得了。……请回请回吧！

沈氏：(又连忙喊)喜儿！你快扶着呀！……慢走！慢走！(严厉地)淑贞，好好跟琴表姐走路！别乱跳！

王氏：(在沈氏还在嚷着送客的时候已转过身来，似乎有些疲倦地)哎！

书面剧本里使用括号标示的相关文字，主要是提示当时交际的具体语境。这些语境通常包括时代背景、时间地点、现场环境、人物关系、动作行为、面部表情等，这无论是对读者理解还是演员表演都有极大重要的启示作用。

3. 请分析下面三种语境中"今天是中秋节"的话语意义。

A. 孩子勤于学习不知休息，母亲则希望他能够劳逸结合，在孩子犹豫是否要外出聚餐时，母亲想要孩子去放松放松，于是对孩子说了句："孩子，今天是中秋节呀！"

B. 公司常常需要加班，职员们得知今天仍需要加班时，纷纷对主管说："今天是中秋节呀！"

C. 年轻夫妇因为工作忙碌很少回父母家吃饭，父母打来电话希望他们今天能够回去吃饭，于是说："今天是中秋节呀！"

情景 A 中的"今天是中秋节呀"表达了母亲对孩子的"劝告"，建议他节日里好好休息一下；情景 B 的"今天是中秋节呀"表达了职员对主管的抱怨："你这主管也太没有人性了，中秋节还要加班！"至于情景 C，很清楚，父母是希望孩子们能够在中秋节回家吃饭，一家团圆。

第二节 话语意义

一、填空题

1. 指称和指示　会话含意　前提
2. 名词　名词
3. 指称　指示
4. 依靠特定情境才能确定所指对象

二、选择题

1. C　2. B　3. C　4. D

三、判断题

1.(×)。指称的最大特点在于,被指称对象必须具备指称词的词义所概括的本质特征。
2.(×)。指称主要是名词的功能,但名词的使用未必一定是指称。
3.(✓)。略
4.(×)。这是“不定指”的用法,不是“定指”用法。
5.(×)。这种意义只能称为“会话含意”,不能称为“预设义”。
6.(×)。通常分为三类:第一人称、第二人称及第三人称。
7.(✓)。“有指”就是名词有指称性,“无指”就是名词没有指称性,无指也可以看作是一种特殊的指称。前一个就是有指的,因为是表示一个或一类事物;后一个就是无指的,因为只表示一种属性。
8.(×)。“茶杯”是有指的,“碗”是无指的,因为谈论的对象是茶杯,碗则只有比喻作用。
9.(×)。句中的“水”并不确指哪一杯特定的水,只要是水就行,属于“泛指”。
10.(✓)。略

四、简答题

1. 指称和指示有什么共同点和区别?

它们的共同点在于都是把句子抽象的语言意义与特定语境联系起来以产生语境意义的语用手段,但一个是利用名词性的语言单位,另一个则是通过指示语。

2. 什么叫指称,它在表达中有哪些不同的类型?

指称主要是名词的功能,是用名词的概括性词义去确定特定语境中的所指对象,同时用相应的语音去称呼它。指称有以下四种情形:

(1) 有指和无指。有指和无指的区别在于名词在使用时仅有内涵在起作用(无所指对象)还是内涵外延同时在起作用(有所指对象)。
(2) 实指和泛指。实指是指称语境中确切的某一个或某一些对象,泛指是指称语境中任意的某一个或某一些对象。
(3) 全指和别指。全指是指称所指对象的整个集合。别指是指称所指对象的某一个或某一些特定个体。
(4) 定指和不定指。定指是指称别指用法中说话人认为听话人已知的对象。不定指是指称别指用法中说话人认为听话人未知的对象。

3. 什么叫指示,指示在表达中有哪些不同的类型?

某些词语以具体交际情景的要素(说话者、说话时间、说话地点等)作为参照点,获得词义的所指对象,这些词语称为“指示语”。指示语以发话者为基准,在语境中有明确的指示对象和具体的意义,这叫做“指示”。指示包括“人称指示”“时间指示”“空间指示”以及“话语指示”四种类型。

4. 什么是“会话含意”,什么是“前提”?

借助于语境,隐藏在字面意义背后间接表述出来的话语意义称为“会话含意”,即发话者没有用字面意义表达出来,而要靠受话者推求出来的话语意义,也就是一般人所说的“言外之意”。
会话含意的理解与推导,要依靠交际各方必须具有共同的语境知识,这种语境知识称为“前提”,即指交际各方共有的语境知识,也称为预设。

五、应用题

1. 试分析《围城》中的这段话,请指出什么是字面意义?什么是话语意义?为什么?

辛楣因为韩学愈没请自己,独吃了一客又冷又硬的包饭,这吃到的饭在胃里作酸,这没吃到的饭在心里作酸,说:“国际贵宾回来了!饭吃得好呀?是中国菜还是西菜?洋太太招待得好不好?”

字面意义是词语或句子离开语境所表示的意义。在特定语境下话语所传递的发话者真实的意思称为话语意义。实际交际中,各方已知或共享的语境知识作用十分重要,相互之间越了解,就越能恰当表达、理解话语的真实意思。

从字面意义理解这段话是在询问"国际贵宾"相关情况,但联系语境可知,"方鸿渐"并非"国际贵宾",这段话实际上是"辛楣"因为"韩学愈"邀请了"方鸿渐"却没请自己而心生埋怨,对这件事进行讽刺表达内心的不满情绪。

2. 有些不良商家贪图方便与利益,将产品上的生产日期标注为"当天生产"。请从指示信息的角度谈一谈这种标注有何影响。

本例中的"当天生产"带来的问题是"语言的指示信息不明确",即消费者无法准确知晓生产日期。这种有意无意地在指示信息上造假,已经严重违反了《产品质量法》及《消费者权益保护法》,会给商家信誉带来不良的社会效果。

3. 下面话语的"前提"是什么?

(1) 这是我从老家给你带的新茶。

(2) 新学年开始后大家按照新的规定落实教学任务。

前提(预设)指各方共有的语境知识,是言语交际的先决条件和根据。在上边两个句子中,(1)的前提有:a.存在正在发话的某个人"我";b."我"回了一趟老家;c."我"现在不在老家;d.有一种东西被称为"新茶";e."我"从外地带回某样东西。(2)的前提有:a.新学年将要开始;b.开学的时间是明确的;c.有旧的规定;d.有教学任务要执行。

第三节 言语行为与会话原则

一、填空题

1. 用言语来施行、达到交际意图
2. 合作
3. 数量准则 质量准则 关联准则 方式准则
4. 会话含意
5. 示言之力

二、选择题

1. D 2. D 3. C 4. A

三、判断题

1. (✓)。略
2. (×)。言内行为不是"以言行事",而是"以言指事"。
3. (×)。言外行为不是"以言指事",而是"以言行事"。
4. (✓)。略
5. (✓)。略
6. (×)。话语所含信息量与本次交谈所需信息量应该一致。即在进行一次言语行为时,发话者应根据语境要求向受话者提供适量信息,既不能太少,也不能太多。
7. (✓)。略

四、简答题

1. 什么是言语行为?它有哪些类型?

话语交际可以看成人类的一种"言语行为",指的是用言语来施行、达到交际意图的行为。人们运用语言进行交际的整个过程,实际上是由一个接一个的言语行为构成的,即:言内行为——言外行为——言后行为,最后达到发话者的交际意图。

(1) 言内行为。言内行为指言语表达(说、写)这一行为本身,“以言指事”。人们在运用语言进行交际时,首先需要按照说话意图选择一定的词语按照句法规则加以组合,赋予这句话一连串语音形式,或者写成一系列文字;从而以语言意义为基础,形成话语,与当时的语境发生联系。这样的一连串交际活动,就是言内行为。

(2) 言外行为。言外行为指用言语表达(说、写)来体现发话者意图的一种行为。在日常的工作、学习和生活中,人们可以用话语表达来实施多种交际行为,以达到各种意图,又称为“以言行事”。

(3) 言后行为。言后行为指受话者接收发话者话语之后所受到的影响,也就是话语所带来的实际结果,又称为“以言取效”。

2. 什么是会话合作原则? 它有哪些主要内容?

成功的言语行为需要交际双方互有诚意,相互合作,这就是会话合作原则。说、听双方对合作原则的遵守主要体现在以下四条准则:

(一) 数量准则。指话语所含信息量与本次交谈所需信息量应该一致。

(二) 质量准则。指话语提供的信息内容必须真实。

(三) 关联准则。指话语内容应与话题、交际意图有一定联系。

(四) 方式准则。指话语的表达方式让受话者易于理解。

3. 什么是礼貌原则? 它有哪三条准则?

礼貌原则指在其他条件相同的情况下,尽量把不礼貌的表达方式减到最低限度。也称为得体原则。礼貌原则的三条准则是:

(一) 慷慨准则:尽量少表达利己的和有损于对方的看法。

(二) 谦虚准则:尽量少赞誉自己并少贬低对方。

(三) 一致准则:尽量缩小与对方的分歧,强化与对方的一致性。

4. 在什么情况下,一个人会认为别人话语的字面意义背后有会话含义,并进行会话含义的推导?

在言语交际中,为保证话语交谈的顺利进行,人们一般都是遵守“合作原则”及其准则的。然而,在某些情况下,当受话者发现发话者的话语从语面上看违反了合作原则中的某一准则,而在整体上又是有说话诚意的情况下,那么受话人就会推断,发话人可能还隐含“言外之意”,就会进行会话含义的推导。

5. 请举例说明会话含意的推导过程。

第一步:确立会话含义的推理信号,把它作为推理的起点。在话语理解中,如果发现对方的哪一句话故意违反了合作原则的某一准则,那它就是会话含义的推理信号和起点。比如:甲:小李会法语吗? 乙:她好像在巴黎住了好几年。在此例中,乙的话语明显违反了关联准则,话中有话,这实际上就是推理信号。

第二步:根据推理信号的字面意义,激活受话者储存的语境知识。例如:以“在巴黎住了好几年”为推理信号,会激活以下诸多的语境知识:a.巴黎是法国首都;b.小李在巴黎住的时间不短;c.小李必须借助于法语来生活;d.因此推论出小李应该懂法语;e.……

第三步:根据关联性原则,在激活的语境知识中选定相关的因素。例如:在上边有关“在巴黎住了好几年”的语境知识中,我们会选择“c.小李必须借助于法语来生活”作为推理的前提之一。

第四步:把推理信号的语面意义与语境信息结合起来进行语用推理。以上边语例为例,其推理模式如下:

大前提(相关的语境因素):在巴黎生活应该懂一些法语。

小前提(字面意义):小李在巴黎住了好几年。

结论(言外之意):小李应该懂一些法语。

五、分析题

1. 请运用言语行为理论对下边甲的话语的“言内行为”“言外行为”和“言后行为”加以说明。

(1) 甲:你家小明真勤奋,天天练琴到半夜。

乙:不好意思,吵到您了吧,我回去跟他说晚上别练琴了,真不好意思。

(2) 甲:你不是昨天才买的衣服吗?

乙:我只是想去逛逛街。

(1) 中,“甲”对话语的字面表达,就是“言内行为”;“甲”用字面意义表达的会话含意是“小明练琴到半夜打扰到我们了,希望不要再这样了”,这是“言外行为”;而“乙”听明白了“甲”的真实意思,其回答表明同意和抱歉,将阻止小明在半夜练琴的行为,这就是甲的话语的“言后行为”,说明甲的话语意图完全实现。

(2) 中,“甲”对话语的字面表达,就是“言内行为”;“甲”用字面意义表达的会话含意是“你不要再去逛街了”,这是“言外行为”;而“乙”还是表示要去,所以,在这个对话中,“甲”的“言后行为”即言语的实际意图没有实现。

2. 请运用会话原则分析下面的话语交际是否顺利完成,为什么?

邻居 1 问邻居 2:“我不太清楚怎么给白菜浇水,你一般多长时间浇一次水呀?”

“我一天浇一桶水。”邻居 2 漫不经心地回答。

一周以后,邻居 1 质问邻居 2:“我按你说的一天浇一桶水,白菜怎么都淹死了!”

“我的也是啊。”邻居 2 点点头。

本次交际并没有顺利完成,这种情况在实际生活中经常发生,容易造成误解。邻居 1 的真正目的不仅是向邻居 2 了解白菜浇水频率怎样,而且想了解这一频率下浇水的效果,但通过对话他实际上只达到了一半目的。邻居 2 却没有认真对待,没有提供真实的信息,违反了“质量准则”,邻居 1 因相信对方交际的诚意,未察觉到信息虚假,结果“白菜都淹死了”,由于违反合作原则,破坏了和睦的邻里关系。

第四节 话 语 结 构

一、填空题

1. 话语衔接
2. 衔接 衔接手段 连贯性
3. 代词
4. 语词形态 零形态 零形指代
5. 话题 述题
6. 话题链
7. 开端 主体 结尾
8. 话轮 话对 话段
9. 结束信号语 前置收尾语 收尾语
10. 轮换原则
11. 延续性 显示话语整体结构
12. 话轮结束停顿 体态语

二、选择题

1. D 2. A 3. A 4. B 5. A

三、判断题

1. (√)。略
2. (√)。略
3. (×)。话语所说内容一定跟话题有关。

4.(√)。略

5.(×)。前后相邻、内容相关的两个话轮构成的会话单位称为话对。

四、简答题

1. 简述话语衔接主要有哪些类型。

话语衔接主要有五种类型:

(1) 指代关系。指代关系是依靠代词与先行词之间的联系把话语的两部分衔接起来。

(2) 省略关系。省略也是衔接。有的句子结构成分会省略,例如主语、宾语。这时受话者就会努力地到前文中去寻找与之相关的信息,一旦找到,话语也就被衔接了起来。

(3) 逻辑关系。逻辑关系很多时候由各种各样的关联词语来体现,凡是话语中某一部分有关联词语出现,就必须到与之关联的另一部分去寻找相关信息,在这样的过程中话语就被衔接起来了。

(4) 替代关系。同一个指称对象,在前后句子里用不同的词语来指称,这两个或几个不同的词语就形成了替代关系。后出现的必须把它跟先出现的一个联系起来,才能确认它们之间的同指关系,这样的确认过程也就成了话语衔接的过程。

(5) 词义关系。词语在意义上有着极为错综复杂的关系,除了平时常说的同义、近义、反义、上下位义等关系之外,常见的还有构成关系(如电脑与显示器、主机、鼠标器的关系)、同现关系(如邮局与汇款、平信、包裹的关系)、受动关系(如“吃”与“面包、面条、蔬菜”的关系)、结果关系(如“写”与“文章”的关系)等许许多多的语义关系。

2. 简述话题在话语表达中有何功用。

(1) 话题具有交际定向的作用,通过提出话题把受话者的注意力吸引到发话者所要表述的对象上来。

(2) 话题是表述的出发点,规定了整个表述的语义范围。

(3) 话题承载已知信息,从而成为获取新信息的基础。

3. 简述话题链有哪些类型。

话题链通常分为同题链、异题链和包题链三种。

(1) 同题链。上文的话题延伸到下文来,这时,后一句的话题就是前一句话题的延伸,不过,语言形式可以完整转移,也可以有一定改变。同题链常常用来表述同一事物的不同方面或者连续的动作等。

(2) 异题链。上文的话题跟下文的话题不相同。异题链作用较广泛,可以表示不同事物的不同方面或者情况,同一事物的不同方面或情况。

(3) 包题链。由有包容关系的话题形成。“包题链”的作用在于在一定范围内揭示或者概括一个事物的不同部分。

4. 会话的开端具有哪些方面的功能?

(1) 召唤功能。发话者用一定的手段引起对方的注意,并表示邀请参与这次言语活动的意向。

(2) 回应功能。受话者则表示已经把注意力转移过来,并愿意参与这次言语活动。

五、应用题

1. 下面是一个完整的会话结尾,请问如下对话中,哪些是结束信号语?哪些是前置结束语?哪些是结束语?

甲:谢谢你们的盛情款待!

乙:不客气,有不周到的地方多多包涵。

甲:哪里的话,十分感谢,那我先告辞了。

乙:行,我们下次再聚。

甲:好的,再见!

乙:再见!

前面两句是结束信号语,当中两句是前置结束语,最后两句是结束语。

2. 以下对话体现了话语轮换的哪一种方式?

甲：好，那我们开始今天的会议讨论，大家有问题就提出来。

乙：老师，那我先提个问题。

发话者点明话语轮换的主题。

3. 话语衔接主要使用指代关系、省略关系、替代关系、逻辑关系和词义关系等手段，请分析下面话语，指出其具体使用了哪几种衔接手段？

城墙的修筑保证了城市的安全，使城市人口越来越多，促进了城市服务业的发展。江南城市的城墙使城市与农村的界限清晰起来，城市比农村在政治和经济方面有更多的发展机会，这大大促进了人口向城市的涌入。城市人口密度的增大，相应地使城市工商服务行业迅猛兴起，城墙内人们的财富快速集聚，从而为商业和手工业的发展带来了契机，城市服务业以前所未有的态势在江南各大城市迅猛发展。

(1) 使用了省略关系。"使城市人口越来越多"前面省略了"城墙的修筑"；"促进了城市服务业的发展"前面也省略了"城墙的修筑"。

(2) 使用了指代关系。"这大大促进了人口向城市的涌入"中的"这"指代前面的"城市比农村在政治和经济方面有更多的发展机会"。

(3) 使用了逻辑关系。"相应地"与"从而"后面出现的内容都表示是由前面的"城市人口密度的增大"而带来的一系列城市变化的结果。

第五节 语言要素的修辞

一、填空题

1. 匀称感 和谐感
2. 押韵 韵脚
2. 押韵 韵脚
3. 偶韵 奇韵 排韵 随韵 交韵
4. 选择 语境限制
5. 双声叠韵 双声 叠韵

二、单项选择题

1. A 2. A 3. A 4. C 5. C 6. C

三、多项选择题

1. ABD 2. BCD 3. BD 4. AC 5. AD 6. BCD

四、判断题

1. (√)。略
2. (×)。音韵的和谐感，它要求变化，由于不同的语音成分相互对比映衬而造成。
3. (√)。略
4. (×)。有时候词语的语序发生了变化，但是，句法结构里的语义并没有变化。例如：西昌通铁路了——铁路通西昌了。/纸已经糊了窗户——窗户已经糊了纸。
5. (√)。略
6. (×)。一般有两种情况：第一，强调后移成分，多见于书面语；强调前移成分，多见于口语。
7. (√)。略
8. (√)。略
9. (√)。略

五、简答题

1. 什么是修辞?

修辞,是指为了增强语用表达效果,对语言要素进行的选择、加工和调整。修辞是交际过程中有效地运用语言要素的一种语用策略,特别注重研究如何通过语言的三要素——语音、词语和语法这三者巧妙的配合,而达到最佳的交际效果。具体来讲,就是指语音的协调、词语的选用和语法的调整,在语言和语境结合上体现汉语的表现力。

2. 现代汉语中为达到音韵的和谐有哪些要求?

首先,音韵和谐的最低要求是音节组合流畅、自然而不拗口。

其次,音韵和谐的进一步要求是不同的语音成分相互对比、彼此衬托,这在汉语中最突出的表现就是平仄相应、高低错落,汉语最明显的特征是有声调的高低变化。

3. 汉语语用语序的变化有什么特点和修辞效果? 在遇到这种情况时我们应该注意些什么?

汉语语用语序的变化,最大的特点就在于变化后词语所处的位置不是正常的,正因为它不正常,就能产生特殊的修辞效果。一般有两种情况:

第一,强调后移成分,多见于书面语。

第二,强调前移成分,多见于口语。

正因为语用语序的变化所造成的位置相对来说都是不正常的,但它们的语法关系却没有变化,主语还是主语,宾语还是宾语,所以它们与句子的主要部分之间一般都用逗号隔开,这是一种标记,实际上在暗示受话者。这种强调方式,既要从变化后的位置把握它们带来的修辞效果,又要回到原先的位置上去掌握它们的语法意义。

六、应用题

1. 请指出下面诗歌的韵脚。

(1) 使君从南来,五马立踟蹰。
使君遣吏往,问是谁家姝。
蹰、姝。

(2) 床前明月光,疑是地上霜。
举头望明月,低头思故乡。
光、霜、乡。

(3) 轻轻地我走了,正如我轻轻地来。
我轻轻地招手,作别西天的云彩。
来、彩。

2. 根据下列叠音的例句,说明叠音有哪些作用。

(1) 大弦嘈嘈如急雨,小弦切切如私语,嘈嘈切切错杂弹,大珠小珠落玉盘。

(2) 寻寻觅觅,冷冷清清,凄凄惨惨戚戚。

(3) 我怕自己将慢慢地慢慢地老去,随着那迟迟寂寂的时间,而那每一个迟迟寂寂的时间,是将重重地载着无量的怅惜的。

(4) 夜空像无边无际的透明的大海,安静、广阔而又神秘。繁密的星,如同海水里漾起的小火花,闪闪烁烁的,跳动着细小的光点。田野、村庄、树木,在幽静的睡眠里,披着银色的薄纱。山,隐隐约约,像云,又像海上的岛屿,仿佛为了召唤夜航的船只,不时地闪烁起一点两点嫣红的火光。

通过叠音实现话语"表象""移用"功能,传神地描写出表达对象的声、形、态、情,以增强感染力。例(1)充分展现了琵琶女高超的演奏艺术,例(2)、例(3)表述了深切、复杂的心理情感,例(4)用叠音诉诸视觉来写景。

第六节　语用效果与辞格

一、填空题

1. 本体　喻体　喻词　相似点
2. 比拟　拟人　拟物
3. 拈连
4. 夸张　扩大夸张　缩小夸张
5. 双关　谐音式　语义式　对象式
6. 反语　反话　讽刺反语　风趣反语
7. 对偶　正对　反对　串对
8. 排比
9. 顶真　词和短语顶真　句子顶真
10. 严式回环　宽式回环
11. 连续反复　间隔反复
12. 连用　兼用　套用

二、选择题

1. C　2. B　3. B　4. A　5. C　6. B　7. B　8. B　9. C　10. B　11. A　12. A　13. B　14. C　15. D

三、判断题

1. (✓)。略
2. (×)。对偶、排比、顶真、回环、反复等属于"结构形式的偏离表达"。
3. (✓)。略
4. (×)。这里应该是"移觉式"移就。
5. (×)。不仅仅是超出的描述,也有缩小的描述。
6. (×)。姓"林"的"林"双关树木之"林",故怕吹倒;姓"薛"的"薛"双关霜雪之"雪",故怕暖化。这是谐音双关。
7. (×)。双关分为两种:严式回环中语序颠倒、构成成分基本不变。宽式回环中语序颠倒、构成回环的成分不完全相同。
8. (✓)。略

四、名词解释

1. 比喻
   用与本体本质不同但有相似性的喻体来描写或说明本体,这种辞格叫比喻。
2. 移就
   将本不能描写甲事物的词语描写甲事物,构成修饰语与中心语的偏正关系,但在语义上却是描写与甲相关的人或事,这种辞格叫移就。
3. 借代
   用与本体相关的事物(代体)来指称本体,这种辞格叫借代。
4. 回环
   前一个句子或句子的一部分次序颠倒,形成第二个句子,使前后两个句子内容循环往复,紧密相关。这种辞格叫回环。

5. 反复

同一个词语或句子使用两次以上,这种辞格叫反复。反复是对同一语义的强化表达,以宣泄特定的感情、思想。

6. 辞格的兼用

两种或者两种以上的辞格融合到一起,这种现象叫辞格的兼用。

五、简答题

1. 什么是辞格?可以分为哪些类型?

为了达到某种语用效果,人们通常在语言交际中有意识地突破语言组合的常规,进行超常的搭配,以达到特定的修辞效果。这种在言语行为中对语言规则或语用规则进行有效偏离的特定格式,就是辞格。辞格大致上可以分为两类:

第一类是语义内容的超常表达。分为两种:一是超常搭配,例如比喻、比拟、移就、拈连等;二是超常理解,例如夸张、双关、反语、借代等。这类辞格在结构上形式标志不特别明显。

第二类是结构形式的偏离表达,从而激发受话人的认知心理,以达到特定的语用效果,例如对偶、排比、顶真、回环、反复等。这类辞格在结构上往往有形式标志。

2. 明喻、暗喻和借喻有哪些区别?

(1) 明喻。直接明白地用喻体来描写或说明本体,有"像""似""如""宛如""仿佛""一般"等比喻词来联结本体和喻体。典型结构式是:"甲像乙"。

(2) 暗喻。直接将本体等同于喻体,常用"是""成为""成了""等于"等动词联结本体和喻体。典型结构式是:"甲是乙"。

(3) 借喻。不出现本体和喻词,直接用喻体替代本体来描写或说明。借喻是一种超常搭配。典型结构式为:"乙"(代替没有出现的甲)。

3. 请对比喻和比拟进行比较。

(1) 比喻与比拟的性质不同、作用不同。比喻是用与本体事物有相似点的另一事物作比,需要有相似点,通过相似点使本体同喻体联系起来,唤起人们的联想,使人更具体地感知事物。比拟即模拟,它是用乙事物具有的特性(包括行为动作等)来写甲事物,或者说是把乙事物的特性"强加于甲事物"。乙事物一般是有生命力的,能活动,有感情的,使本来较抽象、不太实在的事物变得具体实在了,当然就增添了语言的生动性。由此可见,比喻强调的是甲乙两物的相似性,而比拟却是利用它们之间的不同特性,使两体融为一体,这是区别比喻和比拟最重要的标志。

(2) 比喻与比拟的句式结构不同。比喻句由本体、喻体和喻词三部分组成。借喻虽然不出现喻词和本体,但可以补出喻词和本体的明喻、暗喻。不管是哪一种比喻,始终都有喻体,本体可以不出现;比拟主要是借助想象,将本体模拟为人的或物的某种行为、动作或情态,不论是拟人,还是拟物,始终都无拟体,但本体一定出现。如果比拟的拟体出现了,原来的描述仍然还在,那就是比喻和比拟的并用了,应该看作辞格的连用现象。

4. 常见的借代有哪些类型?

(1) 特征借代。用本体的某一特征指称本体。

(2) 成分借代。用本体组成成分指称本体。

(3) 地名借代。用与本体相关的地名指称本体。

(4) 作者借代。用作者姓名指称其作品。

(5) 品牌借代。用商品的品牌指称该商品。

(6) 材料借代。用本体的材质指称本体。

5. 请对双关和歧义进行比较。

在特定的语境中,利用语言要素,使同一语句具有"语内"和"语外"两层意义,这种辞格叫双关。单就语言本身的情况来看,不存在多义现象。但是在特定语言环境中,说话人有意地利用语境及语言的多义现象,造成话语具有“语内”与“语外”两层意义,就是双关。如果说话人是无意中运用了多义的语言手段,造成两层意思,但在特定的语境中没有办法排除其中一个意思,就是歧义。双关是积极的表达,但歧义是消极的表达。

6. 顶真与回环有何区别?

顶真与回环的根本区别在于:顶真后一句的结尾词语不是前一句的开头词语,而回环后一句的结尾词语是前一句的开头词语。他们在形式上有非常明显的区别。

六、应用题

1. 下面例子有无使用辞格?有的话,试分析它们的表达效果。

(1) 搞好菜园子,丰富菜篮子。

借代。用“菜园子”借代“蔬菜产业”,用“菜篮子”借代“百姓们的饮食生活”,增强形象性和口号性。

(2) 被角的湿冷不可感,歌声还在心的深处长颤。

移就。歌声“长颤”是感觉效果移用于听觉。

(3) 那窗外笑着的阳光一扑就扑了你个满怀。

拟人。赋予“阳光”“笑”和“扑”的能力,将“阳光”拟人化,把阳光的明媚可爱、朝气蓬勃写得神态毕现,富有表现力。

(4) 瞧着那窗外的一丛迎春花,你自己也仿佛变作了它的一枝。

没有使用辞格,只是表达在赏花时作者的联想和想象。

(5) 身在井隅,心向星光;眼里有诗,自在远方。

对偶。用相同的字数、相同的结构以及意义相关的两个句子并举,把现实与理想、当下与未来对举。

(6) 一个木匠学徒找自己的师傅请教技艺,师傅正在做活,就对徒弟说:“等着,我先咔嚓咔嚓这块木头,然后再咔嚓咔嚓你。”

拈连。将用于木头的话顺势搭配到徒弟身上,这是拈连的修辞手法,形象幽默。

(7) 暮色灰黄而凉爽,本来就宁静的黄昏,静止了一般。

移就。暮色可视不可感,“凉爽”是感觉效果移用于视觉。

(8) 突然有钟声缓缓飘上来,很重,很古老,很悠久,很轻柔。

移就。听觉“钟声”与感觉“很重”“很轻柔”相通,给人更具体可感的形象。

(9) 李医生给人看病,药还没开,病就好了三分。

夸张。表现了“李医生”医术的高明。

(10) 周蘩漪:好,你去吧!小心,现在(望窗外,自语)风暴就要起来了。

双关。“风暴”既表示自然环境中的风暴,又表示即将到来的人物之间的巨大冲突。

(11) 当三个女子从容地辗转于文明人所发明的枪弹的攒射中的时候,这是怎样的一个惊心动魄的伟大呵!中国军人的屠戮妇婴的伟绩,八国联军的惩创学生的武功,不幸全被这几缕血痕抹杀了。

反语。作者用充满讽刺意味的话语表明对这一事件的荒唐可笑的嘲讽。

(12) 忽闻海上有仙山,山在虚无缥缈间。

顶真。前一个句子的结尾部分作后一个句子的开头,使相邻的两个句子头尾蝉联,前后串联。

(13) 我们发展网络,网络发展我们。

回环。前一个句子次序颠倒,形成第二个句子,使前后两个句子内容循环往复,紧密相关。

(14) 宝钗因笑道:“你正经去吧。吃不吃,陪着林妹妹走一趟,他的心里正不自在呢。何苦来?”宝玉道:“理他呢,过一会子就好了……”宝玉进来,只见地下一个丫头在吹熨斗;炕上两个丫头打粉线,黛玉弯着腰拿剪刀裁什么呢。宝玉走进来,笑道:“哦!这是做什么呢?才吃了饭就这么控着头,一会子又头痛了。”黛玉并不理,只管裁他的。有一个丫头说道:“那块绸子角儿还不好呢,要熨熨吧。”黛玉便把剪子一撂,说道:“理他呢!过一会子就好了。”(曹雪芹《红楼梦》)

双关。“理他呢!过一会子就好了”,这句话使用了双关,表面上说绸子,实际上是黛玉巧妙地把眼前的绸子之事与先前宝玉说她的话联系起来，借此奚落宝玉，表达对宝玉不理她的不满，将黛玉复杂的内心刻画得细致入微。

2. 分析下列修辞格综合运用的情况。

(1) 寅卯时分，你的梦境不是忽然透出了一丝绿莹莹的微光么，像东风吹过经冬的衰草似的，展眼就青到了天边。

运用了比喻和夸张的修辞，将梦境变幻的速度比喻成东风吹过衰草的速度，"展眼"极写时间之短，是夸张的修辞，形象描摹出梦境之神奇，突出了梦中情境变幻之快。

(2) 恍惚惚的，屋前屋后有一片啾唧啭啭的闹声，像是竹乐嘈杂，像是姑娘们吵嘴，又像一群活泼泼的孩子在乱唱。

运用了排比和比喻的修辞，将清晨窗外小鸟的叫声比作竹乐嘈杂、姑娘们吵嘴以及一群孩子的乱唱，而这三个比喻之间又是排比的关系，写出了清晨山中鸟叫声音的清脆、热闹，情趣盎然。

(3) 摇动的车轮，旋转的锭子，争着发出嗡嗡嘤嘤的声音，像演奏弦乐，像轻轻地歌唱。

"摇动的车轮"以及"旋转的锭子"句式相同、字数相同且意义相关，是对偶的修辞手法；发出"嗡嗡嘤嘤"的声音则是将其人格化，是拟人的修辞手法；后面将其比作弦乐，又将其比作歌唱，连用两个比喻。

(4) 我麻木的神经在清醒，我滚滚的热血在沸腾！奇耻大辱，大辱奇耻，如毒蛇之齿，撕咬我的心！

"我麻木的神经在清醒"以及"我滚滚的热血在沸腾"句式相同、字数相同且意义相关，是对偶的修辞手法；"奇耻大辱，大辱奇耻"是回环的修辞手法；后面将其比作"毒蛇之齿，撕咬我的心"则是比喻的修辞手法。

(5) 千锤百炼吧，中国的"铁榔头"！有朝一日，当祖国人民需要你"一锤定音"时，切盼你敲得重重的，响响的，敲出我们的国威来！

连用了比喻、比拟和拈连的修辞手法。

(6) 这时，春风送来沁鼻的花香，满天的星星都在眨眼欢笑，仿佛对张老师那美好的设想给予着肯定和鼓励。

"满天的星星都在眨眼欢笑"一方面是将星星拟人化，是拟人的修辞手法，另一方面"满天"是夸张手法。

(7) 看吧，狂风紧紧抱着一层层巨浪，恶狠狠地将它们甩到悬崖上，把这些大块的翡翠摔成尘雾和碎末。

拟人中套用着比喻，"这些大块的翡翠"是比喻"一层层巨浪"。

第七节 语体的分类与功能

一、填空题

1. 系统性　稳定性　开放性
2. 谈话语体
3. 网络流行体
4. 口语语体　书面语体

二、选择题

1. D　2. B　3. B　4. A

三、判断题

1. (×)。作为语言符号的交际功能变体，语体是在运用中形成的，同时，它也将随着社会生活的变化、分工的细密而进一步分化。因此，语体系统在保持自身相对稳定的同时，又必然处于不断发展、更新的开放状态中。

2.(√)。略

3.(√)。略

4.(×)。在公众生活语境中关涉大众和社会生活主题的话语表达体系指的是大众传播语体。

四、简答题

1. 什么是语体?

语体是语言在长期的使用过程中,为适应不同的交际语境的需要(内容、目的、对象、场合、方式等)而形成的具有不同风格特点的语言表达体系。通常分为口语语体和书面语体。表达形式指常用词汇、句式结构、修辞手段等一系列运用语言的特点。

从语言系统性特征给语体分类,语体可以分为口头语体和书面语体。口头语体又可分为日常谈话语体、正式演说语体;书面语体又可分为大众传播语体、公文事务语体、科学技术语体、文学艺术语体。还有新兴语体——网络语体。

2. "口语语体就是口头表达,书面语体就是文字表达",这种观点正确吗?

不正确。口语语体不等于口头表达,书面语体也不等于文字表达。口语语体和书面语语体指的是语言符号组织构成的系统特征,而不是根据语音或文字的传递方式。因此,书面语体可用口头语音表达,例如电台或电视的新闻播音、学术讨论中的报告、政治演讲等;口语语体也可以用文字写出,例如剧本、纸质小说里的人物对话等。

3. 什么是口头语体?其主要特点是什么?

口头语体指为适应现场交际语境的需要而形成的口头话语表达体系。其主要特点是:(1)辅助言语手段的参与;(2)语音手段的充分运用;(3)通俗易懂的生活化用词;(4)灵活多变、简短轻便的句子形式;(5)极富生活化的修辞格式;(6)游离的话题中心、随机不定的话轮转换。

4. 什么是书面语体?其主要特点是什么?

书面语体是指为适应不同交际语境的需要而形成的书面话语表达体系。与口语语体主要使用语音不同,书面语体主要媒介是文字,在词语的选择、句子结构的安排、话语篇章的衔接上都有自身的特征。书面语体有下面这样一些特点:(1)常用词语、术语及文言词的选用;(2)句子结构成分完备,较少省略、跳脱、限制语及修饰语复杂;(3)语序结构总体上相对固定,合乎常规;(4)强调形式上的均衡、对称效果;(5)话题中心突出,分话题围绕总话题展开;(6)丰富多彩、形式齐备的辞格表达。

5. 什么是日常谈话语体?它有什么特点?

谈话语体指的是人们日常交谈活动的话语表达体系,所用词语极为丰富。它对语言环境的依赖性强,经常使用省略形式,句子一般都比较简短。在语音上,常常会夹杂一些超语言的剩余部分,有时还允许个别音素的脱落,产生同化或异化等音变现象。

6. 什么是正式演说语体?它有什么特点?

演说语体指的是说明事理,表明自己观点的话语表达体系。它有鲜明的话题中心,对语言环境的依赖性不像谈话语体那么强。它句式简短,表情色彩强烈,与之配合有手势动作、情感语调来补充,并且普遍使用具有表情色彩和描绘色彩的词句,充分利用词汇和语法体系中的种种表情成分。

7. 什么是大众传播语体?它有什么特点?

大众传播语体,是指在公众生活语境中关涉大众和社会生活主题的话语表达体系。从其外部条件来看,带有明显的公众性和有备性,因此它在语体特征上跟书面语体大体一致,如电视、广播、报刊的新闻通讯和社论、时评,以及公众性演讲等。

值得注意的是,即便是新闻通讯,对事实的"再述"不是对客观状态的简单"照相",而是有选择的"编辑",并通过这一过程或展现生活中的积极面以赞扬美好,或揭示生活中的消极面以鞭挞丑恶,但无论哪一种内容,其语言表达上都同样具有倾向性和感染力。对于社论、时评及演讲来说,这一特点更为明显。

8. 什么是公文事务语体?它有什么特点?

公文事务语体,是指在社会公众语境中关涉公务或行政管理主题的话语表达体系,又称公文体,如政府的各类法规、通告,社会管理部门之间来往信函、文件,企业部门间的合同、协议等。这类语体只能是书面语体,因此,除了具备书面语体的一般特征,公文语体有其自身特点:

(1) 词语选择上书面语体色彩浓厚。比如政府政令及法律文书中的用词,就有很强的专业性,有些还要求经常性使用文言词语,常用“兹、此、其、为、欣悉、际此、值此、为荷(盼)”等词语。

(2) 用词力求客观准确、避免歧解模糊。公文事务性文字用于公众性的交际,有契约价值,因此,它要求词语客观、简洁,避免个人风格。

(3) 句类上以陈述句和祈使句为主,这是公文事务性语体内容所决定的:一是对某些现象和行为作出解释阐述,使用陈述句能更清楚地直接陈述事务;二是对全社会发布法令规范,祈使句更能体现国家法令的权威性、指导性。

(4) 具有固定的行文格式。例如,《社团登记管理条例》要求包含“总则”“管辖”“成立登记”“变更登记、注销登记”“监督管理”“罚则”“附则”等七个方面。

9. 什么是科学技术语体?它有什么特点?

科学技术语体,指关涉科学研究、教育等主题进行交际所形成的话语表达体系。其功能在于准确地记录自然、社会及人类自身的各种现象,用一定的语言符号将其过程和结果表述出来进行交流,这些作品包括科技专著、学术论文、考察、实验报告、技术标准、教材等,科技通俗读物也应属于这一语体。科学技术语体又称科技体、智慧体或知识体。

这类语体除了书面语体的一般特征外,还有以下几个特征:

(1) 与专业相对应的特殊符号;

(2) 大量的专业名词术语、外来语;

(3) 句子结构紧凑、多限制和修饰成分、多用逻辑关系严谨的复句;

(4) 语言风格上平实、朴素,没有语言变异形式,对辞格的选用较严格(科技专业论著中极少使用辞格)。

10. 什么是文艺语体?它有什么特点?

文艺语体是以语言文字为工具,形象化地反映客观现实的话语表达体系,也称为“文学语体”“艺术语体”。它通过作者情感直接或间接的表达,感染受话者(听众/观众、读者),引起共鸣。文艺语体的主要特征是:

(1) 充分利用语音手段,实现和谐的韵律美;

(2) 词语选择上强调色彩和形象,借以描绘形象、勾勒情节、展示情怀;

(3) 句子结构形式活泼,不拘一格;

(4) 语言规则的变异运用,适应特殊的形象塑造、情感表达;

(5) 辞格的大量使用。

11. 什么是网络语体?它有怎样的语言特征?

网络语体,指的是利用互联网即时通信工具和社交平台进行交际而形成的话语表达体系。网络语体兼有口语语体和书面语体的特点,具有视觉性、即时性和非当面性等特征,要求话语符号充分显示变异表达的语用功能,同时体现使用主体——网络用户们崇尚个性、追求新奇、戏谑娱乐、热衷模仿等社交心态。

网络语体的语言特征:

(1) 词语创新立异;

(2) 句式混用;

(3) 辞格兼用。

五、应用题

1. 请指出下列语段属于哪种语体。

(1) 近年来关于框式结构的研究异军突起。在已有论证的基础上,文章对框式结构中构式义对语境的依赖性、原型义的形成与固化、语义的增值及其途径、凸显的主观情态、褒贬倾向的决定性因素、X1 与

X2 同形的框式结构的不同内涵、框式结构的灵活性与多样性、框式结构的集合比较、框式结构研究的双向互动视角以及框式结构的跨语言类型视角等十大热门话题进行了再思考。这不仅有助于汉语语法理论研究,而且有助于构式理论的中国化,对国际汉语教学也有重要的实用价值。

科学技术语体

(2)《道路交通安全法》第九十一条规定,饮酒后驾驶机动车的,处暂扣六个月机动车驾驶证,并处一千元以上二千元以下罚款。

因饮酒后驾驶机动车被处罚,再次饮酒后驾驶机动车的,处十日以下拘留,并处一千元以上二千元以下罚款,吊销机动车驾驶证。

醉酒驾驶机动车的,五年内不得重新取得机动车驾驶证。

饮酒后驾驶营运机动车的,处十五日拘留,并处五千元罚款,吊销机动车驾驶证,五年内不得重新取得机动车驾驶证。

饮酒后或者醉酒驾驶机动车发生重大交通事故,构成犯罪的,依法追究刑事责任,并由公安机关交通管理部门吊销机动车驾驶证,终生不得重新取得机动车驾驶证。

公文事务语体

(3)会议号召,全国各族人民更加紧密地团结在以习近平同志为核心的党中央周围,高举中国特色社会主义伟大旗帜,以习近平新时代中国特色社会主义思想为指导,全面贯彻党的十九大和十九届二中、三中、四中全会精神,坚决贯彻党的基本理论、基本路线、基本方略,增强"四个意识"、坚定"四个自信"、做到"两个维护",紧扣全面建成小康社会目标任务,统筹推进疫情防控和经济社会发展工作,在疫情防控常态化前提下,坚持稳中求进工作总基调,坚持新发展理念,坚持以供给侧结构性改革为主线,坚持以改革开放为动力推动高质量发展,坚决打好三大攻坚战,加大"六稳"工作力度,全面落实"六保"任务,坚定实施扩大内需战略,维护经济发展和社会稳定大局,同心协力,攻坚克难,锐意进取,确保完成决战决胜脱贫攻坚目标任务,全面建成小康社会。

公文事务文体

(4)我常想在纷扰中寻出一点闲静来,然而委实不容易。目前是这么离奇,心里是这么芜杂。一个人做到只剩了回忆的时候,生涯大概总要算是无聊了罢,但有时竟会连回忆也没有。中国的做文章有轨范,世事也仍然是螺旋。前几天我离开中山大学的时候,便想起四个月以前的离开厦门大学;听到飞机在头上鸣叫,竟记得了一年前在北京城上日日旋绕的飞机。我那时还做了一篇短文,叫做《一觉》。现在是,连这"一觉"也没有了。

文艺语体

(5)新华社斯德哥尔摩10月5日电(记者和苗　付一鸣)瑞典卡罗琳医学院5日宣布,将2020年诺贝尔生理学或医学奖授予美国科学家哈维·阿尔特、查尔斯·赖斯以及英国科学家迈克尔·霍顿,以表彰他们在发现丙型肝炎病毒方面所作出的贡献。

大众传媒语体

2. 在实际运用过程中,语体之间的界限并不一定是十分分明的。请分析下列语段在语体界限上有何特点。

(1)"我们这学期读完了《宝岛》,下学期就要读托尔斯泰的《复活》,"觉民对琴说,他的脸上现出得意的微笑,他们已经走出上房,刚下了石阶,向着他们的房间走去。"下学期我们国文教员要改聘吴又陵,就是那个在《新青年》上面发表《吃人的礼教》的文章的。"

"吴又陵,我知道,就是那个'只手打孔家店'的人。你们真幸福!"琴兴奋地、羡慕地说。"我们国文教员总是前清的举人秀才,读的书总是《古文观止》一类。说到英文,读了这几年还是在读一本《谦伯氏英文读本》。总是那些老古董!……我巴不得你们的学堂马上开放女禁。"

"《谦伯氏英文读本》也是好的,中国不是已经有译本吗?听说叫做什么《诗人解颐语》,还出于林琴南的手笔,"觉慧在后面嘲笑道。

琴回过头看他一眼,抱怨道:"三表弟,你总爱开玩笑,人家在说正经话!"

"好,我不再开口了,"觉慧笑答道,"让你们两个去说罢,"他故意放慢脚步,让觉民和琴走进了房间,他自己却站在门槛上。

(2) 从基层上看去,中国社会是乡土性的。那些被称土气的乡下人是中国社会的基层。我们说乡下人土气,这个土字用得很好。土字的基本意义是指泥土。乡下人离不了泥土,因为在乡下住,种地是最普通的谋生办法。靠种地谋生的人才明白泥土的可贵。农业直接取资于土地,种地的人搬不动地,长在土里的庄稼行动不得,土气是因为不流动而发生的。

不流动是从人和空间的关系上说的,从人和人在空间的排列关系上说就是孤立和隔膜。孤立和隔膜并不是以个人为单位的,而是以住在一处的集团为单位的。中国乡土社区的单位是村落,从三家村起可以到几千户的大村。孤立、隔膜是就村和村之间的关系而说的。孤立和隔膜并不是绝对的,但是人口的流动率小,社区间的往来也必然疏少。我想我们很可以说,乡土社会的生活是富于地方性的。地方性是指他们活动范围有地域上的限制,在区域间接触少,生活隔离,各自保持着孤立的社会圈子。

乡土社会在地方性的限制下成了生于斯、死于斯的社会。常态的生活是终老是乡。假如在一个村子里的人都是这样的话,在人和人的关系上也就发生了一种特色,每个孩子都是在人家眼中看着长大的,在孩子眼里周围的人也是从小就看惯的。这是一个"熟悉"的社会,没有陌生人的社会。

在社会学里,我们常分出两种不同性质的社会:一种并没有具体目的,只是因为在一起生长而发生的社会;一种是为了要完成一件任务而结合的社会。用一位外国学者的话说,前者是"有机的团结",后者是"机械的团结"。用我们自己的话说,前者是礼俗社会,后者是法理社会。生活上被土地所囿住的乡民,他们平素所接触的是生而与俱的人物,正像我们的父母兄弟一般,并不是由于我们选择得来的关系,而是无须选择,甚至先我而在的一个生活环境。

(1)是语体渗透情形。所谓语体渗透,是指一个文本总体看是一种文体,其中又包含了其他语体的现象。这个片段总体看是话剧《家》的一部分,属于文艺语体,但这个片段本身又是以话轮为基本结构形式的、用来交流信息或交流情感的语段,属于谈话语体。文艺语体包含着谈话语体,因此是语体的渗透。(2)是语体交融情形。所谓语体交融,是指一个文本既属于甲文体又属于乙文体的现象,这个片段是费孝通《乡土中国》的一部分,作为学术研究,既有科技语体的性质,又有文艺语体的特点,因此是语体的交融现象。也就是说,在实际运用过程中,语体之间的界限并不一定是十分分明的,可能存在着不同程度的语体渗透或交融的情况。

第八节 病句的类型与修改

一、填空题

1. 紧缩法 类比法
2. 词性不对 虚词不妥 成分残缺 结构杂糅
3. 搭配不当 表述歧义
4. 成分多余 语序有误
5. 分句间意义上缺乏联系 关联词语使用不当

二、选择题

1. B。解析:A 项结构混乱,"因此建议大家"和"每天吃适量开心果来替代其他食物中的油脂效果最好"句式杂糅造成结构混乱;C 项"这种观点"指代不明;D 项关联词位置不当,将"只有"调至"当个人"之前。
2. B。解析:A 项不合事理,应改为"五折、四折甚至三折";C 项主动与被动混用,应改为"深受顾客们喜爱的";D 项关联词搭配不当,非得……不可。
3. D。解析:A 项宾语残缺,在"查处"后加"力度";B 项并列不当,"学校教育""社会教育"包括了"职业教育",同时,"公民"不能与"决策者、公务人员、自由职业者、科技工作者"并列;C 项搭配不当,"报道"不能与“精彩纷呈”搭配。

4. C。解析:A 项成分残缺,“和自己”前缺少介词“与”;B 项,不合逻辑,去掉“停止”;D 项,句式杂糅,可去掉“是毋庸置疑的”。

5. D。解析:A 项成分残缺,“读后深受启迪”前可加上“令读者”;B 项中途易辙,可在“社会上存在的这种诈捐现象”前加上“针对”一词;C 项主客颠倒,应该是“中国人对于鲁迅这个名字”。

三、简答题

1. 什么是病句?判断一个句子是否是病句时应该注意些什么?

汉语运用过程中,最常见的语用失误就是病句。所谓病句,就是指不合规范的句子;所谓规范,一是要符合语法组合规则,二是要符合语义的搭配要求,三是要符合语用的表达习惯。寻找产生病句的原因,可能涉及语法、语义和语用多个层面。

确定一个句子是否是病句,要注意几点:

(1) 语言是复杂的。语言规则是多方面的,不要用某种现成的但却是片面的教条来作为衡量句子是不是合乎规范的标准。

(2) 语言是发展的。当年认为是不规范的句子,由于群众的广泛使用,这种句子的用法逐渐已经被接受,因此我们必须具有历史的发展的眼光。

(3) 语言常常是超越逻辑的。任何一个合法的句子当然应该符合逻辑,符合常理。但是,语言,特别是语法并不等于就是逻辑。

2. 病句修改应遵循哪些原则?

(1) 忠于原意的原则。所谓忠于原意,就是修改后的病句,应该尽量保持句子原来的意义。

(2) 从简不从繁的原则。所谓从简不从繁,就是指在修改病句时,以改动最少为准则。凡是只需要调动语序的就不随意加减词语,凡是只需要加减一个词语的,就不加减两个词语。

(3) 尽量维持原句结构的原则。所谓尽量维持原句结构的原则,是指在修改病句中,不调整原句语法结构(特别是一些特定句型、句式或格式)不足于把句子改通顺时,就不要轻易地变动原句的结构。

(4) 修改跟造成病句的原因保持一致的原则。

修改病句的四原则,是以“忠于原意”的原则为根本的一个有机整体。在修改病句中,只要违背其中一个原则,往往也就违背了其他三个原则。在修改病句中,应该努力贯彻这四原则,才能把学到的语言知识运用到具体的语言实践中去。

3. 修改病句的方法有哪些?

在修改病句时,首先要肯定“语感”的价值,但是,如果要分析其错误的原因、说明修改的理由,就非要运用现代汉语的基本知识。具体来说,有两种常用的辅助方法。

(1) 紧缩法。紧缩法是先检查句子的“主干”再检查句子“枝叶”的一种方法。其步骤是首先检查主语(中心)、谓语(中心)、宾语(中心)之间能否搭配、有无残缺或多余等。如果句子的主干没有毛病,则进一步检查定语、状语或补语与其中心语等能否搭配、有无残缺或多余等。

(2) 类比法。类比法是造出一些相类似的格式来同原句比较,以判断原句正误的一种方法。

4. 复句的常见病句类型有哪些?

复句常见的病句类型,跟单句有所不同。主要发生在分句间意义上缺乏联系,分句间次序层次混乱以及关联词语使用不当这三个方面。

(一) 分句间意义缺乏联系。主要表现在以下三个方面:(1)分句间意义缺乏照应;(2)分句间意义不合逻辑;(3)分句陈述对象不一致。

(二) 分句间次序层次混乱。主要表现在以下两个方面:(1)分句间次序混乱;(2)分句间层次不清。

(三) 关联词语使用不当。主要表现在以下五个方面:(1)关联词语与分句间的逻辑意义相悖;(2)关联词语滥用;(3)关联词语欠用;(4)关联词语搭配不当;(5)关联词语位置有误。

四、应用题

1. 请指出以下句子的错误之处,并判断属于语序不当中的哪些类型。

(1) 杜甫是中国文学史上伟大的敢于为底层人民发声的诗人。

多项定语语序不当:“伟大的”应放在“诗人”前面。

(2) 一个学校的管理系统如果能肩负起激励老师与学生的责任感与认同感的使命,那么这个学校的活力与自信就会得到保持。

关联词语位置不当:两个分句主语不一致时,关联词放在主语前边。

(3) 他朋友昨天在家里用心地为了表示谢意准备了一顿丰盛的晚餐款待他。

多项状语语序不当:“为了表示谢意”调到“昨天”之前。

(4) 新文件对地方文化领域中的一些问题,从理论上和政策上作了详细的规定和深刻的说明。

对应顺序不当:“理论”对应“深刻的说明”,“政策”对应“详细的规定”。

2. 请指出以下句子错误之处,并判断属于搭配不当中的哪种类型。

(1) 现在,中国城乡居民的温饱问题已经基本成熟。

主谓搭配不当:“问题”不能与“成熟”搭配,可以换成“解决”。

(2) 天地路羽毛球馆是经体育局和教育局批准的专门推广羽毛球运动的团体。

主宾搭配不当:“羽毛球馆”不是“团体”。

(3) 企业能否迅速发展,人才队伍的建设跟上是一个重要因素,留住人才是另外一个重要因素。

“能否迅速发展”涉及正反两面,“人才队伍的建设……”以及“留住人才……”是一面。可改为:“人才队伍的建设能不能跟上是一个重要因素,能不能留住人才是另外一个重要因素”。

(4) 学校领导们严肃地研究学生的建议,又虚心地征求了专家们的意见。

修饰语和中心语搭配不当:“严肃”作状语,不能修饰限制“研究”。可改为“认真”“慎重”等。

3. 请指出以下句子的错误之处,并判断属于成分残缺或赘余中的哪种类型。

(1) 他们号称社会主义国家的主人,但缺乏主人意识,对社会事务呈现出冷漠、厌倦甚至抵触。

宾语残缺:“呈现出……的情绪”。

(2) 在不同的社会历史阶段,由于生产力发展水平不同,生产关系和政治制度各异,使得教育也具有不同的性质和特点。

滥用介词造成主语残缺,“由于”和“使”只能保留其一。

(3) 在播出的 15 条广告中,食品类 7 条,由此可略见食品广告繁荣之一斑。

主语残缺:滥用介词“在……中”。

(4) 我校最近又开展了第二次质检活动,要在这个活动中建全与加强班级管理制度等一系列的工作。

谓语残缺:“运动中”后加“完成”,与“工作”搭配。

(5) 同学们都需要有开阔的心胸,就是和自己观点不一样的同学也应求同存异,精诚合作。

介词残缺:“就是”后加“对”“对……的同学”。

(6) 这次沙龙收获很大,时间并不长。

关联词残缺:应在“时间”前加“尽管”。

(7) 澳门基本法的颁布,为澳门居民展现了一幅描绘未来远景的美好蓝图,提供了信心上的保障。

成分赘余:“未来”与“远”重复。

(8) 凡事要依靠方法,否则单靠蛮力,什么事也做不成。

成分赘余:“否则”与“单靠蛮力”重复。

现代汉语通论模拟试题

第 1 套模拟试卷

一、单项选择题

1. B　2. A　3. A　4. D　5. C　6. D　7. A　8. A　9. D　10. B　11. A　12. B　13. C　14. C　15. A　16. B　17. D　18. C　19. B　20. D

二、多项选择题

1. BCD　2. ACD　3. ABCE　4. AC　5. CD

三、判断题

1. (×)。解析:《汉语拼音方案》规定 iou、uei、uen 在跟辅音声母相拼时,中间元音字母一律省去。
2. (√)。
3. (×)。解析:语言才是人类社会最重要的交际工具。
4. (×)。解析:象形字、指事字一般属于独体字,会意字、形声字通常属于合体字。
5. (×)。解析:三个"花"的词义没有联系,是同音词。

四、分析题

1. 请完成下列音节结构分析表。

结构 / 例字	声母	韵母				声调
		韵头	韵腹	韵尾		
				元音	辅音	
求	q	i	o	u		阳平
月		ü	e			去声
困	k	u	ϵ		n	去声
将	j	i	ɑ		ng	阴平

2. 按照"啊"的变读规律,把下列短句末尾的语气词"啊"念准,在横线上写出对应的汉字。
　(1) 怎么还不去__呀__?
　(2) 快走__哇__!
　(3) 老周那边怎么样__啊__?
　(4) 看她多开心__哪__!
3. 根据下边繁体字的字形,在括号中写出相应的简体字。
　書(书)　興(兴)　夢(梦)　過(过)
　眾(众)　傳(传)　車(车)　務(务)
4. 请辨析"妈妈""太太"是单纯词还是合成词,并说明原因。
　"妈妈"是重叠式合成词,由两个语素叠用而成,因为单独一个"妈"字也可以表达"母亲"的意思;"太太"是由一个语素构成的叠音单纯词,因为"太"字单说不能表达"妻子"的意思。

5. 请辨析"白字""白布"是合成词还是词组,并说明原因。

"白字"是合成词,"白布"是词组。因为从结构上看,"白字"中间不能插入"的",而"白布"中间可以插入"的"。从意义上看,"白字"不能理解为"白的字",而"白布"可以理解为"白的布"。

6. 请举例介绍外来词有哪几种译借方式。

① 单纯音译式。如:"沙发",根据"sofa"的发音翻译来的。

② 音意混译式。即对外语词部分音译,部分意译,组成一个词。如:"迷你裙",根据"miniskirt"翻译而来。其中"迷你"是"mini"的音译,"裙"是"skirt"的意译。

③ 音意兼译式。即对外语词整体音译,同时兼顾意译。如:"基因",根据"gene"的发音以及意义,用汉字"基因"来记录。

④ 音译加语素式。即外来词是由音译部分和表示类名的汉语语素组合而成。如:"卡车",由"car"的发音翻译出"卡",再根据"car"与车有关,因此在"卡"之后加上"车"组合而成。

⑤ 借音借形式。一是借自西方字母的词。如:SOS、NBA、WTO、AA 制、卡拉 OK;二是借自日文汉字字形而非读音的词。如:经济、人气、茶道、文明等。

五、简答题

1. 举例说明/a/的主要音位变体及它们的出现条件。

现代汉语中的/a/音位受语音环境的影响,会出现四个条件变体。这四个音位变体及出现的条件是:

① [a],出现在韵尾[i]和[n]前面。如:"兰、麦、乖、缓"。

② [ʌ],出现在无韵尾的场合,如"麻、夏、挂"。

③ [ɑ],出现在辅音韵尾[ŋ]或元音韵尾[u]的前面。如"响、汪、老、聊"。

④ [ɛ],出现在高元音[i]、[y]和前鼻音韵尾[n]之间。如"剑、圆"。

2. 简述下列同义词有何区别。

(1) "愿望"是名词,指希望将来能达到某种目的、想法,多用于对美好事物的向往,一般用于褒义方面,主要做主语宾语。"希望"是动词、名词兼类,表示一般的愿望,对象可以是别人,或者自己,也可表示某种可能性。"愿望"比"希望"的程度高些。

(2) "突然"和"忽然"语义上都表示没想到,出乎意料发生了某种情况。如:"我正要出去,忽然(突然)下起了一阵大雨。"但两者词性不同,"忽然"是副词,只能做状语。"突然"是形容词,除了做状语以外,还能做定语、补语、谓语,能受程度副词修饰。例如:1."这是一起突然事件。"2."他的病来得有点儿突然。"3."这件事太突然了。"

六、应用题

1. BE-KIND 是一种含有多种坚果、谷物的能量棒,对身体健康有一定的好处。请试用以下四种不同的翻译方法对其进行翻译。

音译式:比康德

意译式:变好

半音半意式:比善(取 kind 的"友善"义)

音意兼译式:必康

2. 押韵是"韵头+韵腹+韵尾"相同,还是只要"韵腹+韵尾"相同?请从以下诗中的用韵情况加以说明。

即　　事

宋·刘克庄

峤南气候异中州,多病谁令作远游。
瘴土不因梅亦湿,飓风能变夏为秋。
方眠坏絮俄敷簟,已著轻绨又索裘。
自叹幻身非铁石,天涯岂得久淹留。

所谓押韵，就是指两个音节韵腹和韵尾相同或者韵腹同而韵尾相近且反复出现在句尾的情况。“押韵”中的“韵”与“韵母”不同。韵母包括韵头、韵腹、韵尾三部分，而“押韵”中的“韵”对韵头没有要求，即韵头可以相同，也可以不同。

上边这首诗中，韵脚为：州（zhou）、游（you）、秋（qiu）、裘（qiu）、留（liu）。押 ou 韵。

第 2 套模拟试卷

一、单项选择题

1. B　2. A　3. C　4. B　5. B　6. C　7. B　8. C　9. C　10. D　11. A　12. C　13. A　14. D　15. B　16. D　17. A　18. D　19. C　20. C

二、多项选择题

1. ABCD　2. ABDE　3. ABCDE　4. ACE　5. BDE

三、判断题

1.（√）。
2.（√）。
3.（×）。解析：其演变途径是词义转移。
4.（×）。解析：不一样，这三个词的构词方式分别是述宾、述宾、偏正。
5.（×）。解析：“想头”的“头”是词缀，“床头”的“头”不是词缀。

四、分析题

1. 改正下列音节的拼写错误，将正确的音节写在括号内，并指出原因。

（1）群众 qǘnzhòng（qúnzhòng）

《汉语拼音方案》规定，ü 行韵母与声母 j、q、x 相拼，ü 上两点省略。

（2）旅游 lǚyioú（lǚyóu）

《汉语拼音方案》规定，当 iou 自成音节时，要写成 you，且声调符号原则上应该标在音节的主要元音 o 上。

（3）杨柳 iángliǔ（yángliǔ）

《汉语拼音方案》规定，i 行零声母音节，i 如果是韵头，一律把 i 改写成 y。

（4）醒悟 xǐngù（xǐngwù）

《汉语拼音方案》规定，u 行零声母音节，u 如果是韵腹，在 u 前面加 w。

2. 请按照音变规律，在括号里标出下列画线字的声调调值。

打假（35）　蒙古语（35）　火柴（21）　不仅（51）

一瞬（35）　扫一扫（轻声）　姐姐（21）　巴不得（轻声）

3. 指出下列汉字的造字方法。

轟（会意法）　牛（象形法）　期（形声法）

中（指事法）　松（形声法）　泉（象形法）

4. 简要说明同形同音词与多义词的异同，并区分以下各组词语属于同形同音词还是多义词。

（1）a. 新生力量是不可战胜的，这是颠扑不破的真理。

b. 现在正是春天，依然是桃红陌上，燕筑堂东，孕育着新生。

c. 新闻系今年招了三百多名新生。

(2) a. 李老师板书的字总是写得很端正。

b. 他是个品行端正的好学生。

c. 你想要有好成绩,先端正态度,再努力学习。

同形同音词和多义词都表现为同一语音形式、同一词形对应多个意义。

两者的区别在于:①从意义上看,同音词的多个意义之间是缺乏联系的,而多义词的各个义项之间存在一定的联系;②从数量上看,同音词是两个或两个以上完全不同的词,而多义词是一个词有多个义项。

例(1),a、b 中两个“新生”的意义分别为“刚产生或刚出现的”和“新的生命”,它们的意义有联系,属于同一个词的两个义项,故 a、b 的“新生”是多义词;c 的“新生”意为“新入学的学生”,是意义不相关的另一个词,与 a、b 的“新生”形成同音词。

例(2),三个“端正”的意义分别为“不歪斜”“正派”“使端正”,这三个义项是互有联系的,所以“端正”是多义词。

5. 请指出下列合成词的构词方式。

(1) 剥削——联合 (2) 刑法——偏正 (3) 羊群——补充 (4) 动员——述宾

(5) 肉麻——主谓 (6) 任意——述宾 (7) 矛盾——联合 (8) 吃紧——补充

6. 用义素分析法分析下面的词语。

(1) 效果 后果 成效

效果[+表结果-褒义-贬义+中性]

后果[+表结果-褒义+贬义-中性]

成效[+表结果+褒义-贬义-中性]

(2) 煎 炒 炸

煎[+烹饪方法-油量大-不断翻动+长时间]

炒[+烹饪方法-油量大+不断翻动-长时间]

炸[+烹饪方法+油量大-不断翻动-长时间]

五、简答题

1. 以“蜡烛”为例简述语素的确定方法。

确定语素的方法主要是同形替代法。所谓同形替代法,就是用已知语素替代有待确定是不是语素的语言单位,而且要注意在替代中保持意义的基本一致。

“蜡烛”中的“蜡”和“烛”都可以被其他语素代替,也可以跟其他语素组合,如:

蜡烛——替换“蜡”:火烛、花烛、秉烛

蜡烛——替换“烛”:蜡油、蜡台、蜡笔

“蜡烛”中的“蜡”可以被“火、花、秉”等替换,并且在替代中“烛”的意义保持基本一致;“烛”可以被“油、台、笔”等替换,并且在替代中“蜡”的意义保持基本一致,所以“蜡”和“烛”都是语素。

2. 现代汉语出现了越来越多的外来词。有人说外来词是对现代汉语的“异化”和“污染”,请谈谈你的看法。

外来词对现代汉语词汇产生了多种影响,保证了现代汉语词汇能够随着社会的发展而源源不断地得到补充、丰富、完善。现代汉语作为汉民族共同语的词汇系统,是一个动态的词汇集合体。来自不同民族的有生命力的词语随时补充到这个集合体中,而固有的词语少数由于脱离现实社会很少使用而慢慢退出。当汉语中缺少某种新概念、新事物,外来词就能够起到补充词汇的作用,如麦当劳、比基尼。如果汉语中已有类似的词语,在外来词和已有词之间就会出现相互适应、相互制约的博弈。或者是二者并行不悖,例如“的士”与“出租车”;或是外来词胜出,或者为汉语词所淘汰。因此,不能简单断言外来词是对现代汉语的“异化”和“污染”,它其实是一个优胜劣汰的新陈代谢的过程。

六、应用题

“蘑菇”是汉语中的常用词，有人用以下方式证明它是2个语素。你觉得这种检测正确吗？如果“蘑菇”的“蘑”不是一个语素，为什么它又可与“松、榛、口”等语素组合构成“松蘑”“榛蘑”“口蘑”等词语形式？

被鉴单位	替换单位
蘑菇	草菇　香菇　金针菇
蘑菇	松蘑　榛蘑　口蘑

这种检测也是允许的。因为这两个音节都可以分别组合成其他词语。“蘑菇”也许开始时是个叠韵连绵词，但是由于常分别用“蘑”和“菇”来泛指这类菌状植物，就出现了“松蘑”“榛蘑”“口蘑”以及“草菇、香菇、口菇、金针菇”等词语。发展至今，“蘑菇”中的“蘑”和“菇”就都是语素了，都具有一定的意义，作为现代汉语词语，我们要承认“蘑菇”是联合式合成词。

第3套模拟试卷

一、单项选择题

1. B　2. C　3. D　4. C　5. D　6. B　7. B　8. A　9. B　10. B　11. C　12. A　13. C　14. A　15. B　16. C　17. A　18. C

二、多项选择题

1. AD　2. BD　3. ABC　4. AC　5. BD

三、判断题

1. (×)。解析：在现代汉语中，名词或名词性的词组也可以充当谓语。例如“今天星期一”中名词“星期一”充当谓语。
2. (×)。解析：是存现句。
3. (√)。
4. (×)。解析：修辞不仅仅是语言技巧，同时还要考虑运用的语境、目的、对象及语体等因素。
5. (√)。

四、分析题

1. 指出下列疑问句所属的结构类型。
   (1) 你去北京还是深圳？（选择问）
   (2) 明天星期一吗？（是非问）
   (3) 你明天怎么去北京？（特指问）
   (4) 好不好看？（正反问）
2. 运用层次分析法分析下列短语的层次结构。
   (1) 把 房 间 打 扫 得 干 干 净 净

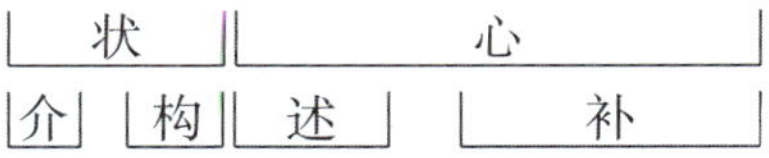

   (2) 一 篇 观 点 清 晰 的 好 文 章

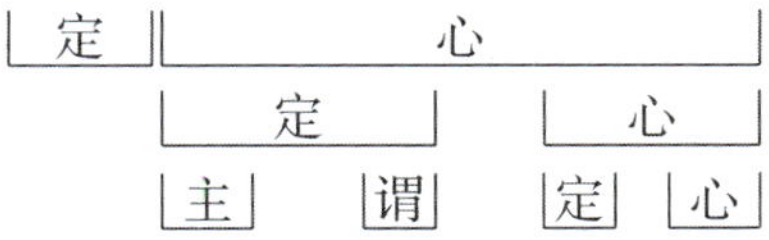

3. 利用变换法改变语句的形式来分化歧义。

(1) 他借了我五块钱。→他借给了我五块钱。

他借了我五块钱。→他向我借了五块钱。

(2) 打伤了狗的主人。→主人打伤了狗。

打伤了狗的主人。→狗的主人被打伤了。

(3) 鱼不吃了。→鱼不吃食物了。

鱼不吃了。→我不吃鱼了。

(4) 在屋顶看到了小偷。→小偷在屋顶,我们看到了他。

在屋顶看到了小偷。→我们在屋顶,看到了小偷。

4. 请用中心词分析法分析下列句子的结构成分。

(1) 他[把来信][仔细]读了〈一遍〉。

(2) [去年]他去了〈两趟〉美国。

(3) 据说(这个)山洞里住过(一个)神仙。

5. 请指出下边画线部分的句法功能,同时指出其语义角色。

(1) 小朋友们在挤电影票。

句法功能:【宾语】 语义角色:【目的】

(2) 我家今年盖了一栋小楼。

句法功能:【宾语】 语义角色:【结果】

(3) 对这件事他一直是对你有意见的。

句法功能:【介词宾语】 语义角色:【对象】

(4) 食堂我吃不惯。

句法功能:【状语】 语义角色:【凭借/处所】

(5) 他成为了研究生。

句法功能:【宾语】 语义角色:【等事】

6. 在括号中写出下列复句的语义类型。

(1) 就算你是铁石心肠,也会被那一幕幕贫困落后的情景所震撼。(让步)

(2) 除非你丧失了劳动力,否则父母已没有抚养的法律义务了。(条件)

(3) 他的产品不但分文没赚,反倒贴了老本。(递进)

(4) 这不是无知,就是别有用心。(选择)

(5) 他们不是去求助于科技,而是求神拜佛。(并列)

(6) 我们固然要责怪这个社会的弊端,可也得注意调整自己的心态。(转折)

(7) 双方先是双手合十致意,紧接着两位佛学大师的手紧紧握在一起。(连贯)

(8) 我们应当不断提高自己,以便更好地担负起我们的历史使命。(目的)

(9) 英特尔公司用一片晶圆加工出更多的处理器芯核,从而降低了制造成本。(因果)

(10) 股价偶尔会跌破支撑线,这可能是主力试探市场心态的方法。(补充)

五、论述题

1. 就下面两例谈谈排比和层递的相同点和不同点。

(1) 没有理想,人生如荒漠,没有生气;没有理想,人生如黑夜,没有光明;没有理想,人生如迷宫,没有方向。

(2) 后来我才体会到,这位老教师是怎样关心青年一代,关心教育事业,关心祖国的未来的。

①从形式上看,排比要求结构相同或相似,有共同的提示语,层递没有这样的要求。②从内容上看,层递要有层递性(递升或递降),排比基本上是平行的,没这样的要求。

2. 下边两组例句,A 组能成立,B 组不能成立。请运用语义特征分析法加以解释。

A 组	B 组
很有思想	*很有房子
很有水平	*很有桌子
很有激情	*很有衣服

A 组的"有+NP"具有【+主观评价】的语义特征,B 组的"有+NP"具有【+客观陈述】的语义特征,"主观评价"义具有模糊性,可以与表示模糊程度的"很"组配,"客观陈述"义不具有模糊性,不可以与表示模糊程度的"很"组配。

3. 请分析下列画线的句子有什么样的语用含义,并解释它是如何产生的。

天黑鸟飞高,老奶奶手拄拐杖上夜校。

路上碰见青年小阿苗,把他吓了一大跳;"老奶奶还是回去吧,这样黑的天你怎能看得到!"

"傻瓜,奶奶正因为看不到,所以才去上夜校。"(《浙江民歌》)

这是故意违反关联准则引发的语用含义。

关联准则强调会话必须围绕话题展开,要说与话题相关联的话。如果说话者故意违背了这一准则,就会给人一种文不对题的感觉,不过话语的言外之意也因此产生。

从语面意义上看,老奶奶说"看不到"表面上是对阿苗的回应,似乎是承认了自己的眼睛看不到,但"看不到"和"上夜校"并不存在因果关系,明显违反了关联准则,但由此可以推断老奶奶的话暗含着言外之意——其实是指自己不识字,不能读书看报,所以要去上夜校。画线句子一语双关,生动而风趣地表达了老奶奶要求摘掉文盲帽子的迫切心理。

第 4 套模拟试卷

一、单项选择题

1. B 2. A 3. B 4. C 5. C 6. C 7. A 8. C 9. C 10. B 11. D 12. B 13. D 14. D 15. B 16. C 17. D 18. A

二、多项选择题

1. ABDE 2. BCD 3. BCE 4. ADE 5. ABCE

三、判断题

1. (×)。解析:独立成分指在句子中临时插进一些习惯用语,这些习惯用语跟别的成分不发生结构上的联系,但是在句子语义的表达上有重要作用。
2. (×)。解析:语用分析的基本要素是说话者、受话者、话语内容和语境。
3. (✓)。
4. (×)。双关是利用词语的比喻性、同音构成的修辞格式。
   解析:双关是利用词语的多义性、同音构成的修辞格式。
5. (×)。解析:是"以言行事"。提醒小张,我们俩该去吃饭了。

四、分析题

1. 指出下列画线词语的词性。
   (1) 我亲眼看见他拿走了钥匙。(副词)
   (2) 这是一个低级错误。(形容词)
   (3) 他的实验还处于初级阶段。(区别词)

(4) 这是送给我的吗?(语气词)

(5) 我应该告诉他我的想法。(能愿动词)

(6) 他走一走,看一看。(动量词)

(7) 六十岁以上的老人可以免票。(方位名词)

(8) 什么张三李四,我都不认识。(疑问代词)

2. 请用层次分析法分化下列歧义短语。

(1) 采访陈老师的学生

①采 访 陈 老 师 的 学 生

述 | 宾

定 | 心

②采 访 陈 老 师 的 学 生

定 | 心

述 | 宾

(2) 关于儿童的作品

①关 于 儿 童 的 作 品

定 | 心

介 | 宾

②关 于 儿 童 的 作 品

介 | 宾

宾 | 心

(3) 反对刘老师袒护学生

①反 对 刘老师 袒 护 学生

联 | 合

述 | 宾 | 述 | 宾

②反 对 刘老师 袒 护 学生

述 | 宾

主 | 谓

述 | 宾

3. 请依据下边“还”和“更”的替换情况,分析它们在句式选择上的异同。

(1) 小王比他更高。——小王比他还高。

(2) 香蕉比苹果更好吃。——香蕉比苹果还好吃。

(3) 小王更高。——*小王还高。

(4) 香蕉更好吃。——*香蕉还好吃。

(5) 小王比小李高,比小张更高。——*小王比小李高,比小张还高。

(6) 那条蛇比碗口还粗呢。——*那条蛇比碗口更粗呢。

(7) 小孩儿比书架还高呢。——*小孩儿比书架更高呢。

“还”和“更”均为程度副词,用于比较,表示程度递进。在句式选择上的差异是:

A. “还”一定用于“比”字句,但只能是两项比较,不能是三项比较。“更”既可用于“比”字句,也可用于非“比”字句。用于“比”字句时既可是两项比较,也可是三项比较。如(1)—(5)。

B. “还”可用于比拟,“更”不行。如(6)、(7)。

4. 用层次分析法分析下列多重复句。

(1) 只要遇到令他产生为文意向的事物,| 他总是让自己硬是去看、去想,‖ 不找到可心的切入角度,

条件 补充

||||(并列) 不悟出一点情思，||||(并列) 不逮住一点启迪，|||(条件) 就不肯罢休，||||(递进) 而且既不允许与别人的所见所思重复，|||||(并列) 又不允许与自己写过的相雷同。

（2）一个作家，无论他观察生活的能力有多强，||(并列) 写作水平有多高，|(条件) 没有对生活的全面了解和积累，||(条件) 也是难以写出好作品的。

五、简答题

1. 礼貌原则有哪几条准则？请分别举例加以说明。

礼貌原则，是指在言语交际中，说话人应尽可能地使话语体现出礼貌性，从而使对方感到受尊重，同时反过来对自己获得好感。礼貌原则有三条准则：

（1）慷慨准则（Generosity Maxim）——言语表达时尽量少表达利己和有损于对方的看法。

（2）谦逊准则（Modesty Maxim）——在话语中尽量少赞誉自己并少贬低对方。

（3）一致准则（Agreement Maxim）——在话语中应尽量缩小与对方的分歧，尽量夸大与对方的一致。

举例说明略。

2. 什么是隐喻？什么是转喻？请结合下边的例子对隐喻和转喻机制进行阐释。

（1）这是我们系的头，你跟他谈吧！

（2）这是我们学校的校花。

（3）回到单位，看到的都是新面孔。

（4）那边来了几个红领巾。

隐喻是这样的一种认知方式：对于客观上相似的两个事物，人们在概念上也会认为其具有等同性，这样表现在语言上，就会产生迁移性，即：用表示源概念的词语来表示目标概念，或者用描述源概念的词语来描述目标概念。例如，(1)是用“头”来隐喻领导“系主任”；(2)是用“校花”来隐喻像花儿似的“学校里最漂亮的女生”。

转喻是这样的一种认知方式：对于客观上密切相关的两个事物，人们在概念上会认为其具有等同性，这表现在语言上，就会产生迁移性，即用表示源概念的词语来表示目标概念。例如，(3)是用“新面孔”来转喻“新来的人”；(4)是用“红领巾”转喻“少先队员”。

六、应用题

有的动词可以受“新”的修饰，如(1a—4a)，有的动词却不能受“新”的修饰，如(1b—4b)，请根据“新”与“动词”的搭配规律，运用语义特征分析法解释“新”的分布规律并提取“新”的语法意义。（＊表示不合法）

（1）a. 我们学院新来了一位老师。	b. ＊我们学院新走了一位老师。
（2）a. 他昨天新买了一部手机。	b. ＊他昨天新卖了一部手机。
（3）a. 贷款新增加了 20 亿。	b. ＊贷款新减少了 20 亿。
（4）a. 墙上新帖上了红纸。	b. ＊墙上新撕下了红纸。

“新”主要搭配“获现义”动词，而排斥“消除义”动词，因此，“新”的语法意义就是说话者强调获现事件的短时义（近现义）。

第 5 套模拟试卷

一、填空题

1. 音义结合

2. ng

3. 鼻韵母
4. 表意
5. 不成词
6. 形容词
7. 语体色彩
8.《马氏文通》
9. 移位
10. 质量准则

二、单项选择题

1. A 2. B 3. C 4. C 5. B 6. D 7. D 8. D 9. C 10. C

三、多项选择题

1. ADE 2. ABDE 3. ADE 4. ABE 5. CD

四、判断题

1. (√)。
2. (×)。解析:n、l 与四呼韵母都相拼合,d、t 只与开口呼、齐齿呼、合口呼拼合,不与撮口呼拼合。
3. (√)。
4. (√)。
5. (×)。解析:由一个语素构成的词是单纯词。这一个语素可能是单音节,也可能是多音节。
6. (√)。
7. (√)。
8. (×)。解析:是连谓句。
9. (×)。解析:“起码”是形容词。
10. (√)。

五、分析题

1. 根据下列发音特征,写出对应的音素。
   (1) 后半高圆唇元舌面音([o])
   (2) 后半高不圆唇舌面元音([ɤ])
   (3) 央低不圆唇舌面元音([ᴀ])
   (4) 舌尖前、不送气、清、塞擦音([ts])
   (5) 舌根、清、擦音([x])
   (6) 舌面、送气、清、塞擦音([tɕʰ])
2. 按拼写规则用汉语拼音拼写下列词语和句子。
   (1) 创伤 chuāngshāng
   (2) 隽永 juànyǒng
   (3) 主角儿 zhǔjuér
   (4) 他一不小心就被打回原形了。 Tā yībùxiǎoxīn jiù bèi dǎ huí yuánxíng le。
3. 请指出下列合成词的构词方式。

泥石流(偏正)	剥削(联合)	延长(补充)	年轻(主谓)
星座(补充)	公主(主谓)	防守(联合)	口红(主谓)

4. 请指出“老李说不好”有几种意义,并分析歧义产生的原因。

“老李说不好”至少有三种意义：①老李不能把某件事或某句话说得让人满意；②“不好”是老李说出来的话；③由老李来说不好。

①和②是由句法结构关系不同造成的。“说”和“不好”若按述补关系来理解，则为①；若按动宾关系理解，则为②。③和①（或②）是由层次构造不同造成的。若按“老李/说不好”来理解，则是①（或②）；若按“老李说/不好”来理解，则为③。

5. 运用层次分析法分析下列多重复句的结构层次与语义关系

（1）气流虽然继续，| 但声带停止振动，‖ 所以产生降调。
　　　转折　　　因果

（2）假如你想让自己的火气继续燃烧，‖ 或者你想利用一下自己的火气，| 那就尽情发泄吧。
　　　选择　　　条件

（3）即使因为忙而不运动，| 只要你的饮食合理，‖ 也不会明显长胖。
　　　让步　　　条件

（4）干部制度改革不但逐步解决了干部能上不能下的问题，| 而且因步子稳妥，‖ 保持了干部队伍的稳定。
　　　递进　　　因果

6. 请找出下列句子中所运用的指示语，并指出它们的类别。

（1）<u>昨晚</u>去哪儿了？这么大一点就到处乱跑，<u>你</u>知道<u>外面</u>有多危险吗？
　　　时间指示　人称指示　空间指示

（2）<u>清慧</u>，<u>这几天</u>又写了什么？<u>上周</u>给你的文章看了吗？
　　　人称指示　时间指示　时间指示

（3）<u>来</u>，<u>各位</u>，看看<u>这句</u>，看得懂吗？
　　　空间指示　人称指示　话语指示

六、简答题

1. 请说说“翩翩”和“偏偏”的重叠形式有没有不同？

二者重叠形式是不同的。“翩翩”是叠音词，单纯词，拆开后不能单用，“翩翩”不能说成“翩”。“偏偏”是重叠式合成词，拆开后能单用。“偏偏”可以说成“偏”。

2. 如何用同形替代法鉴定现代汉语的语素，请以“蝙蝠”和“肺炎”为例说明。

同形替代法即用已知语素替换有待确定是不是语素的语言单位。被检测的成分其中每一个的替换都缺一不可，且要注意在替换中保持意义的基本一致。比如：

被鉴单位	替换单位
蝙蝠	＊蝠
蝙蝠	蝙＊
肺炎	肠炎/鼻炎/咽炎/脑炎
肺炎	肺叶/肺痨/肺癌

故“蝙蝠”是一个语素；“肺炎”是两个语素。

3. 下边（1）—（4）中，（1）（2）肯定式和否定式都成立，（3）（4）否定式成立，肯定式不成立。请对这种不对称现象进行解释。

	否定式		肯定式
（1）	没有钱	——	有钱
（2）	没有书	——	有书
（3）	没有来	——	＊有来
（4）	没有买	——	＊有买

出现这种不对称的原因是：（1）（2）中的“没有”均为动词，表示“不存在”的意思，那么，如果要表示“存在”，用动词“有”即可。（3）（4）中的“没有”均为副词，表示“动作没有发生”的意思，如果要表示“动作已经发生”，在普通话中是不能用“有”来表示的，而只能用“了”，如“来了”“买了”。如果是粤方言，“有+VP”可成立。

七、应用题

方式准则是合作原则的准则之一,一般不能违反。但相声创造中常常有意违反方式准则来制造“包袱”和笑料。请分析以下相声片段,指出它是如何利用方式准则的违反来制造“包袱”和笑料的。

(1) 卢鑫:咱们什么名字?

玉浩:相声新势力。

卢鑫:所以咱们得创新,我们得求新、求变、求突破,我们得勇敢地踹一踹。

玉浩:等会儿,勇敢地什么?

卢鑫:踹一踹。

玉浩:你怎么不蹬一蹬呢?

卢鑫:我还摇一摇呢!

玉浩:不是,什么叫踹一踹?

卢鑫:try! 尝试! 英语 t-r-y,try!

玉浩:就这么个 try。

——卢鑫、玉浩相声《相声新势力》

(2) 卢鑫:因为我们两个从小就看湖南卫视。

玉浩:一直都关注着。

卢鑫:其实像我这样的“sunshine 小 boy”,我是最喜欢看湖南卫视的。

玉浩:您先等会儿,像您这样的什么?

卢鑫:“sunshine 小 boy”。

玉浩:桑葚什么?

卢鑫:你饿了是怎么着?

玉浩:桑葚嘛。

卢鑫:“sunshine 小 boy”。

玉浩:什么意思?

卢鑫:阳光小男孩。

——卢鑫、玉浩相声《那些年我们追过的芒果台》

在上述两例中,都有违反方式准则的话语,其中(1)是卢鑫说的“我们得勇敢地 try 一 try(踹一踹)”,(2)是卢鑫说的“sunshine 小 boy”。由于说话人英语不好,发音不准确,而且中英夹杂,表达晦涩,致使听话人玉浩(包括听众)出现误解,把“try 一 try”听成了“踹一踹”,把“sunshine 小 boy”听成了“桑葚”,这样就形成了“包袱”。当卢鑫告诉对方,“踹一踹”不是“蹬一蹬”,而是“try 一 try”(即“试一试”),以及“sunshine 小 boy”不是“桑葚”,而是“阳光小男孩”时,“包袱”到这里也就抖开了。可见,故意让某个话语出现歧解,有意违反方式准则就是这两个相声片段的创作策略。

第 6 套模拟试卷

一、填空题

1. 典范的现代白话文著作
2. 发音体不同
3. 音位
4. 隶变
5. 词根

6. 传承词
7. 数目多少
8. 零
9. 相关性
10. 一致

二、单项选择题

1. C　2. D　3. D　4. B　5. B　6. D　7. A　8. A　9. D　10. C

三、多项选择题

1. ABDE　2. AC　3. BC　4. BCE　5. AC

四、判断题

1. (√)。
2. (×)。解析:这两个"e"实际发音是不一样的,前者发[e],后者发[ɛ],只是因为两者分布上互补而且语音近似,所以用一个字母"e"来表示。
3. (√)。
4. (√)。
5. (×)。解析:前一个"净"是形容词,"干净"的意思;后一个"净"是副词,"全"的意思。
6. (√)。
7. (×)。解析:叹词一般独立成句,不跟别的词发生句法关系,但拟声词可做状语、补语、定语、谓语。
8. (√)。
9. (×)。解析:"五斤重"为偏正短语,"精神焕发"为主谓短语。
10. (×)。解析:那是对偶。

五、分析题

1. 请完成下列音节结构分析表。

结构 例字	声母	韵母				声调	四呼
		韵头	韵腹	韵尾			
				元音	辅音		
无			u			阳平	合口呼
鸟	n	i	a	o		上声	齐齿呼
创	ch	u	a		ng	去声	合口呼
晕			ü		n	阴平	撮口呼

2. 运用层次分析法分析下列句子的层次结构。

(1) 小王　早　知道　他　已经　回来　了。

主 | 谓
述 | 宾
状 | 中 | 主 | 谓
状 | 中

(2) 他 的 到来 给 我们 带 来 了 欢乐 和 惊喜。

<table>
<tr><td>他</td><td>的</td><td>到来</td><td>给</td><td>我们</td><td>带</td><td>来</td><td>了</td><td>欢乐</td><td>和</td><td>惊喜</td></tr>
<tr><td colspan="3">主</td><td colspan="8">谓</td></tr>
<tr><td colspan="2">定</td><td>中</td><td colspan="2">状</td><td colspan="6">中</td></tr>
<tr><td></td><td></td><td></td><td>介</td><td>宾</td><td colspan="3">述</td><td colspan="3">宾</td></tr>
<tr><td></td><td></td><td></td><td></td><td></td><td>述</td><td>补</td><td></td><td>联</td><td></td><td>合</td></tr>
</table>

3. 请指出下列语例中“的”的词性,并说明结构助词“的”和语气词“的”的区别方法。

(1) 他是卖菜的。｜我是修电脑的。

(2) 他是会生气的。｜花是会红的。

(1)中的“的”是结构助词,(2)中的“的”是语气词。区别方法:

① 看“的”后面能否添加相应的名词,能加上的是结构助词,不能加则是语气词。如“他是卖菜的”可以变为“他是卖菜的人”,这里的“的”是结构助词。“他是会生气的”后面无法添加对应的名词,这里的“的”是语气词。

② 看删去“是”“的”后,句子的基本意思是否发生改变。改变了,“的”是结构助词;不改变,“的”是语气词。如“他是会生气的”删掉“是”“的”后,变为“他会生气”,句子意思基本相同。“他是卖菜的”删掉“的”后,变为“他卖菜”,句子意思发生改变。

③ 看否定词加在什么位置上。否定词加在“是”前的,“的”是结构助词,否定词加在“是”后的,“的”是语气词。如:“他是买菜的”的否定句式是“他不是买菜的。”“他是会生气的。”的否定句式是“他是不会生气的。”

4. 用画线分析法分析下列复句的结构层次和语义关系。

(1) 尽管句中的词汇、语法都很简单, ｜(转折) 但如果读者不具备西方圣诞节的有关背景知识, |||(并列) 不了解圣诞老人从烟囱里下来给孩子们送礼物的传说, ||(条件) 就不能完全理解这个句子。

(2) 他刚毕业就来了这个城市, ||(递进) 而且在这里既没有亲人, |||(并列) 又没有什么朋友, ｜(转折) 但是他敢闯敢拼、百折不挠, ||(因果) 所以拥有了一番自己的事业。

5. 请指出以下病句的病因,并作出修改。

(1) 为了促进新生党员的政治意识,我院党委拟召开2020级新生党员见面会。

解析:述语“促进”与宾语“意识”搭配不当,可将“促进”改为“增强”。

(2) 他不仅迅速端正了学习态度,而且诚恳地接受了老师的批评。

解析:语序不当,前后分句没有递进关系。应改为:他不仅诚恳地接受了老师的批评,而且迅速端正了学习态度。

(3) 风借火威,越烧越猛。

解析:主谓搭配不当,可将“风借火威”改为“火借风势”。

六、简答题

1. 请用单纯音译式、半音半意式、音译加义类式、音译兼意译式四种翻译法把英文品牌Aigoua(一种狗粮)翻译成中文。

单纯音译式:艾勾瓦

半音半意式:艾勾娃

音译加义类式:艾勾瓦狗粮

音译兼意译式:爱狗啊

2. 汉语普通话中的元音[e]和[ə]可以看作一个音位的两个变体。请根据下列语音材料,分析这两个元音的分布特征,并说明将它们归并在一个音位中的理由。

[p^{h}ei^{35}]陪 [ʂuei^{51}]税 [məu^{214}]某 [t^{h}uən^{55}]吞 [p^{h}ən^{35}]盆 [tɕiəu^{51}]就

[e]只出现在韵尾[i]前。[ə]不出现在韵尾[i]前,而可以出现在韵尾[u]和[n]前。根据音位归纳的互补原则,两个音素如果不能出现在相同的语音环境里,而又呈互补分布状态,这两个音素就形成互补关系,形成互补关系的各音素可以归纳成一个音位。

[e]和[ə]互补分布,且音感差异不大,因此可以归并在同一个音位。

七、应用题

1. 什么是会话合作原则?合作原则与会话含义的推导有什么关系?请指出下列对话中乙的会话含义及推理过程。

甲:你借点钱给我吧!

乙:对不起!我刚从澳门回来!

会话合作原则是指在言语交际的过程中,交际双方应该互有诚意,相互合作。合作原则包括四条准则:数量准则、质量准则、方式准则、关联准则,它们是保证言语交际顺利进行所必须遵循的最起码的原则。当受话者发现发话者的话语从语面上看确实是违反了合作原则中的某一准则,而在整体上又是有说话诚意的情况下,那么受话人就会推断,这语面意义的背后还隐含有会话含义。上面对话中乙的会话含义是我的钱输掉了,没有钱借给你。

推理过程如下:

大前提:澳门有许多赌场,不少去澳门的人都会多多少少在澳门输钱。

小前提:我刚从澳门回来!

结论:我的钱在澳门输掉了!

2. 据下列实例并结合语感,区分“常常、往往”的语义差异。(*表示不合法)

a1. 请你常常来。　　a2. *请你往往来。

b1. 我会常常来看你。　　b2. *我会往往来看你。

c1. 就算你常常看,也看不出。　　c2. *就算你往往看,也看不出。

d1. 他不常常来我家。　　d2. *他不往往来我家。

e1. *经济发达地区思想工作常常比较难做。　　e2. 经济发达地区思想工作往往比较难做。

f1. *年轻人火气旺盛,行事常常过于鲁莽。　　f2. 年轻人火气旺盛,行事往往过于鲁莽。

“常常”是时间副词或者频率副词,描述客观事实,属于“客观性副词”,对小句的真值有直接贡献,是小句命题不可分割的一部分;“往往”是概率副词,需要有一定条件制约才能使用,属于“主观性副词”,表示说话人对命题所做的主观判断。

图书在版编目（CIP）数据

现代汉语通论（第三版）习题集 / 邵敬敏主编. — 上海：上海教育出版社，2021.8（2025.7重印）
ISBN 978-7-5720-0945-7

Ⅰ. ①现… Ⅱ. ①邵… Ⅲ. ①现代汉语－高等学校－习题集 Ⅳ. ①H109.4-44

中国版本图书馆CIP数据核字(2021)第139179号

责任编辑 王 鹂 毛 浩
封面设计 陈 芸

现代汉语通论（第三版）习题集
邵敬敏 主编

出版发行 上海教育出版社有限公司
官 网 www.seph.com.cn
地 址 上海市闵行区号景路159弄C座
邮 编 201101
印 刷 上海叶大印务发展有限公司
开 本 890×1240 1/16 印张 22.75
字 数 737 千字
版 次 2021年8月第1版
印 次 2025年7月第4次印刷
书 号 ISBN 978-7-5720-0945-7/H·0030
定 价 58.00 元

如发现质量问题，读者可向本社调换 电话：021-64373213